Hansluzi Kessler

Berglandwirtschaft und Ferienhaustourismus

Wenn der Kuhstall zum Ferienhaus und das Mistseil zum Skilift wird...

für
Andrea, Margreth, Tina, Ursina Barbara, Stefan Urs, Ruth Esther

Basler Beiträge zur Geographie
Heft 36

Berglandwirtschaft und Ferienhaustourismus

Wenn der Kuhstall zum Ferienhaus
und das Mistseil zum Skilift wird...

Fallstudien zum
Kulturlandschaftswandel in Berggebieten mit
landwirtschaftlich-touristischer Mischnutzung in den
Kantonen Nidwalden, Glarus und Graubünden

Inauguraldissertation

zur
Erlangung der Würde eines Doktors der Philosophie,
vorgelegt der
Philosophisch-Naturwissenschaftlichen Fakultät
der Universität Basel

von

Hansluzi Kessler

von Schiers (Graubünden)

1990
Reinhardt Druck Basel
in Kommission bei Wepf & Co. Verlag Basel

Genehmigt von der Philosophisch-Naturwissenschaftlichen Fakultät auf Antrag der Herren Prof. Dr. Werner A. Gallusser und PD Dr. Lienhard Lötscher

Basel, den 1. Juli 1986

Der Dekan
Prof. Dr. Hartmut Leser

Gedruckt mit Unterstützung
des Dissertationenfonds der Universität Basel
des Werenfels-Fonds der Freiwilligen Akademischen Geschellschaft Basel
der Geographisch-Ethnologischen Gesellschaft Basel
des Werner Gallusser-Fonds Basel

Vorwort

Wenn der Kuhstall zum Ferienhaus, das Mistseil zum Skilift, die Viehgasse zum Wanderweg, das Bauernhaus zur Familienpension, die Alphütte zur Skihütte und der Melker zum Pistenwart wird, dann sind dies die augenfälligen Merkmale einer touristischen Inwertsetzung des bäuerlichen Alpenraumes. Die Berglandwirtschaft – selbst schon einem tiefgreifenden Strukturwandel unterworfen – sieht sich mit den Ansprüchen eines wachsenden Fremdenverkehrs konfrontiert… und reagiert auf unterschiedliche Weise. Ob und wie die externe Nachfrage bezüglich Bauland, Miet- und Kaufobjekten befriedigt wird, hängt teils vom einzelnen Betrieb, teils von der allgemeinen Landwirtschaftsdynamik der jeweiligen Gegend ab. Im Blick auf die gemeinsame Nutzung von Ressourcen und Infrastruktureinrichtungen ergibt sich, je nach lokaler Situation, ein Nebeneinander, ein Miteinander oder allenfalls auch ein Gegeneinander von Bauern und Feriengästen. Überall aber, wo sich der Produktions- und Lebensraum einer ansässigen Agrarbevölkerung zum Sport- und Erholungsraum einer meist städtischen Touristenschar entwickelt, kommt es unweigerlich zum Wandel traditioneller Landschaftselemente und Handlungsmuster.

Dem Wechselspiel von Entscheidungsverhalten und Kulturlandschaftswandel gilt nun die Aufmerksamkeit der vorliegenden Studie, welche sich damit als Kind der Basler Geographenschule zu erkennen gibt und einen der humangeographischen Forschungsschwerpunkte unter Prof. Dr. Werner A. Gallusser repräsentiert. Ihm sei an erster Stelle für die geduldige Begleitung und die wohlwollende Begutachtung meiner langjährigen Feld- und Analysearbeit herzlich gedankt. Nicht minder herzlich danke ich meinem Freund Prof. Dr. Lienhard Lötscher für die Mitbegutachtung, die vielen aufmunternden Gespräche und die grosse Kollegialität während der gemeinsamen Assistentenzeit am Geographischen Institut der Universität Basel. Besonderer Dank gebührt aber auch den Einwohnern vom Wiesenberg NW, vom Wisseberg GL und von Fanas GR, die mich bei meiner Arbeit vorurteilslos unterstützt und mir in zahlreichen Gesprächen die gewünschten Informationen gegeben haben. Die Gastfreundschaft, welche ich bei den Nidwaldner Bauern- und Älplerfamilien erfahren durfte, wird mir unvergesslich bleiben! Da die Liste all derer, die zum Gelingen dieses Buches beigetragen haben, den Rahmen eines Vorwortes sprengen würde, folgt sie in separater Darstellung auf den anschliessenden Seiten.

Die Archiv- und Feldforschung führte ich in den Jahren von 1979 bis 1982 durch, die Auswertung der gesammelten Daten und die Darstellung der Resultate nahmen mich bis 1985 in Anspruch, und die Niederschrift des Manuskriptes konnte ich mitte 1986 abschliessen. Der grosse Arbeitsaufwand für eine vergleichende Studie in drei unterschiedlichen Testräumen, meine dauernde Berufstätigkeit am Geographischen Institut und an mehreren Gymnasien sowie das eigenhändige Reinzeichnen sämtlicher selbstentworfener Figuren, das Aufrastern der über hundert Abbildungen und das Umbrechen des gesamten Textes erklären die lange Dauer vom Beginn der Untersuchung bis zum Vorliegen des fertigen Buches. So gilt es bei der Lektüre unbedingt zu berücksichtigen, dass zeitbezogene Angaben wie «heute», «gegenwärtig» oder «aktuell» den Zustand von ende 1982 betreffen und dass das Literaturverzeichnis gleichzeitig mit dem Text abgeschlossen worden ist. Durch das Raumplanungsgesetz von 1979 hat sich die Landschaftsdynamik allerdings merklich verlangsamt, und die räumliche Situation von 1982 ist auch 1990 noch weitgehend anzutreffen. Wo sich dennoch Änderungen seit Abschluss der Feldaufnahmen ergeben haben, liegen diese voll im aufgezeigten Trend.

Da Nutzung und Umgestaltung einer Landschaft an einzelne Menschen und deren Entscheidungsverhalten gebunden sind, hätte sich durchaus eine romanhafte Fassung des Geschehens angeboten. Diese wäre sicher lebendiger als der vorliegende Versuch einer analytischen Darstellung, welche allerdings die klare Formulierung unterschiedlicher Dynamiktypen erlaubt und damit einen Beitrag zur allgemeinen Theorie leisten kann. Immerhin habe ich versucht, mit geeignetem Bildmaterial die einzelnen Erkenntnisschritte zu illustrieren und dieselben mittels Figuren und Tabellen zu veranschaulichen. Weil sich die vorliegende Schrift nicht nur ans Fachpublikum richtet, enthält sie neben den theoretischen auch eher beschreibende Abschnitte mit einer grossen Zahl heimatkundlicher Fakten. Diese sind häufig in Gesprächen mit Einheimischen gewonnen worden, da schriftliches Material weitgehend fehlt. Deshalb kann ich für ihre Richtigkeit – speziell im Blick auf Jahreszahlen – nur beschränkt garantieren. Allfällige Korrekturen oder Ergänzungen aus dem Leserkreis nehme ich daher gerne entgegen.

Nun hoffe ich, dass mein Buch auf das Interesse einer möglichst breiten Leserschaft stossen wird, und bin auf Reaktionen – auch auf kritische – sehr gespannt.

Basel, den 31.12.90 *Hansluzi Kessler*

Dank

Den folgenden Ämtern, Vereinigungen, Personen und Familien sei für sämtliche erteilten Auskünfte herzlich gedankt:

TESTRAUM WIESENBERG NW

Kantonales Grundbuchamt Nidwalden (Herr Barmettler), Stans; Kantonales Amt für Umweltschutz und Planung, Stans; Kantonales Oberforstamt, Stans; Kantonales Amt für Betriebsberatung, Stans; Kantonales Geometerbüro, Stans; Verkehrsverein Wirzweli-Wiesenberg

Frau Margrit Niederberger-Odermatt, Wirzweli, Wiesenberg; Frau Rosmarie Niederberger-Niederberger, Wiesenberg; Herr Alois Amstutz-Gut, Bannwart Dürrenboden, Wiesenberg; Herr Anton Durrer-Odermatt, Präsident Ürtenkorporation, Dallenwil; Herr Robert Ettlin-Zimmermann, Betriebsleiter LDW, Stans; Herr Hugo Kayser-von Wyl, Gemeindeschreiber, Dallenwil; Herr Erwin Kobach-Schärli, Luzern; Herr Josef Muri, Landwirtschaftlicher Betriebsberater, Büren; Herr Josef Niederberger-Meier, Kaufmann, Dallenwil; Herr Josef Niederberger-Niederberger, a. Posthalter, Wiesenberg; Herr Paul Niederberger-Töngi, a. Gemeindepräsident, Dallenwil; Herr Stanislaus Niederberger-Keiser, Sulzmattli, Wiesenberg

Bauern und Älpler am Wiesenberg:
Familie Amstutz-Gut, Frutt; Familie Arnold-Fähndrich, Vorder Wissiflue; Familie Barmettler-Scheuber, Langbodehütte; Familie von Büren-Barmettler, Vorder Husmatt; Familie Gut-Mathis, Schürmatt; Familie Gut-Trappel, Schwand/Chüenere; Familie Gisler-Christen, Lückebode; Familie Mathis-von Holzen, Ober Ronehütte; Familie Niederberger-Barmettler, Sulzmatt; Familie Niederberger-Christen, Wirzweli; Familie Niederberger-Gut, Ober Schwändli; Familie Niederberger-Odermatt, Under Schwändli; Familie Niederberger-Odermatt, Lochalp; Familie Niederberger-Rieger, Underhus; Familie Niederberger-Schmid, Stanglisbüel; Familie Niederberger-Waltisberg, Lochalp; Familie Odermatt-Christen, Chapelmatt; Familie Odermatt-Niederberger, Under Chrüzhütte; Familie Odermatt-Heitzmann, Ober Holzwang; Familie Odermatt-Heitzmann, Under Holzwang; Familie Odermatt-Hess, Gummenalp; Familie Odermatt-Scheuber, Ronemattli; Familie Rohrer-Schuler, Under Rain; Familie Zumbühl-Achermann, Hinder Husmatt; Familie Zumbühl-Amstutz, Schultere; Familie Zumbühl-von Holzen, Seewli; Herr Josef Barmettler-Niederberger, Lochhütte; Herr Peter Niederberger-Ackermann, Lizli; Herr Franz Niederberger-Risi, Meyershütte; Herr Alois Schuler, Bord; Herr Hans Schuler, Langmattli; Herr Walter Schuler, Ober Chneu

TESTRAUM WISSEBERG GL

Kantonales Grundbuchamt (Herr Kuendert), Glarus; Kantonales Geometerbüro, Glarus

Herr Rudolf Zwicky, a. Lehrer, Matt; Herr Johann Jakob Stauffacher-Marti, Wirt, Wisseberg

Bauern am Wisseberg:
Familie Elmer-Elmer, Freulerberg; Familie Marti-Gees, Ändi; Familie Marti-Meili, Geere; Familie Schuler-Stauffacher, Wyenegg; Familie Stauffacher-Bäbler, Ober Hoschetbord; Familie Stauffacher-Marti, Under Hoschetbord; Herr Christoph Baumgartner-Baumgartner, Schmidhoschet; Herr Gottlieb Elmer, Schuelerberg; Herr Mathäus Marti-Baumgartner, Buchshoschet; Herr Jakob Marti, Suterheimet; Herr Jakob Speich, Oreberg; Herr Johannes Stauffacher-Tobler, Weide

TESTRAUM HUOBE GR

Kantonales Grundbuchamt, Chur

Frau Anna Barbara Gerber-Gasner, Rest. Alpina, Fanas; Herr Benedikt Aliesch-Davatz, a. Gemeindepräsident, Fanas; Herr Cyprian Aliesch-Lampert, a. Gemeindepräsident, Fanas; Herr Johannes Gasner-Ilg, Gemeindekanzlist, Fanas; Herr Kaspar Gillardon-Davatz, Landwirtschaftlicher Betriebsberater, Fanas; Herr Paul Pollett-Gillardon, a. Lehrer, Fanas; Herr Peter Rieder-Buol, Kaufmann, Fanas; Herr Jakob Schmid, Förster, Fanas

Herzlich gedankt sei auch allen, die mir bei der Herstellung des vorliegenden Buches in irgend einer Art und Weise geholfen haben:

Frau Marie-Jeanne Wullschleger-Pattusch, St-Louis (traduction und Textkorrekturen); Herr Dr. Heinz Oettli, Bottmingen (Translation); Herr Eduard Morf, Reinach BL (sprachliche Anregungen); Frau Elly Dürler, Riehen (Reinschrift des Manuskripts); Frau Almuth Burdeska, Basel (Erstellen der EDV-Fassung); Herrn Adrian Bürgi, Basel (Instruktion am PC); Frau Hanni Bolens-Menzi, Basel, Frau Ida Kessler-Stöckli, Schiers, Frau Margaretha Stöckli, Basel (Textkorrekturen); Frau Leena Baumann-Hannikainen, Geographisches Institut der Universität Basel (Unterstützung in graphischen Belangen); Herr Arnold Bühler, Geographisches Institut der Universität Basel (Beratung in fototechnischen Belangen); Herr Jeanot-F. Wälti, FAG Lausanne (Instruktion an der Reprokamera); Herr Markus Fritschin, Reinhardt Druck Basel (Satzerstellung); Herr Bruno Geissmann, Reinhardt Druck Basel (drucktechnische Beratung); Frau Heidi Danegger-Leu, Universität Basel (Finanzierungsberatung)

Die folgenden Personen und Verlage haben mir freundlicherweise Karten-, Plan- und Bildmaterial zur Verfügung gestellt oder mir die Reproduktion alter Texte, Ansichtskarten und Werbeprospekte erlaubt:

Herr Fridolin Hossli-Howald, Kantonsgeometer, Stans; Herr Josef Niederberger-Meier, Dallenwil; Herr Walter Wild-Merz, Kantonsgeometer, Glarus; Herr Leonhard Gansner-Salzgeber, Fanas; Herr Valentin Jost-Pedotti, Schiers

Bundesamt für Landestopographie, Wabern; Orell Füssli Verlag, Zürich; Schweizerischer Ingenieur- und Architektenverein, Zürich; Trüb AG, Graphische Betriebe, Aarau; Verlag Attinger, Neuchâtel

Foto R. Fischlin, Stans; Photo Polster, Stans; Foto K. Engelberger, Stansstad; Postkartenverlag Globetrotter, Luzern; Foto E. Goetz, Luzern; Foto H. Schönwetter, Glarus; Postkartenverlag Photoglob, Zürich

Während der Forschungsarbeit und für die Drucklegung gewährten mir folgende Privatpersonen und Institutionen finanzielle Unterstützung, welche ebenfalls herzlich verdankt sei:

Herr und Frau Luzi und Ida Kessler-Stöckli, Schiers, Frau Christel Dressler-Bietenholz, Riehen, Janggen-Pöhn-Fonds, St. Gallen (finanzielle Unterstützung der Feldarbeit); Dissertationenfonds der Universität Basel, Werenfels-Fonds der Freiwilligen Akademischen Gesellschaft Basel, Werner Gallusser-Fonds Basel (Beitrag an die Druckkosten); Geographisch-Ethnologische Gesellschaft Basel (Beitrag an die Druckkosten und Vertrieb)

Inhaltsverzeichnis

a Text

Titelblatt 3
Vorwort 5
Dank 7

INHALTSVERZEICHNIS . . . .
        a   *Text*. 9
        b   *Figuren* 14
        c   *Abbildungen* 17

I   FRAGESTELLUNG UND ARBEITSMETHODEN 21

1 FRAGESTELLUNG 21

    11   Allgemeine Fragestellung 21
    12   Testraummodell und spezielle Fragestellung 23

2 AUSWAHL DER DREI TESTRÄUME 26

    21   Auswahlkriterien und Auswahlverfahren 26
    22   Die drei Testräume 31
             A   TESTRAUM WIESENBERG NW 31
             B   TESTRAUM WISSEBERG GL 43
             C   TESTRAUM HUOBE GR 49

3 ARBEITSMETHODEN 55

    31   Datenerhebung 55
             a   *Feldaufnahmen* 55
             b   *Archivforschung* 55
             c   *Mündliche Befragung* 56
             d   *Schriftliche Umfrage* 56
    32   Auswertung und Darstellung 57

II	UNTERSUCHUNGSERGEBNISSE UND MODELLBILDUNG		58
4	*LANDWIRTSCHAFTSDYNAMIK*		58
	41 Zur allgemeinen Landwirtschaftsdynamik und zur Methodik		58
	a Zur allgemeinen Landwirtschaftsdynamik		58
	b Zur Methodik		59
	42 Analyse der Landwirtschaftsdynamik in den drei Testräumen		61
	421 Grundeigentumsdynamik		61
	A TESTRAUM WIESENBERG NW		61
	a Aktuelle Grundeigentumsstruktur		61
	b Traditionelle Parzellarstruktur		62
	c Grundeigentumsdynamik		66
	B TESTRAUM WISSEBERG GL		67
	a Aktuelle Grundeigentumsstruktur		67
	b Traditionelle Parzellarstruktur		70
	c Grundeigentumsdynamik		71
	C TESTRAUM HUOBE GR		71
	a Aktuelle Grundeigentumsstruktur		71
	b Traditionelle Parzellarstruktur		72
	c Grundeigentumsdynamik		73
	D VERGLEICH DER DREI TESTRÄUME		74
	a Aktuelle Grundeigentumsstruktur		74
	b Traditionelle Parzellarstruktur		75
	c Grundeigentumsdynamik		77
	422 Flächennutzungsdynamik		78
	A TESTRAUM WIESENBERG NW		79
	a Aktuelle Flächennutzung		79
	b Flächennutzungsdynamik		92
	B TESTRAUM WISSEBERG GL		104
	a Aktuelle Flächennutzung		104
	b Flächennutzungsdynamik		105
	C TESTRAUM HUOBE GR		106
	a Traditionelle Flächennutzung		106
	b Flächennutzungsdynamik		106
	D VERGLEICH DER DREI TESTRÄUME		107
	a Traditionelle Flächennutzung		107
	b Flächennutzungsdynamik		108
	423 Gebäudenutzungsdynamik		110
	A TESTRAUM WIESENBERG NW		111
	a Aktuelle Gebäudenutzung		111
	b Gebäudenutzungsdynamik		114
	B TESTRAUM WISSEBERG GL		120
	a Aktuelle Gebäudenutzung		120
	b Gebäudenutzungsdynamik		120
	C TESTRAUM HUOBE GR		124
	a Traditionelle Gebäudenutzung		124
	b Gebäudenutzungsdynamik		125
	D VERGLEICH DER DREI TESTRÄUME		131
	a Traditionelle Gebäudenutzung		131
	b Gebäudenutzungsdynamik		131

424	Betriebsdynamik			134
	A	TESTRAUM WIESENBERG NW		134
		A1 Teilraum CHAPELE		134
			a Betriebstypen	134
			b Aktuelle Betriebsstruktur	146
			c Betriebsdynamik	147
		A2 Teilraum TREICHI		148
			a Betriebstypen	148
			b Aktuelle Betriebsstruktur	153
			c Betriebsdynamik	153
		A3 Teilraum FLUE		156
		A4 Teilraum DÜRREBODE		157
			a Betriebstypen	157
			b Aktuelle Betriebsstruktur	159
			c Betriebsdynamik	159
	B	TESTRAUM WISSEBERG GL		163
			a Betriebstypen	163
			b Aktuelle Betriebsstruktur	166
			c Betriebsdynamik	168
	C	TESTRAUM HUOBE GR		169
			a Traditionelle Betriebsstruktur	169
			b Betriebsdynamik	170
	D	VERGLEICH DER DREI TESTRÄUME		171
			a Traditionelle und aktuelle Betriebsstruktur	171
			b Betriebsdynamik	172
425	Bevölkerungs- und Infrastrukturdynamik			174
	A	TESTRAUM WIESENBERG NW		174
		A1 Teilraum CHAPELE		174
			a Aktuelle Bevölkerungsstruktur	174
			b Bevölkerungsdynamik	174
			c Infrastrukturdynamik	180
		A2 Teilraum TREICHI		187
			a Aktuelle Bevölkerungsstruktur	187
			b Bevölkerungsdynamik	188
			c Infrastrukturdynamik	188
		A3 Teilraum FLUE		191
		A4 Teilraum DÜRREBODE		191
	B	TESTRAUM WISSEBERG GL		203
			a Aktuelle Bevölkerungsstruktur	203
			b Bevölkerungsdynamik	204
			c Infrastrukturdynamik	204
	C	TESTRAUM HUOBE GR		207
			a Aktuelle Bevölkerungsstruktur	207
			b Bevölkerungsdynamik	207
			c Infrastrukturdynamik	208
	D	VERGLEICH DER DREI TESTRÄUME		210
			a Aktuelle Bevölkerungsstruktur	210
			b Bevölkerungsdynamik	212
			c Infrastrukturdynamik	214

	43	Typisierung der Landwirtschaftsdynamik und Modellbildung...............		216
		431 Synthese der Landwirtschaftsdynamik in den drei Testräumen..........		216
		A TESTRAUM WIESENBERG NW		216
		A1 Teilraum CHAPELE		216
		A2 Teilraum TREICHI......................................		217
		A3 Teilraum FLUE		218
		A4 Teilraum DÜRREBODE...................................		218
		B TESTRAUM WISSEBERG GL.............................		219
		C TESTRAUM HUOBE GR.................................		220
		432 Typisierung der Landwirtschaftsdynamik auf Test- und Teilraumebene....		221
		TYP EXTENSIVIERUNG..................................		222
		TYP INTENSIVIERUNG		222
		433 Typisierung der Landwirtschaftsdynamik auf Betriebsebene und ihre Bedeutung für eine allfällige Tourismusdynamik......................		226
		TYP EXTENSIVIERUNG..................................		226
		TYP INTENSIVIERUNG		227

5 TOURISMUSDYNAMIK.. 234

	51	Zur allgemeinen Tourismusdynamik und zur Methodik.....................		234
		a Zur allgemeinen Tourismusdynamik.........................		234
		b Zur Methodik		238
	52	Analyse der Tourismusdynamik in den drei Testräumen.....................		242
		521 Infrastrukturdynamik		242
		A TESTRAUM WIESENBERG NW		242
		A1 Teilräume STANSERHORN und GUMME.....................		243
		a Vorkriegsjahre.......................................		243
		b Zwischenkriegsjahre..................................		262
		c Nachkriegsjahre.....................................		273
		A2 Teilraum FLUE		285
		B TESTRAUM WISSEBERG GL.............................		286
		C TESTRAUM HUOBE GR.................................		288
		D VERGLEICH DER DREI TESTRÄUME		292
		522 Ferienhausdynamik		298
		A TESTRAUM WIESENBERG NW		298
		a Flächendynamik.....................................		298
		b Baudynamik		304
		c Planerische Lenkungsmassnahmen........................		305
		d Erschliessung und Versorgung		308
		B TESTRAUM WISSEBERG GL.............................		315
		a Flächendynamik.....................................		315
		b Baudynamik		317
		c Planerische Lenkungsmassnahmen........................		320
		d Erschliessung und Versorgung		324
		C TESTRAUM HUOBE GR.................................		325
		a Flächendynamik.....................................		325
		b Baudynamik		328
		c Planerische Lenkungsmassnahmen........................		328
		d Erschliessung und Versorgung		329

	D	VERGLEICH DER DREI TESTRÄUME	330
		a Flächendynamik	330
		b Baudynamik	331
		c Planerische Lenkungsmassnahmen	333
		d Erschliessung und Versorgung	335
		e Herkunft und Motivation der Ferienhausbesitzer	336
		f Soziale Einbindung der Ferienhausbesitzer	341
53		Typisierung der Tourismusdynamik und Modellbildung	348
	531	Synthese der Tourismusdynamik in den drei Testräumen	348
		A TESTRAUM WIESENBERG NW	348
		A1 Teilraum STANSERHORN	348
		A2 Teilraum GUMME	349
		A3 Teilraum FLUE	349
		B TESTRAUM WISSEBERG GL	351
		C TESTRAUM HUOBE GR	353
	532	Typisierung der Tourismusdynamik	354
		TYP REGRESSION	356
		TYP PROGRESSION	356
6	*KOMBINATION VON LANDWIRTSCHAFTS- UND TOURISMUSDYNAMIK*		357
	61	Reaktionsverhalten der Landwirte	357
		a Boden- und Gebäudeverkauf	357
		b Gemeinsame Infrastruktur	359
		c Teil- und Nebenerwerb	360
		d Konflikte	366
	62	Kombinationstypen von Landwirtschafts- und Tourismusdynamik	368
		TYP EXT/REG	368
		TYP EXT/PROG	368
		TYP INT/REG	371
		TYP INT/PROG	377
III	*WERTUNG DER ERGEBNISSE UND ZUSAMMENFASSUNG*		378
7	*WERTUNG DER ERGEBNISSE*		378
8	*ZUSAMMENFASSUNG*		383
	Résumé		387
	Summary		390
IV	*LITERATURVERZEICHNIS UND QUELLENANGABEN*		393
		a Literatur	393
		b Reiseführer und Werbeprospekte	397
		c Zeitungs- und Zeitschriftenartikel	397
		d Statistiken	397
		e Archivdaten	398
		f Gesetze, Verordnungen, Reglemente	398
		g Pläne, Karten und Atlanten	398

b Figuren

Fig. 1	Das Testraummodell als Grundlage für die Auswahl geeigneter Testräume (S. 25)
Fig. 2	Lage der drei Testräume WIESENBERG NW, WISSEBERG GL und HUOBE GR und ihre Einbettung ins Bezugsystem gemäss Testraummodell (S. 27)
Fig. 3 (T)	Einbettung der Testräume ins Bezugsystem gemäss Testraummodell (S. 28)
Fig. 4 (T)	Flächen- und Höhenangaben zu den drei Testgemeinden Dallenwil NW, Matt GL und Fanas GR (S. 30)
Fig. 5	Der Testraum WIESENBERG NW im Kartenbild (S. 34)
Fig. 6	Der Testraum WIESENBERG NW mit der Einteilung in die vier Teilräume CHAPELE, TREICHI, FLUE und DÜRREBODE (Blick von Wirzweli gegen das Stanserhorn) (S. 36)
Fig. 7	Der Testraum WIESENBERG NW mit der Einteilung in die vier Teilräume CHAPELE, TREICHI, FLUE und DÜRREBODE (Blick vom Stanserhorn gegen Wirzweli) (S. 36)
Fig. 8	Der Testraum WIESENBERG NW im Überblick mit Flur- und Hofnamen (Blick von Wirzweli gegen das Stanserhorn) (S. 37)
Fig. 9	Der Testraum WIESENBERG NW im Überblick mit Flur- und Hofnamen (Blick vom Stanserhorn gegen Wirzweli) (S. 37)
Fig. 10	Gewässernetz in den drei Testräumen (S. 38/39)
Fig. 11	Testraum WIESENBERG NW: Relief und Höhenlage (S. 40)
Fig. 12	Testraum WIESENBERG NW: Teilraumeinteilung bezüglich Landwirtschaftsdynamik, Parzellengrenzen sowie Flur- und Hofnamen (S. 41)
Fig. 13	Der Testraum WISSEBERG GL im Überblick mit Flur- und Hofnamen (S. 44)
Fig. 14	Der Testraum WISSEBERG GL im Kartenbild (S. 45)
Fig. 15	Testraum WISSEBERG GL: Relief und Höhenlage (S. 46)
Fig. 16	Testraum WISSEBERG GL: Parzellengrenzen sowie Flur- und Hofnamen (S. 47)
Fig. 17	Der Testraum HUOBE GR im Überblick mit Flurnamen (S. 50)
Fig. 18	Der Testraum HUOBE GR im Kartenbild (S. 51)
Fig. 19	Testraum HUOBE GR: Relief und Höhenlage (S. 52)
Fig. 20	Testraum HUOBE GR: Parzellengrenzen sowie Flurnamen (S. 53)
Fig. 21 (T)	Statistische Angaben zur schriftlichen Umfrage (S. 56)
Fig. 22	Analytische Inventarisierung der betriebsweise erhobenen Daten in Form thematischer Karten (S. 57)
Fig. 23 (T)	Private Grundeigentümer in den drei Testräumen (S. 63)
Fig. 24	Aktuelle Grundeigentumsstruktur in den drei Testräumen (S. 64/65)
Fig. 25	Traditionelle Parzellarstruktur in den drei Testräumen (S. 68/69)
Fig. 26 (T)	Traditionelle Parzellarstruktur: typische Parzellengrössen einzelner Parzellenkategorien (S. 70)
Fig. 27 (T)	Aktuelle Grundeigentumsstruktur: Flächenanteile sämtlicher Grundeigentümerkategorien in den beiden Testräumen WIESENBERG NW und WISSEBERG GL (S. 76)
Fig. 28	Aktuelle land- und forstwirtschaftliche Flächennutzung in den drei Testräumen (S. 80/81)
Fig. 29	Landwirtschaftliche Transportseile und Erschliessungsstrassen im Testraum WIESENBERG NW (S. 94)
Fig. 30	Die Korporationslose (Ürtenlose) im Testraum WIESENBERG NW und die touristische Infrastruktur am Gummenordhang (S. 95)
Fig. 31	Aktuelle landwirtschaftliche Gebäudenutzung in den drei Testräumen (S. 112/113)
Fig. 32 (T)	Aktueller landwirtschaftlicher Gebäudebestand in den drei Testräumen (S. 115)
Fig. 33	Aktuelle landwirtschaftliche Betriebsstruktur in den drei Testräumen (S. 136)
Fig. 34 (T)	Aktuelle landwirtschaftliche Betriebstypen in den Testräumen WIESENBERG NW und WISSEBERG GL (S. 137)
Fig. 35	Der Betrieb UNDERHUS/(LOCHALP) als Fallbeispiel für einen traditionellen Betriebstyp im Testraum WIESENBERG NW (S. 139)
Fig. 36	Betriebsdynamik im Testraum WIESENBERG NW (S. 155)

Fig. 37 (T)	Die sechs Alpkreise der Genossenschaftsalp Dürrebode (S. 157)
Fig. 38 (T)	Traditionelle Milchtransporte und Milchverwertung in den Treichialpen (S. 162)
Fig. 39	Der Betrieb UNDER HOSCHETBORD als Fallbeispiel für einen aktuellen Betriebstyp im Testraum WISSEBERG GL (S. 165)
Fig. 40 (T)	Ehemalige Heimwesen als Teile noch existierender Betriebe im Testraum WISSEBERG GL (S. 168)
Fig. 41 (T)	Durchschnittliche Betriebsgrössen in den drei Testgemeinden (S. 172)
Fig. 42 (T)	Entwicklung des Viehbestandes in den drei Testgemeinden (S. 172)
Fig. 43 (T)	Aktuelle Bevölkerungsstruktur im Testraum WIESENBERG NW (S. 175)
Fig. 44	Alters- und Geschlechtsstruktur der Bevölkerung im Testraum WIESENBERG NW (S. 176/177)
Fig. 45	Siedlungsdynamik im Testraum WIESENBERG NW (S. 179)
Fig. 46	Aktuelle Wasserversorgung in den drei Testräumen (S. 184/185)
Fig. 47 (T)	Alters- und Geschlechtsstruktur der Bevölkerung in den drei Testgemeinden (S. 211)
Fig. 48 (T)	Erwerbsstruktur in den drei Testgemeinden (S. 211)
Fig. 49	Dynamik der Einwohnerzahl und der Erwerbsstruktur in den drei Testgemeinden (S. 213)
Fig. 50	Landwirtschaftdynamik im Testraum WIESENBERG NW (S. 223)
Fig. 51	Das Dynamikmodell EXTENSIVIERUNG (bezüglich Landwirtschaftdynamik) (S. 224)
Fig. 52	Das Dynamikmodell INTENSIVIERUNG (bezüglich Landwirtschaftdynamik) (S. 225)
Fig. 53	Entwicklung der Bettenkapazität im Schweizer Gastgewerbe 1963–1982 (S. 236)
Fig. 54 (T)	Touristische Inwertsetzung in Abhängigkeit gesellschaftlicher Strukturen (S. 237)
Fig. 55	Der Teilraum STANSERHORN NW im Testraum WIESENBERG NW (S. 240)
Fig. 56	Der Teilraum GUMME im Testraum WIESENBERG NW (Blick von Wirzweli gegen den Ächerlipass) (S. 241)
Fig. 57	Der Teilraum GUMME im Testraum WIESENBERG NW (Blick vom Ächerlipass gegen Wirzweli) (S. 241)
Fig. 58	Aktuelle touristische Infrastruktur und aktueller Ferienhausbestand in den drei Testräumen sowie Teilraumeinteilung bezüglich Tourismusdynamik im Testraum WIESENBERG NW (S. 244/245)
Fig. 59 (T)	Dynamik der touristischen Infrastruktur im Testraum WIESENBERG NW (S. 263)
Fig. 60 (T)	Sportvereine und ihre Skihütten im Testraum WIESENBERG NW (S. 264)
Fig. 61 (T)	Privatpersonen als Mieter von Alphütten im Testraum WIESENBERG NW (S. 264)
Fig. 62	Aktuelle touristische Infrastruktur im Teilraum GUMME NW (S. 275)
Fig. 63 (T)	Aktuelle touristische Infrastruktur im Testraum WIESENBERG NW (S. 283)
Fig. 64 (T)	Restaurantplätze und Bettenangebot im Teilraum GUMME NW (S. 284)
Fig. 65 (T)	Aktuelle touristische Infrastruktur in den drei Testräumen (S. 293)
Fig. 66	Dynamik der touristischen Infrastruktur in den drei Testräumen (S. 294/295)
Fig. 67 (T)	Zubringerbahnen zu den drei Testräumen: technische Daten und beförderte Personen 1980 (S. 296)
Fig. 68 (T)	Ferienhausdynamik in den Testräumen WIESENBERG NW und WISSEBERG GL: Flächendynamik und Baudynamik bezüglich Ferienhausneubauten (S. 299)
Fig. 69 (T)	Ferienhausdynamik in den Testräumen WIESENBERG NW und WISSEBERG GL: Flächendynamik und Baudynamik bezüglich Umnutzung von Landwirtschaftsgebäuden (S. 301)
Fig. 70 (T)	Flächendynamik in den Testräumen WIESENBERG NW und WISSEBERG GL: Ferienhausparzellen und Parzellen mit umgenutzten Landwirtschaftsgebäuden sowie Total der verkauften Flächen (S. 301)
Fig. 71	Verkauf von Ferienhausparzellen auf Wirzweli und im Eggwaldried (Teilraum GUMME NW) (S. 302)
Fig. 72 (T)	Flächendynamik in den Testräumen WIESENBERG NW und WISSEBERG GL: Verkäuferkategorien (S. 303)
Fig. 73 (T)	Flächendynamik in den Testräumen WIESENBERG NW und WISSEBERG GL: Verkäuferkategorien sowie Total der verkauften Flächen (S. 303)
Fig. 74 (T)	Bodenpreisentwicklung im Ferienhausdorf Wirzweli-Eggwald (S. 304)

Fig. 75   Die Alp Wirzweli und das Korporationsland im Eggwaldried vor der touristischen Inwertsetzung (Rekonstruktion) (S. 306)
Fig. 76   Die Alp Wirzweli und das Korporationsland im Eggwaldried nach der touristischen Inwertsetzung (aktuelle Situation 1982) (S. 307
Fig. 77   Flächendynamik und touristische Umnutzung von Landwirtschaftsgebäuden im Teilraum STANSERHORN NW (S. 309)
Fig. 78   Heimwesen und Berggüter im Testraum WISSEBERG GL vor der touristischen Inwertsetzung (Rekonstruktion) (S. 318)
Fig. 79   Heimwesen und Berggüter im Testraum WISSEBERG GL nach der touristischen Inwertsetzung (aktuelle Situation 1982) (S. 319)
Fig. 80   Ferienhausparzellen und Arrondierungskäufe im Testraum WISSEBERG GL (S. 321)
Fig. 81 (T) Verkauf von Ferienhausparzellen: Flächenbilanz in den Testräumen WIESENBERG NW und WISSEBERG GL (S. 331)
Fig. 82 (T) Ferienhausbau und touristische Umnutzung von Landwirtschaftsgebäuden in den drei Testräumen (S. 332)
Fig. 83 (T) Ferienhäuser und touristisch umgenutzte Landwirtschaftsgebäude: Gebäudebilanz in den drei Testräumen (S. 333)
Fig. 84   Ferienhäuser und touristisch umgenutzte Landwirtschaftsgebäude in den drei Testräumen (S. 334)
Fig. 85 (T) Regionale Herkunft der Käufer von Ferienhausparzellen in den Testräumen WIESENBERG NW und WISSEBERG GL (S. 337)
Fig. 86 (T) Regionale Herkunft der Ferienhausbesitzer in den drei Testräumen (S. 338)
Fig. 87   Regionale Herkunft der Ferienhausbesitzer gemäss Testraummodell (S. 339)
Fig. 88 (T) Berufsstruktur der Käufer von Ferienhausparzellen im Testraum WISSEBERG GL (S. 340)
Fig. 89 (T) Schriftliche Umfrage: Herkunft, Motivation, Tourismusverhalten und soziale Einbindung der Ferienhausbesitzer in den drei Testräumen (S. 342–345)
Fig. 90 (T) Nichtlandwirtschaftlich genutzte Flächen im Testraum WIESENBERG NW (S. 350)
Fig. 91 (T) Touristisch genutzte Gebäude: Gesamtbestand in den drei Testräumen (S. 352)
Fig. 92   Das Dynamikmodell REGRESSION/PROGRESSION (bezüglich Tourismusdynamik) (S. 355)
Fig. 93   Unterschiedliches Reaktionsverhalten nach Abtrennung der Alp vom Talheimwesen im Teilraum GUMME(TREICHI): Saisonaler Alpbetrieb mit Teilerwerb im Wintertourismus oder Übergang zum Ganzjahresbetrieb (S. 365)
Fig. 94   Touristische Gebäudenutzung auf der Heimwesenstufe im Testraum WISSEBERG GL (S. 367)
Fig. 95   Die Dynamiktypen bezüglich Landwirtschaft und Tourismus und die Kombinationstypen bezüglich Landwirtschafts- und Tourismusdynamik in den drei Testräumen (S. 369)
Fig. 96   Die theoretisch denkbaren Kombinationstypen bezüglich Landwirtschafts- und Tourismusdynamik (S. 370)
Fig. 97   Veranschaulichung von TYP EXT/REG im Teilraum STANSERHORN(CHAPELE) NW (S. 372)
Fig. 98   Veranschaulichung von TYP EXT/PROG im Testraum WISSEBERG GL (S. 373)
Fig. 99   Veranschaulichung von TYP EXT/PROG im Testraum HUOBE GR (S. 374)
Fig. 100   Veranschaulichung von TYP INT/REG im Teilraum STANSERHORN(TREICHI) NW (S. 375)
Fig. 101   Veranschaulichung von TYP INT/PROG im Teilraum GUMME(TREICHI) NW (S. 376)
Fig. 102   Das Kombinationstypenmodell bezüglich Landwirtschafts- und Tourismusdynamik (S. 385)

(T) = Tabelle

c Abbildungen

DIE DREI TESTRÄUME

Abb. 1	TESTRAUM WIESENBERG NW, Teilraum CHAPELE, S. 32
Abb. 2	TESTRAUM WIESENBERG NW, Teilraum TREICHI, S. 32
Abb. 3	TESTRAUM WISSEBERG GL, S. 33
Abb. 4	TESTRAUM HUOBE GR, S. 33

LANDWIRTSCHAFTSDYNAMIK

Flächennutzungsdynamik

Abb. 5	Weideflächen und Magerwiesen (CHAPELE NW), S. 84
Abb. 6	Motormäher für steile Wiesen (WISSEBERG GL), S. 84
Abb. 7	Moderner Ladewagen (CHAPELE NW), S. 85
Abb. 8	Handmelken und elektrische Melkmaschine (Lochalp, CHAPELE NW), S. 85
Abb. 9 -12	Tristenbau im Eggwaldried (TREICHI NW), S. 86/87
Abb. 13-16	Planggenheuen und Burdenseilen (Holzwangplangge, TREICHI NW), S. 88/89
Abb. 17-20	Heuseilanlagen (Under Chneu, Bord, CHAPELE NW), S. 90/91
Abb. 21	Materialtransportbahn zur Alp Ober Chneu (CHAPELE NW), S. 98
Abb. 22	Milchtransportbahn in der Lochalp (CHAPELE NW), S. 98
Abb. 23	Materialtransportbahn auf Wirzweli (TREICHI NW), S. 99
Abb. 24	Milchtransportbahn in der Alp Frutt (TREICHI NW), S. 99
Abb. 25	Rundlaufseil in der Alp Ober Chneu (CHAPELE NW), S. 100
Abb. 26	Materialtransportbahn zur Alp Ober Chneu (CHAPELE NW), S. 100
Abb. 27	Materialtransportbahn zur Alp Under Chneu (CHAPELE NW), S. 101
Abb. 28	Mist- und Heuseil in der Alp Under Chneu (CHAPELE NW), S. 101
Abb. 29	Tengeln der Sense (Weidberg, WISSEBERG GL), S. 109

Gebäudenutzungsdynamik

Abb. 30	Traditionelles Bauernhaus mit Viehstall (Langmattli, CHAPELE NW), S. 116
Abb. 31	Alphütten, Alpgade und Spycherli (Rainhütten, DÜRREBODE NW), S. 116
Abb. 32	Die Eggalp Ober Rone (DÜRREBODE NW), S. 117
Abb. 33	Zerfallendes Spycherli (Althüttli, DÜRREBODE NW), S. 117
Abb. 34	Traditioneller Viehstall im Berggut (Ober Fuchseberg, WISSEBERG GL), S. 122
Abb. 35	Zerfallende Geissgädeli (Hinder Ändi, WISSEBERG GL), S. 122
Abb. 36	Kochhüttli im Ober Oreberg (WISSEBERG GL), S. 123
Abb. 37	Verschwundene Stallbauten (Weide, WISSEBERG GL), S. 123
Abb. 38/39	Traditionelle Bauernhäuser und Wirtschaftsgebäude im Prättigau, S. 126/127
Abb. 40	Maiensässgebäude auf Wäli (HUOBE GR), S. 128
Abb. 41	Pargaune auf dem Furner (HUOBE GR), S. 128
Abb. 42	Zerfallende Pargaune (HUOBE GR), S. 129
Abb. 43	Leerstehende Stallbauten (HUOBE GR), S. 129
Abb. 44	Zerfallende Pargaune (HUOBE GR), S. 133

Betriebsdynamik

Abb. 45	Chapelmatt: traditioneller zweistufiger Vollerwerbsbetrieb (CHAPELE NW), S. 142
Abb. 46	Lochalp: saisonaler Teilerwerbsbetrieb (CHAPELE NW), S. 142
Abb. 47	Lizli: Nebenerwerbsbetrieb (CHAPELE NW), S. 143
Abb. 48	Chrinne: Privatalp (CHAPELE NW), S. 143
Abb. 49	Waldmattli – Stanglisbüel – Seewli – Vorder Husmatt: Übergang von saisonalen Alpen zu Ganzjahresbetrieben (TREICHI NW), S. 144
Abb. 50	Schultere: Ganzjahresbetrieb mit Alpung von fremdem Vieh (TREICHI NW), S. 144

| Abb. 51 | Stanglisbüel: Alp mit Viehfütterung bis in den Winter (TRREICHI NW), S. 145 |
| Abb. 52 | Wirzweli: Ganzjahresbetrieb anstelle von Alp (TREICHI NW), S. 145 |

Bevölkerungs- und Infrastrukturdynamik

Abb. 53	Fussgängersteg über die Geererus (WISSEBERG GL), S. 192
Abb. 54	Fussweg vom Meissebödeli zum Stigerberg (WISSEBERG GL), S. 192
Abb. 55	Landwirtschaftliche Fahrwege (WISSEBERG GL), S. 193
Abb. 56	Ehemaliger Fussweg am Schuelerberg (WISSEBERG GL), S. 193
Abb. 57	Traditioneller Holztrog (Schuelerberg, WISSEBERG GL), S. 194
Abb. 58	Mobiles Tränkfass (WISSEBERG GL), S. 194
Abb. 59	Badewanne als Brunnentrog (WISSEBERG GL), S. 195
Abb. 60	Schlecht unterhaltener Brunnentrog (Sattelberg, WISSEBERG GL), S. 195
Abb. 61	Neues Wasserreservoir im Oberguet (WISSEBERG GL), S. 196
Abb. 62	Wasserreservoir im Eggwaldried (TREICHI NW), S. 196
Abb. 63	Feuerstelle im Gadehus der Alp Chrinne (CHAPELE NW), S. 197
Abb. 64	Küchentisch als Spielbrett (Chrinne, CHAPELE NW), S. 197
Abb. 65	Holzkochherd im Gadehus der Alp Hinder Leitere (CHAPELE NW), S. 198
Abb. 66	Elektrischer Kochherd im Gadehus der Lochalp (CHAPELE NW), S. 198
Abb. 67	Posttransport mit der Luftseilbahn Dallenwil–Wiesenberg (CHAPELE NW), S. 199
Abb. 68	Elektrisches Licht, Telefonanschluss und Fernsehempfänger in der Alpstube der Frutt (TREICHI NW), S. 199
Abb. 69	Hochzeitsbrauch mit Viehglocken (WIESENBERG NW), S. 200
Abb. 70	Festliche Kleidung an Hochzeitsfeier (WIESENBERG NW), S. 200
Abb. 71	Die Feuerwehr vom Wiesenberg (CHAPELE NW), S. 201
Abb. 72	Saumetzgete auf Wirzweli (TREICHI NW), S. 201
Abb. 73	Versorgung im Taldorf (Dallenwil NW), S. 215

Dynamiktypen auf Betriebsebene

Abb. 74	Underhus:	TYP ZUWACHS	(CHAPELE NW),	S. 228
Abb. 75	Acher:	TYP AUFGABE	(CHAPELE NW),	S. 228
Abb. 76	Chli Ächerli:	TYP VERPACHTUNG	(TREICHI NW),	S. 229
Abb. 77	Alp Ronemattli:	TYP TEILERWERB	(TREICHI NW),	S. 229
Abb. 78	Vorder Husmatt:	TYP UMWANDLUNG	(TREICHI NW),	S. 230
Abb. 79	Hinder Husmatt:	TYP UMWANDLUNG	(TREICHI NW),	S. 230
Abb. 80	Ober Holzwang:	TYP UMWANDLUNG	(TREICHI NW),	S. 231
Abb. 81	Sulzmattli, Sulzmatt, Schultere und Under Holzwang: TYP UMWANDLUNG (TREICHI NW), S. 231
Abb. 82	Weide:	TYP AUFGABE	(WISSEBERG GL),	S. 232
Abb. 83	Sattel:	TYP AUFGABE	(WISSEBERG GL),	S. 232
Abb. 84	Buchshoschet:	TYP AUFGABE	(WISSEBERG GL),	S. 233
Abb. 85	Under Hoschetbord, Ober Hoschetbord und Ändi: TYP ZUWACHS (WISSEBERG GL), S. 233

TOURISMUSDYNAMIK

Infrastrukturdynamik

Abb. 86–97	Stanserhorn: Standseilbahn und Gipfelhotel; Bild- und Textmaterial aus zeitgenössischen Reiseführern, Faltprospekten, Werbebroschüren und Postkarten (STANSERHORN NW), S. 246–261
Abb. 98	Restaurant «Alpenhof» (STANSERHORN NW), S. 265
Abb. 99	Pension «Sulzmattli» (STANSERHORN NW), S. 265
Abb. 100	Clubhaus «SATUS-Heim» (GUMME NW), S. 266
Abb. 101	Clubhütte «Gummenmattli» (GUMME NW), S. 266
Abb. 102	Hotel «Kurhaus» (GUMME NW), S. 267

Abb. 103	Restaurant «Wirzweli» (GUMME NW), S. 267	
Abb. 104	Luftseilbahn Dallenwil–Wiesenberg (STANSERHORN NW), S. 268	
Abb. 105	Bergstation der Wiesenbergbahn (STANSERHORN NW), S. 268	
Abb. 106	Holzkabine der ersten Wirzwelibahn (GUMME NW), S. 269	
Abb. 107	Metallkabine der ersten Wirzwelibahn (GUMME NW), S. 269	
Abb. 108-111	Die erste Gummenbahn im Sommer und im Winter (GUMME NW), S. 270/271	
Abb. 112	Bergstation der ersten Wissifluebahn (FLUE NW), S. 272	
Abb. 113	Bergstation der zweiten Wissifluebahn (FLUE NW), S. 272	
Abb. 114	Schneebedeckte Alpweiden in der Alp Dürrebode (GUMME NW), S. 278	
Abb. 115	Alphütten als Skihütten in Dürrebode (GUMME NW), S. 278	
Abb. 116	Winterlandschaft im Sulzmattli (STANSERHORN NW), S. 279	
Abb. 117	Der Gummenlift und das Bergrestaurant «Gummenalp» (GUMME NW), S. 279	
Abb. 118	Die Seilbahn Dürrenboden–Egg (GUMME NW), S. 280	
Abb. 119	Der Gummen- und der Eggwaldlift (GUMME NW), S. 280	
Abb. 120	Die zweite Gummenbahn (GUMME NW), S. 281	
Abb. 121	Die zweite Wirzwelibahn und der Wirzwelilift (GUMME NW), S. 281	
Abb. 122	Die Luftseilbahnn Matt–Wissenberge (WISSEBERG GL), S. 287	
Abb. 123	Die Gastbetriebe «Weissenberg» und «Edelwyss» (WISSEBERG GL), S. 287	
Abb. 124-125	Die erste Seilbahn Fanas–Eggli (HUOBE GR), S. 290	
Abb. 126	Die zweite Seilbahn Fanas–Eggli (HUOBE GR), S. 291	
Abb. 127	Das Bergrestaurant «Sassauna» (HUOBE GR), S. 291	

Ferienhausdynamik

Abb. 128	Die Clubhütten «Bergfrieden» und «Lopperhütte» sowie das Ferienhausdorf Wirzweli-Eggwald (GUMME NW), S. 312
Abb. 129	Das Ferienhausdorf Wirzweli-Eggwald (GUMME NW), S. 312
Abb. 130	Spycherli als Ferienhaus, Alphütte als Skihütte (Waldmattli, GUMME NW), S. 313
Abb. 131	Strässchen ins Ferienhausdorf Wirzweli-Eggwald (GUMME NW), S. 313
Abb. 132	Alter Viehstall als Ferienhaus, Bauernhaus als Ferienwohnung (Ober Hoschetbord, WISSEBERG GL), S. 322
Abb. 133	Sennhüttli als Ferienhaus (Under Oreberg, WISSEBERG GL), S. 322
Abb. 134	Neue Ferienhäuser (Ober Hoschet, WISSEBERG GL), S. 323
Abb. 135	Stall als Ferienhaus (Gassberg, WISSEBERG GL), S. 323
Abb. 136	Maiensässgebäude als Ferienhäuser (Ried, HUOBE GR), S. 326
Abb. 137	Pargaun als Ferienhäuschen (Furner, HUOBE GR), S. 326
Abb. 138	Futterhütte als Ferienhaus (Under Fatans, HUOBE GR), S. 327
Abb. 139	Viehstall als Ferienhaus (Ral, HUOBE GR), S. 327
Abb. 140	Maiensässgebäude als Ferienhäuser (Ried, HUOBE GR), S. 353

KOMBINATION LANDWIRTSCHAFTS-/TOURISMUSDYNAMIK

Reaktionsverhalten der Landwirte

Abb. 141	Zweitwohnung in Bauernhaus als Ferienwohnung (CHAPELE/STANSERHORN NW), S. 362
Abb. 142	Ausschank alkoholfreier Getränke (Langbodehütte, TREICHI/GUMME NW), S. 362
Abb. 143	Arbeit am Skilift (Ober Schwändli, TREICHI/GUMME NW), S. 363
Abb. 144	Unterschiedliches Reaktionsverhalten: Verharren beim Althergebrachten oder Aufgeschlossenheit gegenüber Neuerungen (WISSEBERG GL), S. 363
Abb. 145	Ganzjahresbetrieb und touristische Infrastruktur auf der ehemaligen Alp Wirzweli (DYNAMIKTYP INT/PROG), (TREICHI/GUMME NW), S. 377
Abb. 146	Intensive Alpwirtschaft und bescheidener touristischer Nebenerwerb (Langbode, TREICHI/GUMME NW), S. 382
Abb. 147	Alte bäuerliche Tradition und aktuelle touristische Inwertsetzung (TREICHI/GUMME NW), S. 386

I Fragestellung und Arbeitsmethoden

1 Fragestellung

11 Allgemeine Fragestellung

Die Unterscheidung in eine ländliche und eine städtische Schweiz ist heute weniger einfach als zu Zeiten, da Stadtmauern klar ersichtlich die Grenzen zogen und sich mit den Stadttoren allabendlich der eine Lebensraum gegen den andern abschloss. Während Jahrhunderten kam es zu keinen nennenswerten Bevölkerungsverschiebungen zwischen Stadt und Land; hingegen war ein reger Güteraustausch anzutreffen. Im stadtnahen Umfeld erzeugten die Landwirte eher leicht verderbliche Produkte wie Gemüse, Obst, Milch, Fleisch und Eier, die sie nach kurzer Transportzeit selber auf den Märkten feilboten. Im stadtfernen Gebiet entstanden Erzeugnisse, welche in veredeltem Zustand langdauernde und beschwerliche Transporte überstanden und den hohen Transportaufwand der grossen Wertschöpfung wegen auch rechtfertigten. So lieferten die mittelländischen Ackerbaugebiete vor allem Korn, die Obstbaugebiete des Tafeljuras, des Zugerlandes und der Ostschweiz Most und Schnaps, die Rebbaugebiete der Süd- und Westschweiz Wein und die Viehzuchtgebiete der Nordalpen und des vorgelagerten Mittellandes Käse in die städtischen Zentren, wobei der Transport dieser Güter nicht durch die Bauern selbst, sondern durch Säumer, Fuhrleute und Schiffer erfolgte. Die Spezialisierung der landwirtschaftlichen Produktion auf die städtische Nachfrage hin fand allerdings gewisse Grenzen in der Notwendigkeit zur Selbstversorgung: Da der Güteraustausch zwischen den unterschiedlichen Anbaugebieten erst ansatzweise vorhanden war, musste im stadtnahen wie im stadtfernen Bereich ein Teil der Produktionsfläche zur Deckung des Eigenbedarfs an Ackerfrüchten, Milch, Fleisch und Obst beansprucht werden.

Mit der industriellen Revolution entstand in der zweiten Hälfte des vergangenen Jahrhunderts eine grosse Nachfrage nach Arbeitskräften. Als Zentren der maschinellen Produktion übten die Städte eine starke Sogwirkung auf die ländlichen Räume aus, die dadurch von einer Auswanderungswelle erfasst wurden. Da mittelländische und alpine Landwirtschaftsgebiete einem spürbaren Bevölkerungsdruck unterlagen, erlebten die Städte einen Zuzug, der ihr Gesicht veränderte: Die Stadtmauern – einst zum Schutz gegen Eindringlinge erbaut – wurden nun als beengend empfunden und niedergerissen. Mit dem Aufbau eines landesweiten Eisenbahnnetzes öffnete man sich der Aussenwelt. Neue Wohnquartiere übertrafen die historischen Stadtkerne an

Ausdehnung und Einwohnerzahl bald um ein Mehrfaches. Die neuen Massenverkehrsmittel schufen bisher ungeahnte Transportmöglichkeiten und erlaubten auch breiteren Volksschichten, Ausflugsreisen zu unternehmen. Bergbahnen erklommen erstmals berühmte Gipfel, und Hotelpaläste öffneten ihre Tore für die adlige Oberschicht anderer Länder ebenso wie für neureiche Fabrikanten und das wohlhabende Bürgertum.

Der erste Weltkrieg und die Weltwirtschaftskrise der Dreissigerjahre mit ihrer Massenarbeitslosigkeit brachten ein vorläufiges Ende der Landflucht. Mit dem Beginn der Hochkonjunktur setzte in den Nachkriegsjahren wieder eine vermehrte Abwanderung aus dem ländlichen Raum ein: Die zunehmende Mechanisierung der Landwirtschaft stellte Arbeitskräfte frei; gleichzeitig entstand in Industrie, Handel und Gewerbe eine erneute Nachfrage. Der Ausbau des Dienstleistungssektors in Privatwirtschaft und beim Staat verstärkte die Sogwirkung. Schon bald dehnten sich die Städte ins dörfliche Umland aus, was zur Bildung grossstädtischer Agglomerationen führte. Während in den Zentren Wohnraum durch Handel und Verwaltung verdrängt wurde, wuchsen ausserhalb Satellitensiedlungen als reine Schlafstädte heran.

Diese funktionale Entmischung des urbanen Raumes führt nun zu einer Verminderung städtischer Lebensqualität und damit zu einer indirekten Beeinflussung auch des alpinen Raumes: Monotone Siedlungsstrukturen und wenig anregende Pendelstrecken zwischen Arbeitsplatz und Wohnort wecken die Sehnsucht der Betroffenen nach unberührter Natur und ländlicher Idylle, nach Abwechslung und sportlicher Aktivität. So ergiessen sich über die Wochenenden und während der Ferienzeiten immer grössere Touristenströme aus den mittelländischen Ballungszentren in alpine oder südliche Erholungsräume, die dadurch eine rasante Umstrukturierung erfahren.

KRIPPENDORF (1984, S. 39f) bezeichnet folgende vier Boomfaktoren als Motoren für diese Massenbewegung:
- wachsender Wohlstand in Form zunehmender Einkommen
- Verstädterung und mit ihr der Wunsch, den unwirtlichen städtischen Lebensverhältnissen zu entfliehen
- explosionsartige Motorisierung oder der Siegeszug des Automobils
- Abnahme der Arbeitszeit respektive Zunahme der Freizeit, vor allem in Form längerer Wochenenden, längerer Feriendauer und früherer Pensionierung.

Die touristische Inwertsetzung des Alpenraumes bringt einen Wandel traditioneller Strukturen mit sich, da der Wohn- und Produktionsraum der ansässigen Landwirtschaftsbevölkerung teilweise zum Erholungsraum auswärtiger Nichtlandwirte wird. Diese unterschiedlichen Ansprüche seitens einer permanent und seitens einer nur periodisch anwesenden Nutzergruppe an ein und dieselbe Raumeinheit führen zu einer Neuorganisation des betroffenen Raumes, die sich optisch in einer Umgestaltung der Kulturlandschaft äussert.

Hier liegen die Ansatzpunkte für die *allgemeine Fragestellung* ebenso wie für die angewandte *Methodik*: Ausgehend von der kulturlandschaftlichen Dynamik soll der Übergang vom reinen Agrarraum zum Raum mit landwirtschaftlich-touristischer Mischnutzung aufgezeigt werden, wobei den verursachenden wie den lenkenden

Kräften besondere Beachtung zu schenken ist. Dieser Forschungsansatz lehnt sich an das KLW-Programm (vergl. GALLUSSER/BUCHMANN 1974) an. Allerdings ist er auf keine permanente Raumbeobachtung ausgerichtet und muss sich daher mit einer einmaligen Inventarisierung der aktuellen Raumstrukturen begnügen. Diese sind anschliessend als Resultat einer Entwicklung zu interpretieren, welche mit dem aufkommenden Tourismus einsetzte und auf der sichtbaren Ebene der Landschaft wie auf der unsichtbaren Ebene zwischenmenschlicher Beziehungen zu bedeutenden Veränderungen geführt hat. So wird in der vorliegenden Untersuchung die aktualgeographische Bestandesaufnahme durch eine historisch-geographische Retrospektive ergänzt und somit letztlich ein kleines Stück raumrelevanter zeitgenössischer Geschichte geschrieben.

12 Testraummodell und spezielle Fragestellung

Die touristische Nutzung des Alpenraumes weist nach LICHTENBERGER (1979, S. 428) für die Schweiz drei Merkmale auf, nämlich
— eine bedeutende gründerzeitliche Hoteltradition,
— einen sehr starken Ausbau der Parahotellerie und
— eine Kommerzialisierung des Zweitwohnungswesens.

Neben den touristischen Zentren mit ihren Hotels, Eigentumswohnungen, Bergbahnen, Skiliften und einem städtischen Warenangebot gibt es zahlreiche Gegenden mit einem mehr familiären Ferienhaustourismus und einer weit bescheideneren Infrastruktur. Es sind Gebiete, in denen die landwirtschaftliche Nutzung durch die touristische nicht verdrängt, sondern ergänzt wird.

Im Rahmen von volkskundlich-geographischen Feldstudien 1975 untersuchte der Autor ein solches Ferienhausgebiet im Glarner Kleintal auf den Kulturlandschaftswandel hin. Die Ergebnisse fanden ihren Niederschlag in einer Gemeinschaftspublikation zur gegenwärtigen Dynamik der ländlichen Schweiz (vergl. GALLUSSER/KESSLER/LEIMGRUBER 1977, S. 190–198). Angeregt durch W. Gallusser erfolgt mit der vorliegenden Arbeit die Ausweitung der Studien auf zwei zusätzliche Fallbeispiele, die von den Raumstrukturen und deren Dynamik her ähnlich gelagert sind. Dabei soll der Vergleich der drei ausgewählten Testräume das Erkennen von Regelhaftigkeiten und damit die Modellbildung ermöglichen.

So gilt es, in einem ersten Schritt die Rahmenbedingungen des untersuchten Fallbeispiels zu charakterisieren und in einem abstrakten Testraummodell darzustellen. In einem zweiten Schritt muss ein Selektionsverfahren zwei weitere real existierende Fallbeispiele erbringen, die möglichst genau den Anforderungen des Testraummodells entsprechen.

Das *Testraummodell* (Fig. 1) ergibt sich als Verallgemeinerung des Glarner Fallbeispiels wie folgt:
- Der Testraum befindet sich im nordalpinen Gebiet mit traditioneller Viehwirtschaft in Höhenstufenbetrieben mit saisonaler Wanderung von Mensch und Vieh.
- Die Gliederung in unterschiedliche Nutzungsstufen und das geltende Real-Erbrecht ergeben eine mehr oder minder starke Parzellierung der Nutzflächen und einen hohen Gebäudebestand.
- Der Testraum ist Teil einer Testgemeinde und umfasst in erster Linie land- und forstwirtschaftlich genutztes Privatland.
- Der Testraum liegt in seitlich erhöhter Lage über dem Talboden und weist dauernd bewohnte Heimwesen in Streulage auf.
- Der Testraum ist durch mindestens eine Luftseilbahn mit dem Taldorf verbunden.
- Im Testraum ist eine beachtliche Zahl von Ferienhäusern und von touristisch umgenutzten Landwirtschaftsgebäuden anzutreffen.
- Der Testraum verfügt über eine bescheidene touristische Infrastruktur.
- Die Testgemeinde liegt vorne in einem Tal, welches zu einem Tourismuszentrum mit einem reichhaltigen Angebot für Sommer- und Wintergäste führt. Die Talachse ist durch eine Hauptstrasse und ein leistungsfähiges öffentliches Verkehrsmittel (Schmalspurbahn oder Bus) erschlossen und kanalisiert den Zustrom zum erwähnten Tourismuszentrum.
- Beim Talausgang befindet sich ein Regionalzentrum mit einem gewissen Angebot an Arbeitsplätzen und Versorgungsmöglichkeiten.
- In etwa halbstündiger Reisedistanz liegt eine erste Klein- oder Mittelstadt von überregionaler Zentralität und mit einem reichhaltigen Waren- und Dienstleistungsangebot.
- In gut eineinhalbstündiger Reisedistanz ist eine grossstädtische Agglomeration anzutreffen, die über Autobahnen und mit Schnellzügen erreicht werden kann und die ein grosses Reservoir potentieller Touristen darstellt (vergl. Allgemeine Fragestellung).

Die *spezielle Fragestellung* richtet ihren Blick nun auf den Übergang von einer rein landwirtschaftlichen zu einer landwirtschaftlich-touristischen Mischnutzung in ausgewählten Gebieten, die dem beschriebenen Testraummodell entsprechen. Die aktuelle Organisation des Raumes bezüglich Grundeigentum, Flächen- und Gebäudenutzung sowie Infrastruktur soll durch ein analytisches Erfassen von Landwirtschafts- und Tourismusdynamik erklärt werden. Es gilt aufzuzeigen, wie weit Landwirtschafts- und Tourismusdynamik exogener oder endogener Natur sind, ob sie eine innere Differenzierung in unterschiedliche Dynamiktypen zulassen und in welcher Art sie sich gegenseitig beeinflussen. Letzteres zielt auf das Kräftespiel von Angebot und Nachfrage, geht es doch um die landwirtschaftsinternen Prozesse, welche Bodenfläche und traditionelle Gebäudesubstanz zur touristischen Umnutzung freisetzen, und um die Beweggründe der Ferienhausbesitzer zur Standortwahl im Testraum. Beachtung erheischt aber auch die regulierende Wirkung von Gesetzen, behördlichen Erlassen und planerischen Massnahmen.

Fig. 1 ▷
Das Testraummodell als Grundlage für die Auswahl geeigneter Testräume

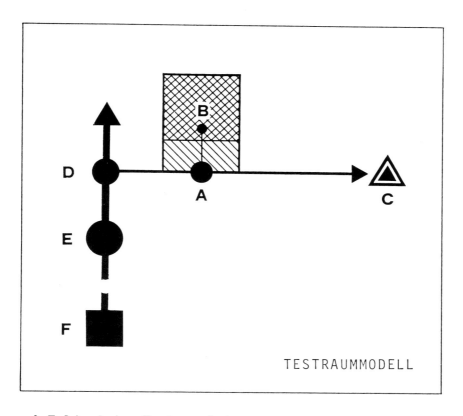

A Taldorf der Testgemeinde
B Filialsiedlung in seitlich erhöhter Lage
C Tourismuszentrum zuhinterst im Tal
D Regionalzentrum beim Talausgang
E Kleinstadt/Mittelstadt
F Grossstädtische Agglomeration

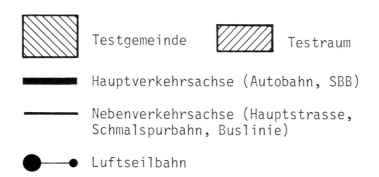

Im Zusammenhang mit der besonderen Anlage des Testraummodells interessieren die Rolle der Luftseilbahn sowie der Einfluss des Tourismuszentrums bezüglich der Testraumdynamik. Speziell wird gefragt, ob die Nähe zum Tourismuszentrum die Attraktivität als Ferienhausstandort steigert, oder ob die Ferienhauserbauer bewusst eine «ländlich-unberührte» Umgebung und eine ruhige Art von Erholung suchen. Ebenfalls erhoben werden regionale und soziale Herkunft der Ferienhausbesitzer, um zu sehen, wie weit die gewählten Testräume als Präferenzräume einzelner Einzugsgebiete und Bevölkerungsschichten in Erscheinung treten. Das Hauptinteresse gilt aber dem Gegen-, Neben- und Miteinander zweier unterschiedlicher Raumnutzungsarten und den Auswirkungen auf Kulturlandschaft, zwischenmenschliche Beziehungen und gemeinsame Organisation des Raumes.

2 Auswahl der drei Testräume

21 Auswahlkriterien und Auswahlverfahren

Die Auswahl der drei Testräume hat sich nach den Kriterien des allgemeinen Testraummodells zu richten. So geht es darum, zum Testraum WISSEBERG GL Vergleichsräume zu finden, die in möglichst vielen Rahmenbedingungen mit diesem übereinstimmen. Da das Modell sehr einschränkend formuliert ist, darf keine grosse Zahl analoger Fallbeispiele erwartet werden. Notfalls drängt sich ein Verzicht auf die eine oder andere Voraussetzung auf.

Spontan bieten sich mehrere Täler an, die in den Kantonen Graubünden, Glarus, Schwyz, Nidwalden, Obwalden, Luzern und Bern in die Nordalpen hineinführen, mindestens ein Tourismuszentrum aufweisen und in vergleichbaren Zeitdistanzen zu grossstädtischen Agglomerationen liegen. Wird der Aspekt der Luftseilbahn hingegen als wesentlich betrachtet, so reduziert sich die Zahl der valablen Beispiele schon stark. Ein Blick auf die topographische Karte ergibt, dass letztlich nur ein Beispiel in fast jeder Beziehung dem Testraummodell entspricht und daher formal mit dem Testraum WISSEBERG GL übereinstimmt: Der Testraum WIESENBERG NW kann ohne Mühe ins analoge Bezugssystem eingeordnet werden (Fig. 2 und Fig. 3). Dasselbe gilt für den Testraum HUOBE GR, allerdings mit einer Einschränkung: Testgemeinde und Testraum liegen im Bündner Fall jeweils eine Stufe höher als in den beiden anderen Fällen. Es fehlt deshalb ein Taldorf ebenso wie eine dauernd bewohnte Filialsiedlung

Fig. 2 ▷
Lage der drei Testräume WIESENBERG NW, WISSEBERG GL und HUOBE GR und ihre Einbettung ins Bezugsystem gemäss Testraummodell (vergl. Fig. 1)

LAGE DER DREI TESTRÄUME UND EINBETTUNG INS BEZUGSYSTEM GEMÄSS TESTRAUMMODELL

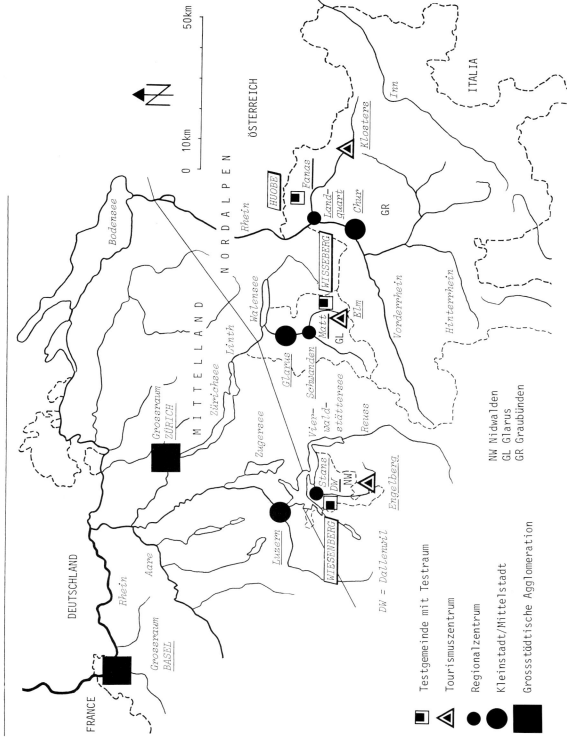

im Testraum selber, hingegen existiert die Seilbahnverbindung zwischen Dorf und Testraum. Die Wahl der Bündner Testgemeinde Fanas erfolgt nicht zuletzt im Hinblick auf ein humangeographisches Geländepraktikum, das 1981 vom Geographischen Institut der Universität Basel in diesem Prättigauer Dorf durchgeführt wird und auch einiges an auswertbarem Material erbringt (vergl. VETTIGER/KESSLER 1982).

TESTRAUM	WIESENBERG NW	WISSEBERG GL	HUOBE GR
Testgemeinde	Dallenwil	Matt	Fanas
Kanton	Nidwalden	Glarus	Graubünden
Tourismuszentrum	Engelberg	Elm	Klosters
Regionalzentrum	Stans	Schwanden	Landquart
Klein-/Mittelstadt	Luzern	Glarus	Chur
grossstädtische Agglomeration	Basel Zürich	Zürich	Zürich

Fig. 3 (T)
Einbettung der Testräume ins Bezugssystem gemäss Testraummodell (vergl. Fig. 1 und Fig. 2)

Die Betrachtung *thematischer Karten* lässt in bezug auf die naturräumliche Ausstattung weitgehende Übereinstimmung zwischen den drei genannten Testräumen erkennen:

Die ähnliche morphologische Ausprägung der Landschaft wird zum einen durch die vergleichbare tektonische und geologische Situation und zum andern durch gleichartige glaziale Überformung bedingt. So liegt der Testraum WISSEBERG GL zwar in den autochthonen Sedimenten der Glarner Alpen, der Testraum HUOBE GR in den unterpenninischen Decken des Nordbündner Halbfensters, und der Testraum WIESENBERG NW umfasst neben autochthonen Sedimenten die mittelpenninischen Klippen des Stanserhornkomplexes (vergl. ATLAS DER SCHWEIZ 1965–1978, Blatt 5). Allen gemeinsam ist aber der anstehende Flysch, der den ganzen Testraum WISSEBERG GL einnimmt, den Testraum WIESENBERG NW gegen unten, den Testraum HUOBE GR gegen oben abschliesst (vergl. ATLAS DER SCHWEIZ 1965–1978, Blatt 4). Seine Anfälligkeit auf fluviatile und glaziale Erosionsvorgänge äussert sich in den morphologisch reifen Landschaftsformen und bedeutet eine latente Gefährdung durch Erdschlipfe, Hangrutschungen und Murgänge. Dies gilt in besonderem Masse auch für den Bündnerschiefer der Testgemeinde Fanas. Bei den drei Tälern Prättigau, Sernftal und Engelbergertal handelt es sich um stark eingetiefte glaziale Tröge, wobei alle drei Testräume im Bereich der Trogschulter anzusiedeln sind.

Die Klimafaktoren Temperatur und Niederschlag weisen alle drei Testräume in dieselben Werteklassen ein: Die mittleren Juli-Temperaturen liegen zwischen 10° und 15°C, die mittleren Januar-Temperaturen zwischen −2° und −5°C und die mittleren jährlichen Niederschlagsmengen zwischen 160 mm und 200 mm (vergl. SCHWEIZERISCHER MITTELSCHUL-ATLAS 1967, S. 20, 22). Mit der Abfolge von der montanen zur subalpinen Vegetationsstufe umfassen alle drei Testräume die Übergangszone vom Laub-Nadel-Mischwald zum reinen Nadelwald. Während die Buchen oberhalb einer bestimmten Höhe den Tannen und Fichten Platz machen, klettern einzelne Bergahorne bis an die Waldgrenze empor. Den morphologischen Verhältnissen entsprechend sind verschiedentlich versumpfte Stellen mit Riedflächen anzutreffen.

Ähnlichkeit zeigt sich auch bei der Volksdichte mit Werten zwischen 50 und 200 Bewohnern pro km^2 für die drei Talschaften (vergl. SCHWEIZERISCHER MITTELSCHUL-ATLAS 1967, S. 28).

Ein Vergleich *statistischer Grössen* der selektionierten Testgemeinden ergibt für mehrere Quotienten weitgehende Übereinstimmung, beispielsweise für die landwirtschaftliche Nutzfläche pro Betrieb und die Anzahl Rindvieh pro Besitzer (vergl. Betriebsdynamik: Vergleich der drei Testräume).

Ein anschliessender *Augenschein im Gelände* lässt im Testraum WIESENBERG NW eine rege Ferienhausdynamik und eine touristische Infrastruktur erkennen, die zwar über das vom Testraummodell geforderte Ausmass hinausgeht, den gesteckten Rahmen aber nicht sprengt. Für den Testraum WISSEBERG GL zeigt sich eine Weiterentwicklung der Ferienhausdynamik in den Jahren nach der ersten Bestandesaufnahme, und im Testraum HUOBE GR fällt besonders die touristische Umnutzung von Ökonomiegebäuden auf. So sind in allen drei Testräumen zahlreiche Merkmale der geforderten Tourismusdynamik anzutreffen, wobei schon eine grobe Ansprache neben allen Gemeinsamkeiten auch spezifische Unterschiede erkennen lässt. Dies mag wohl die Vergleichbarkeit beeinträchtigen, erhöht aber die Aussicht auf eine umfassendere Modellsynthese.

Die Unterschiede in Qualität und Quantität bezüglich Tourismusdynamik bedingen den unterschiedlichen Stellenwert der einzelnen Testräume im Blick auf die vorliegende Studie:
− Der Testraum WIESENBERG NW erheischt wegen seiner grossen Ausdehnung und seiner komplexen Tourismusdynamik die umfassendste Bearbeitung, und entsprechend wird ihm bei der Darstellung der Forschungsresultate am meisten Platz gewährt.
− Im Testraum WISSEBERG GL erfolgt in erster Linie ein Nachführen der vorliegenden Daten und ein quantitatives Erfassen der Flächendynamik.
− Im Testraum HUOBE GR interessieren einzelne Dynamikmomente zu Vergleichszwecken. Auf quantitative Erhebungen zur Flächendynamik wird verzichtet, da zur Zeit der Feldaufnahmen noch keine Grundbuchpläne vorliegen. Dagegen wird die schriftliche Umfrage in der ganzen Testgemeinde Fanas durchgeführt, um repräsentative Aussagen machen zu können.

Ein Grössenvergleich der drei Testgemeinden ergibt für die Gesamtflächen beachtliche Unterschiede, hingegen zeigen die maximalen Höhendifferenzen ähnliche Werte (Fig. 4). Mit rund eineinhalbtausend Metern sind sie typisch für nordalpine Gemeinden ausserhalb des eigentlichen Hochgebirges.

TESTGEMEINDE	DALLENWIL NW	MATT GL	FANAS GR
Landeskarten			
1:50'000 (Testgemeinde)	Blatt 245 «Stans»	Blatt 237 «Walenstadt» Blatt 247 «Sardona»	Blatt 238 «Montafon»
1:25'000 (Testraum)	Blatt 1170 «Alpnach»	Blatt 1174 «Elm»	Blatt 1156 «Schesaplana»
Gemeindebann			
Fläche	15.58 km^2	43.58 km^2	21.82 km^2
tiefster Punkt	478 m 672 725 / 198 950 Engelberger Aa	800 m 731 125 / 203 625 Sernft	658 m 767 875 / 206 225 Taschinasbach
höchster Punkt	1898 m 668 675 / 198 025 Stanserhorn	2610 m 737 475 / 202 175 Ruchenstock	2307 m 771 775 / 209 250 Sassauna
Dorfkirche	545 m 672 475 / 197 440	831 m 731 775 / 202 800	902 m 769 475 / 206 110

Fig. 4 (T)
Flächen- und Höhenangaben zu den drei Testgemeinden Dallenwil NW, Matt GL und Fanas GR

22   Die drei Testräume

Nachdem das Auswahlverfahren und die Lage der drei Testräume innerhalb eines grösseren Bezugsystems vorgestellt sind, hat noch eine knappe Beschreibung der einzelnen Testräume selber zu erfolgen. Knapp deshalb, weil Gemeinsamkeiten bezüglich der naturräumlichen Ausstattung schon Erwähnung gefunden haben (vergl. Auswahlverfahren) und weil bei der Synthese von Landwirtschafts- und Tourismusdynamik auf weitere Merkmale eingegangen wird (vergl. Synthese der Landwirtschafts-/ Tourismusdynamik in den drei Testräumen). So geht es an dieser Stelle vorrangig um die Frage der Abgrenzung und der Einbettung in die entsprechenden Testgemeinden.

Die Abgrenzung der Testräume erfolgt zwar willkürlich, berücksichtigt aber sachdienliche Kriterien. Speziell wird darauf geachtet, dass die Testräume funktionale Einheiten darstellen. Deren Grenzen decken sich in der Regel mit natürlichen Linien wie Wasserscheiden, Felsbändern und Geländekanten am Rande tiefeingeschnittener Tobel, mit Nutzungsgrenzen zwischen Wies-, Weide- und Waldland, mit Trennlinien zwischen Privatparzellen und Kollektivbesitz und mit politischen Grenzen. So bilden Gemeindegrenzen über kürzere oder weitere Strecken die Testraumumrandungen, wobei sie sich häufig an die erwähnten natürlichen Linien anlehnen. Die Wahl von Gemeindegrenzen als Testraumgrenzen bringt auch arbeitstechnische Vorteile, da Grundbuchkarteien, statistische Erhebungen und Ortsplanung gemeindeweise organisiert sind.

A   TESTRAUM WIESENBERG NW

Der Testraum WIESENBERG NW umfasst das ganze Berggebiet der Testgemeinde Dallenwil (Fig. 5). Am Gumme und in den Eggalpen greift er ins Territorium der Gemeinde Wolfenschiessen über, da sich die Parzellengrenzen der betroffenen Besitzeinheiten nicht mit den Gemeindegrenzen decken. Der Testraum liegt linksseitig im Engelbergertal und erstreckt sich zwischen Stanserhorn im Norden, Chli Horn, Ächerlipass und Arvigrat im Westen sowie Miseregrat, Gumme und Wirzweligrat im Süden. Gegen Osten, also zum Haupttal hin, bilden die Felsabstürze des Hohberg und der Wissiflue und der dazwischen liegende Erosionstrichter des Steinibach eine natürliche untere Begrenzung. Diese Steilstufe, die grob der 900 m-Höhenlinie folgt, tritt ihrer Unwegsamkeit und ihrer Bewaldung wegen als Barriere zwischen Taldorf und Testraum in Erscheinung. Letzterer deckt sich weitgehend mit dem Einzugsgebiet des Steinibach und öffnet sich über den Transfluenzpass Ächerli zum Kanton Obwalden hin (Fig. 6 bis Fig. 9). Die terrassenartigen Hangverflachungen in hufeisenförmiger Anordnung bieten Siedlungs- und Landwirtschaftsflächen mit Süd-, Ost- und Nordexposition an.

Das Gewässernetz (Fig. 10) deutet auf die komplexe Klippensituation hin: Während die überschobenen Kalkberge kaum Oberflächenwasser aufweisen, treten an der Grenze zum unterliegenden Flysch zahlreiche Quellen zutage, was an vielen Stellen zu Versumpfungen führt. Nach starken Sommergewittern schwillt der Steinibach zum reissenden Wildbach mit grosser Geschiebeführung an, und aus der Häxeribi fliessen

Abb. 1   TESTRAUM WIESENBERG NW, Teilraum CHAPELE, ca.1960 (Foto K. Engelberger, Stansstad), (vergl. Fig. 55, S. 240)

Abb. 2   TESTRAUM WIESENBERG NW, Teilraum TREICHI, ca.1960 (Foto Globetrotter, Luzern), (vergl. Fig. 9, S. 37)

Abb. 3   TESTRAUM WISSEBERG GL, Blick von Süden, ca.1960 (Foto H. Schönwetter, Glarus), (vergl. Fig. 13, S. 44)

Abb. 4   TESTRAUM HUOBE GR, Blick von Südwesten auf das Eggli (vergl. Fig. 17, S. 50)

Schuttmassen talwärts. Seit Jahrhunderten bedeutet der Steinibach eine Bedrohung für das Taldorf Dallenwil. Die Überschwemmungskatastrophe von 1806 gab Anlass zu ersten grösseren Wildbachverbauungen. Die Unwetterschäden der Augustmonate 1981/82 belegen die Notwendigkeit vermehrter Anstrengungen, wie sie seit einigen Jahren mit dem Einbau massiver Betonschwellen unternommen werden.

Eine andere Art von Bedrohung stellen die Kalkflühe des Wirzweligrates für das Taldorf Wolfenschiessen dar: Die «Gschpaltnig Flue» ist mit ihrem tief eingeschnittenen, begehbaren Riss zwar eine landschaftliche Attraktion, deutet aber auf ein Talwärtsgleiten grosser Felspakete hin.

Der Testraum WIESENBERG NW ist das am höchsten gelegene Dauersiedlungsgebiet im Kanton Nidwalden. Der Name «Wiesenberg» benennt zum einen den Weiler rund um die historische Kapelle auf dem Flüeli, zum andern aber auch das ganze Gebiet der Heimwesen und Privatalpen zwischen Stanserhorn und Gumme und charakterisiert die landwirtschaftliche Inwertsetzung vorzüglich, auch wenn das vorgermanische «Wisoberg» nichts mit dem Begriff «Wiese» zu tun hatte (vergl. NIEDERBERGER 1968, s.39). Die Hof- und Flurnamen geben Hinweise auf Geländeformen

---

Fig. 5 ◁
Der Testraum WIESENBERG NW im Kartenbild (reproduziert mit Bewilligung des Bundesamtes für Landestopographie vom 31.3.89)

Fig. 6 (S. 36)
Der Testraum WIESENBERG NW mit der Einteilung in die vier Teilräume CHAPELE, TREICHI, FLUE und DÜRREBODE (Blick von Wirzweli gegen das Stanserhorn)

Fig. 7 (S. 36)
Der Testraum WIESENBERG NW mit der Einteilung in die vier Teilräume CHAPELE, TREICHI, FLUE und DÜRREBODE (Blick vom Stanserhorn gegen Wirzweli)

Fig. 8 (S. 37)
Der Testraum WIESENBERG NW im Überblick mit Flur- und Hofnamen (Blick von Wirzweli gegen das Stanserhorn)

Fig. 9 (S. 37)
Der Testraum WIESENBERG NW im Überblick mit Flur- und Hofnamen (Blick vom Stanserhorn gegen Wirzweli)

Fig. 10 (S. 38/39)
Gewässernetz in den drei Testräumen

Fig. 11 (S. 40)
Testraum WIESENBERG NW: Relief und Höhenlage (reproduziert mit Bewilligung des Bundesamtes für Landestopographie vom 31.3.89)

Fig. 12 (S. 41)
Testraum WIESENBERG NW: Teilraumeinteilung bezüglich Landwirtschaftsdynamik, Parzellengrenzen sowie Flur- und Hofnamen

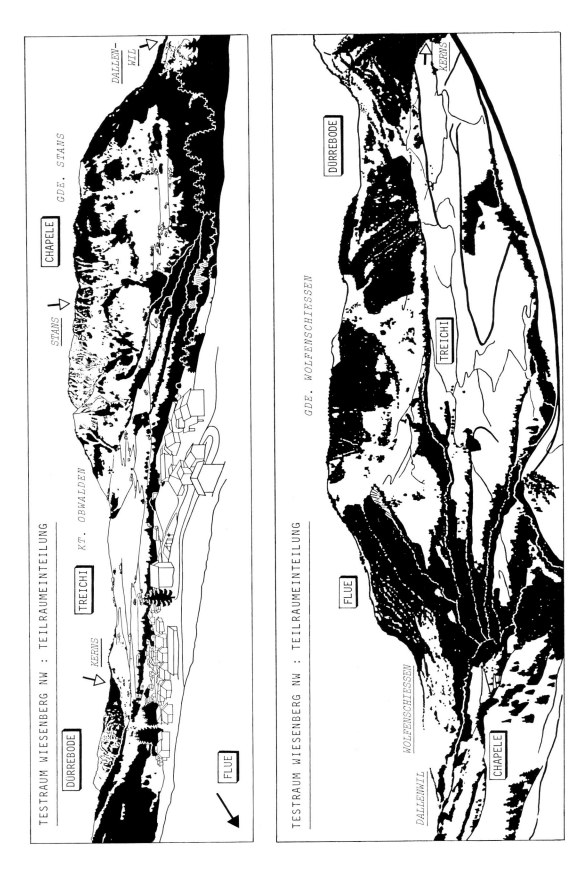

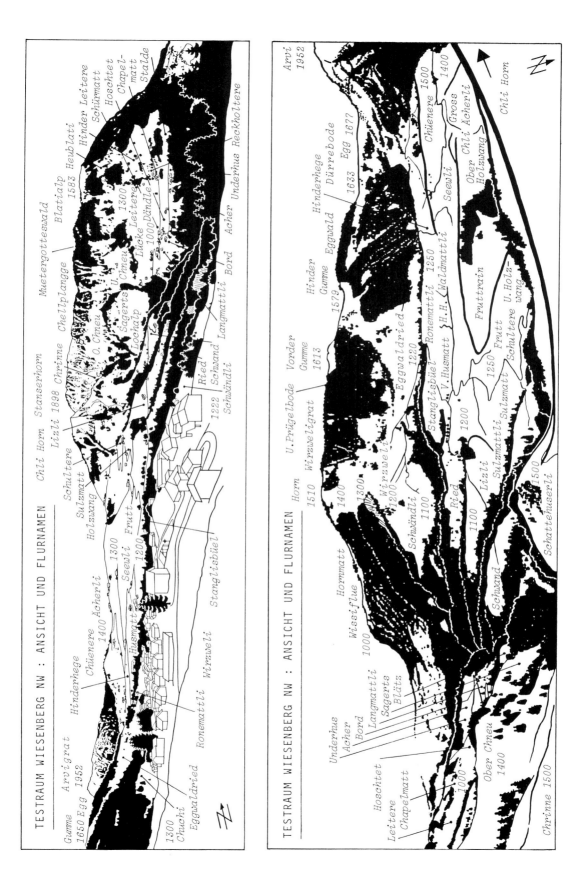

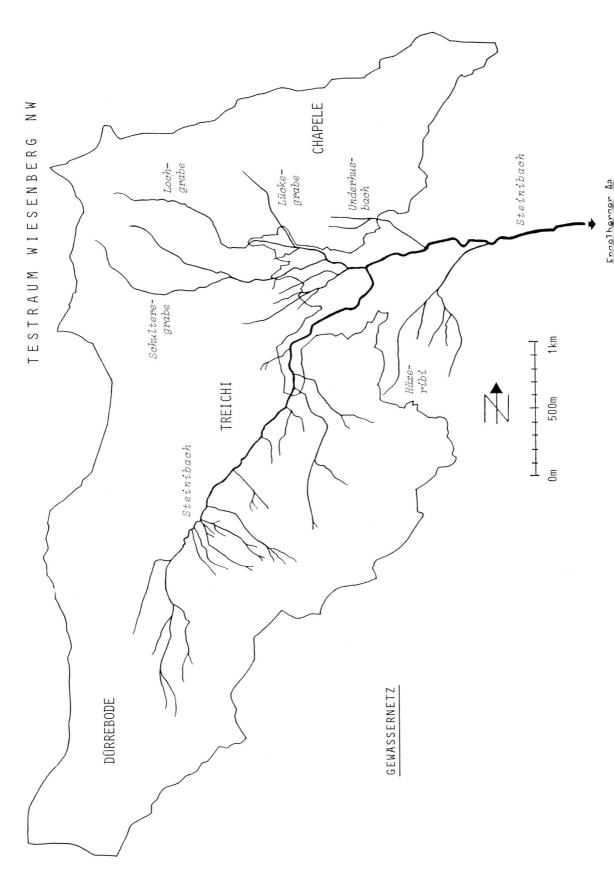

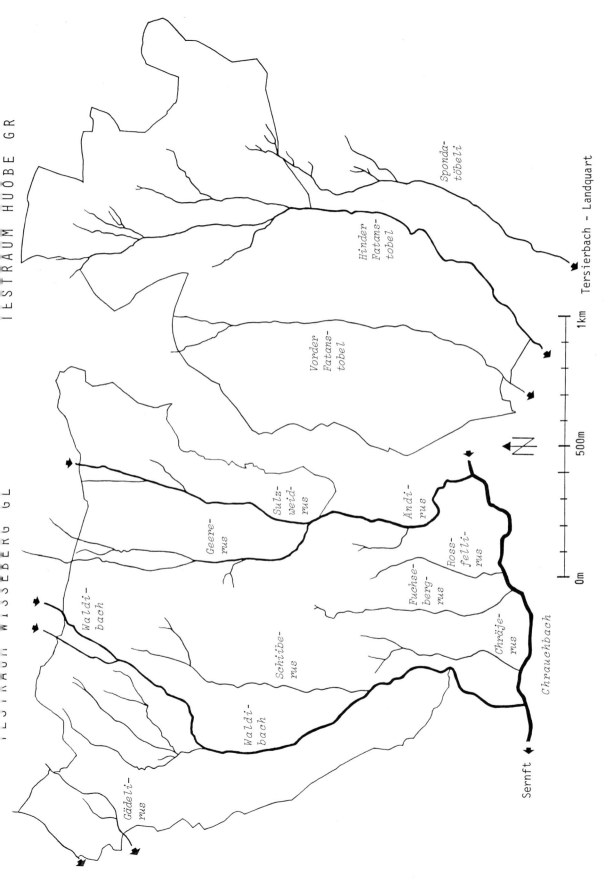

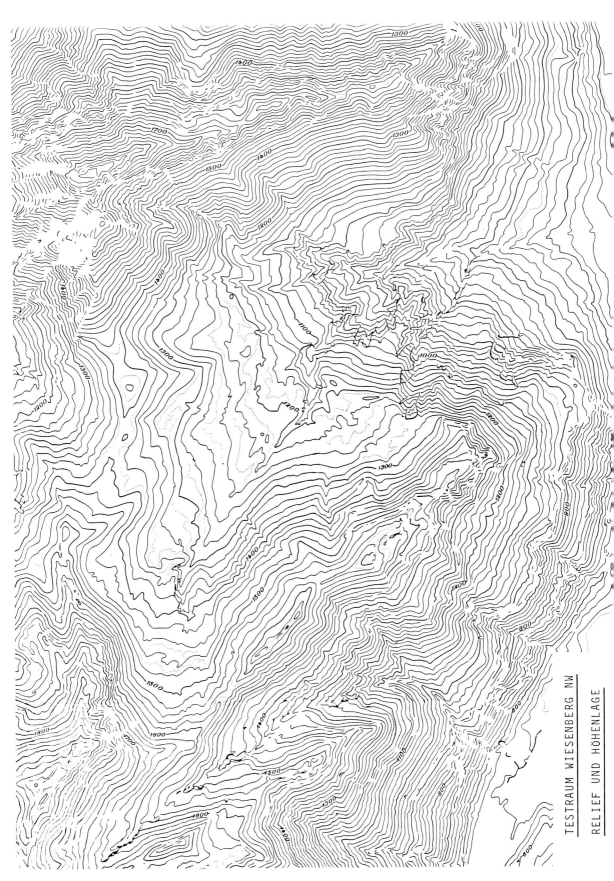

TESTRAUM WIESENBERG NW

RELIEF UND HÖHENLAGE

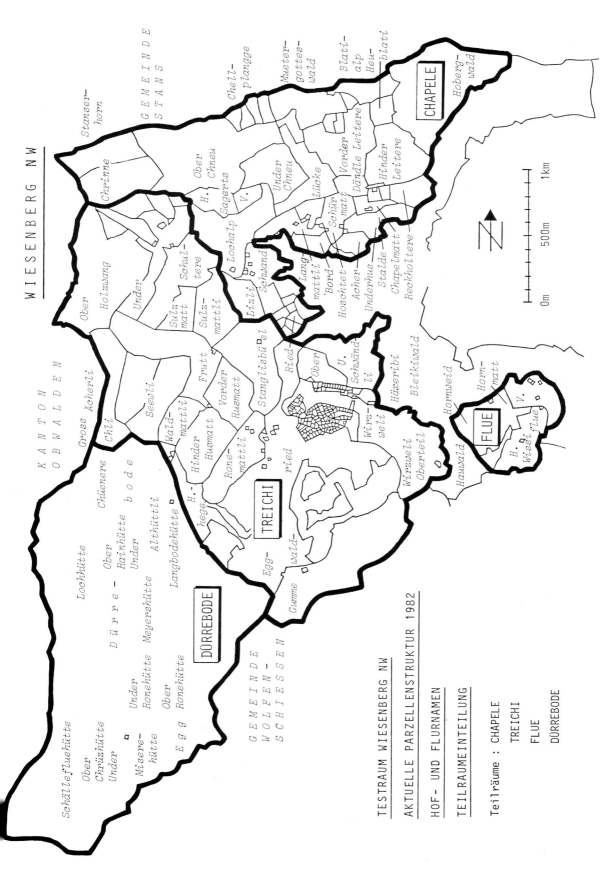

(z.B. Bord, Leitere, Chneu, Loch, Chrinne, Schultere, Stanglisbüel, Wissiflue) und auf traditionelle landwirtschaftliche Flächennutzung (Acher, -matt, -mattli, -ried, -mahd, -plangge). Da diese Namen Nutzungsänderungen überdauern, erweisen sie sich hin und wieder als Zeugen einer verschwundenen Kulturlandschaft (Fig. 11 und Fig. 12).

Die permanent ansässigen Landwirte gehören der politischen Gemeinde Dallenwil an. Einzelne sind Korporationsbürger der Ürtenkorporation Dallenwil. Diese öffentlich-rechtliche Organisation entspricht der einer Bürgergemeinde und umfasst folgende sieben Ürtengeschlechter: Christen, Durrer, Joller, Niederberger, Odermatt, Peter und Wagner (ausgestorben). Die Ürtenkorporation besitzt neben ausgedehnten Waldflächen auch urbarisiertes Schwemmland im Talboden und Riedland am Gummehang, welches sie in Form von Ürtenlosen verpachtet (vergl. NIEDERBERGER 1964). Seit einigen Jahren tritt sie als Verkäuferin von Ferienhausparzellen in Erscheinung und ebenso als Bauherrin von Mehrfamilienhäusern und touristischen Infrastrukturanlagen.

Der Testraum WIESENBERG NW ist durch eine Kantonsstrasse und zwei Luftseilbahnen mit dem Taldorf Dallenwil verbunden. Von Stans her führt die Stanserhornbahn zum höchsten Punkt, von dem aus sich beinahe der ganze Testraum überblicken lässt. Die Wissiflue verfügt über eine Seilbahnverbindung nach Wolfenschiessen hinunter.

Das Taldorf Dallenwil besteht aus einer mehrkernigen Siedlung. Um die Kirche und um eine Kapelle scharen sich Häusergruppen, ebenso an zwei weiteren Stellen auf dem Schwemmkegel des Steinibachs. Das Dorf besitzt einen Anschluss an die Luzern-Stans-Engelbergbahn, die seit 1898 eine Verbindung bis Stansstad und seit 1964 eine solche bis Luzern herstellt. Täglich verkehren rund fünfzehn Züge in beiden Richtungen und bedienen den neuen Bahnhof, der seit der Bahnerneuerung etwas ausserhalb des Stettlis liegt (die alte Linienführung der Bahn lässt sich noch beim Restaurant «Bahnhöfli» erkennen). Neben einer Seilbahnbaufirma finden sich eine Zementwarenfabrik und holzverarbeitendes Gewerbe. Mehrere Lebensmittelgeschäfte stellen die Versorgung für den täglichen Bedarf sicher, und vier Gasthäuser ergänzen das Angebot des Testraumes.

Ein geräumiger Schulhausneubau von 1970 beherbergt die Primarschule, die von sieben Lehrkräften betreut wird. Die Pfarreikirche St.Laurentius stammt aus dem Jahr 1699. Sie steht an der Stelle einer schon 1473 bezeugten Kapelle und ist frisch renoviert. Die überwiegende Mehrzahl der Gemeindebewohner gehört der römisch-katholischen Konfession an, wie dies für alle Nidwaldner Gemeinden gilt (vergl. Bevölkerungs- und Infrastrukturdynamik: Vergleich der drei Testräume).

Als Kartierungsgrundlage steht für den Testraum WIESENBERG NW folgendes Planmaterial zur Verfügung:
— Grundbuchplan 1:10 000 für das Berggebiet der Gemeinde Dallenwil
— Grundbuchplan 1: 1 000 für den Weiler Wiesenberg
— Grundbuchplan 1: 1 000 für das Ferienhausgebiet Wirzweli-Eggwald.
Diese Pläne beinhalten Gewässer-, Weg- und Strassennetz, Waldflächen, Gebäude, Flur- und Hofnamen sowie Höhenangaben, vor allem aber die Parzellengrenzen mit sämtlichen Marksteinen und den jeweiligen Parzellennummern, mit deren Hilfe Grundeigentümer und Flächenangaben eruiert werden können.

B   TESTRAUM WISSEBERG GL

Der Testraum WISSEBERG GL umfasst das ganzjährig bewohnte Berggebiet der Testgemeinde Matt und stellt somit einen eher kleinen Ausschnitt aus dem Gemeindeterritorium dar, welches das ganze Chrauchtal miteinschliesst. Der Testraum liegt rechtsseitig im Sernftal und erstreckt sich vom Chrauchbach im Süden bis zur Gemeindegrenze im Norden. Im Osten bildet die senkrecht aufsteigende Sulzwand einen Abschluss, im Westen begrenzt der bewaldete Steilabfall ins Haupttal hinunter das Gebiet der betrachteten Heimwesen und Berggüter (Fig. 13 und Fig. 14). Der ganze Testraum besitzt eine Süd- bis Südwestexposition und verfügt über die längste theoretische Sonnenscheindauer aller Siedlungen im Kanton Glarus. Die zahlreichen terrassenartigen Hangverflachungen, die treppengleich übereinander angeordnet sind, geben bevorzugte Standorte für Wohnhäuser und Ökonomiegebäude ab (Fig. 15).

Das Gewässernetz ist zum Chrauchbach hin orientiert. Im Ostteil sammelt die Ändirus, im Westteil der Waldibach das Wasser zahlreicher Bächlein, die in den Sumpfgebieten des Fittererieds und der Zwyfelweiden entspringen. Von den tieferliegenden Quellen auf der Höhenstufe der Heimwesen aus erreichen drei kleine Ruse direkt den Chrauchbach (Fig. 10). Auf vielen flachen Geländestücken sind Riedwiesen anzutreffen.

Der Testraum WISSEBERG GL gehört zu den am höchsten gelegenen Dauersiedlungsgebieten im Kanton Glarus. Der Name «Wisseberg» scheint ein ehemaliger Hofname zu sein, der nun das ganze Gebiet bezeichnet (R. Zwicky, Altlehrer von Matt und Lokalhistoriker, weist in einem Zinsrodel von 1526 einen Hofnamen «Wisseberg» nach). Viele weitere Hof- und Flurnamen (Fig. 16) bestehen aus einer Kombination von Familiennamen und Betriebseinheit, wobei -heimet für Heimwesen, -hoschet für Hofstätte und -berg in der Regel für Berggut steht (z.B. Suterheimet, Zäigerhoschet, Schmidhoschet, Fuchseberg, Friggeberg, Chloterberg). Häufig sind auch Namen, die Hinweise auf Geländeformen (z.B. Wyenegg, Geere, Hell, Sattel, -bode, -bödeli) geben oder auf die landwirtschaftliche Nutzung schliessen lassen (z.B. Weide, -ried, -mahd, -plangge). Namen wie «Mülimahd» und Ortsbezeichnungen wie «im Stampf» deuten auf eine ehemalige Nutzung der Wasserkraft von Waldibach und Ändirus hin,

---

Fig. 13   (S. 44)
Der Testraum WISSEBERG GL im Überblick mit Flur- und Hofnamen

Fig. 14   (S. 45)
Der Testraum WISSEBERG GL im Kartenbild (reproduziert mit Bewilligung des Bundesamtes für Landestopographie vom 31.3.89)

Fig. 15   (S. 46)
Testraum WISSEBERG GL: Relief und Höhenlage (reproduziert mit Bewilligung des Bundesamtes für Landestopographie vom 31.3.89)

Fig. 16   (S. 47)
Testraum WISSEBERG GL: Parzellengrenzen sowie Flur- und Hofnamen

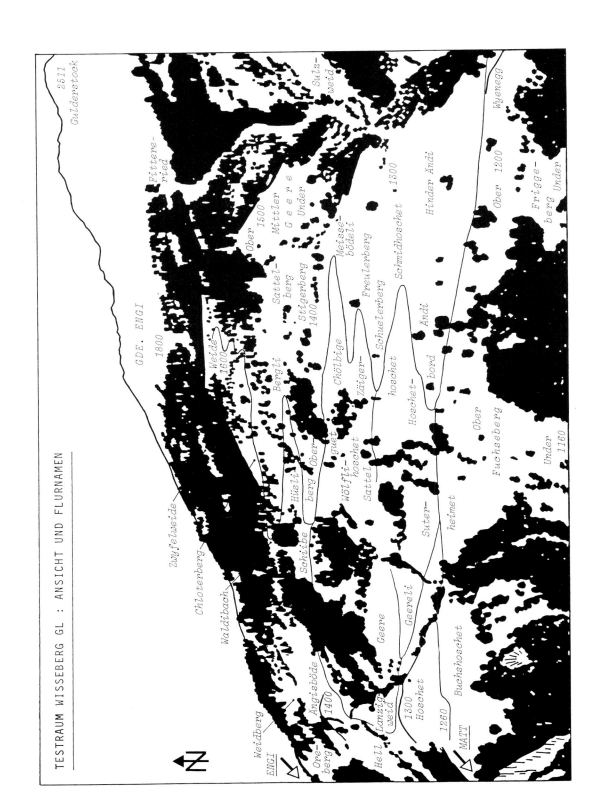

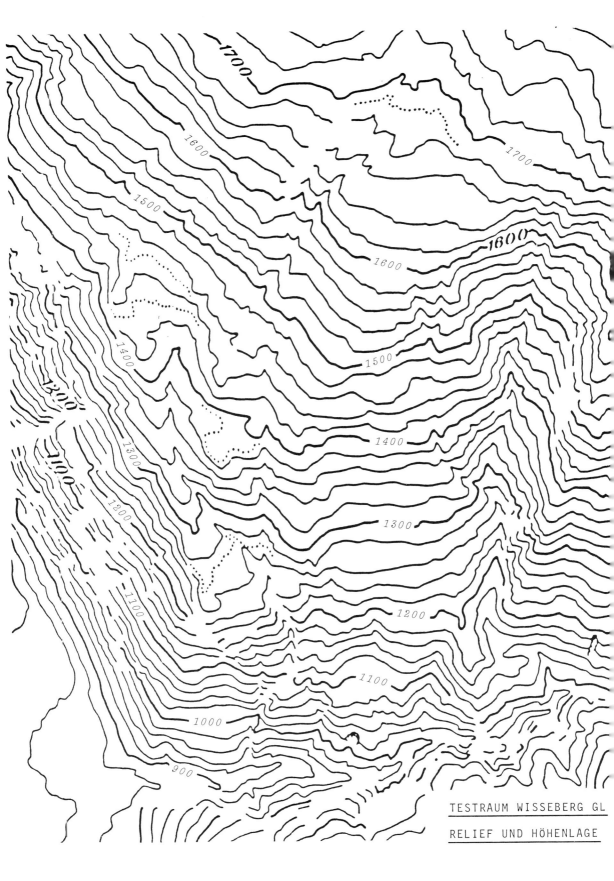

TESTRAUM WISSEBERG GL
AKTUELLE PARZELLENSTRUKTUR 1982
HOF- UND FLURNAMEN

im «Fegsandloch» wurde Scheuersand gewonnen und in der «Lindi» Schiefer für Schreibgriffel gebrochen. So treten solche Namen als Zeugen aufgegebener Energie- und Rohstoffgewinnung in Erscheinung.

Die ansässigen Landwirte gehören der politischen Gemeinde Matt an. Mehrheitlich sind sie auch Bürger der Tagwengemeinde Matt, die als bürgergemeindeähnliche Organisation neben den ausgedehnten Alpen des Chrauchtals auch bedeutende Waldflächen, Riedland, Planggen und urbarisiertes Schwemmland im Talboden besitzt und teilweise in Form von Tagwenlosen verpachtet (vergl. HÖSLI 1948, S. 161) Im Testraum tritt die Tagwengemeinde auch als Käuferin ehemaligen Privatlandes auf, nicht jedoch als Verkäuferin von Ferienhausparzellen.

Der Testraum WISSEBERG GL ist durch den alten Chileweg, eine schmale Fahrstrasse und eine Luftseilbahn mit dem Taldorf Matt verbunden. Während Fussweg und Strasse vom Chrauchtal her zu den Heimwesen aufsteigen, überwindet die Seilbahn in direkter Linie die steile Trogwand des Haupttales.

Das Taldorf Matt weist mehrere Siedlungskerne auf: Eine erste Häusergruppe schart sich um die Kirche, eine zweite um die Brücke über den Chrauchbach, und eine dritte reiht sich dazwischen ein. Gemeinsam ist allen die Lage auf dem Schwemmkegel, der sich von der seitlichen Mündung des Chrauchtales westwärts ins Haupttal vorschiebt. Das Dorf besitzt eine Busverbindung mit Schwanden, wo der Anschluss an die Bahnlinie Ziegelbrücke-Glarus-Linthal gewährleistet ist. Täglich verkehren um die siebzehn Kurse in beiden Richtungen und bedienen die Haltestellen bei der Kirche und bei der Talstation der Luftseilbahn. Die 1905 eröffnete Schmalspurbahn Schwanden-Elm ist 1969 im Zusammenhang mit dem Panzerschiessplatz Wichlenalp und der damit verbundenen Erneuerung der Talstrasse aufgehoben worden. Ihren Betrieb eingestellt hat auch eine grosse Textilfabrik, deren Gebäude heute als Truppenlager durch die Armee genutzt werden. So ist in Matt lediglich noch Baugewerbe anzutreffen. Der tägliche Bedarf an Lebensmitteln lässt sich in einigen wenigen Geschäften decken; zusätzlich stehen vier Gasthäuser zur Verfügung.

Das Schulhaus beherbergt die Sekundarschule des Tales, wogegen die Primarschulstufen auf die Nachbardörfer Elm und Engi verteilt sind. Die Pfarreikirche von 1273 ist Hauptkirche des Sernftales. Die überwiegende Mehrheit der Bewohner von Matt gehört der protestantischen Konfession an, wie dies für das ganze Sernftal typisch ist (vergl. Bevölkerungs- und Infrastrukturdynamik: Vergleich der drei Testräume).

Als Kartierungsgrundlage steht für den Testraum WISSEBERG GL folgender Plan zur Verfügung:
— Grundbuchplan 1:2 000 Gemeinde Matt, Blätter 9/10.

C TESTRAUM HUOBE GR

Der Testraum HUOBE GR umfasst die Maiensässzone am Südfuss des Sassauna und die talwärts anschliessenden Berggüter zwischen dem Hinder Fatanstobel im Osten und dem Steilabbruch des Chaiserstei im Westen (Fig. 17 und Fig. 18). Diese markante Geländestufe ist Teil des Anrissgebietes, welches die grosse Sackungsmulde von Cania nach oben hin abschliesst. Im tiefeingeschnittenen Hinder Fatanstobel folgt die Testraumabgrenzung der Gemeindegrenze. Dort hingegen, wo diese die Magerwiesen der Rofna quert, ohne sich an eine natürliche Linie zu halten, werden einzelne Besitzparzellen, die ins Territorium der Nachbargemeinde Schiers hinüber greifen, voll dem Testraum zugerechnet. Am Huobenegg bietet sich die Trennlinie zwischen Privatland und Grundbesitz der Gemeinde Fanas an. Auf welcher Höhe der Testraum im Gebiet der öffentlichen Rinderalp Ochsebärg gegen oben seinen nördlichen Abschluss findet, ist für die vorliegende Studie bedeutungslos, sofern Seilbahnstation und Bergrestaurant nicht ausgegrenzt werden. Der tiefste und damit südlichste Punkt des Testraumes ist jener, wo sich Vorder und Hinder Fatanstobel zum Forztobel vereinen. Das ganze betrachtete Gebiet ist gegen Süden hin exponiert und verfügt über eine lange theoretische Sonnenscheindauer (Fig. 19).

Das Gewässernetz ist wenig dicht, da Quellen im Testraum HUOBE GR eher selten sind. Die waldlosen steilen Flanken des Sassauna vermögen kaum Wasser zu speichern. Umso stärker schwellen die Bäche in den tiefeingeschnittenen Runsen und Tobel zur Zeit der Schneeschmelze oder nach Unwettern an, wenn sich in ihnen die oberflächig abfliessenden Niederschläge sammeln. So hat der Tersierbach, dem letztlich der ganze Testraum tributär ist, in der Talsohle zwischen Schiers und Grüsch einen beachtlichen Schwemmkegel aufgeschüttet. Seit die Kartoffeläcker der Au einem Einfamilienhausgebiet gewichen sind, wird die Gefahr zukünftiger Murgänge als Bedrohung empfunden, welcher mit Verbauungen im Testraum begegnet werden soll. Gegenwärtig arbeiten die Gemeinden Fanas und Schiers ein gemeinsames Projekt aus.

Im Quellgebiet am Fusse des Sassauna finden sich auf schwach geneigten Geländepartien ausgedehnte Riedflächen, ebenso ausserhalb des Testraumes in der erwähnten Sackungsmulde von Cania, wo zahlreiche Quellen zutage treten.

Fig. 17 (S. 50)
Der Testraum HUOBE GR im Überblick mit Flurnamen

Fig. 18 (S. 51)
Der Testraum HUOBE GR im Kartenbild (reproduziert mit Bewilligung des Bundesamtes für Landestopographie vom 31.3.89)

Fig. 19 (S. 52)
Testraum HUOBE GR: Relief und Höhenlage (reproduziert mit Bewilligung des Bundesamtes für Landestopographie vom 31.3.89)

Fig. 20 (S. 53)
Testraum HUOBE GR: Parzellengrenzen sowie Flurnamen

Die Flurnamen des Testraums HUOBE GR (Fig. 20) haben mehrheitlich romanischen Ursprung und weisen auf die römische Landnahme hin. Typisch für die romanische Besiedlung des Prättigaus sind geschlossene Dorfanlagen, umgeben von verstreut liegenden Ökonomiegebäuden, die sich auf die gesamte private Nutzfläche verteilen.

Die im Testraum HUOBE GR aktiven Landwirte gehören den politischen Gemeinden Fanas oder Schiers und mehrheitlich auch den entsprechenden Bürgergemeinden an. Das Grundeigentum der politischen Gemeinden und der Bürgergemeinden umfasst Alpen, ausgedehnte Waldungen und Allmenden. Im Falle von Schiers kommt noch urbarisiertes Schwemmland im Talboden dazu, welches in Form von Bürgerlosen verpachtet wird.

Der Testraum HUOBE GR ist über Fusswege oder mit der Luftseilbahn Fanas-Eggli erreichbar. Das Dorf Fanas erstreckt sich als lange Häuserzeile 300 m oberhalb des Talbodens quer zum Hang. Dreimal täglich verkehrt ein Postauto zwischen Fanas und Grüsch, wo Anschlussmöglichkeiten an die Rhätische Bahn bestehen, die seit 1889 durchs Prättigau führt. Handwerksbetriebe sind in Fanas nur wenige anzutreffen, und für den täglichen Bedarf steht ein einziger, allerdings gut ausgestatteter Laden zur Verfügung. Hinzu kommen noch zwei Gasthäuser und zwei Pensionen.

Das frisch renovierte Schulhaus beherbergt die Primarschule. Die Kirche, ebenfalls neu hergerichtet, stammt aus dem Jahre 1755. Ihre Vorgängerin etwas oberhalb des Dorfes ist verschwunden. Die überwiegende Mehrzahl der Gemeindebewohner gehört der protestantischen Konfession an, wie dies für alle Prättigauer Gemeinden kennzeichnend ist (vergl. Bevölkerungs- und Infrastrukturdynamik: Vergleich der drei Testräume).

Als Kartierungsgrundlagen steht für den Testraum HUOBE GR folgendes Planmaterial zur Verfügung:
— Übersichtsplan 1:10 000 Gemeinde Fanas (ohne Parzellengrenzen)
— Fotopläne in unterschiedlichen Massstäben ca. 1:1 000

3 Arbeitsmethoden

31 Datenerhebung

Da es sich bei der vorliegenden Untersuchung um eine empirische Studie handelt, welche die Elemente der Kulturlandschaft ebenso wie das Verhalten der Entscheidungsträger berücksichtigen will, gelangen verschiedene Methoden der Informationsbeschaffung zur Anwendung. In der Folge seien sie kurz vorgestellt.

a Feldaufnahmen

Die Feldaufnahmen bestehen zur Hauptsache in einer umfassenden Kartierungsarbeit, die sich thematisch ans KLW-Programm (vergl. GALLUSSER/BUCHMANN 1974) anlehnt und auf zahlreichen Geländebegehungen durchgeführt wird. Als Grundmuster finden Grundbuchpläne in den Massstäben 1:1000, 1:2000 und 1:10 000 oder Durchzeichnungen von Fotoplänen Verwendung (vergl. Die drei Testräume). Für die Flächennutzungskartierung bilden die Grenzen der Besitzparzellen eine wertvolle Orientierungshilfe; allerdings erfolgen die Aufnahmen nach einem noch feineren Raster. Die Gebäudenutzungskartierung erfasst den gesamten Gebäudebestand. Zu diesem Zweck müssen die vorliegenden Pläne und Karten vorerst auf den neuesten Stand gebracht werden.

Parallel zu den Kartierungsarbeiten im Gelände werden mehrere hundert Fotografien aufgenommen, welche den aktuellen Zustand der Kulturlandschaft dokumentieren und im Vergleich mit historischen Aufnahmen ihren Wandel veranschaulichen sollen.

b Archivforschung

Die Archivforschung betrifft zwei unterschiedliche Themenkreise. Zum einen geht es um die Aufarbeitung von einschlägiger Literatur und von statistischem Material und um das Auffinden von alten Plänen und Karten sowie von historischem Bildgut. Zum andern handelt es sich um das Zusammenstellen der Grundeigentumsverhältnisse nach den im Grundbuch enthaltenen Eintragungen bezüglich Fläche, Eigentümer und eventueller Handänderung für jede einzelne Parzelle. Während die erstgenannte Aufgabe in Bibliotheken, Staatsarchive und in die Kartensammlung des Geographischen Instituts der Universität Basel führt, erfordert die zweitgenannte tagelanges Arbeiten auf kantonalen Grundbuchämtern, bis über jeden Quadratmeter des betroffenen Testraumes die gesuchten Informationen gefunden sind. Die Darstellung der Grundeigentumsverhältnisse erfolgt darauf in Karten und Tabellen, was den räumlichen Bezug veranschaulicht und eine quantitative Auswertung erlaubt.

c Mündliche Befragungen

Die mündliche Befragung der ansässigen Landwirte dient der Überprüfung der Feldaufnahmen ebenso wie der Erhebung von Daten zum Betriebsablauf, zur Bevölkerungsstruktur und zur Verflechtung von Landwirtschaft und Tourismus. Über dreissig Betriebsleiter werden nach einem einheitlichen Interviewbogen befragt. Dies dauert mehrere Wochen und wird parallel zur Kartierungsarbeit durchgeführt. Um das notwendige Vertrauensverhältnis zu schaffen, ist vorgängig allen Landwirten ein Schreiben zugestellt worden, das Angaben zur Person des Befragers macht und über Sinn und Zweck der Untersuchung aufklärt.

Ebenfalls befragt werden nichtlandwirtschaftliche Entscheidungsträger wie Behördenmitglieder, Planer, Gewerbetreibende und Verwaltungsratsmitglieder von Bahn- und Skiliftgesellschaften. Dies erfolgt in der Form freier Interviews.

d Schriftliche Umfrage

Im Rahmen einer grossangelegten schriftlichen Umfrage wird an jeden Besitzer eines Ferienhauses oder einer Ferienhausparzelle ein Fragebogen mit Begleitbrief versandt. In 20 Fragengruppen finden folgende Themenkreise Berücksichtigung: Flächendynamik – Baudynamik – Standortwahl – Erschliessung und Versorgung – regionale und soziale Herkunft – Tourismusverhalten – soziale Einbindung – Bewertung der eigenen Situation.

Die Fragebogenaktion erfolgt anonym, und den Befragten wird eine vertrauliche Behandlung der Angaben zugesichert. Der Rücklauf liegt bei einem Prozentsatz, der ein Auswerten sinnvoll macht und repräsentative Schlüsse zulässt (Fig. 21). Bei der Darstellung der Resultate gilt jeweils die Anzahl der von den Ferienhausbesitzern ausgefüllten Fragebogen als Ausgangsgrösse, und sämtliche Antworten werden in Relation dazu gesetzt (Fig. 89).

FRAGEBOGEN	WIESENBERG NW				WISSEBERG GL		FANAS GR	
	GUMME		STANSER-HORN/FLUE					
versandt	148	100.0%	18	100.0%	39	100.0%	60	100.0%
zurück	78	52.7%	12	66.7%	31	79.5%	43	71.6%
davon leer	2	1.3%	0	0.0%	0	0.0%	5	8.3%
ausgewertet	76	51.4%	12	66.7%	31	79.5%	38	63.3%
von Ferienhausbesitzern*	70		11		28		38	

Fig. 21 (T)
*Statistische Angaben zur schriftlichen Umfrage (* Die Fragebogen sind an Ferienhausbesitzer und an Eigentümer unüberbauter Ferienhausparzellen versandt worden)*

32 Auswertung und Darstellung

Die im Feld, in Archiven und in mündlichen Befragungen gesammelte Information wird für die Auswertung auf zwei Arten dargestellt (Fig. 22):
- Thematische Karten und Tabellen beinhalten jeweils nur einen Teilaspekt der Gesamtdynamik (nachfolgend als Prozessbereich bezeichnet), decken dafür den ganzen Testraum ab (A).
- Karten und Tabellen für jeden einzelnen Betrieb beinhalten zwar sämtliche Aspekte der Gesamtdynamik, decken aber nur die jeweilige Betriebsfläche ab (B).

Somit liegen eine Analyse auf der Ebene Testraum sowie Synthesen auf der Ebene Betrieb für die weitere Auswertung vor. Dies erlaubt ein Erfassen der gesamten Testraumdynamik ebenso wie ein Typisieren der einzelnen Betriebe.

Eine bedeutende Rolle spielt die Suche nach Legenden, Systematisierungsansätzen und Darstellungsmethoden, die in allen drei Testräumen eine sinnvolle Anwendung erlauben und damit ein Vergleichen der Testräume ermöglichen.

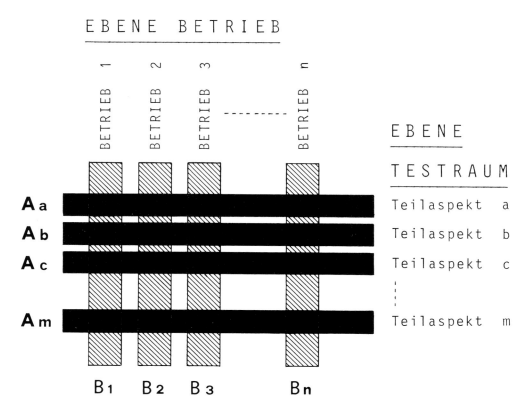

Fig. 22
Analytische Inventarisierung der betriebsweise erhobenen Daten in Form thematischer Karten

II Untersuchungsergebnisse und Modellbildung

4 Landwirtschaftsdynamik

41 Zur allgemeinen Landwirtschaftsdynamik und zur Methodik

a Zur allgemeinen Landwirtschaftsdynamik

So wie jeder der ausgewählten Testräume einen Ausschnitt aus dem ländlichen Raum der Schweiz darstellt, ist die jeweilige Landwirtschaftsdynamik eingebettet in die allgemeine Entwicklung. Da sich zahlreiche Autoren zum Strukturwandel der Schweizer Berglandwirtschaft äussern und betriebswirtschaftliche wie soziologische Aspekte beleuchten (vergl. WEISS 1957, GUTERSOHN 1961, FURRER 1964, GASSNER 1967, RIEDER 1968, DÖNZ 1972, THÖNY 1976, GALLUSSER 1977, KESSLER 1982), kann auf eine ausführliche Darstellung der allgemeinen Dynamik verzichtet werden. Einzig die wichtigsten Entwicklungsschritte seien stichwortartig angegeben, um eine Einordnung der betrachteten Fallbeispiele zu ermöglichen. Bei der Behandlung der lokalen Dynamik wird dann vertieft auf einzelne Teilaspekte der allgemeinen Dynamik eingegangen.

Schon seit Jahrhunderten ist der nordalpine Raum auf *Viehwirtschaft* spezialisiert und steht in einem regen Güteraustausch mit den mittelländischen Getreidebaugebieten. Vorhandene Kartoffeläcker, Gemüse- und Obstgärten decken lediglich den bäuerlichen Eigenbedarf an entsprechenden Nahrungsmitteln. Mit dem Ausbau des Transportwesens und einer landesweiten Infrastruktur auf der Versorgungsebene verliert die Eigenproduktion solcher Güter zusätzlich an Bedeutung. An ihre Stelle tritt der Einkauf im Lebensmittelladen als Ausdruck eines veränderten Konsumverhaltens der Bergbauern. Die resultierende Spezialisierung auf reine Graswirtschaft ist heute nahezu abgeschlossen.

Ebenfalls seit Jahrhunderten stellt der ganze alpine Raum mit seinen kinderreichen Familien ein *Bevölkerungsreservoir* für ausseralpine Räume dar. Abwanderung in nichtlandwirtschaftliche Berufe wird durch externe Angebote ausgelöst und durch interne Strukturprobleme begünstigt. Sie geht meist Hand in Hand mit einer räumlichen Abwanderung. Waren es früher Söldner in fremden Kriegsdiensten und Säumer entlang der Passstrassen, später Beschäftigte im Bahn- und Strassenbau und Fabrikarbeiter, so sind es heute Angestellte im Dienstleistungssektor, die als Bauernsöhne fern vom väterlichen Betrieb ihren Lebensunterhalt verdienen. Findet selektive Abwanderung junger Männer und vor allem junger Frauen in allzu grossem Ausmass statt, resultieren Überalterung, Frauenmangel, Überschuss an ledigen Männern, fallende Geburten- und steigende Sterberate und somit eine Abnahme der Landwirtschaftsbevölkerung.

Hier setzt GALLUSSER (1977, S. 186) ein, wenn er die *Rationalisierung der Landwirtschaft* seit 1955 wie folgt charakterisiert (stichwortartig zusammengefasst):
— Rückgang der landwirtschaftlichen Bevölkerung
— Rückgang der Landwirtschaftsbetriebe bei einer höheren Landausstattung pro Betrieb
— Arbeitsüberlastung
— Mechanisierung der Betriebe
— Produktionssteigerung
— Brachlegung unrentabler Nutzflächen
— Leerstellung überflüssiger Gebäude

Die Abwanderung in nichtlandwirtschaftliche Berufe schreitet weiter voran, da in einem durchmechanisierten Betrieb Maschinen die menschliche Arbeitskraft weitgehend ersetzen. Seit der allgemeinen *Motorisierung* und dem Bau zahlreicher Erschliessungsstrassen ist eine räumliche Abwanderung aber nicht mehr zwingend: Arbeitsplätze ausserhalb des Wohnorts können tageweise aufgesucht werden.

Mit der *touristischen Inwertsetzung* des Alpenraumes durch eine auswärtige Bevölkerungsschicht und mit dem Aufbau einer touristischen Infrastruktur entsteht ein Angebot an Erwerbsmöglichkeiten ausserhalb der Landwirtschaft, aber innerhalb des landwirtschaftlich genutzten Raumes. Die externe Nachfrage nach Flächen und Gebäuden zur touristischen Umnutzung führt zu einem Kapitalimport, der zur verstärkten Mechanisierung oder zur Betriebsaufgabe animieren kann.

b Zur Methodik

Der Übergang von rein landwirtschaftlich genutzten Räumen der nordalpinen Bergregion zu Raumeinheiten mit landwirtschaftlich-touristischer Mischnutzung ist Gegenstand der vorliegenden Untersuchung. In einem ersten Schritt erfolgt die Darstellung der Landwirtschaftsdynamik in den drei Testräumen. Dabei geht es um ein Aufzeigen des Strukturwandels, der das Eindringen touristischer Fremdnutzung erst ermöglicht. Da vor allem die Organisation des Raumes durch unterschiedliche Nutzergruppen interessiert, wird den raumwirksamen Prozessen besondere Beachtung geschenkt.

Die *analytische Darstellung* einzelner Komponenten der Gesamtdynamik bildet die Basis für eine *Modellsynthese*, welche die verschiedenen Prozessbereiche miteinander verknüpft und das Differenzieren nach Dynamiktypen erlaubt. Dabei handelt es sich weder um eine betriebswirtschaftliche noch um eine soziologische Abhandlung. Vielmehr wird von räumlichen Strukturen ausgegangen. Verteilungsmuster und Kulturlandschaftswandel stehen dabei im Blickfeld des geographischen Ansatzes, ebenso aber auch der «agierende Mensch als tragendes Element lebensräumlicher Veränderung» (GALLUSSER 1977, S. 189).

Da die einzelnen *Prozessbereiche* einander räumlich überlagern, zeitlich korrelieren und gegenseitig kausal verknüpft sind, ergibt sich bei der analytischen Darstellung keine zwingende Reihenfolge. Die für die vorliegende Untersuchung gewählte Abfolge widerspiegelt das methodische Vorgehen beim schrittweisen Erfassen der Landwirtschaftsdynamik in den drei Testräumen:

— Die *Grundeigentumsstruktur* ist aktenkundig und kann ohne Betreten des Testraumes dem Grundbuch entnommen werden.
— Die *Flächennutzung* erschliesst sich bei der Begehung des Testraumes, wobei eine fehlerfreie Ansprache unterschiedlicher Nutzungsformen nur nach mehrmaliger Begehung zu verschiedenen Jahreszeiten erfolgen kann.
— Die *Gebäudenutzung* lässt sich ebenfalls äusserlich erkennen. Vertieftes Wissen erfordert aber eine zusätzliche Einblicknahme ins «Innenleben» einzelner Gebäude.
— Die *Betriebsstruktur* kann nur im Gespräch mit den Landwirten erfasst werden.
— Die *Bevölkerungsstruktur* offenbart sich erst nach einer umfassenden Befragung, die tief in den Persönlichkeitsbereich der ansässigen Bevölkerung eindringt.

Die Landwirtschaftsdynamik stellt ein zeitliches Kontinuum ohne einen genau zu definierenden Anfangspunkt dar. Deshalb erscheint eine *retrospektive Betrachtungsweise* als sinnvoll: Ausgehend von der aktuellen Situation wird soweit zurückgeblendet, wie es sich für ein Erklären des Istzustandes als nötig erweist.

Da sich der Testraum WIESENBERG NW im Blick auf die traditionellen Strukturen und die Dynamik der Landwirtschaft als heterogen erweist, empfiehlt sich eine entsprechende Gliederung in folgende Teilräume (Fig. 12):

— Der Teilraum CHAPELE umfasst das traditionelle Dauersiedlungsgebiet an der Stanserhornsüdflanke mit den Heimwesen, den zugehörigen Alpen, Mähdern, Planggen und Riedflächen sowie der historischen Kapelle.

— Der Teilraum TREICHI umfasst das einst nur saisonal von Talbetrieben aus bestossene Gebiet der Privatalpen zwischen Chli Horn, Gumme und Wirzweligrat — die sog. Treichialpen; ebenso das Ürtenland der Korporation Dallenwil am Gummenordhang.

— Der Teilraum FLUE — durch den Hornwald vom übrigen Testraum getrennt — umfasst die beiden traditionellen Heimwesen der Wissiflue und die ehemalige Alp Hornmatt. Er stellt demnach ein extrem verkleinertes Abbild der beiden vorangehend definierten Teilräume dar.

— Der Teilraum DÜRREBODE umfasst die zweistafelige Genossenschaftsalp Dürrebode/Egg mit ihren privat genutzten Alpkreisen.

Diese Gliederung in Teilräume geht von der traditionellen Betriebsstruktur aus und erweist sich als sinnvoll für die analytische Darstellung der Landwirtschaftsdynamik im Testraum WIESENBERG NW.

42 Analyse der Landwirtschaftsdynamik in den drei Testräumen

421 Grundeigentumsdynamik

Die Grundbesitzverhältnisse sind keine unmittelbar sichtbaren Raumstrukturen. Oft decken sich die Besitzgrenzen aber mit Nutzungsgrenzen, und häufig wird diese Grenzfunktion durch Abzäunung unterstrichen. Viel bedeutender ist jedoch der Umstand, dass die Grundeigentümer wichtige Entscheidungsträger im Blick auf die Organisation des Raumes darstellen. Sie entscheiden über die Art der Nutzung, soweit naturräumliche Ausstattung und raumplanerische Auflagen dies zulassen. Das Potential für Landschaftsveränderungen hängt somit stark von den Grundbesitzverhältnissen ab. Oft löst eine Umstrukturierung derselben eine tiefgreifende Raumdynamik aus, die sämtliche Prozessbereiche erfassen kann.

A TESTRAUM WIESENBERG NW

a Aktuelle Grundeigentumsstruktur

Im Teilraum CHAPELE (Fig. 23 und Fig. 24) mit seinen traditionellen Heimwesen finden sich als ansässige *Privateigentümer* fünf Vollerwerbs- (A1), ein Teilerwerbs- (A2) und ein Nebenerwerbslandwirt (A3) sowie ein landwirtschaftlicher Rentner (A4) und eine landwirtschaftliche Erbengemeinschaft (A5). Dazu besitzen fünf Talbauern (B), drei aus Dallenwil, einer aus Stans und einer aus Wolfenschiessen, Landwirtschaftsparzellen im Teilraum CHAPELE. Ein im Kanton Zürich wohnhafter Nachkomme einheimischer Vorfahren ist einziger Nichtlandwirt (C2), der als Eigentümer landwirtschaftlicher Nutzfläche in Erscheinung tritt (Blatialp). *Kollektiveigentümer* sind die Ürtenkorporation (Genossenkorporation) Dallenwil (1), die Römisch-katholische Kaplaneipfrundstiftung Wiesenberg (2), die Genossenkorporation Stans (3) und die Stanserhornbahn AG (4).

Im Teilraum TREICHI, vor wenigen Jahrzehnten noch reines Alpgebiet, setzen sich die nun ansässig gewordenen *Privateigentümer* aus neun Vollerwerbs- und zwei Teilerwerbslandwirten sowie einem landwirtschaftlichen Rentner zusammen. Neben den drei Talbauern aus Stans, Buochs und Grafenort besitzen noch drei auswärtige Nichtlandwirte aus Stans, Büren und Ennetmoos Landwirtschaftsflächen im Teilraum TREICHI (Waldmattli, Sulzmatt, Chli Ächerli). Alle auswärts wohnhaften Grundeigentümer sind durch Erbschaft in den Besitz der erwähnten Flächen gelangt.

Als *Kollektiveigentümerin* nennt die Genossenschaft der Güter- und Alpbesitzervereinigung Wiesenberg (5) drei Waldparzellen ihr eigen, während im Teilraum DÜRREBODE die Alpgenossenschaft Dürrenboden (6) mit einer einzigen geschlossenen Alpfläche mehr Land besitzt als sämtliche Privateigentümer im Teilraum CHAPELE zusammen. Mit einer noch grösseren Fläche gehört der Besitz der Ürtenkorporation

Dallenwil (1) in dieselbe Kategorie, allerdings nur, was die Grösse, nicht aber, was die räumliche Geschlossenheit des Grundeigentums betrifft. Zwar lassen sich die dem Korporationsland zugehörigen Landwirtschaftsareale Eggwaldried, Under Prügelbode und Hinderhege dem Teilraum TREICHI zuordnen; die Waldflächen, Erosionsgebiete und Felsabstürze hingegen umsäumen gleichermassen alle Teilräume. Und fast ausnahmslos bildet die Grenze zwischen Privateigentum und Korporationsland die Grenze zwischen intensiver landwirtschaftlicher Nutzung als Wies- oder Weideland einerseits und extensiver forstwirtschaftlicher oder gar fehlender Nutzung andererseits. Eine quantitative Aufteilung des Korporationslandes auf die einzelnen Teilräume macht daher wenig Sinn. Auch fehlen die dazu benötigten Vermessungsunterlagen. Hingegen lässt sich der Flächenanteil an landwirtschaftlich genutztem Boden im Teilraum TREICHI aufgrund der im Pächterverzeichnis für 2/3 aller Ürtenlose angeführten Flächenangaben grob abschätzen. Das ursprünglich 83 und heute – nach der touristischen Erschliessung des Gumme – noch 72 Ürtenlose umfassende Korporationsland im Eggwaldried, im Under Prügelbode und in Hinderhege wird für jeweils fünf Jahre an Landwirte aus der Gemeinde Dallenwil verpachtet. Früher erfolgte die Zuteilung der einzelnen Flächenstücke jeweils durch das Los, daher der Name. Die typische Grösse eines Ürtenloses liegt zwischen einer halben und einer ganzen Hektare.

Im Teilraum FLUE gibt es drei *Privateigentümer* landwirtschaftlicher Nutzflächen, nämlich einen Vollerwerbslandwirt und zwei landwirtschaftliche Rentner. Als *Kollektiveigentümerin* tritt neben der Ürtenkorporation Dallenwil nur noch die Schweizerische Eidgenossenschaft in Erscheinung. Bei ihrem Grundstück handelt es sich aber nicht um landwirtschaftliche Produktionsflächen, sondern um militärische Einrichtungen.

b Traditionelle Parzellarstruktur

Auf der untersten Höhenstufe des Teilraums CHAPELE (Fig. 25) findet sich zum ersten Mal die Abfolge der ansässigen Grundeigentümer. Es betrifft dies die Heimwesen (H) mit ihren mittelgrossen Blockparzellen. Hangaufwärts schliessen sich die zugehörigen, bedeutend grösseren Alpen (A) an. In dem teppichartigen Muster der Riedheuparzellen (R) im Ried wiederholt sich erneut die erwähnte Abfolge der Grundeigentümer, gehören doch die meisten dieser kleinen Flächenstücke zu einem der Heimwesen des Teilraums CHAPELE. Gleiches gilt für die etwas grösseren, block- bis streifenartigen Mager- (M) und Planggenheuparzellen (P) an den steilen Abhängen des Stanserhorns. Neben den ansässigen Landwirten besitzen auch Talbauern aus Dallenwil vereinzelte Ried-, Mager- und Wildheuflächen.

Fig. 23 (T) ▷
Private Grundeigentümer in den drei Testräumen

Fig. 24 (S. 64/65)
Aktuelle Grundeigentumsstruktur in den drei Testräumen (Brüderpaare als gemeinsame Eigentümer eines Landwirtschaftsbetriebes werden nicht wie Erbengemeinschaften, sondern wie Vollerwerbslandwirte behandelt)

PRIVATEIGENTÜMER	CHAPELE	TREICHI	FLUE	WIESENBERG NW	WISSEBERG GL	HUOBE GR	WIESENBERG NW	WISSEBERG GL	HUOBE GR	WIESENBERG NW	WISSEBERG GL	HUOBE GR
A1 Vollerwerbslandwirte	5	9	1	15	7	16	63%	64%	55%	42%	28%	24%
A2 Teilerwerbslandwirte	1	2		3			13%			8%		3%
A3 Nebenerwerbslandwirte	1		2	1	1	2	4%	9%	7%	3%	4%	3%
A4 Landwirtschaftl. Rentner	1	1		4	2	9	16%	18%	31%	11%	8%	14%
A5 Landwirtschaftliche Erbengemeinschaften	1			1	1	2	4%	9%	7%	3%	4%	3%
B Talbauern	5	3		8	9	5				22%	36%	8%
C1 Nichtlandwirtschaftl. Erben	1	3		4	3	22				11%	12%	33%
C2 Nichtlandwirtschaftl. Käufer			3		2	10					8%	15%
A1 – A5 Landwirte im Testraum	9	12	3	24	11	29	100%	100%	100%	67%	44%	44%
B Talbauern	5	3	3	8	9	5				22%	36%	8%
A + B Landwirte total	14	15	3	32	20	34				89%	80%	52%
C Nichtlandwirte total	1	3	3	4	5	32				11%	20%	48%
A – C Privateigentümer total	15	18	3	36	25	66	100%	100%	100%	100%	100%	100%

TESTRAUM WIESENBERG NW

CHAPELE
Muetergotteswald
Blatialp
Ober Chneu
Under Chneu
Underhus
Holzwang
Schultere
Ried
Acherli
Husmatt
TREICHI
Schwändli
Wurzweli
Hommatt
FLUE
Wissiflue
Eggwaldried
Gummenalp
Egg
Dürrebode
DÜRREBODE

AKTUELLE GRUNDEIGENTUMSSTRUKTUR 1982

PRIVATEIGENTÜMER

A1 Vollerwerbslandwirt
A2 Teilerwerbslandwirt
A3 Nebenerwerbslandwirt
A4 landwirtschaftl. Rentner
A5 landwirtschaftl. Erbengemeinschaft
B Talbauer
C1 nichtlandwirtschaftl. Erbe(n)
C2 nichtlandwirtschaftl. Käufer

KOLLEKTIVEIGENTÜMER

Gemeinden/Korporationen/Genossenschaften

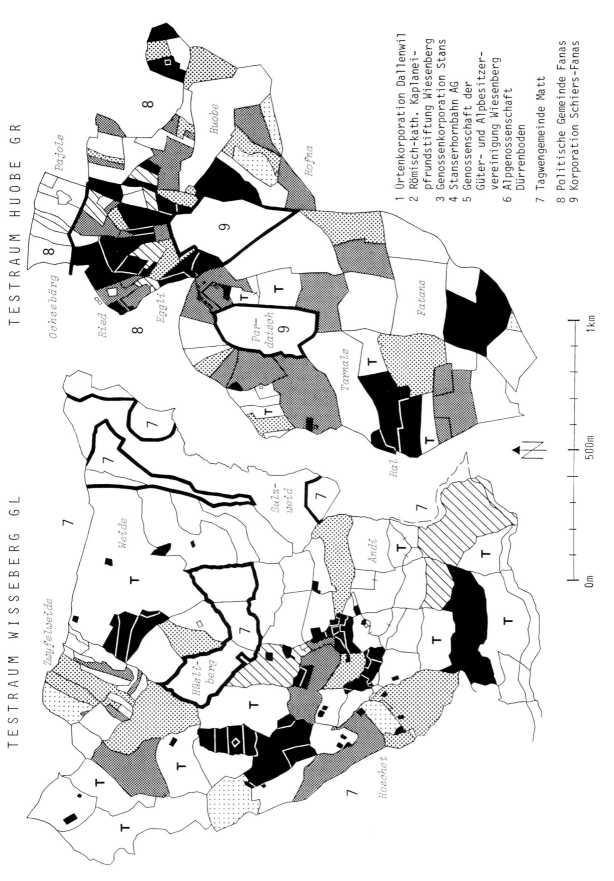

Im südwärts anschliessenden Teilraum TREICHI treten grosse, annähernd rechteckige Blockparzellen (A) auf, die in der Regel quer zur Fallrichtung des Geländes verlaufen. Da es sich dabei ausnahmslos um Alpen oder vollständige Betriebseinheiten handelt, ist die Anzahl verschiedener Eigentümer nur unwesentlich kleiner als die Zahl der Parzellen. Von einer nächsthöheren Grössenordnung ist die Parzelle der Ürtenkorporation, die Teile des Gumme, das Eggwaldried, die Prügelböde und das Gebiet Hinderhege umfasst. Von gleicher Grösse wie der ganze Teilraum CHAPELE ist die Parzelle der Genossenschaftsalp Dürrebode. Der Teilraum FLUE setzt sich zusammen aus nur drei beinahe gleich grossen Besitzeinheiten, die den beiden traditionellen Landwirtschaftsbetrieben und einer ehemaligen Alp entsprechen. Die Zuordnung von Nutzung zu Parzellengrösse ist in Fig. 26 dargestellt.

c Grundeigentumsdynamik

Die auffälligste Veränderung im Teilraum CHAPELE besteht in einer Abnahme der Zahl der ansässigen Grundeigentümer durch Betriebsaufgaben und Abwanderung, verbunden mit der daraus resultierenden Konzentration der landwirtschaftlichen Betriebsfläche bei den ansässig bleibenden, weiterhin aktiven Landwirten. So gelangte ein grosser Teil des ehemaligen Heimwesens Reckholtere samt den zugehörigen Riedwiesen und Planggen 1963 durch Aufkauf zum Underhus. Die Hoschtet und der Acher gehören heute mit dem Achermahd zur Schürmatt, und Dändle sowie das Dändleried zur Schwand.

Im Teilraum TREICHI spielt sich ein gegenläufiger Prozess ab. Seit den Dreissigerjahren wurde eine Alp nach der andern durch horizontale Erbteilung vom zugehörigen Talgut abgetrennt und dadurch zur isolierten Besitzeinheit. Dass es dabei gar zu Alpteilungen kam, beweisen die Beispiele Holzwang (1959) und Seewli (1982). Hand in Hand mit dieser horizontalen Erbteilung ging ein Ansässigwerden der Erben, die im Tal über keinen Grundbesitz mehr verfügten und heute als Voll-, saisonale Teil- oder ganzjährige Nebenerwerbslandwirte ihr Auskommen finden.

Im Teilraum FLUE befinden sich zur Zeit zwei der drei Heimwesen im Besitz landwirtschaftlicher Rentner, die vor wenigen Jahren in den Ruhestand getreten sind und ihr Land seither an denselben Talbauern verpachten.

Handänderungen von einer zu einer anderen Kollektiveigentümerin sind eher aussergewöhnlich und im Teilraum TREICHI zweimal das Resultat von Zwistigkeiten:

Ursprünglich gehörte das Gebiet Hinderhege zur Genossenschaftsalp Dürrebode, und das Land der Ürtenkorporation im noch gänzlich unbewaldeten Eggwaldried war Weidegebiet für Rinder. Der Rinderhirt wohnte im Hüethüttli. Bei Schneefall während der Alpungszeit durfte er das sog. Schneefluchtrecht wahrnehmen und mit seinen Tieren ins Waldweidegebiet der Dürrebodealp ziehen. Dies führte gelegentlich zu Streitereien mit den Alpgenossen, bis diese der Korporation den Landstreifen Hinderhege abtraten und damit das ihnen unliebsame Schneefluchtrecht für die Korporationsrinder ablösten.

Umgekehrt musste die Ürtenkorporation den Ostteil des Eggwald und den Rickebachliwald 1925 an die Güter- und Alpbesitzervereinigung Wiesenberg abtreten. Uneinigkeiten über die Ausübung der Nutzungsrechte durch die Korporationsbürger führten zu einem richterlichen Schiedsspruch, der eine entsprechende Waldausscheidung zugunsten der Wiesenberger Bauern verfügte.

Zusammenfassend können für die *Grundeigentumsstruktur und ihre Dynamik* im TESTRAUM WIESENBERG NW folgende Merkmale als typisch bezeichnet werden:

TEILRAUM CHAPELE
— Traditionelle Parzellarstruktur mit Heimwesen, Alpen, Riedwiesen, Mähdern und Planggen
— Konzentration von Grundeigentum bei weiterhin aktiven Landwirten als Folge von Betriebsaufgaben

TEILRAUM TREICHI
— Grosse Blockparzellen von Alpen und ehemaligen Alpen
— Isolierte Besitzeinheiten durch Abtrennung von Talheimwesen
— Aufteilung von Grundeigentum durch Alpteilungen bei Betriebsgründungen

TEILRAUM FLUE
— Wissiflue: landwirtschaftliche Rentner in traditionellen Heimwesen
— Hornmatt: ehemalige, vom Talheimwesen abgetrennte Alp als Heimwesen

TEILRAUM DÜRREBODE
— Grossgrundbesitz einer Alpgenossenschaft

GANZER TESTRAUM WIESENBERG NW
— Ansässige Landwirte sowie Genossenschaften und Korporationen als Eigentümer land- und forstwirtschaftlicher Nutzflächen
— Nichtlandwirtschaftliche Erben als auswärtige Grundeigentümer

B TESTRAUM WISSEBERG GL

a Aktuelle Grundeigentumsstruktur

Für den glarnerischen Testraum WISSEBERG GL (Fig. 23 und Fig. 24) lassen sich dieselben Eigentümerkategorien unterscheiden wie für den nidwaldischen. Die ansässigen *Privateigentümer* von landwirtschaftlich genutzter Bodenfläche setzen sich zusammen aus sieben Vollerwerbslandwirten (A1), einem Nebenerwerbslandwirt (A3), einem landwirtschaftlichen Rentner (A4) und einer landwirtschaftlichen Erbenge-

Fig. 25 (S. 68/69)
Traditionelle Parzellarstruktur in den drei Testräumen

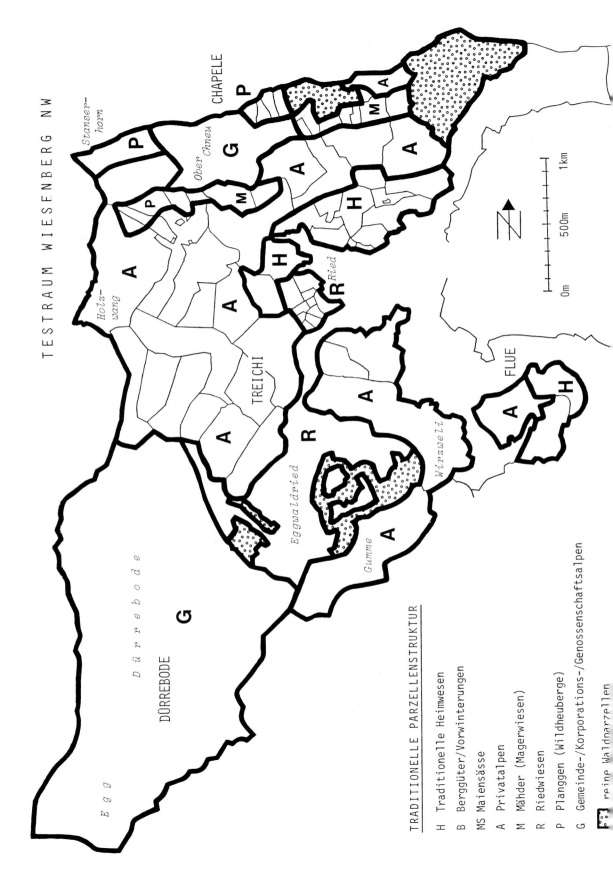

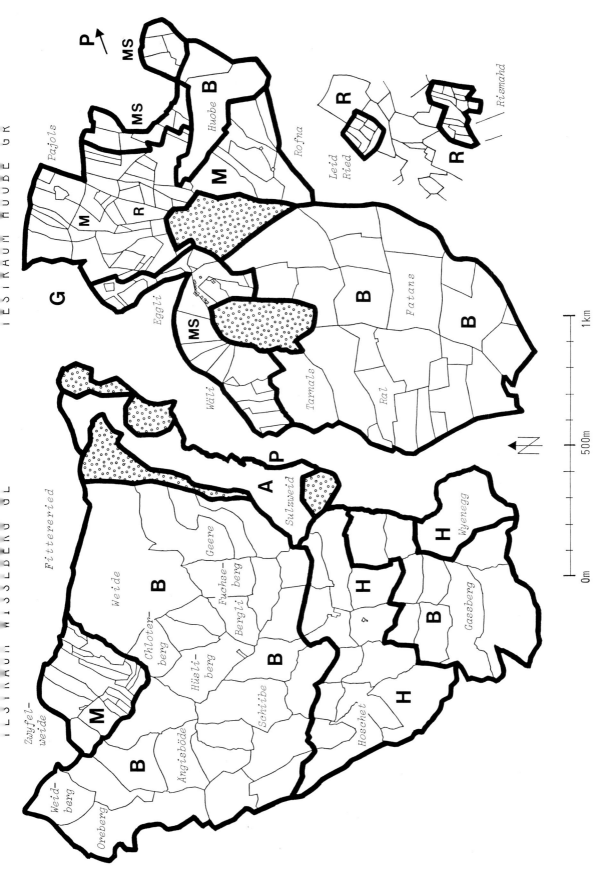

meinschaft (A5). Acht Talbauern aus Matt (B) besitzen Berggüter am Wisseberg, einem neunten gehört eine reine Waldparzelle. Zwei auswärtige Nichtlandwirte sind durch Erbschaft zu Eigentümern ganzer ehemaliger Betriebe (Zäigerhoschet, Mittler Hoschet) geworden (C1), einer erbte ein Berggut (Hinder Ängisbode), und drei weitere kauften je ein solches (Gassberg, Under Lanzigweid, Mülimahd) (C2).

Als *Kollektiveigentümerin* besitzt die Tagwengemeinde Matt (9) mehrere Forst- und Landwirtschaftsflächen; ebenso gehören ihr die steilen Waldpartien und die unproduktiven Gebiete, welche das Privatland umgeben.

b *Traditionelle Parzellarstruktur*

Im Testraum WISSEBERG GL (Fig. 25) ist die Abfolge der ansässigen Grundeigentümer dreimal anzutreffen: ein erstes Mal auf der Höhenstufe der Heimwesen (H) mit ihren rechteckigen, meist quer zum Hang verlaufenden Blockparzellen, ein zweites Mal auf der Höhenstufe der Berggüter (B) mit noch etwas grösseren, quer oder längs zum Hang verlaufenden Blockparzellen und ein drittes Mal im sumpfigen Waldgebiet der Zwyfelweiden (M) mit seiner feinmaschigen, streifenartigen Parzellierung. Die Talbauern aus Matt treten fast ausnahmslos als Eigentümer von Berggütern in Erscheinung und besitzen jeweils nur eine Parzelle am Wisseberg.

		aktuelle Flächennutzung		typische Parzellengrösse
TESTRAUM WIESENBERG NW				
TEILRAUM CHAPELE	H	Heimwesen		2 – 4 ha
	A	Privatalpen		12 – 17 ha
	R	Riedwiesen		0.5 – 1 ha
	M	Magerwiesen		3 ha
	P	Planggen		1.5 ha
TEILRAUM TREICHI	A	Privatalpen und ehemalige Alpen		10 – 34 ha
TEILRAUM FLUE	H	Heimwesen		9 – 14 ha
	A	ehemalige Alp		
TESTRAUM WISSEBERG GL	H	Heimwesen		1 – 4 ha
	B	Berggüter		2 – 5 ha
	M	Magerwiesen (Zwyfelweiden)		0.2 – 1.5 ha

Fig. 26 (T)
Traditionelle Parzellarstruktur: typische Parzellengrössen einzelner Parzellenkategorien

Die Parzellen der auswärtigen Nichtlandwirte verteilen sich auf alle Höhenstufen. Zu den beiden vererbten Heimwesen gehören fünf Streifenparzellen in den Zwyfelweiden. Bei den vier weiteren Flächenstücken handelt es sich um ein geerbtes und drei gekaufte Berggüter. Die Zuordnung von Nutzung zu Parzellengrösse ist in Fig. 26 dargestellt.

c Grundeigentumsdynamik

Ähnlich wie im Teilraum CHAPELE NW hat auch im Testraum WISSEBERG GL die Zahl der Landwirtschaftsbetriebe seit der Jahrhundertwende stetig abgenommen. Durch Erbgang oder Zukauf gelangten vier Heimwesen samt den zugehörigen Parzellen als Besitzvergrösserungen an weiterhin ansässige Landwirte. So gehören die Heimwesen Buchshoschet, Sattel, Stigerberg und Ober Hoschet heute zu den Betrieben Under Hoschet, Schmidhoschet, Ober und Under Hoschetbord.

Die Berggüter Sattelberg, Weidberg und Hüsliberg wurden nach dem zweiten Weltkrieg von ansässigen Landwirten an einen Thurgauer Grossbauern und von diesem dreissig Jahre später an einen Nachfolger aus dem St. Galler Rheintal verkauft. Heute gehören diese drei Parzellen der Tagwengemeinde Matt.

Zusammenfassend können für die *Grundeigentumsstruktur und ihre Dynamik* im TESTRAUM WISSEBERG GL folgende Merkmale als typisch bezeichnet werden:

- Traditionelle Parzellarstruktur mit Heimwesen, Berggütern und Magerheuparzellen
- Ansässige Landwirte und Talbauern sowie die Tagwengemeinde als Eigentümer land- und forstwirtschaftlicher Nutzflächen
- Nichtlandwirtschaftliche Erben als Eigentümer ehemaliger Heimwesen
- Nichtlandwirtschaftliche Käufer als Eigentümer von Berggütern
- Konzentration von Grundbesitz bei aktiven Landwirten als Folge von Betriebsaufgaben

C TESTRAUM HUOBE GR

a Aktuelle Grundeigentumsstruktur

Da der bündnerische Testraum die Höhenstufe der Heimwesen nicht umfasst, sondern sich auf die Höhenstufe der oberen Berggüter und vor allem der Maiensässe beschränkt, weist er auch keine ganzjährig ansässige Bevölkerung auf. Die Landwirte, die den Testraum saisonal nutzen, wohnen mehrheitlich im Dorf Fanas oder in seiner unmittelbaren Umgebung. Da Fanas selber schon seitlich erhöht auf einer Terrasse über dem Talboden liegt und in dieser Beziehung dem Wiesenberg NW wie dem Wisseberg GL entspricht, erscheint es berechtigt, die in und um Fanas wohnenden Landwirte als ansässige Grundeigentümer zu bezeichnen. Gleiches gilt auch für die Landwirte von Maria-Montagna und Pusserein. Diese beiden Fraktionen der Nachbargemeinde Schiers haben mit dem Dorf Fanas Höhenlage sowie Distanz und funktionale Beziehungen zum Testraum HUOBE GR gemeinsam. Als Talbauern werden Landwirte bezeichnet, die ihr Heimwesen in den Taldörfern Schiers, Grüsch oder Schmitten oder deren Nähe liegen haben. Auf diese Weise ist die Vergleichbarkeit der drei Testräume gewährleistet.

Im Testraum HUOBE GR (Fig. 23 und Fig. 24) finden sich als in Fanas, Maria-Montagna oder Pusserein ansässige *Privateigentümer* 16 Vollerwerbs- (A1) und zwei Nebenerwerbslandwirte (A3) sowie neun landwirtschaftliche Rentner (A4) und zwei landwirtschaftliche Erbengemeinschaften (A5). Hinzu kommen vier Talbauern (B) aus Schiers und Grüsch sowie ein landwirtschaftlicher Rentner, der von Fanas nach Seewis umgezogen ist. Zusätzlich besitzen 32 Nichtlandwirte (13 wohnhaft in Fanas, 19 auswärtig) ebenfalls landwirtschaftliche Nutzflächen im Testraum, wobei 22 von ihnen durch Erbschaft (C1), zehn durch Kauf (C2) zu diesem Grundeigentum gekommen sind.

Als *Kollektiveigentümerin* besitzt die Politische Gemeinde Fanas (10) die Rinderalp Ochsebärg, die an die Höhenstufe der Maiensässe anschliesst. Lange Zeit herrschte Unklarheit darüber, ob die Fanaser Alpen Eigentum der Bürgergemeinde oder der Politischen Gemeinde seien. Nutzung und Unterhalt erfolgten schon lange durch die Politische Gemeinde, hingegen bestanden unterschiedliche Taxen für Bürger und Nichtbürger. Seit der in jüngster Zeit erfolgten Eigentumsausscheidung ist die Situation nun zugunsten der Politischen Gemeinde klar geregelt. Allerdings müssen allfällige Bodenverkäufe und die Taxverordnungen auch von der Bürgergemeinde genehmigt werden. Inmitten der Privatparzellen liegen die erosionsgefährdeten Einzugsgebiete der beiden Forztobel, die der Korporation Schiers-Fanas (11) gehören. Dabei handelt es sich um ehemals landwirtschaftlich genutzte Flächen, die einer natürlichen Wiederbewaldung überlassen werden und auf denen Wildbachverbauungen vorgesehen sind.

b Traditionelle Parzellarstruktur

Das Parzellenmuster zeigt auch im bündnerischen Testraum HUOBE GR (Fig. 25) unterschiedliche landwirtschaftliche Nutzungsformen auf. Die grossen, annähernd rechteckigen Blockparzellen der Vorwinterungen (B) entsprechen denen der Berggüter am glarnerischen Wisseberg. Die darüberliegende Maiensässzone (M) ist in schmale Rechtecke eingeteilt, die alle rechtwinklig zur Grenze zwischen Privat- und Kollektivland stehen. Besonders auffällig treten die hangabwärts verlaufenden Streifenparzellen der noch höher liegenden Magerheugebiete (M) hervor, während es sich bei den kleinen Blockparzellen um ehemalige Riedflächen (R) handelt. Die fünfzehn quadratischen Kleinstparzellen, zwölf davon in einer Reihe, sind identisch mit den Grundflächen der hier stehenden Magerheupargaune (kleine einräumige Blockbauten für Magerheu). Eigentümer, die über eine solche Kleinstparzelle verfügen, besitzen in der Regel auch das zugehörige Stück Magerwiese. Oft gehört noch ein Maiensäss dazu, seltener ein Berggut. Das Grundeigentum mehrerer einzelner Besitzer, vor allem aktiver Landwirte und Erben ganzer Betriebe, ist demnach über alle Nutzungszonen verstreut. Recht zahlreich sind aber auch Eigentümer mit einer einzigen Parzelle im Testraum, was die grosse Zahl von Grundeigentümern erklärt. Die durch Nichtlandwirte käuflich erworbenen Landwirtschaftsparzellen konzentrieren sich auf zwei Teilräume, einen in der Maiensäss- und Magerheuzone und einen auf der mittleren Berggutstufe.

c Grundeigentumsdynamik

Der hohe Flächenanteil in den Händen ansässiger und auswärtiger Nichtlandwirte im Bündner Testraum weist auf eine viel stärkere aktuelle Dynamik bei den Landwirtschaftsflächen hin, als es für die beiden andern Testräume der Fall ist. Dies hängt damit zusammen, dass sich die Zahl der Landwirtschaftsbetriebe in der Gemeinde Fanas im letzten Jahrzehnt von 36 auf 27 reduziert hat, während sie in Matt und Dallenwil ungefähr konstant geblieben ist.

Die Waldkorporation Schiers-Fanas wurde als Reaktion auf die Unwetterschäden des Katastrophenjahres 1910 ins Leben gerufen. Sie kaufte Privatland an erosionsgefährdeten Lagen in der Absicht auf, durch Verbauungen einer möglichen Gefährdung des Talbodens durch Murgänge vorzubeugen. Vor rund zehn Jahren erwarb die Politische Gemeinde Fanas die oberste Reihe der privaten Magerheuparzellen auf Pajols zur Vergrösserung und Verbesserung der Rinderalp Ochsebärg.

Zusammenfassend können für die *Grundeigentumsstruktur und ihre Dynamik* im TESTRAUM HUOBE GR folgende Merkmale als typisch bezeichnet werden:

- Traditionelle Parzellarstruktur mit Berggütern, Maiensässen, Ried- und Magerheuparzellen
- Ansässige Landwirte und Talbauern als Eigentümer von Berggütern und Maiensässen
- Zahlreiche landwirtschaftliche Rentner und Erbengemeinschaften als Eigentümer von Berggütern und Maiensässen
- Zahlreiche nichtlandwirtschaftliche Erben als Eigentümer von Berggütern und Maiensässen
- Zahlreiche nichtlandwirtschaftliche Käufer als Eigentümer von Berggütern und Maiensässen
- Verkauf privater Magerheuparzellen an die Politische Gemeinde als Alpweide

D VERGLEICH DER DREI TESTRÄUME

a Aktuelle Grundeigentumsstruktur

In allen drei Testräumen lässt sich im Blick auf die land- und forstwirtschaftlich genutzten Flächen eine erste Unterscheidung in Privateigentümer und Kollektiveigentümer treffen. Hauptsächlich sind es Wald- und Weidegebiete sowie Riedflächen, die sich im Besitz von Gemeinden, Korporationen und Genossenschaften befinden; ebenso Erosionstrichter, Felsabstürze und Steilhänge, welche – bewaldet oder unbewaldet – das landwirtschaftlich genutzte Gebiet umsäumen. Die intensiv genutzten Wieslandflächen befinden sich mit wenigen Ausnahmen im Besitz von Privateigentümern (Einzelpersonen oder Erbgemeinschaften), die mehrheitlich in der Testgemeinde selber ansässig sind. Vereinzelt wohnen sie auch in einer Nachbargemeinde, in seltenen Fällen gar ausserhalb des Testkantons.

Ein Vergleich der *Privateigentümer* in den drei Testräumen ergibt folgendes Bild (Fig. 23):
— Die absoluten Zahlen zeigen, dass der Testraum HUOBE GR am meisten verschiedene Privateigentümer landwirtschaftlich genutzter Parzellen aufweist, obwohl er von der Fläche her kleiner ist als die beiden anderen Testräume. Zudem gilt dies für die Zahl der Landwirte wie für die Zahl der Nichtlandwirte. Die Ursache dafür liegt in der feinmaschigen Parzellierung der Maiensäss- und Magerheuzone längs der Grenze zwischen Privat- und Kollektiveigentum. Da an dieser Nutzungsstufe jeder ansässige Betrieb anteil haben muss, resultiert eine grosse Zahl unterschiedlicher Eigentümer, von denen aber nur wenige mehr als eine Parzelle besitzen.
— In allen drei Testräumen treten Talbauern als Eigentümer von Alpen, Berggütern oder Riedflächen auf.
— Bei den Nichtlandwirten als Grundeigentümer sind die Erben gegenüber den Käufern in der Überzahl. Im Testraum WIESENBERG NW gibt es keinen Eigentümer landwirtschaftlicher Nutzflächen, der durch Kauf zu seinem Besitz gekommen wäre.
— Bei den landwirtschaftlichen Grundeigentümern stellen die aktiven Vollerwerbslandwirte jeweils den grösseren Anteil als die Teil- und Nebenerwerbslandwirte, wobei aber die landwirtschaftlichen Rentner ebenfalls ins Gewicht fallen.
— Während sich die Zahl der Nichtlandwirte als Eigentümer landwirtschaftlicher Nutzflächen im Testraum WIESENBERG NW mit 11% im Rahmen hält, erreicht sie im Testraum WISSEBERG GL 23% und im Testraum HUOBE GR gar 48%. Jeder zweite Grundeigentümer nutzt demnach im Testraum HUOBE GR sein Land nicht mehr selbst.

Ein Vergleich der Flächenanteile (Fig. 27) zeigt zusätzlich:
— Die totale Landwirtschaftsfläche im Besitz von Nichtlandwirten ist mit 7% im Testraum WIESENBERG NW und mit 12% im Testraum WISSEBERG GL eher bescheiden, mit rund 40% (Schätzwert, da für den Testraum HUOBE GR die Grundbuchvermessung noch nicht abgeschlossen ist) im Testraum HUOBE GR hingegen beachtlich gross.

Die *Kollektiveigentümer* besitzen im Testraum WIESENBERG NW grob einen Viertel, im Testraum WISSEBERG GL einen Sechstel und im Testraum HUOBE GR etwa einen Achtel der parzellierten land- und forstwirtschaftlichen Nutzfläche. Nicht berücksichtigt sind dabei die unproduktiven Gemeindegebiete und die grossen Genossenschaftsalpen.

b Traditionelle Parzellarstruktur

Alle drei Testräume weisen für vergleichbare Nutzungszonen ähnliche *Parzellierungsmuster* auf (Fig. 25). So entsprechen die Parzellen der Heimwesen im Testraum WIESENBERG NW in Form und Grösse denjenigen der Heimwesen im Testraum WISSEBERG GL. Analoges gilt für die Berggutparzellen der Testräume WISSEBERG GL und HUOBE GR. Ried- und Magerheuflächen fallen in allen drei Testräumen als engmaschig parzellierte Gebiete auf, während die Privatalpen des Testraums WIESENBERG NW ebenso wie die Maiensässparzellen des Testraums HUOBE GR in den andern Testräumen keine Entsprechung haben.

Die *Besitzsplitterung* auf die unterschiedlichen Nutzungszonen ist für die ansässigen Landwirte in allen drei Testräumen typisch. Eine Ausnahme bildet der Teilraum TREICHI NW mit seinen arrondierten Betriebsflächen. Dies erklärt den für die nordalpine Höhenstufenwirtschaft atypisch tiefen Durchschnittswert von zwei Parzellen pro Betrieb in der Gemeinde Dallenwil NW (vergl. EIDG. LANDWIRTSCHAFTLICHE BETRIEBSZÄHLUNG 1973). Wird dieser Wert nur für den Teilraum CHAPELE NW berechnet, so erhöht er sich auf vier und erreicht damit beinahe den für Matt GL angegebenen Wert von durchschnittlich fünf Parzellen pro Betrieb. Am ausgeprägtesten ist die Besitzsplitterung mit sieben Parzellen pro Betrieb in Fanas GR.

Talbauern treten in allen drei Testräumen in der Regel als Eigentümer einer einzigen Parzelle auf, sei es nun ein Berggut, ein Maiensäss, eine Privatalp oder auch nur ein Stück Riedland.

Bei den auswärtigen Nichtlandwirten sind es vor allem Erben ehemaliger Betriebe, die über mehrere Parzellen in den Testräumen verfügen, während bei den Käufern der Besitz einer einzigen Parzelle vorherrscht.

In allen drei Testräumen treten Gemeinden, Genossenschaften und Korporationen auch innerhalb des parzellierten Privatlandgebietes als Eigentümerinnen grosser Parzellen in Erscheinung.

EIGENTÜMERKATEGORIEN	CHAPELE	TREICHI	FLUE	WIESENBERG NW	WISSEBERG GL	NW	GL
im Testraum ansässige Landwirte							
A1 Vollerwerb	8231.50	16526.80	1452.90	26211.20	6717.17	49%	39%
A2 Teilerwerb	2043.83	5235.59		7279.42		13%	6%
A3 Nebenerwerb	2075.23			2075.23		4%	
A4 Rentner	1059.58	1262.73	1986.41	4308.72	1160.31	8%	12%
A5 Erbengemeinschaft	2237.89			2237.89	2027.26	4%	3%
A1 - A5 total	15648.03	23025.12	3439.31	42112.46	548.17	78%	60%
B Talbauern	2602.78	5373.94		7976.72	10452.91	15%	28%
Landwirte total	18250.81	28399.06	3439.31	50089.18	4865.03	93%	88%
Nichtlandwirte					15317.94		
C1 Erben	556.87	3373.53		3930.40	1249.83	7%	7%
C2 Käufer					868.54		5%
Nichtlandwirte total	556.87	3373.53		3930.40	2118.37	7%	12%
Privateigentümer	18807.68	31772.59	3439.31	54019.58	17436.31	100%	100%
Kollektiveigentümer				80082.11	3703.74		
Land- und Forstwirtschaftsfläche total				134101.69	21194.26		

Fig. 27 (T) ◁
Aktuelle Grundeigentumsstruktur: Flächenanteile sämtlicher Grundeigentümerkategorien in den beiden Testräumen WIESENBERG NW und WISSEBERG GL
(sämtliche Flächenangaben in a)

c Grundeigentumsdynamik

Wie von den Grundeigentümerkategorien, der traditionellen Parzellarstruktur und den Grundbesitzverteilungsmustern her gleichen sich der Teilraum CHAPELE NW und der Testraum WISSEBERG GL auch bezüglich der Grundbesitzdynamik stark, wogegen der Teilraum TREICHI NW eine gegenläufige Entwicklung aufweist: Einer Grundbesitzkonzentration bei abnehmender Betriebs- und damit Eigentümerzahl einerseits steht eine leicht zunehmende Eigentümerzahl mit hin und wieder vorkommender Betriebsteilung andererseits gegenüber. Im Testraum HUOBE GR führt die sinkende Betriebszahl der Gemeinde Fanas hingegen nicht zu einer Besitzkonzentration bei den weiterhin aktiven Landwirten, sondern zum erwähnten hohen Besitzanteil von Nichtlandwirten an der landwirtschaftlich genutzten Fläche.

Zusammenfassend ergibt sich für die *Grundeigentumsstruktur und ihre Dynamik* folgendes Bild:

TEILRAUM CHAPELE NW / TESTRAUM WISSEBERG GL
- Traditionelle Parzellarstruktur mit Heimwesen, Ried-, Mager- und Wildheuparzellen
- Konzentration von Grundbesitz bei weiterhin aktiven Landwirten als Folge von Betriebsaufgaben

TESTRAUM HUOBE GR
- Traditionelle Parzellarstruktur mit Berggütern, Maiensässen und Magerheuparzellen
- Zahlreiche nichtlandwirtschaftliche Grundeigentümer als Erben oder Käufer landwirtschaftlicher Nutzflächen

TEILRAUM TREICHI NW
- Traditionelle Parzellarstruktur mit grossen Blockparzellen von Privatalpen und ehemaligen Alpen
- Isolierte Besitzeinheiten durch Abtrennung der Alpen von Talheimwesen
- Aufteilung von Grundbesitz durch Alpteilungen bei Betriebsgründungen

422 Flächennutzungsdynamik

Wie für das Parzellenmuster, so sind auch für die Art der landwirtschaftlichen Flächennutzung naturräumliche Ausstattung und traditionelle Betriebsstruktur ausschlaggebend. Da jeder Ganzjahresbetrieb die gleiche Anzahl Grossvieheinheiten (GVE) übersömmern wie überwintern muss, benötigt er neben der Sommerweide eine entsprechende Wieslandfläche als Futterbasis für die winterliche Stallfütterung. Wild- und Magerheu bieten eine wertvolle Ergänzung des Viehfutters, wogegen das Riedheu eher als Streue verwendet wird. In seinem Buch zum Alpwesen Graubündens gibt WEISS (1941, S. 29ff) folgenden Überblick über die landwirtschaftliche Flächennutzung, wie sie im Prättigau für den traditionellen Betrieb typisch ist:

«Fettwiesen
Wiesen sind im Gegensatz zu Weiden Grasflächen, welche nicht nur abgeweidet, sondern auch gemäht werden. Fettwiesen nennt man solche, die man nicht nur mäht, sondern auch düngt. Fettwiesen gibt es im Maiensäss, in der Vorwinterung und im Talgut... Bei guter Düngung und mässiger Höhenlage können sie zwei-, ja sogar dreimal geschnitten werden... Das Düngen der Wiesen wird im Spätherbst oder im frühen Frühling besorgt.

Private Magerwiesen (Mähder)
Die Magerwiesen sind Grasflächen, auf denen sich eine Düngung nicht lohnt, der Bodenbeschaffenheit oder häufiger noch der Abgelegenheit und Steilheit wegen. Man führt das Heu davon in die Maiensäss- oder Talgüter, und der Mist kommt so den Fettwiesen zugut... Das spärliche, aber ausserordentlich kräftige Heu, welches man dort (an den steilen und abgelegenen Hängen) gewinnt – oft tragen die Mäher Steigeisen an den Füssen – wird in kleinen, einräumigen Stadeln (in Fanas ‹Pargaune› genannt) oder seltener in Haufen im Freien aufbewahrt. In einzelnen Gegenden holt man das Heu schon im Sommer auf Schlitten oder, wo dies möglich ist, auf Wagen herunter. In der Regel aber verspart man diese Arbeit auf den Winter, wo man mehr Zeit hat und wo der Schnee nach Neujahr eine gute Bahn bietet (für einen Abtransport mit dem Heuschlitten)... Da den Mähdern (Magerheuflächen) kein Dünger zugeführt wird, sorgt man für Gründüngung (durch Nutzung im Zweijahresrhythmus)... Abgesehen von den eigentlichen Mähdern gibt es an trockenen oder sonst ungünstigen Stellen auch im Gebiet der Fettwiesen hie und da Magerwiesen.

Öffentliche Magerwiesen (Wildheuberge)
Öffentliche, der Gemeinde oder der Alpgenossenschaft gehörige Magerwiesen sind Wildheuberge. Meist sind sie in noch höheren und unfruchtbareren Lagen als die Mähder, gewöhnlich an den Stellen der Alpen, welche als Weiden zu abschüssig und zu gefährlich sind... Aus den Wildheubergen wird das Heu wie aus den Mähdern meistens auch erst im Winter heruntergeholt. Bis dahin bleibt es in kegelförmigen Haufen um eine Stange herum oder zwischen vier Eckpfosten aufgeschichtet.

Streueland
Auf eine ähnliche Weise wie die Wildheuernte geschieht da und dort die Streuegewinnung, indem die Streuestücke in der Allmend oder Alp – meist ist es sumpfiges Gelände mit saurem Riedgras – verlost oder versteigert werden.

Privater Weidgang auf gemähten Wiesen
Fast alle Fettwiesen, im Maiensäss wie im Tal, werden, nachdem sie ein- oder zweimal gemäht sind, im Herbst noch abgeweidet... Auch im Frühling lässt man das Vieh gelegentlich in die Wiesen, besonders wenn Heumangel eintritt.»

Diese Nutzungsformen sind in allen drei Testräumen anzutreffen. Allerdings müssen sie für den Testraum WIESENBERG NW noch ergänzt werden durch zwei weitere Nutzungsformen, die speziell im Teilraum TREICHI NW von grosser Bedeutung sind:

Sommerweidgang auf privatem Weideland
Da die Mehrzahl der Betriebe einen Teil des Viehbestandes auf eigenem Privatland sömmert, verfügt auch eine Mehrzahl der Betriebe über privates Weideland inmitten oder oberhalb der Fettwiesenzone.

Sommerweidgang auf privaten Fettwiesen
Wiesen, die das ganze Sommerhalbjahr über abwechslungsweise geheut und beweidet werden, kommen vor allem in den Teilräumen TREICHI NW und FLUE NW, seltener im Teilraum CHAPELE NW vor.

A TESTRAUM WIESENBERG NW

a Aktuelle Flächennutzung

Die Karte der aktuellen landwirtschaftlichen Flächennutzung (Fig. 28) zeigt folgendes Verteilungsmuster unterschiedlicher Nutzungsarten:

Mehrschnittige Fettwiesen ohne Sommerweidgang, aber mit intensiver Düngung, finden sich im Teilraum CHAPELE in der unmittelbaren Umgebung der Hofstätten und umfassen den Grossteil der Heimwesen. Hingegen treten sie in den Teilräumen TREICHI und FLUE nur bei der Hälfte aller Betriebe in Erscheinung. Ebenso häufig sind hier *Fettwiesen mit Sommerweidgang*, die gleichermassen der Sömmerung wie der Heugewinnung für die winterliche Stallfütterung dienen. Einzelne Landwirte unterteilen diese Fettwiesen in mehrere Sektoren, die sie der Reihe nach einzäunen und abweiden lassen. Dies ermöglicht eine intensivere Nutzung und bessere natürliche Düngung, die aber noch zusätzlich durch Mist, Jauche und Kunstdünger ergänzt wird.

Die *reinen Weidegebiete* ziehen sich im Teilraum CHAPELE oberhalb der flachgeneigten Fettwiesen als breites Band quer zum steiler werdenden Abhang hin, wogegen sie im Teilraum TREICHI auf fast alle Betriebe verstreut vorkommen und keine geschlossene Fläche bilden. In der Regel sind es Böschungen, Kuppen und Kreten, die dem

---

Fig. 28 (S. 80/81)
Aktuelle land- und forstwirtschaftliche Flächennutzung in den drei Testräumen

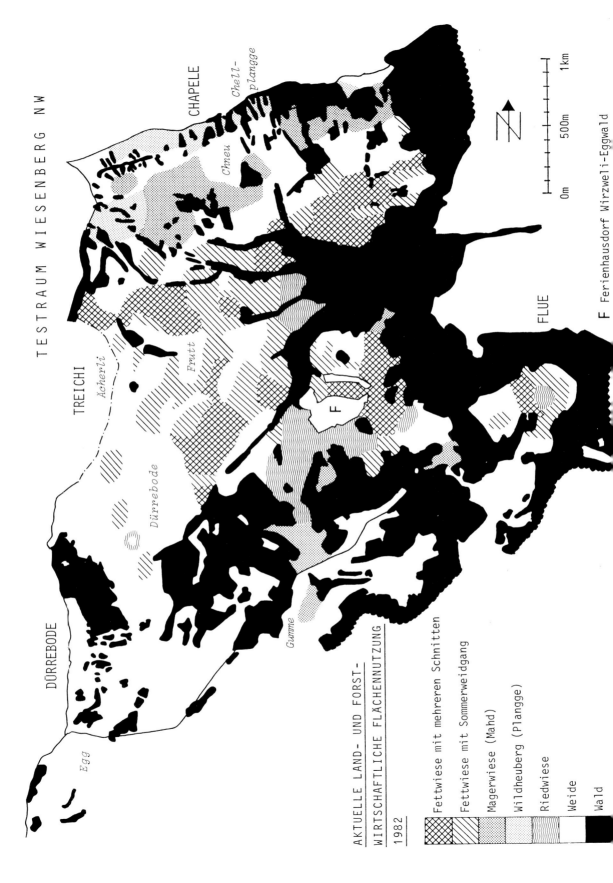

TESTRAUM HUOBE GR

Huobe
Egglі
Rofna
Fatans
Ral

TESTRAUM WISSEBERG GL

Weid-
berg
Zwyfel-
weide
Weide
Bergli
Andi

0 m   500 m   1 km

N

Weidgang überlassen werden. Einzig dort, wo die sommerliche Alpung fremden Viehs oder die Bestossung vom Talboden aus im Vordergrund steht, nimmt die Weide fast die gesamte Betriebsfläche ein. Die durch den steten Viehtritt verursachte Bodenstruktur (unzählige horizontal verlaufende Viehweglein, sog. Treiche, bzw. Treicheli) hebt sich deutlich sichtbar von der glatten Oberfläche der unbeweideten Fettwiesen ab. Je nach Steilheit und Fruchtbarkeit handelt es sich um Kuh-, Rinder- oder gar nur Schafweide, wobei oft auch Kühe und Rinder gemeinsam gesömmert werden.

Die grösste zusammenhängende Weidefläche bildet die Dürrebodealp, deren unterer Stafel mit seinen Waldweidepartien als Kuhalp, der obere Stafel mehrheitlich als Rinderalp bestossen wird. Die in der Umgebung der Alphütten ausgehagten Heublätze liefern einen kleinen Futtervorrat für das Überbrücken von frühherbstlichen Schneefällen oder für eine winterliche Stallfütterung.

Die *Magerwiesen und privaten Wildheuplanggen* beschränken sich weitgehend auf die Steilhänge am Stanserhorn und am Chli Horn, deren Beweidung durch Rindvieh zu riskant wäre. Die jährlich genutzten Magerwiesen, die Mähder, folgen unmittelbar auf die Weidegebiete, und die jedes oder auch nur jedes zweite oder dritte Jahr geschnittenen Wildheuplanggen bilden im Teilraum CHAPELE sowie in den unmittelbar benachbarten Treichialpen den oberen Abschluss der landwirtschaftlich genutzten Fläche. Während diese Planggen am Chli Horn auf der ganzen Breite bis zur Kammlinie hinaufreichen, befinden sie sich am Stanserhorngipfel gar oberhalb eines Felsbandes, werden weiter östlich dann zu steilen Rodungsstreifen zwischen schmalen Waldpartien und gehen schliesslich in den steinigen Muetergotteswald über.

Zur Bewirtschaftung der abschüssigen Planggen mit ihrer glatten, wenig Halt bietenden Oberfläche – erklärbar durch die abrasierende Wirkung des fliessenden Schnees und durch das Fehlen des Viehtritts – binden die Wildheuer noch heute lange Eisenstifte unter den Schuhsohlen fest, um der Gefahr des Ausrutschens zu begegnen. Da die steilen und lawinengefährdeten Mager- und Wildheuflächen weder ein Erstellen von Gebäuden noch ein Aufschichten des Heus in Haufen bis zu einem winterlichen Abtransport erlauben, wird das Heu während der Erntezeit in Netze gebunden und an fest eingerichteten Heuseilen zu Tale gelassen. Dazu werden diese Burden (Heubündel) mit blossen Eisenhaken oder auch Eisenrollen an die gezogenen, etwa fingerdikken Eisendrähte gehängt und durchs eigene Gewicht in die Tiefe gerissen. Je nach Lage der Planggen müssen Helfer auf halber Strecke die Burden von einem Seil an ein zweites umhängen, bevor das Heu mit hoher Geschwindigkeit am gewünschten Ziel ankommt. Dort wird es durch Holzpfosten oder grosse Steine gestoppt oder saust gar durch ein geöffnetes Tor direkt in den Heustall des Heimwesens.

Da ein dichtes Heuseil-Netz die ganze Südflanke des Stanserhorns überspannt (Fig. 29) und die meisten Landwirte ihr Mager- und Planggenheu zur gleichen Zeit ernten, ist an schönen Augusttagen die Luft am Wiesenberg erfüllt vom sirrenden Geräusch der Eisenhaken und dem Singen der mitschwingenden Seile, immer wieder unterbrochen durch die dumpfen Töne aufprallender Heuburden.

Die *Riedwiesen* befinden sich auf den terrassenartigen Hangschultern, die halbrund den Talkessel des Steinibach umgeben und die Untergrenze der Kalkklippen markieren. Auf diesen Geländeverflachungen kommt vermutlich Bergdruckwasser an die Oberfläche, was zu einer Versumpfung führt. Das Riedgras wird einmal im Jahr geschnitten und nach dem Trocknen an Ort und Stelle zu kunstvollen Haufen, den sog. Tristen, aufgetürmt: Zu Beginn legen die Heuer eine kreisförmige Bodenfläche mit Tannenästen aus, in deren Mitte der Tristbaum emporragt. Dieser schlanke, glatt geschälte Tannenstamm misst etwa fünf Meter und ist dreibeinig auf dem Boden abgestützt. Um ihn herum wird das Riedheu büschelweise aufgeschichtet, festgestampft und mit dem Rechen gekämmt. Ein schwerer, in der Mitte durchlöcherter Rasenziegel bildet den Abschluss und dient zugleich als Abdichtung gegen das Regenwasser, welches sonst dem Tristbaum entlang eindringen und Fäulnis hervorrufen kann. Die äussere Heuschicht, durch das sorgfältige Kämmen zu einer Art Schilfdach geworden, bietet genügend Schutz gegen die Witterungseinflüsse.

Im Winter, wenn der Boden hart gefroren oder von einer tragenden Schneeschicht überdeckt ist, verladen die Bauern das Riedheu der Tristen auf Schlitten und führen es so ihren Heimwesen zu. Dass der Abtransport erst im Winter erfolgt, hat seine Gründe in der Bodenbeschaffenheit und im Parzellenmuster der Riedheuflächen. Diese Spezialnutzungsgebiete sind in eine grosse Zahl kleiner Privatparzellen oder Korporationslose aufgeteilt (Fig. 25 und Fig. 30), die unmittelbar aneinanderstossen und kein Weg- oder Strassennetz aufweisen. Der Zugang zur eigenen oder gepachteten Riedparzelle führt in den meisten Fällen über benachbarte Riedparzellen; ein Durchfahrtsrecht für Karren und Transportmaschinen fehlt aber. Ein sommerliches Befahren würde zu tief eingeschnittenen Furchen führen und die Gefahr des Steckenbleibens in sich bergen. Seltener wird auch Platzmangel im Heustall des Heimwesens als Grund für eine Lagerung unter freiem Himmel angegeben. Einzig das Riedheu des Schwandried saust schon seit langer Zeit im Sommer an einem Heuseil, das in grosser Höhe den Lückegrabe überspannt, zum Weiler Wiesenberg hinunter. Immer häufiger missachten aber Landwirte die überlieferten Durchfahrtsverbote und transportieren das frisch geerntete Riedheu mit ihren modernen geländegängigen Ladewagen ab, im eigenen wie im benachbarten Land Fahrspuren hinterlassend!

Im Eggwaldried mit seinen rund 60 Korporationslosen sind die Tristbäume und sämtliche Holzpfosten, welche die Eckpunkte der einzelnen Lose markierten, im Bereich der Skipiste vollständig verschwunden. Ragten früher über hundert Tristen jeweils bis in den Winter hinein in die Höhe, so verträgt die aktuelle touristische Flächennutzung diese Hindernisse nicht mehr, da heutzutage mit dem ersten Schneefall auch schon die ersten Skifahrer kommen.

Ein kleines Ried füllt die Mulde im Sulzmattli aus, und auch das in einer tiefen Senke gelegene Dürrebodeseeli ist von Riedflächen umgeben. Diese werden jährlich durch Älpler gemäht.Im Teilraum FLUE weist ebenfalls eine Hangverflachung eine ausgedehnte Riedfläche auf. Diese liegt so, dass alle drei Betriebe mit einer Ecke ihrer Parzelle daran anteil haben und somit das Riedheu über eigenes Land zum Heustall transportieren können. Auf dem zur Hornmatt gehörenden Riedstück, das sich wie ein Keil hangabwärts zwischen die Riedstücke der Vorder und der Hinder Wissiflue schiebt, steht noch ein ehemaliges Riedhüttli, das heute aber als Ferienhaus genutzt wird.

Abb. 5   Oberhalb der Weideflächen der Privatalpen befinden sich im Teilraum CHAPE-LE NW steile Magerwiesen, sog. Mähder, welche in traditioneller Art von Hand gemäht werden müssen

Abb. 6   Geländegängige, einachsige Motormäher erlauben die maschinelle Bearbeitung auch steiler Wiesen (WISSEBERG GL)

Abb. 7 Moderne Ladewagen leisten in kurzer Zeit dieselbe Arbeit wie früher eine ganze Familie in einem Nachmittag (Schürmatt, CHAPELE NW)

Abb. 8 Die Kunst des Handmelkens erhält zusehends Konkurrenz durch die elektrische Melkmaschine (Lochalp, CHAPELE NW)

Abb. 9   Einmal jährlich baut die Underhus-Familie auf dem gepachteten Ürtenlos in der Chuchi im Eggwaldried zwei Tristen (TREICHI NW)

Abb. 10   Jung und alt helfen beim Zusammenrechen des Riedheus und beim Auftürmen der Tristen (TREICHI NW)

Abb. 11   Während die obere Triste im Schatten des Waldrandes emporwächst, liegt das Ferienhausdorf Wirzweli-Eggwald in der herbstlichen Sonne (TREICHI NW)

Abb. 12   Zum Abschluss wird die Triste mit einem Rasenziegel gedeckt und mit einem langstieligen Rechen glatt gekämmt, um gegen Regen und Schnee gewappnet zu sein (TREICHI NW)

Abb. 13 Die steile Holzwangplangge wird jährlich einmal von Hand gemäht (TREICHI NW)

Abb. 14 Das Planggenheu liegt – sorgsam zu Burden verschnürt – für den Seiltransport bereit (TREICHI NW)

Abb. 15   Das Anhängen der Heuburden ans Seil verlangt Fingerspitzengefühl (TREICHI NW)

Abb. 16   Auf der Schussfahrt zum Heimwesen hinunter quert die Heuburde Weideflächen und Waldpartien im Holzwang (TREICHI NW)

Abb. 17 An solchen Heuseilen sausen jeden Sommer zahlreiche Heuburden von Planggen und Mähdern hinunter zu den Heimwesen (Under Chneu, CHAPELE NW), (vergl. Fig. 29, S. 94)

Abb. 18 Verhindern Wald oder Relief eine direkte Linienführung, so müssen die Burden an «Zwischenstationen» von einem Seil an ein nächstes umgehängt werden (Under Chneu, CHAPELE NW)

Abb. 19   Das Riedheu vom Schwandried überquert den Lückegrabe in rascher Fahrt an einem Seil (CHAPELE NW)

Abb. 20   Wo das Gefälle nicht allzu gross ist, werden die Heuburden nicht mit Haken, sondern mit Rollen ans Seil gehängt (CHAPELE NW)

b Flächennutzungsdynamik

Die landwirtschaftliche Flächennutzung unterliegt im Testraum WIESENBERG NW einer Dynamik, die einerseits der allgemeinen Spezialisierung und Mechanisierung in der Berglandwirtschaft entspricht, andererseits aber auch einige Besonderheiten aufweist.

Einem allgemeinen Trend entspricht das *Trockenlegen von Riedflächen*. Durch Ziehen von Gräben oder Einlegen von Sickerleitungen wird das sumpfige Gelände zuerst entwässert, anschliessend erfolgt dann eine massive Düngung. So lassen die flachen Fettwiesen der Heimwesen Underhus, Acher und Hoschtet heute nicht mehr erkennen, dass es sich bei ihnen um ehemalige Riedflächen handelt. Nur der Bach, der im steilen Wald knapp unterhalb der Geländekante aus einem Zementrohr schäumend zutage tritt, zeugt noch vom früheren Zustand, wie ihn die Siegfriedkarte von 1919 zeigt: Beim Underhusgade vereinigen sich zwei Bäche, die in der Schürmatt und in der Hoschtet entspringen. Seit 1932 sind beide eingedolt. Ebenfalls um trockengelegte Riedflächen handelt es sich beim unteren Teil der Schwand, der oberen Hälfte des Langmattliried und bei einem Stück Stanglisbüel, welches gemeinsam mit dem Sulzmatt- und dem Ober Reckholtereried in jüngster Zeit melioriert worden ist. Der ebene und ehemals stark versumpfte Boden, der den unteren Abschluss des Eggwaldried bildet, ist während des zweiten Weltkrieges im Rahmen der Anbauschlacht unter den Pflug gekommen. Die Gemeinde Dallenwil versuchte so, die ihr vorgeschriebene Pflichtmenge an Kartoffeln auf Korporationsland anzubauen. Des schlechten Ertrags wegen sind die Äcker aber unmittelbar nach dem Krieg wieder aufgegeben worden.

Die Riedfläche im anschliessenden Zopf, der zur Privatalp Wirzweli gehört, ist ebenfalls verschwunden. An ihrer Stelle steht heute ein Teil des Ferienhausdörfchens. Wo sich die untere Hangschulter im Under Schwändli fortsetzt, befinden sich ebenfalls Drainageleitungen im ehemals vernässten Boden. Teile der Riedflächen auf der oberen Hangschulter, die, vom Eggwaldried herkommend, den Mittelteil der ehemaligen Alp Wirzweli umfasst, werden zur Zeit durch den Landwirt mit einem Bagger abgetragen und Sumpflöcher mit dem anfallenden Material aufgefüllt. Letzteres geschieht vor allem im Gebiet der Skipiste, nachdem das Trassee des Wirzweliliftes zuvor schon aufgeschichtet worden ist.

Auch im Teilraum FLUE führt ein Skilift mitten durchs zentral gelegene Ried, das bereits bei früheren Entwässerungen von beiden Seiten her eine Verkleinerung erfahren hat. In den so gewonnenen Fettwiesen fliessen die Bächlein seither in unterirdisch angelegten Rohrleitungen.

Das künstliche Verdrängen der Riedflächen durch Wiesland kann gemeinhin als landwirtschaftliche Nutzungsintensivierung bezeichnet werden. Die Vergrösserung des Viehbestandes lässt den Wunsch nach Ausbau der Futterbasis durch Ausdehnung der Wieslandfläche entstehen, und die billigen Stroheinkäufe in den Ackerbaugebieten des Mittellandes ermöglichen den Verzicht auf Riedgras als Streuematerial. Dass Entwässerungsmassnahmen in einer frühen Phase im Teilraum CHAPELE und erst in einer späteren Phase im Teilraum TREICHI zum Zuge gekommen sind, hängt mit den strukturellen Unterschieden zusammen: Im Gebiet der traditionellen Heimwesen entspricht diese Art der Bodenverbesserung der allgemeinen Entwicklung, während sie im Gebiet der ehemaligen Alpen erst durch den Übergang vom reinen Alpbetrieb zum Ganzjahresvollbetrieb ausgelöst wird. Diese Ertragssteigerung fordert aber als Preis einen Verlust an landschaftlicher Vielfalt und eine Aufgabe traditioneller Handlungsmuster:

Eine immer seltenere Pflanzengesellschaft muss eintönigen Fettwiesen weichen, und die zugehörige Tierwelt verliert zusehends ihre Lebensgrundlage. Mit den Tristen verschwindet ein optisch auffälliges Merkmal der Kulturlandschaft. Ebenso werden die im Herbst rotbraun leuchtenden Riedflächen als markante Farbtupfer im Landschaftsbild fehlen. Mit der Aufgabe des Tristenbauens stirbt aber auch gleichsam ein bäuerliches Familienritual; und die Abenteuer der winterlichen Schlittentransporte, die jeweils von einer Mehrzahl der beteiligten Bauern gemeinsam durchgeführt worden sind, leben einzig in anekdotischen Erzählungen weiter.

Leider zeigen sich immer noch zu viele Landwirte bereit, Riedflächen einer meist nur vermeintlichen ökonomischen Besserstellung wegen zu opfern. In den häufigsten Fällen erweist sich der wirtschaftliche Profit als gering; viel eher ist es ein oft unreflektierter Modernismus, der die Abkehr von traditionellen Wirtschaftsformen begünstigt. Rückgang der bäuerlichen Grossfamilie, Bevorzugung mechanisierter Arbeitsabläufe, einseitige landwirtschaftliche Betriebsberatung und fragwürdige Subventionierungspolitik tragen das ihre dazu bei. Allerdings sprechen die steigenden Strohpreise und die horrenden Meliorationskosten, aber auch natur- und heimatschützerische Bemühungen nichtlandwirtschaftlicher Kreise immer stärker gegen weitere Trockenlegungen. So sind es vor allem Ferienhausüberbauungen und Planierungsarbeiten für Skipisten und Lifttrassees, die auch weiterhin die restlichen Riedgebiete und damit die naturräumliche Vielfalt bedrohen.

Von der flächenhaften Ausdehnung her ist die *Dynamik des Wiesen- und Weidelandes* aber viel bedeutender, auch wenn sie vordergründig weniger stark ins Auge fällt. Nutzungsextensivierung (d.h. Abnahme der Nutzungsintensität) innerhalb der Beweidung liegt vor, wenn Kuh- zu Rinderweiden, Rinder- zu Schafweiden und Schafweiden zu Brachflächen absteigen. Nutzungsintensivierung kann durch Unterteilen grosser Weidegebiete in abgezäunte kleinere Teilflächen, in welchen der Reihe nach eine ausgiebige Beweidung erfolgt, geschehen. Nutzungsextensivierung innerhalb der Wieslandnutzung führt von der mehrschnittigen Fett- zur einschnittigen Magerwiese oder gar zum ungenutzten Brachland. Einher geht ein Auflassen der Bedüngung, sei es nun durch das Einstellen der Mist- und Jaucheausfuhr oder durch das Aufgeben

---

Fig. 29 (S. 94)
Landwirtschaftliche Transportseile und Erschliessungsstrassen im Testraum WIESENBERG NW

Fig. 30 (S. 95)
Die Korporationslose (Ürtenlose) im Testraum WIESENBERG NW und die touristische Infrastruktur am Gummenordhang (Nach Planskizzen der Ürtenkorporation Dallenwil)

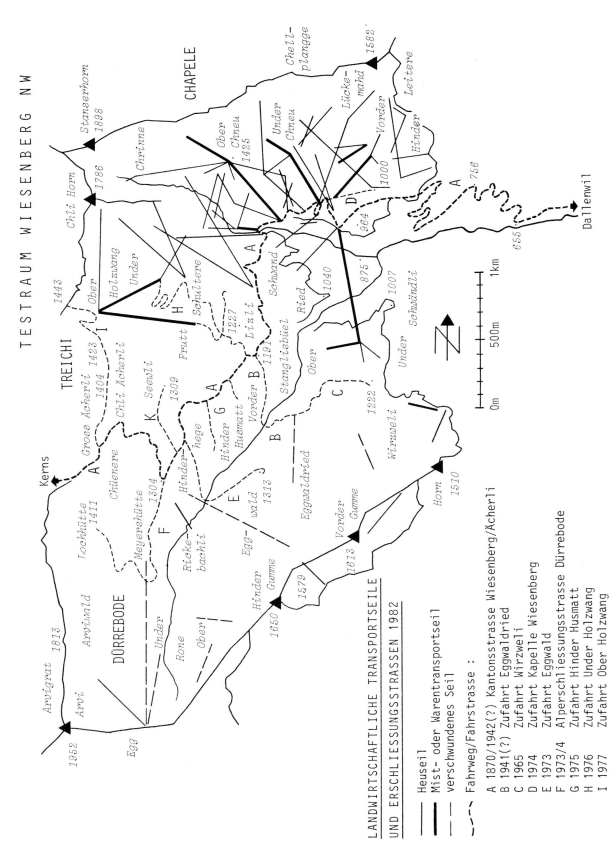

des herbstlichen Weidganges. Nutzungsintensivierung bedeutet in diesem Fall die gegenläufige Entwicklung: Am Anfang steht die Rodung von Wald und Stauden, am Schluss die Ertragssteigerung bei Fettwiesen durch vermehrte Düngung mit Natur- und Kunstdünger.

Nutzungsextensivierung und -intensivierung liegen aber auch vor beim Übergang von Wiesland zu Weideland oder umgekehrt. Dabei sind reine Weiden anstelle ehemaliger Fettwiesen selten. Viel häufiger kommt die Mischnutzung Fettwiese mit Sommerweidgang vor, und zwar als Übergangsform in beiden Richtungen. Um aus Weideland Wiesland zu gewinnen, braucht es neben der Bedüngung noch Erdbewegungsarbeiten, um den Viehtritt auszugleichen. Da dieser im steilen Gelände viel stärker ausgeprägt ist, eignen sich besonders flache Weidegebiete zur Umwandlung. Bei all diesen Prozessen sind die Nutzungsintensivierungen verbunden mit Investitionen von Kapital und Arbeit, während Extensivierungen selber keine Mühe verursachen und höchstens zu Langzeitschäden durch erhöhte Schneedruck- und Erosionsgefährdung führen können.

Nutzungsextensivierung durch Degradation des Weidelandes findet vor allem in den höher gelegenen, abschüssigen und schwer erreichbaren Alpgebieten statt. So sind es an der Südflanke des Stanserhorns die Privatalpen Chrinne, Lücke und Vorder Leitere sowie die Korporationsalp Oberchneu, am gegenüberliegenden Bergkamm die Privatalp Gumme und die zum oberen Stafel Egg gehörenden Teile der Genossenschaftsalp Dürrebode, welche von reinen Kuh- oder gemischten Kuh- und Rinderalpen zu reinen Rinderalpen abgestiegen sind. Die in grossartiger Aussichtslage auf drei Seiten hin abfallende Blatialp wird nicht mehr mit Rindern, sondern nur noch mit Schafen bestossen.

Hand in Hand mit dem Talwärtsrücken der Weidezone für die jeweiligen Viehgattungen gehen im Teilraum CHAPELE *vermehrter Sommerweidgang auf Fettwiesen* und die *Umwandlung von Fettwiesen in reine Kuhweiden*. Dies kann belegt werden für das ehemalige Heimwesen Reckholtere, welches zur Betriebsvergrösserung vom Underhuslandwirt aufgekauft worden ist. Auch im obersten Streifen des ehemaligen Heimwesens Dändle weiden heute im Sommer Kühe. Dass einzelne Fettwiesen im Teilraum FLUE nur noch als Schafweide dienen, hängt mit den erst kürzlich erfolgten Betriebsaufgaben und der anschliessenden Verpachtung des Bodens zusammen.

Die einzigen Flächen, die nicht mehr landwirtschaftlich genutzt werden und heute *brach liegen*, sind die Planggen in der steilen Gipfelpartie des Stanserhorns und die schattig gelegene Nordseite des Chli Horn. Grundeigentümer sind in beiden Fällen weder ansässige Landwirte noch Talbauern. Vor der Nutzungsauflassung haben die erwähnten Planggen als Schafweide gedient, bis der Verlust an Tieren zu gross geworden ist.

Eine *Nutzungsintensivierung durch Einteilung in einzelne Weidegebiete* hat die Genossenschaftsalp Dürrebode erfahren, als der gemeinsame Weidgang aufgehoben, die Alphütten privatisiert und die zugehörigen Weidegebiete durch Zäune voneinander abgetrennt worden sind. Im Wirzweli-Oberteil durchwandert das Vieh im Laufe des Sommers vier Sektoren, deren Trennlinien alle beim Stall zusammentreffen.

Die bisher beschriebenen Prozesse sind für den gesamten Alpenraum typisch und widerspiegeln die Veränderungen von Bevölkerungs- und Betriebsstrukturen der ländlichen Bergregionen. Im Gegensatz dazu stellt die *Umwandlung von Alpweiden in Fettwiesen* eine Besonderheit dar, die der allgemeinen Entwicklung entgegenläuft (vergl. ALPKATASTER NW 1965, S. 44). Dass sie im Teilraum TREICHI mehr als die Hälfte der Alpweiden betrifft, hängt mit dem erwähnten Übergang von reinen Sömmerungsbetrieben zu Ganzjahresbetrieben zusammen. Die mehrschnittigen Fettwiesen ohne Sömmerungsweidgang verteilen sich schwerpunktartig auf drei Geländekammern: In der Mulde nördlich des Fruttrain umfassen sie grosse Teile von Holzwang, Schultere und Sulzmatt, in der Hinder Husmatt nehmen sie die gesamte Betriebsfläche ein und auf Wirzweli und im Under Schwändli rund die Hälfte. Die meist einschnittigen Fettwiesen mit sommerlichem Weidgang sind noch weiter verbreitet und auf fast alle Betriebe verstreut. Einzige Ausnahme bildet die Hinder Husmatt, deren Bewirtschafter nach dem Ansässigwerden das coupierte Gelände Stück für Stück mit einem eigens dafür gekauften Trax eingeebnet und darauf neu angesät haben. Der gänzliche Verzicht auf Weideland ist dank des Zupachtens der Alp Arniwang ob Engelberg möglich geworden. So findet im Teilraum TREICHI im Gegensatz zum Teilraum CHAPELE ein Bergwärtsrücken der einzelnen Grenzen landwirtschaftlicher Flächennutzung statt.

Im Teilraum FLUE sind auf kleinem Raum die beiden gegenläufigen Entwicklungen nebeneinander anzutreffen: Auf der Hinder Wissiflue ist Wiesland zu Schafweide geworden als Folge der Betriebsaufgabe, auf der Hornmatt Alpweide zu Wiese durch Übergang zum Ganzjahresbetrieb.

Fast restlos verschwunden sind im ganzen Testraum WIESENBERG NW die *Äcker*, die früher zahlreicher gewesen sein müssen. So deuten die Flurnamen Gross und Chli Ächerli darauf hin, dass sogar in den höher gelegenen Treichialpen einst Ackerland anzutreffen war, und für die Alp Lücke ist ein Acker im Zinsrodel des Frauenklosters Engelberg von 1345 urkundlich erwähnt. Ein ehemaliges Heimwesen am Wiesenberg heisst gar Acher. Allerdings haben Getreide- und Hackfruchtanbau über den Eigenbedarf hinaus seit langer Zeit im Testraum keine Bedeutung mehr. Dazu schreibt ODERMATT (1981, S. 154ff): «Seit dem 15. Jahrhundert besass der einheimische Ackerbau in Nidwalden nur mehr subsidiären Charakter und verschwand in den folgenden Jahrhunderten bis auf etwas Gartenbau. Im 18. Jahrhundert bildeten Zentralschweiz und Berner Oberland eigentliche Hirtenländer.»

Die frühe Spezialisierung auf Viehwirtschaft sieht ODERMATT (S. 156) weniger in den klimatischen Verhältnissen als im spätmittelalterlichen, durch die aufblühenden Städte getragenen Handelsaufschwung begründet. Zwar seien im 16. Jahrhundert durch die bekannte Klimaverschlechterung (Beginn der sog. Kleinen Eiszeit) diverse Nutzungsgrenzen tiefer gerückt, allerdings nicht nur in der Innerschweiz; zusätzlich hätten auch die steigende mittelländische Nachfrage nach Fleisch und Molkereiprodukten und der Ausbau der Verkehrswege den Verzicht auf Eigenanbau von Getreide erleichtert, welches fortan aus den Ackerbaugebieten eingeführt worden sei. Um die resultierende politische Abhängigkeit zu mildern, habe die Obrigkeit vor allem in Zeiten gestörter Zufuhr Reagrarisierungsversuche unternommen, allerdings ohne nachhaltigen Erfolg. Eine lange Liste solcher Anstrengungen schliesst ODERMATT

Abb. 21   Eine Materialtransportbahn stellt die einzige Fahrverbindung zwischen der Kantonsstrasse und der Alp Ober Chneu dar (CHAPELE NW)

Abb. 22   Mit dieser Transportbahn gelangt die Milch von der Lochalp zur Kantonsstrasse hinunter (CHAPELE NW)

Abb. 23   Parallel zum landwirtschaftlichen Transportseil verläuft auf Wirzweli der Skilift (TREI-CHI NW)

Abb. 24   Der Betrieb Ober Holzwang und die Alp Frutt sind durch eine Milchtransportbahn miteinander verbunden (TREICHI NW)

Abb. 25 In der Alp Ober Chneu gelangt das Planggenheu mit einem Rundlaufseil zu den Alpgebäuden (CHAPELE NW)

Abb. 26 Die Bergstation der Materialtransportbahn im Ober Chneu ist das ehemalige Spycherli (CHAPELE NW)

Abb. 28 Auch Mist und Heu werden in der Alp Under Chneu per Seil transportiert (CHAPELE NW)

Abb. 27 Die Alp Under Chneu ist mit einer Transportseilbahn von der Kantonsstrasse her erschlossen (CHAPELE NW)

(S. 163) folgendermassen: «In den Jahren 1941 bis 1946 blühte der Ackerbau in Nidwalden ein letztes Mal auf... (im Rahmen der Anbauschlacht). Das offene Akkerland betrug 1943 immerhin 8,9% der heutigen Wieslandfläche. Acker- und Gartenbau konnten sich aber auf den meliorierten Böden nicht über die fünfziger Jahre hinaus halten.» Dass sich die kriegsbedingten Meliorierungen zur Ackerlandgewinnung nicht auf die Talböden beschränkte, ist am Beispiel des Eggwaldried (Ürtenkorporation Dallenwil) schon gezeigt worden.

Heute lassen sich lediglich noch zwei kleine Gemüseäcker ausmachen, abgesehen von einzelnen Gärten, in denen Bäuerinnen vornehmlich Beeren, Blumen und Blattgemüse ernten. Dass die Selbstversorgung auch bei diesen rasch verderblichen Gartenbauprodukten keine grosse Rolle mehr spielt, lässt sich am Einkaufsverhalten der Landwirtschaftsbevölkerung ablesen, die Frischgemüse, Eingemachtes, Konfitüre und Tiefgefrorenes aus dem Lebensmittelladen bezieht. Gleiches gilt für die *Obstbauprodukte*, wobei der ganze Testraum aufgrund seiner Höhenlage sowieso keine grossen Erträge bringen kann. Trotzdem fällt im Vergleich mit ähnlichen Siedlungsräumen die Armut an Obstbäumen besonders im Gebiet der traditionellen Heimwesen auf, wobei alte Ansichtskarten für die Hoschtet einen etwas dichteren Obstbaumbestand aufzeigen, als er heute anzutreffen ist.

Abschliessend sei noch auf die *landwirtschaftliche Waldnutzung* eingegangen. Grösste Waldeigentümerin ist die Ürtenkorporation Dallenwil. In ihren Waldungen besassen die Korporationsgenossen verschiedene Nutzungsrechte: Tristbäume durften geschlagen, der Waldsaum ausgeholzt und einzelne Waldweidgebiete während festgelegter Zeiten geatzt werden. Dies führte häufig zu Auseinandersetzungen zwischen der Korporation und den Einwohnern von Wiesenberg, bis 1925 aufgrund eines richterlichen Schiedspruchs eine Waldausscheidung vorgenommen wurde. Die Korporation musste den halben Eggwaldi und den Rickebachliwald an die Güter- und Alpbesitzervereinigung Wiesenberg abgeben und kompensierte den Verlust durch Aufforstungen im Eggwaldried. Ein Kartenvergleich von 1919 mit 1957 zeigt diesen Waldflächenzuwachs zwischen Rickebachli und Ronemattli ebenso wie die Aufforstung im Ober Prügelbode.

Bei den Waldgebieten der Dürrebodealp handelt es sich zum einen um Waldweide und zum andern um geschlossene Waldflächen ohne Weidgang. Der Arviwald am Ostabhang des Arvigrates beeindruckt durch seine unberührte Wildheit, den dicht bemoosten, steinigen Waldboden und die flechtenbehangenen, knorrigen Bäume. Zu den Hüttenrechten der Alpgenossen gehören auch Nutzungsrechte für den Alpwald.

Der Muetergotteswald – steil und auf felsigem Untergrund gelegen – wird seit Jahrzehnten nicht mehr genutzt, weil er nur schwer zugänglich ist. Daher hat er einen stark überalterten Baumbestand, und es stellt sich die Frage, wie lange er seine wichtige Schutzfunktion für die Heimwesen rund um die Kapelle noch wird ausüben können. Auch die Privatwaldungen dienen an der ganzen Stanserhornflanke als Schutz vor Lawinen und Steinschlägen. Ihre Nutzung erfolgt entsprechend vorsichtig, da der Waldbestand im Vergleich zum Gefahrenpotential als äusserst gering bezeichnet werden muss. So sind schon Lawinen bis zu den Heimwesen am Wiesenberg vorgedrungen, und das Gebäude im Under Holzwang wird nicht ohne Grund durch einen mächtigen Lawinenkeil geschützt. Herunterkollernde Steine aus dem Muetergotteswald gefährden besonders weidendes Vieh auf der Alp Vorder Leitere, aber auch Kirchgänger und Wallfahrer auf dem Weg zur Kapelle. Hin und wieder müssen in den Mädern losgelöste Felsbrocken durch Sprengung zerkleinert werden. Die beiden Hofgruppen selber sind weitgehend geschützt: das «Chapeledörfli» durch den vertikalen Laubwaldstreifen zwischen Dändle und Hinder Leitere, die Gebäudegruppe rund um das Restaurant «Alpenhof» durch den als Horizontalstreifen angelegten Fichtenjungwuchs im Under Chneu.

Die Treichialpen sind fast gänzlich unbewaldet. Einzig zuoberst am Fruttrain und am Steilhang unterhalb des Sulzmattli finden sich Waldflächen; hinzu kommt noch eine Tannengruppe im Seewli-Oberteil. Grössere Waldstücke gehören zum Wirzweli-Oberteil und zur Gummenalp, und im ganzen Testraum werden Bachläufe und Tobel von Waldstreifen gesäumt. Das Privatland auf der Wissiflue ist waldlos, dafür existieren Waldnutzungsrechte im darüberliegenden Hauwald, der sich im Besitz der Ürtenkorporation befindet. Solche Nutzungsrechte, meist handelt es sich um das Schlagrecht für Bau-, Hag- und Brennholz zur Deckung des Eigenbedarfs, sind für mehrere der waldlosen Privatalpen im Testraum überliefert und haben zum Teil heute noch ihre Gültigkeit: So besitzen Seewli und Chli Ächerli das Schlagrecht im Wald der Alp Dürrebode, zu der sie einst gehört haben sollen. Die Sulzmatt besitzt zwei kleine Waldparzellen als Exklaven im Under Holzwang und das Schlagrecht im Raghals. Da letzteres Flächenstück zum Lizli gehört, wird dieses Schlagrecht «dem Frieden zuliebe» nicht geltend gemacht. Die dritte kleine Waldparzelle im Under Holzwang gehört zur Schultere, und vier einzelne mächtige Tannen sind im Grundbuchplan gesondert eingetragen. Auch das Sulzmattli hat Waldnutzungsrechte im Under Holzwang, wogegen Wirzweli und Ronemattli die ihren nach einem Prozess in den Vierzigerjahren verloren haben. Die auffällige Häufung von kleinen Waldparzellen und von Schlagrechten in der steilen Waldpartie erklärt den Namen Holzwang (bewaldeter Steilhang).

Aufgrund seines spärlichen Vorkommens und seiner ungleichen Verteilung ist der vorhandene Wald als eigentliches Spezialnutzungsgebiet zu verstehen, an dem jeder Betrieb anteil haben muss, sei es durch kleine Privatparzellen oder durch Schlagrechte in Privat-, Genossenschafts- oder Korporationswäldern. Die Analogie zur Riedstreuenutzung ist offensichtlich. Und wie diese durch den Zukauf von Stroh an Bedeutung verliert, so werden auch die Holzschlagrechte immer seltener geltend gemacht, da moderne Baustoffe, Stacheldraht, Erdöl und elektrischer Strom das Holz als Material und Brennstoff zusehends ersetzen.

Zusammenfassend können für die *landwirtschaftliche Flächennutzung und ihre Dynamik* im TESTRAUM WIESENBERG NW folgende Merkmale als typisch bezeichnet werden:

TEILRAUM CHAPELE
— Umwandlung von Wiesland zu Weideland
— Umwandlung von Kuh- zu Rinderweide und von Rinder- zu Schafweide
— Talwärtsrücken der Intensitätsgrenzen landwirtschaftlicher Flächennutzung

TEILRAUM TREICHI
- Umwandlung von Weideland zu Wiesland
- Intensivierung der Weidenutzung durch Unterhagung der Weideflächen
- Bergwärtsrücken der Intensitätsgrenzen landwirtschaftlicher Flächennutzung

TEILRAUM FLUE
- Wissiflue wie Teilraum CHAPELE
- Hornmatt wie Teilraum TREICHI

TEILRAUM DÜRREBODE
- Intensivierung der Alpnutzung durch Unterteilung der Genossenschaftsalp in privat genutzte Alpkreise

GANZER TESTRAUM WIESENBERG NW
- Gewinnung von Fett-, Mager-, Wild- und Riedheu als Futterbasis für die winterliche Stallfütterung
- Viehweide für die sommerliche Alpung
- Umwandlung von Riedflächen, Ackerflächen und Obstgärten in Wiesland
- Rückgang der privaten Waldnutzung zum Eigenbedarf

B   TESTRAUM WISSEBERG GL

a   Aktuelle Flächennutzung

Im Glarner Testraum (Fig. 28) herrschen im parzellierten Privatland die *ein- und mehrschnittigen Fettwiesen ohne Sommerweidgang* (von den wenigen Heimkühen abgesehen) vor. Sie umfassen die Heimgüter und den Grossteil der Berggüter und werden regelmässig gedüngt. Nach der Alpabfahrt dienen sie den Kühen als Herbstweide. Eher selten sind die *Fettwiesen mit intensivem Sommerweidgang*, da nur wenige Kühe auf Privatland gesömmert werden.

Häufig und über das ganze Gebiet des Wissebergs verstreut, kommen *Magerwiesen* und *Riedflächen* vor. Während die einschnittigen Magerwiesen meist steile und trockene Abhänge bedecken, finden sich die sumpfigen Gebiete eher an flach geneigten Hängen, auf ebenen Böden oder in Mulden. Grösste Riedfläche bildet das Fitteneried der Tagwengemeinde Matt; aber auch in den Zwyfelweiden, am Weidberg, auf den Ängisböde und der Schiibe sowie unten im Gassberg sind ausgedehnte Sumpfgebiete anzutreffen. Vom Ändi und vom Mittler Geere aus überspannen Heuseile die Felswand östlich der Sulzweid. An ihnen sausen die Burden in die Tiefe, welche das in den Chrisbaumplangge und auf dem Sulzegg geerntete Wildheu enthalten.

Die reinen *Weideflächen* umfassen heute grob den fünften Teil des Privatlandes und beschränken sich auf Berggüter unter- und oberhalb der Heimwesen sowie auf die Sulzweid. Diese östlich der Ändirus und damit ausserhalb der eigentlichen Wiesenzone gelegene Privatalp bietet den drei Besitzern die Möglichkeit, je dreieinhalb Stösse Vieh zu sömmern. Es handelt sich um die einzige Weidefläche im Testraum, die nicht erst in jüngerer Zeit durch Aufgabe von Wieslandnutzung entstanden ist.

b Flächennutzungsdynamik

Die Dynamik der landwirtschaftlichen Flächennutzung umfasst vor allem die *Umwandlung von Fettwiesen zu Weiden*. Diese Nutzungsextensivierung ist fast durchwegs eine Folge von Betriebsaufgaben oder Handänderungen bei den betroffenen Gütern. So verpachtet der ehemalige Wyeneggbauer das Oberguet, den Under Friggeberg und das Bergli als Weideland an ansässige Landwirte, seit er selber als Zimmermann im Tal unten arbeitet. Auf dem unverpachteten Restland hält er lediglich noch etwas Kleinvieh im Nebenerwerb. Ans Oberguet grenzen Hüsliberg, Bergli und Sattelberg. Nach dem Aufkauf dieser Berggüter durch einen Thurgauer Grossbauern wurden die Fettwiesen ab 1948 mit auswärtigem Vieh bestossen, also zur Privatalp umgewandelt. 1976 wechselte erneut der Besitzer, und heute ist die ganze Fläche Eigentum der Tagwengemeinde Matt. Im Oreberg werden die steileren Partien nur noch als Schafweide bestossen. Auch das riesige einstige Heugut Weide hat heute den Charakter einer Privatalp.

Nutzungsauflassungen sind selten. Einzig ein paar Mager- und Riedheustücke in den Zwyfelweiden liegen seit Jahren brach. Gänzlich verschwunden sind allerdings die Äcker, die früher nach Aussagen alter Einwohner zahlreich gewesen sein sollen. Davon zeugt die längliche Kleinparzelle im Hüsliberg, die zum Sattel gehört und vormals ein Acker war. Ihre Abgrenzung ist an Ort und Stelle aber nicht mehr zu erkennen, da die Enklave in die Weidenutzung miteinbezogen worden ist. Bei einzelnen Bauernhöfen finden sich noch bescheidene Gärten; Obstbäume sind fast ganz verschwunden.

Zusammenfassend können für die *landwirtschaftliche Flächennutzung und ihre Dynamik* im TESTRAUM WISSEBERG GL folgende Merkmale als typisch bezeichnet werden:

- Gewinnung von Fett-, Mager-, Wild- und Riedheu als Futterbasis für die winterliche Stallfütterung
- Herbstweidgang auf Fettwiesen
- Umwandlung von Wiesland zu Weideland
- Umwandlung von Riedflächen, Ackerflächen und Obstgärten in Wiesland
- Nutzungsauflassung bei schlecht erschlossenen Ried- und Magerwiesen
- Talwärtsrücken der Intensitätsgrenzen landwirtschaftlicher Flächennutzung

C TESTRAUM HUOBE GR

a Traditionelle Flächennutzung

Die traditionelle Flächennutzung in den höher gelegenen Berggütern und den Maiensässen umfasst meist einschnittige *Fettwiesen* mit herbstlichem Weidgang. In guten Jahren und bei ausreichender Düngung kann auf den Heuschnitt aber auch ein Emdschnitt folgen.

Dazwischen und darüber liegen die *Magerwiesen*, die jährlich einen Schnitt ergeben. Auf der Rinderalp Ochsebärg sind an den steilen Bergflanken gegen das Carlitschtobel hin *Wildheuberge* bezeichnet, auf denen das sogenannte Weideheu geerntet werden darf. Diese Nutzung erfolgt im Zweijahresrhythmus, wobei alternierend zwischen einander paarweise zugeordneten Flächenstücken abgewechselt wird (Huobe-Stöck, Bode-Stelli, Brunne-Chüeeggli, Freischa ob Wääg-Freischa underhalb Wääg, Tanne-Eggäloch, Freischgrinde). *Riedheu und Riedstreue* liefern die vernässten Wiesen im Einzugsgebiet der beiden Fatanstobel, dies allerdings in eher kleinen Mengen. Bedeutend grösser sind die Riedflächen ausserhalb des betrachteten Testraumes im Leid Ried und im Rismahd, welche die übliche engmaschige Parzellierung und die grosse Anzahl unterschiedlicher Grundeigentümer aufweisen (Fig. 25).

Fettwiesen mit Sommerweidgang sind untypisch für das Vorderprättigau, ebenso *reine Sömmerungsweiden* im Privatlandbereich. Vielmehr wird das Vieh, mit Ausnahme weniger Heimkühe, auf den genossenschaftlich organisierten Gemeindealpen gesömmert. So ist denn wie im Glarner Testraum auch im Testraum HUOBE GR reines Weideland auf Privatparzellen erst in jüngster Zeit anzutreffen.

Ackerland und *Obstwiesen* treten im Testraum HUOBE GR der Höhenlage wegen nicht in Erscheinung, kommen aber rund um das Dorf Fanas in grosser Zahl vor. Im Dorf selber finden sich Gemüse- und Blumengärten bei den Bauernhäusern.

b Flächennutzungsdynamik

Die Dynamik äussert sich auch im Testraum HUOBE GR vorwiegend als *Nutzungsextensivierung* (d.h. als Abnahme der Nutzungsintensität, Fig. 28). So wird heutzutage kein *Weideheu* mehr eingebracht, und die alterobersten *Magerwiesen* auf Pajols sind von der Politischen Gemeinde Fanas aufgekauft worden, nachdem die Privatbesitzer die Bewirtschaftung mehrheitlich aufgegeben hatten. Aber auch die steilen, maschinell nicht zu bearbeitenden Magerwiesen am Huoberain zeigen eine zunehmende Verbuschung, und in einem Maiensäss auf Wäli, dessen Besitzer ein Nichtlandwirt ist, kommt stellenweise Nadelwald auf.

Eine *Umwandlung von Fettwiese in reine Weide* kann grossflächig auf Ral und auf Under Fatans beobachtet werden. Seit sich die beiden betroffenen Güter im Besitz auswärtiger Nichtlandwirte befinden, erfolgt ihre Nutzung als Rinderweide durch ansässige Pächter.

Das Einbringen von *Riedstreue* verliert auch im Prättigau an Bedeutung, und *Äcker* und *Obstgärten* werden durch Fettwiesen verdrängt. Sind es im nidwaldischen Testraum Flurnamen und im glarnerischen Parzellenmuster, die Hinweise auf verschwundenes Ackerland geben, so gilt für die Umgebung des Dorfes Fanas beides zugleich: Auf Quaderis und im Wingert zeugen Streifenparzellen von der einstmaligen Spezialnutzung als Ackerland oder gar als Rebberg, während die horizontale Aneinanderreihung kleiner Blockparzellen auf Calans die fruchtbarsten Obstgärten umfasst (vergl. VETTIGER/KESSLER 1982). Wenn DÖNZ (S. 68) noch 1972 davon schreibt, dass im Vorderprättigau in jeder Gemeinde pro Bauernfamilie 2–3 a Kartoffeln zur Selbstversorgung angepflanzt würden, so gilt heute auch für den Hackfrüchteanbau, was derselbe Autor schon für den Obstbau festhält (S. 69): «Heute ist der Prättigauer hinsichtlich Obst Konsument (d.h. nicht mehr Produzent, sondern Käufer) und profitiert von den Überschüssen der Obstgebiete.» Für Getreideprodukte gilt dies, wie es für den Kanton Nidwalden beschrieben worden ist, natürlich schon seit Jahrhunderten.

Zusammenfassend können für die *landwirtschaftliche Flächennutzung und ihre Dynamik* im TESTRAUM HUOBE GR folgende Merkmale als typisch bezeichnet werden:

— Gewinnung von Fett-, Mager-, Wild- und Riedheu für die winterliche Stallfütterung
— Herbstweidgang auf Fettwiesen
— Umwandlung von Wiesland zu Weideland
— Nutzungsauflassung bei schlecht erschlossenen Ried- und Magerwiesen
— Aufgabe der Wildheunutzung auf der Gemeindealp
— Talwärtsrücken der Intensitätsgrenzen landwirtschaftlicher Flächennutzung

D   VERGLEICH DER DREI TESTRÄUME

a   Traditionelle Flächennutzung

In allen drei Testräumen sind die Fettwiesen weit verbreitet. Sie liefern in Form von Heu und Emd die Futterbasis für die winterliche Stallfütterung. In den Testräumen WISSEBERG GL und HUOBE GR kommt häufig Herbstweidgang, in Ausnahmefällen gar Frühlingsweidgang hinzu. In höheren Lagen ersetzt die Herbstweide in der Regel den Emdschnitt. Im Testraum WIESENBERG NW hingegen, wo das Vieh in grosser Zahl auf Privatland gesömmert wird, ist die Mischnutzung als Fettwiese und Sommerweide stark vertreten. Auch das reine Weideland auf Privatparzellen gehört hier zum traditionellen Erscheinungsbild, während in der Glarner und der Bündner Testgemeinde fast ausschliesslich Genossenschafts- und Gemeindealpen bestossen werden.

Steile Magerwiesen und eher flach ansteigende oder gar ebene Riedwiesen sind in allen drei Testräumen anzutreffen. Dasselbe gilt für die Wildheuberge, seien sie nun auf Privat-, Genossenschafts- oder Gemeindeland gelegen.

b Flächennutzungsdynamik

Eine *Nutzungsextensivierung* (d.h. Abnahme der Nutzungsintensität), wie sie der allgemeinen landwirtschaftlichen Entwicklung für das Berggebiet der Nordalpen entspricht, kommt in allen drei Testräumen vor. Die im Spätmittelalter einsetzende Aufgabe des Getreideanbaus ist ebenso wie der heutige Verzicht auf Hackfrucht-, Gemüse- und Obstanbau Ausdruck einer zunehmenden Spezialisierung auf eine reine Graswirtschaft, die nur durch vermehrten Güteraustausch mit den entsprechenden Intensivanbaugebieten und den bevölkerungsreichen Ballungszentren ermöglicht wird. Voraussetzungen sind also rege Handelsbeziehungen und leistungsfähige Transporteinrichtungen zwischen Berggebiet und Mittelland. Im gleichen Zusammenhang steht die Verdrängung von Ried- und Laubstreue durch Strohimporte aus dem Akkerland.

Die zahlenmässige Abnahme der Landwirtschaftsbetriebe seit dem Zeitalter der Industrialisierung führt zu einer Vergrösserung der Betriebsflächen durch Erbgang, Ankauf oder Zupacht seitens der weiterexistierenden Betriebe. Dies erlaubt eine extensivere Nutzung der schlecht erreichbaren und der ertragsarmen Flächen. So verliert speziell die Wildheugewinnung ihre Bedeutung, aber auch steile Magerwiesen fallen der Vergandung anheim. Ebenso sind die Umwandlung von Wiesen zu Weiden und die Degradation von Weideland meist Folgen von Betriebsaufgaben. Gefördert werden die Extensivierungsprozesse auf peripher gelegenen Nutzflächen durch eine zahlenmässige Verminderung der Betriebsangehörigen. Dieser Arbeitskraftverlust wird aufgefangen durch eine zunehmende Mechanisierung und eine intensivere Bedüngung nahe gelegener Heimgüter. Durch den Bau von Fahrsträsschen entstehen Ungleichgewichte zwischen erschlossenen und unerschlossenen Nutzflächen, was zu gegenläufigen Prozessen führen kann (vergl. KESSLER 1982, S. 9ff). Der eben beschriebenen Dynamik müssen die Testräume WISSEBERG GL und HUOBE GR sowie der Teilraum CHAPELE NW zugeordnet werden.

Nutzungsintensivierung hingegen kommt in den Teilräumen TREICHI NW und DÜRREBODE NW in bedeutendem Umfang vor, allerdings in unterschiedlicher Ausprägung. Während die Ertragssteigerung in der Genossenschaftsalp Dürrebode durch die faktische Privatisierung der Nutzung für Nidwaldner Verhältnisse gar die Regel darstellt, muss der Wandel zahlreicher Alpen zu Ganzjahresbetrieben als Entwicklung bezeichnet werden, die dem allgemeinen Trend zuwiderläuft. Dies gilt folglich auch für die Umwandlung von Weideland zu Wiesland.

Abb. 29   Damit die Sense gut schneidet, muss sie täglich auf dem Tengelstock platt gehämmert werden (Weidberg, WISSEBERG GL)

Zusammenfassend ergibt sich für die *landwirtschaftliche Flächennutzung und ihre Dynamik* folgendes Bild:

TEILRAUM CHAPELE NW / TESTRAUM WISSEBERG GL / TESTRAUM HUOBE GR
– Gewinnung von Fett-, Mager-, Wild- und Riedheu für die winterliche Stallfütterung
– Herbstweidgang auf Fettwiesen
– Umwandlung von Wiesland zu Weideland
– Rückgang der Ried- und Magerheugewinnung
– Aufgabe von Ackerland und Obstgärten
– Talwärtsrücken der Intensitätsgrenzen landwirtschaftlicher Flächennutzung

TEILRAUM CHAPELE NW / TEILRAUM TREICHI NW
– Viehweide für die sommerliche Alpung
– Sommerweidgang auf Fettwiesen

TEILRAUM TREICHI NW
– Umwandlung von Weideland zu Wiesland
– Bergwärtsrücken der Intensitätsgrenzen landwirtschaftlicher Flächennutzung

TEILRAUM FLUE NW
– Wissiflue wie Teilraum CHAPELE NW
– Hornmatt wie Teilraum TREICHI NW

423 Gebäudenutzungsdynamik

Die zu einem traditionellen Landwirtschaftsbetrieb der nordalpinen Viehwirtschaft gehörenden Gebäulichkeiten haben unterschiedliche Bedürfnisse zu befriedigen, die aber alle dem Betriebsablauf entspringen. Der Aufenthalt von Mensch und Tier, die Lagerung von Viehfutter und Streuematerial, die Aufbewahrung von Geräten und Maschinen, die Verwertung der Milch sowie die Lagerung der Milchprodukte rufen nach einer breit gefächerten Palette unterschiedlicher Gebäudetypen. Da sich in der Höhenstufenwirtschaft die genannten Ansprüche auf die verschiedenen Nutzungszonen verteilen, resultiert ein hoher Gebäudebestand (vergl. WEISS 1959, S. 213ff). Dieser ist umso grösser, je höher die Zahl der Parzellen pro Betrieb ausfällt. Der Minimalbestand an Gebäuden wird für den einzelnen Betrieb durch die Zahl der unterschiedlichen Nutzungszonen, an denen er beteiligt ist, gegeben. Dort, wo sich der Flächenbesitz innerhalb einer Nutzungszone noch in mehrere Parzellen aufteilt, erhöht sich der Gebäudebestand entsprechend.

Aus den erwähnten Anforderungen lassen sich sämtliche Landwirtschaftsbauten herleiten, die in den drei Testräumen vorkommen:
Dem *Aufenthalt der Landwirtschaftsbevölkerung* dienen das Wohnhaus auf der Höhenstufe der Heimwesen, freistehende oder an Viehställen angebaute Hütten in Berggütern und Maiensässen sowie Alphütten neben den Alpställen oder gar unter einem Dach mit diesen vereinigt (Gadehüser). Hinzu kommen vereinzelte Schutzhüttchen (Schärmehüttli, Kochhüttli), die eine einfache Feuerstelle aufweisen und Schutz vor Gewitterregen oder Hagelschlag bieten. Dem *Aufenthalt des Viehs* dienen die Stallbauten (Gade und Gädeli), die überall dort vorkommen, wo Vieh auf Weideland gesömmert, auf Wiesland der Herbstweide zugeführt oder im Winterhalbjahr gefüttert wird. Die *Lagerung von Viehfutter* geschieht im Heuraum, der sich in der Regel über dem Viehstall im selben Gebäude befindet. Mager-, Wild- und Riedheu sowie Laubstreue werden oft in kleinen einräumigen Blockbauten (Heugädeli, Pargaune) zwischengelagert, bis der winterliche Abtransport erfolgen kann. Der *Aufbewahrung von Geräten* zur Heugewinnung und von Mist- und Heuwagen dient das Tenn, die dem Heuraum seitlich oder bergwärts vorgelagerte überdeckte Einfahrt. Moderne Fahrzeuge und Maschinen werden in Remisen abgestellt, und immer häufiger treten Garagen für Geländewagen und Personenautos in Erscheinung. Die *Verwertung der Milch* zu Butter, Käse und Ziger findet in Alphütten und in kleinen Sennhüttchen auf den Maiensässen oder in den Heimwesen statt. Der *Käseaufbewahrung* dienen die Käsekeller der Alphütten und Wohnhäuser oder kleine, freistehende Spycherli.

So ist die nordalpine Kulturlandschaft reich an landwirtschaftlichen Gebäuden, die entweder als kleine Einzweckbauten nur eine Aufgabe übernehmen oder als grosse Vielzweckbauten mehrere Betriebsabläufe unter einem Dach vereinen. Die verschiedenen Gebäude der drei Testräume unterscheiden sich aber nicht nur bezüglich der Nutzungsart, sondern auch hinsichtlich der Belegungsdauer im Jahresablauf der Höhenstufenwirtschaft. Bedingt durch die jahreszeitlichen Wanderungen von Mensch und Vieh stehen viele Gebäude über Monate hinweg leer. Einer permanenten Nutzung der Gebäude auf der Stufe der Heimwesen steht eine periodische Nutzung der anderen Gebäude gegenüber. Von einer episodischen Nutzung kann höchstens bei den kleinen Schärmehüttli gesprochen werden.

A TESTRAUM WIESENBERG NW

a Aktuelle Gebäudenutzung

Die Karte der aktuellen landwirtschaftlichen Gebäudenutzung zeigt folgendes Verteilungsmuster unterschiedlicher Nutzungsarten (Fig. 31 und Fig. 32):

Ganzjährig bewohnte landwirtschaftliche Wohnhäuser finden sich in den traditionellen Heimwesen der Teilräume CHAPELE und FLUE, aber auch bei den zu Ganzjahresbetrieben gewordenen ehemaligen Alpen des Teilraums TREICHI. In den Teilräumen CHAPELE und FLUE sind es die alten Bauernhäuser, die als eingeschindelte, einfache Blockbauten giebelständig zum Hang stehen und oft Schutzdächlein an den Fensterfassaden aufweisen. Bei den ganzjährig bewohnten Häusern im Teilraum TREICHI handelt es sich entweder um aufgestockte Alphütten oder um Ersatzbauten, die sich aber in Konstruktion und Baumaterialien mehrheitlich an die traditionelle Bauweise anlehnen. Ebenfalls ganzjährig bewohnt sind das ehemalige Schulhäuschen Wiesenberg, zwei neuere Wohnbauten und das Bergrestaurant auf dem Gumme mit zugehörigem Alpbetrieb. Gesamthaft werden 17 dieser Häuser von aktiven Landwirten und vier von landwirtschaftlichen Rentnern bewohnt.

Fast ganzjährig bewohnte ehemalige Alpgebäude sind in den Teilräumen TREICHI und FLUE dort anzutreffen, wo, trotz ganzjähriger Wohnsitznahme im Testraum, für kurze Zeit im Spätwinter ins Tal abgefahren wird. Die Wohngebäude stehen dann für wenige Wochen leer. Dies gilt für drei ehemalige Alphütten und ein Gadehus (vergl. Betriebsdynamik).

Saisonal bewohnte Alphütten und Gadehüser verteilen sich auf alle Privat-, Genossenschafts- und Korporationsalpen. Während in den Teilräumen TREICHI und DÜRREBODE mehrheitlich die alleinstehenden Alphütten vorkommen, treten im Teilraum CHAPELE vor allem die Gadehüser in Erscheinung. Letztere stellen eine Mischform zwischen Alphütte und Viehstall dar, indem sie beides unter einem Dach vereinen. Gesamthaft befinden sich im ganzen Testraum zehn Gadehüser und 16 Alphütten, also 26 Wohnmöglichkeiten für die Zeit der Alpbestossung.

Die zahlreichen *Gade* (Viehställe) sind über alle Heimwesen und Alpen verstreut. Im Gebiet der Heimwesen und flachen Alpen sind es grosse, meist traufständige Bauten mit weit heruntergezogenen Dächern und auffälligen Einfahrtsrampen zum Tenn. Sie stehen gewöhnlich in einigem Abstand zum Haus oder zur Alphütte und übertreffen diese vom Bauvolumen her deutlich; einzig die Gädeli in den steilsten Weideflächen am Stanserhorn sind bedeutend kleiner. Zu den 66 Gade und Gädeli müssen noch die zehn Gadehüser addiert werden, um auf die Gesamtzahl von 76 Gebäuden zu kommen, die für eine kürzere oder längere Zeit Vieh beherbergen.

Fig. 31 (S. 112/113)
Aktuelle landwirtschaftliche Gebäudenutzung in den drei Testräumen

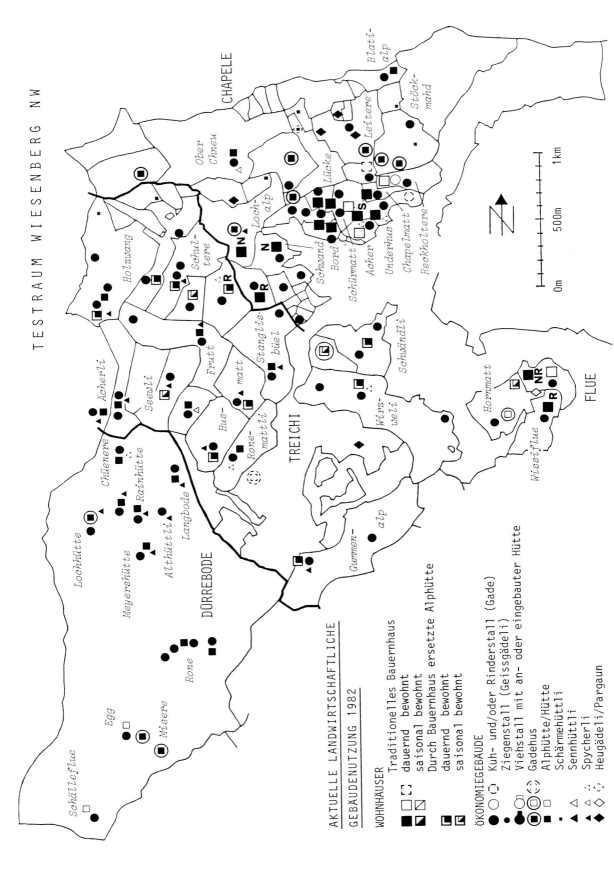

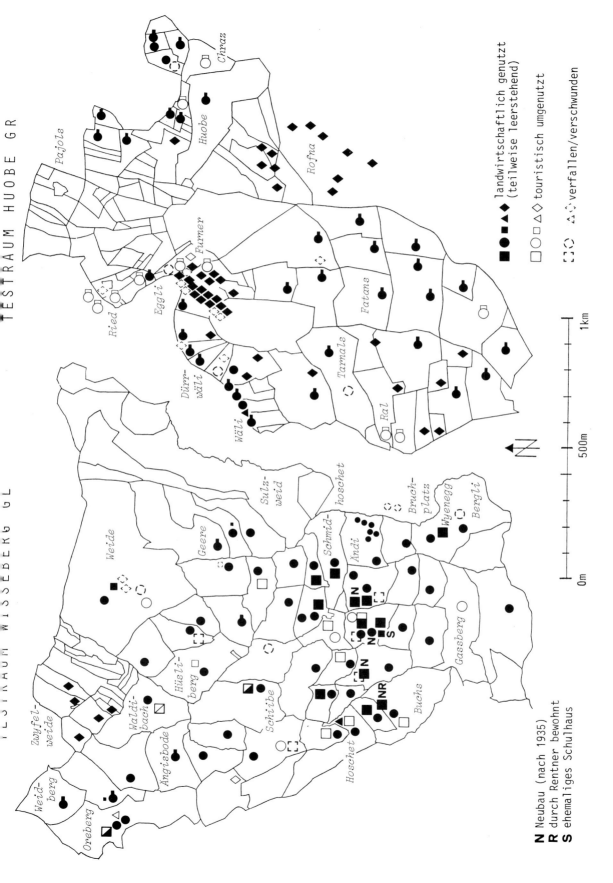

Die fünf *Heugädeli* nehmen Mager- und Planggenheu auf und sind deshalb in der Nähe der Mäder meist im Schutze von Tannengruppen anzutreffen. Ähnlich wie die sieben *Schärmehüttli* kleben sie an den steilen Abhängen hoch über den Heimwesen.

Die *Spycherli* sind kleine, einräumige Blockbauten, aus Kantholz fugenlos gezimmert und mit einem weit ausladenden Dach gegen Witterungseinflüsse sorgsam abgeschirmt. Als Aufbewahrungsräume für den Käse sind sie die treuen Begleiter der Alphütten und Gadehüser, wo die Käsefabrikation stattfindet. Allerdings halten sie respektvollen Abstand zum lodernden Feuer unter dem Chäschessi, damit die Früchte der Älplerarbeit niemals den Flammen zum Opfer fallen. So thronen die Spycherli nicht selten auf einem kleinen Hügel, aber immer in Sichtweite der Alphütte.

Die für die Nidwaldner Alp typische Gebäudegruppe von Alphütte, Gade und Spycherli ist im ganzen Testraum WIESENBERG NW 16 mal anzutreffen; werden die verschwundenen und die anderen Zwecken zugeführten Spycherli mitberücksichtigt, so erhöht sich die Zahl auf 22. Dabei ist die räumliche Anordnung der Dreiergruppe recht variantenreich. Neben vielen Alphütten steht noch das schlichte Holzkreuz als Zeichen traditioneller Religiosität der Innerschweizer Bergbevölkerung. Solche äusseren Zeichen konfessioneller Zugehörigkeit sind besonders in katholischen Gegenden anzutreffen, während sie in protestantischen weitgehend fehlen (vergl. WEISS 1959, S. 318ff). Der abendliche Alpsegen ertönt aber auch im Gebiet zwischen Stanserhorn, Arvigrat und Gumme nur noch vereinzelt!

b Gebäudenutzungsdynamik

Die landwirtschaftliche Gebäudenutzung unterliegt im Testraum WIESENBERG NW einer Dynamik, die durch die Veränderung der Siedlungs- und Betriebsstrukturen verursacht wird und mit dem beschriebenen Flächennutzungswandel einhergeht. Dabei lässt sich Nutzungsextensivierung (d.h. Abnahme der Nutzungsintensität) ebenso beobachten wie Nutzungsintensivierung:

Die *Nutzungsauflassung bei landwirtschaftlichen Wohnhäusern* ist die Folge einer Reduktion der Zahl der Betriebe, sei es durch Abwanderung ganzer Familien oder durch das Fehlen von Nachkommen. Wird der Betrieb nicht weitergeführt, sondern durch Erbschaft oder Verkauf einem anderen Betrieb angegliedert, so verfügt der neue Besitzer plötzlich über ein zweites Wohnhaus. Während die zusätzlichen Ökonomiegebäude aufgrund der Flächenvergrösserung durchaus benötigt werden, stellt das zweite Haus eher eine Belastung dar. Waren solche Zweithäuser früher oft dem Verfall preisgegeben, so wird heute versucht, sie einer neuen Nutzung oder einem anderen Besitzer zuzuführen. Die Ökonomiegebäude werden erst beim Bau eines grossen Zentralstalls überflüssig und damit frei zur Umnutzung. Dies setzt aber die Mechani-

---

Fig. 32 (T) ▷
Aktueller landwirtschaftlicher Gebäudebestand in den drei Testräumen (Vergl. Fig. 31)
(A landwirtschaftlich genutzt, B touristisch umgenutzt, C zerfallen / verschwunden)

AKTUELLER BESTAND AN LANDWIRTSCHAFTSGEBÄUDEN 1982	WIESENBERG NW				WISSEBERG GL				HUOBE GR			
	A	B	A+B	C	A	B	A+B	C	A	B	A+B	C
WOHNHÄUSER												
Traditionelles Bauernhaus	■	□		[ ]	■	□		[ ]				
dauernd bewohnt	6	4	10	1	9	7	16	5				
N Neubau (nach 1935)	2		2		2		2					
R durch Rentner bewohnt	2		2									
NR Neubau durch Rentner bewohnt	1		1		1		1					
S ehemaliges Schulhaus	1		1									
saisonal bewohnt					2	1	3					
Bauernhaus anstelle von Alphütte (Umnutzung/Umbau/Neubau)												
dauernd bewohnt	8		8									
R durch Rentner bewohnt	1		1									
saisonal bewohnt	4		4									
ÖKONOMIEGEBÄUDE	●	○		( )	●	○		( )	●	○		( )
Kuh- und/oder Rinderstall (Gade)	66	1	67	3	45	5	50	3	4		4	4
Ziegenstall (Geissgädeli)					6		6	2				
Viehstall mit an-/eingebauter Hütte				1	5		5		32	11	43	8
Gadehus	10	1	11		1	1	2					
Alphütte/Hütte	16	2	18		1	1	2		1		1	
Sennhüttli												
Spycherli	17	2	19	6	5	1	6	2	34	1	35	8
Heugädeli/Pargaun	5	1	6	1	2		2	1				
Schärmehüttli	7		7									
LANDWIRTSCHAFTLICHE WOHNHÄUSER total	25	4	29	1	14	8	22	5				
ÖKONOMIEGEBÄUDE total	121	7	128	11	65	8	73	8	71	12	83	12
LANDWIRTSCHAFTSGEBÄUDE total	146	11	157	12	79	16	95	13	71	12	83	12

Abb. 30 Auf der Höhenstufe der Heimwesen befinden sich die ganzjährig bewohnten Bauernhäuser und die zugehörigen Viehställe im traditionellen Baustil (Langmattli, CHAPELLE NW)

Abb. 31 Die Gebäudegruppen der Alp Dürrebode umfassen in traditioneller Art Alphütte, Alpgade und Spycherli (Ober Rain, Under Rain, DÜRREBODE NW)

Abb. 32   Die Eggalp Ober Rone weist mehrere gut unterhaltene Gebäude und zwei Tristbäume auf (DÜRREBODE NW)

Abb. 33   Das Spycherli beim Althüttli ist gegenwärtig das einzige Gebäude im Testraum WIE-SENBERG NW, welches wegen mangelndem Unterhalt zerfällt (Ursache: zwei verschiedene Eigentümer!) (DÜRREBODE NW)

sierung der Betriebe und den Bau von Güterwegen voraus. Nutzungsextensivierungen bei Wohnhäusern kommen nur in den beiden Teilräumen CHAPELE und FLUE vor. So hat sich die Zahl der Heimwesen im Teilraum CHAPELE von zwölf auf acht vermindert, und zwar mit unterschiedlichen Folgen für die vier betroffenen Wohnhäuser: Das Dändlehaus wurde um die Jahrhundertwende herum abgerissen und ins Tal hinunter verpflanzt. Heute steht es im Riedbode in Dallenwil. Das Hoschtethaus brannte im letzten Jahrhundert ab und wurde durch eine Sennhütte ersetzt. Diese dient heute nach einem Umbau als Ferienhaus. Der Acher kam nach dem ersten Weltkrieg durch Versteigerung zur Schürmatt. Das Acherhaus wird heute als Ferienhaus vermietet. Reckholtere wurde nach dem zweiten Weltkrieg als Betrieb aufgegeben. Haus und Stall sind nun Ferienhäuser. Im Teilraum FLUE führten zwei Betriebsaufgaben dazu, dass eines der beiden traditionellen Bauernhäuser leer steht, das andere durch eine landwirtschaftliche Rentnerin bewohnt wird.

Nutzungsauflassungen bei Alphütten kommen im Teilraum CHAPELE nicht vor. Im Teilraum TREICHI betrifft es lediglich den Ober Holzwang, wo seit der Errichtung eines modernen Gehöfts die alten Alpgebäude nur noch als Schuppen dienen. Im Teilraum DÜRREBODE sind es die Schälleflue- und die Oberchrüzhütte, die seit kurzem durch Verpachtung der zugehörigen Alpteile nicht länger landwirtschaftlich genutzt werden. Auch im Gadehus auf der Hornmatt steht seit Jahren kein Vieh mehr.

Nutzungsauflassungen bei Gade und Gädeli sind selten und hängen entweder mit dem Ersatz durch Neubauten oder mit Zerstörungen durch Naturgewalten zusammen. So wurde 1916 der alte Schürmattgade durch einen grossen Neubau ergänzt und rund zehn Jahre später in den Acher versetzt. Zur selben Zeit verschwand der Hoschtetgade. Im Jahr 1920 zerstörte ein Sturmwind den Underhusgade, während der Staldegade einer Lawine zum Opfer gefallen sein soll. Schneedruck zerstörte ein Heugädeli im Lückemahd, ein weiteres im Achermahd ist schon stark in Mitleidenschaft gezogen. Das Riedgädeli auf der Wissiflue dient nicht mehr der Lagerung von Riedstreue, sondern ist zum Ferienhäuschen umgebaut worden.

Nutzungsauflassungen bei Spycherli gehen einher mit der Einstellung der Käseproduktion. Da im ganzen Testraum nur noch an drei Orten gekäst wird, haben die meisten Spycherli ihre Funktion verloren. Einzig in der Hinder Husmatt füllen weiterhin mächtige Käselaibe die alten Holzgestelle. Während bis vor einem Jahrzehnt unnütz gewordene Spycherli dem Zerfall preisgegeben waren, sind die Besitzer heute um die Erhaltung dieser Zeugen vergangenen Älplerlebens bemüht. Einzig beim Althüttli-Spycherli ist zwischen den verfaulten Dachschindeln hindurch der Himmel zu erblicken. Es gehört je hälftig zwei verschiedenen Eigentümern, von denen keiner den Dachunterhalt bestreiten will. Das ehemalige Spycherli im Ober Chneu ist heute eine Seilbahnstation, dasjenige im Waldmattli ein Ferienhaus.

Nutzungsintensivierungen finden überall dort statt, wo eine Alphütte zum ganzjährig genutzten Wohnhaus wird. Dies kann schrittweise erfolgen und spielt sich parallel zur Intensivierung der Flächennutzung ab. Wird in den Alpen durch Aushagung von Heublätzen Futter gewonnen und eingelagert, so weilen Mensch und Vieh auch für ein paar Winterwochen in den Alpgebäuden. Dies trifft zu für zwei Privatalpen im Teilraum TREICHI (Frutt, Stanglisbüel) und drei Alpkreise im Teilraum DÜRREBODE (Chüenere,

Meyershütte, Ober Rainhütte). Der nächste Schritt besteht in der Verlegung des Wohnsitzes auf die Alp hinauf. Die Talgüter werden dann vom Berg aus bewirtschaftet, und lediglich im Hochwinter steht die Alphütte für kurze Zeit leer. Diese Variante kommt viermal vor (Ober Schwändli, Seewli, Sulzmatt, Hornmatt). Wo eine ganzjährige Niederlassung auf einer Alp stattfindet, wird die Alphütte durch Aufstockung und seitliche Erweiterung zum Wohnhaus umgebaut oder gar durch ein neues Bauernhaus ersetzt. Dies kann insgesamt für neun Fälle belegt werden (Gummenalp, Under und Ober Holzwang, Vorder und Hinder Husmatt, Schultere, Under Schwändli, Sulzmattli, Wirzweli).

Wie ein Blick auf die räumliche Verteilung und die Dynamik der landwirtschaftlichen Gebäudenutzung zeigt, besteht ein enger Bezug zur Nutzflächendynamik. Hier wie dort findet im Teilraum TREICHI im Gegensatz zum Teilraum CHAPELE ein Bergwärtsrücken der unterschiedlichen Intensitätsstufen landwirtschaftlicher Nutzungsformen statt.

Zusammenfassend können für die *landwirtschaftliche Gebäudenutzung und ihre Dynamik* im TESTRAUM WIESENBERG NW folgende Merkmale als typisch bezeichnet werden:

TEILRAUM CHAPELE
— Traditionelle Wohnhäuser auf der Stufe der Heimwesen; Gadehüser in den Privatalpen und Schärmehüttli in den Mähdern; Gade und Gädeli auf allen Stufen
— Nutzungsauflassung bei traditionellen Wohnhäusern
— Talwärtsrücken der Intensitätsgrenzen landwirtschaftlicher Gebäudenutzung

TEILRAUM TREICHI
— Traditionelle Alpgebäudegruppen aus Alphütte, Gade und Spycherli
— Umwandlung saisonal bewohnter Alphütten zu ganzjährig belegten Wohnhäusern
— Bergwärtsrücken der Intensitätsgrenzen landwirtschaftlicher Gebäudenutzung

TEILRAUM FLUE
— Wissiflue wie Teilraum CHAPELE
— Hornmatt wie Teilraum TREICHI

TEILRAUM DÜRREBODE
— Traditionelle Alpgebäudegruppen aus Alphütte, Gade und Spycherli im Stafel Dürrebode
— Traditionelle Alpgebäudegruppen aus Alphütte und Gade oder Gadehüser im Stafel Egg
— Intensivierung der Gebäudenutzung durch frühwinterliche Stallfütterung in Dürrebode
— Nutzungsauflassung bei Alphütten auf Egg

GANZER TESTRAUM WIESENBERG NW
— Nutzungsauflassung bei Spycherli infolge Aufgabe der Käseproduktion

B TESTRAUM WISSEBERG GL

a Aktuelle Gebäudenutzung

Im Testraum WISSEBERG GL (Fig. 31 und Fig. 32) weist die Höhenstufe der Heimwesen zwölf *dauernd bewohnte landwirtschaftliche Wohnhäuser* auf. Neun davon sind alte Bauernhäuser, die vom Erscheinungsbild her den nidwaldischen sehr ähnlich sind; bei den restlichen drei handelt es sich um Neubauten. Zwei Häuser sind im Besitz von landwirtschaftlichen Rentnern, wobei eines von einer Pächtersfamilie bewohnt wird.

Saisonal genutzte Häuser und Hütten sind als freistehende Gebäude selten anzutreffen; etwas häufiger kommen Hütten vor, die seitlich an Ställen von Berggütern angebaut sind und mit diesen zusammen etwa den nidwaldischen Gadehüser entsprechen.

Die *Viehställe* verteilen sich auf die Heimwesen wie auf die unterhalb und oberhalb liegenden Berggüter. Mit wenigen Ausnahmen stehen sie giebelständig zum Hang und ähneln daher den Wohnhäusern, was Lage und Grösse betrifft. Neben fünf Ställen mit angebauter Hütte gibt es 45 ohne eine solche. Fast allen Ställen ist seitlich oder bergwärts ein Streueschopf angefügt, welcher der Aufbewahrung von Laub- und Riedstreue dient. Eine Besonderheit stellen die sechs *Geissgädeli* (Ziegenställe) dar, die zwar unterschiedlichen Besitzern gehören, aber alle dicht beieinander im Hinder Ändi stehen.

Im Gegensatz dazu verteilen sich die fünf *Ried- und Magerheugädeli* auf ebenso viele Einzelparzellen der Zwyfelweiden. In der Mittler Hoschet steht ein Sennhüttli, im Mittler Geere und im Ober Oreberg je ein Kochhüttli in einiger Entfernung zum Stall.

b Gebäudenutzungsdynamik

Die Dynamik umfasst ausschliesslich *Extensivierungsprozesse* (d.h. Abnahme der Nutzungsintensität) bei der landwirtschaftlichen Gebäudenutzung:

Nutzungsauflassungen bei Wohnhäusern sind auch am Wisseberg Ausdruck von Betriebsaufgaben. Erzählungen von Einheimischen und ruinenartige Überreste belegen, dass der Gebäudebestand einst grösser gewesen sein muss. So wird von verschwundenen Häusern in der Under Lanzigweid, am Hoschetbord und im Ändi berichtet. Der Neubau im Suterheimet steht auf einem früheren Siedlungsplatz, und zuunterst in den Weide zeugen Holz- und Mauerreste von einem ehemaligen Wohnhaus. Erst mit einer einsetzenden externen Nutzungsnachfrage haben Wohngebäude überlebt. Dies gilt für die sieben alten Bauernhäuser am Wisseberg, in denen keine Landwirte mehr wohnen. Vier davon sind im Laufe der Zeit samt den zugehörigen Flächenstücken durch Erbgang oder Kauf an andere Landwirte übergegangen, die so zu einem für sie eigentlich unnötigen Zweithaus auf der Stufe der Heimwesen gekommen sind. Zwei dieser Zweithäuser werden deshalb an Touristen vermietet (Ober Hoschetbord, Stigerberg), die beiden anderen sind gar verkauft worden (Ober Hoschet, Sattel). Die drei restlichen Häuser sind nie solche Zweithäuser gewesen. Eines hat durch einen Neubau seine ursprüngliche Funktion verloren (Buchshoschet), die beiden anderen sind durch Erbgang direkt in die Hände von Nichtlandwirten gelangt (Mittler Hoschet, Zäigerhoschet).

Auch *Nutzungsauflassungen bei periodisch genutzten Häusern und Hütten* kommen vor. So hat das Haus im Berggut Waldibach durch den Bau der Fahrstrasse seine Bedeutung als Unterkunft während des Heuens und Fütterns eingebüsst, und für die Hütten im Sattelberg und im Hüsliberg gilt dasselbe im Zusammenhang mit dem Übergang von der Wiesland- zur Weidelandnutzung. Während vom Hüttli im Sattelberg nur noch Mauerreste stehen, werden die beiden anderen, grösseren Gebäude als Ferienhäuser vermietet. Eine weniger starke Form von Nutzungsextensivierung stellt der *Übergang von dauernder zu periodischer Nutzung von Häusern und Hütten* dar. So wird das Haus im Oreberg im Gegensatz zu früher nur noch im Sommer durch einen Nebenerwerbslandwirt von Matt aus bezogen. Ob das Haus in der Schiibe einst ganzjährig bewohnt gewesen ist, lässt sich nicht erkennen.

Nutzungsauflassungen bei Stallbauten stellen eine junge Entwicklung dar, soweit sie Folge von Mechanisierung und zentralen Stallneubauten auf der Höhenstufe der Heimwesen sind. Naturgewalten wie Föhnstürme und Lawinen haben seit jeher zu Stallwüstungen geführt. Auch die Extensivierung der Flächennutzung kann sich auswirken. So zerfällt der Stall im Oberguet, seit der Besitzer den Vollerwerbsbetrieb aufgegeben hat und das zuvor geheute Berggut als Galtviehalp verpachtet. In den Weide zeugt ebenfalls ein überwachsenes Gemäuer von der ehemaligen Bewirtschaftung als Wiesland. Gesamthaft sind es fünf Ställe, die als Gebäude noch vorhanden sind, aber nicht mehr landwirtschaftlich, sondern als Ferienhäuser genutzt werden. Einer ist durch den Bau eines grossen, maschinengängigen Subventionsstalles überflüssig geworden (Ober Hoschetbord), ein weiterer durch Aufgabe von Wiesland (Weide), und die restlichen drei sind samt den zugehörigen Gütern durch Erbschaft oder Kauf in auswärtigen nichtlandwirtschaftlichen Besitz gelangt (Gassberg, Under Lanzigweid, Zäigerhoschet).

Nutzungsauflassungen bei Gädeli und Sennhüttli widerspiegeln die Aufgabe von Spezialnutzungen und traditionellen Betriebsabläufen. Die Heugädeli in den Zwyfelweiden beginnen ebenso zu zerfallen wie die Geissgädeli im Ändi. Wird die Magerheu- und Riedgrasgewinnung in den schlecht erschlossenen Sumpfgebieten als zu mühsam empfunden, so ist die Ziegenhaltung den Landwirten zu kostspielig, seit dem Hirten ein ordentliches Salär entrichtet werden muss. Von fünf verschwundenen Gädeli lassen sich noch die Standorte lokalisieren. Die beiden Geissgädeli beim Bruchplatz sind aber nicht dem landwirtschaftlichen Strukturwandel, sondern Staublawinen zum Opfer gefallen. Der grosse Magerheugade in der Rüscheweid ist zum Ferienhaus umgebaut worden.

Abb. 34   Im Ober Fuchseberg steht ein traditioneller Viehstall, wie er für die Berggüter im Testraum WISSEBERG GL typisch ist

Abb. 35   Die Geissgädeli (Ziegenställe) im Hinder Ändi stehen seit Jahren leer und sind dem Zerfall preisgegeben (WISSEBERG GL)

Abb. 36　Im Ober Oreberg ist eines der Kochhüttli, wie sie im Testraum WISSEBERG GL vorkommen, anzutreffen

Abb. 37　Im Berggut Weide zeugen spärliche Mauerreste von verschwundenen Stallbauten (WISSEBERG GL)

Zusammenfassend können für die *landwirtschaftliche Gebäudenutzung und ihre Dynamik* im TESTRAUM WISSEBERG GL folgende Merkmale als typisch bezeichnet werden:

- Traditionelle Wohnhäuser auf der Stufe der Heimwesen; Hütten und Kochhüttli in den Berggütern; Viehställe auf allen Stufen
- Nutzungsauflassung bei traditionellen Wohnhäusern und Viehställen
- Nutzungsauflassung bei Geissgädeli und Magerheugädeli
- Talwärtsrücken der Intensitätsgrenzen landwirtschaftlicher Gebäudenutzung

C TESTRAUM HUOBE GR

a Traditionelle Gebäudenutzung

Da der Testraum HUOBE GR nur die Zonen der oberen Berggüter und der Maiensässe umfasst, fehlen die ganzjährig bewohnten Bauernhäuser. So sind es zum einen die Ställe mit der jeweils zugehörigen Futterhütte (Hütte mit Koch- und Schlafstelle) oder einem Sennhüttli, zum andern die Mager- und Wildheupargaune (kleine, einräumige Blockbauten), welche den landwirtschaftlichen Gebäudebestand dieser beiden Höhenstufen ausmachen. Die vor rund dreissig Jahren erstellten Luftaufnahmen des Photokatasters für die Gemeinde Fanas zeigen folgendes Verteilungsmuster:

Die *Ställe mit den an- oder eingebauten Hütten* finden sich gleichmässig über die Berggüter verstreut, wogegen sie in der Maiensässzone längs der Grenzlinie zum Weideland hin in einer langen, lockeren Reihe angeordnet sind. Letzteres hat seinen Grund in der besonderen Funktion des Maiensäss als Zwischenstufe zwischen Berggut und Alp (vergl. WEISS 1959, S. 219ff). Stehen die Ställe der Berggüter fast ausnahmslos traufständig zum Hang, so lassen sich bis auf einen nur giebelständige Maiensässställe antreffen. Die seitlich an die Viehräume angefügten Futterhütten sind mit einem Pultdach versehen, die Sennhüttli der Maiensässgebäude hingegen unter das Stalldach miteinbezogen. So eindeutig diese konstruktive Differenzierung im betrachteten Testraum zutage tritt und das Landschaftsbild bereichert, so wenig kann sie als für das Prättigau zwingend bezeichnet werden. Zwar entsprechen die quergestellten Stallbauten dem Normalfall für Heimwesen und Berggüter, hingegen halten sich in anderen Maiensässen Quer- und Längsstellung zahlenmässig die Waage. Die Kombination von Stall und Futterhütte kommt auf den 20 Berggütern des Testraumes 21mal vor, diejenige von Stall und Maiensässhütte bzw. Sennhüttli 22mal.

Einzelne Stallbauten sind auf höher gelegenen Berggütern allgemein eher selten; meist handelt es sich um Zweitställe auf Parzellen, wo schon ein Stall mit Hüttenteil vorhanden ist. Dem einen Einzelstall auf Tarnals stehen sieben in der Maiensässzone gegenüber.

Alleinstehende Hütten sind noch seltener. Eine einzige freistehende Maiensässhütte lässt sich auf Wäli erkennen.

Sehr zahlreich sind hingegen die *Mager- und Wildheupargaune*. Eine erste, lockere Anhäufung lässt sich auf Ral beobachten. Sie umfasst sechs dieser kleinen, aus Rundholz aufgetrölten Blockbauten, die auf einzelnen Magerheuparzellen stehen. Eine dichtere Ballung tritt im Cavadürli auf und setzt sich in der Rofna auf Schierser Gemeindegebiet fort. Es sind zwölf Pargaune, die in diesem steilen Magerheugebiet den streifenartigen Parzellen zugeordnet sind, wobei nicht jeder Pargaun auf der ihm zugehörigen Parzelle steht. Besonders auffällig ist dies auf dem Furner, wo auf kleinem Raum 24 Pargaune anzutreffen sind. Allein 14 davon befinden sich auf derselben Besitzeinheit, aber nur ein einziger gehört auch dazu. Ursprünglich in einer Art Baurecht auf fremdem Land erstellt, sind ihre quadratischen Grundrisse heute mehrheitlich als Besitzparzellen im Fotokataster ausgewiesen. Die restlichen elf verteilen sich auf sechs weitere Parzellen. Alle zusammen dienen sie der kurzfristigen Lagerung des Alpen- und Wildheus einerseits und des zwischen den beiden Maiensässen Huobe und Eggli/Wäli gewonnenen Mager- und Riedheus andererseits. Während die private Nutzung öffentlicher Wildheuberge keine Erlaubnis zur Errichtung von privaten Bauten beinhaltet, ist es im stark parzellierten privaten Mager- und Riedheugebiet von Pajols und Pfäfers die Lawinengefahr, die auf das grundrechtlich durchaus denkbare Erstellen privater Bauten verzichten lässt. So sind für die Standortwahl besitzrechtliche wie naturräumliche Faktoren ausschlaggebend. Zur Schutzlage auf der Geländerippe, von der auch die Maiensässgebäude auf dem Eggli profitieren, kommt noch die günstige Ausgangslage für den winterlichen Abtransport des Heus mit den Schlitten hinzu. Vom Furner aus können die beiden Fatanstobel ohne Gegensteigung lawinensicher umgangen und die Heimwesen in Fanas auf kürzestem Weg über Tarnals, Ral und Cania erreicht werden. Der Anhäufung gleichartiger Kleinbauten auf dem Furner lassen sich also die gebäudelosen, feinparzellierten Mager- und Riedheuflächen von Pajols und Pfäfers zuordnen. Alle vereinzelt vorkommenden Pargaune miteinbezogen, ergibt sich ein Gesamtbestand von 45 solcher Kleinbauten im betrachteten Testraum.

b Gebäudenutzungsdynamik

Die Dynamik der landwirtschaftlichen Gebäudenutzung ist einseitig auf Extensivierung (d.h. Abnahme der Nutzungsintensität) ausgerichtet (Fig. 31 und Fig. 32):

Nutzungsauflassungen bei den Ställen und Futterhütten der Berggüter sind selten, da der Testraum noch nicht fahrbar erschlossen ist. Der Zweitstall auf Tarnals ist abgebrochen und ein Stall auf Ral zum Ferienhaus umgebaut worden. Ebenfalls auf Ral und auf Under Fatans nutzen zwei auswärtige Käufer ganzer Güter die Futterhütten in ihrer Ferienzeit als Unterkunft. Im Chratz steht der Stall leer, seit der Boden dem Nachbarn verpachtet wird; die Hütte dient den Eigentümern als Wochenendhaus.

Abb. 38/39 Traditionelle Bauernhäuser und Wirtschaftsgebäude im vorderen Prättigau (in: «Das Bauernhaus der Schweiz», Schweiz. Ingenieuren- und Architektenverein, Zürich 1903) (S. 126/127)

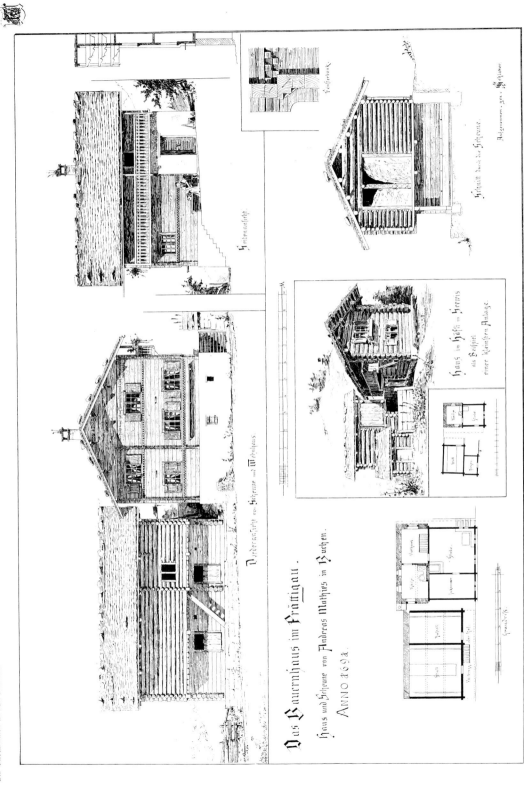

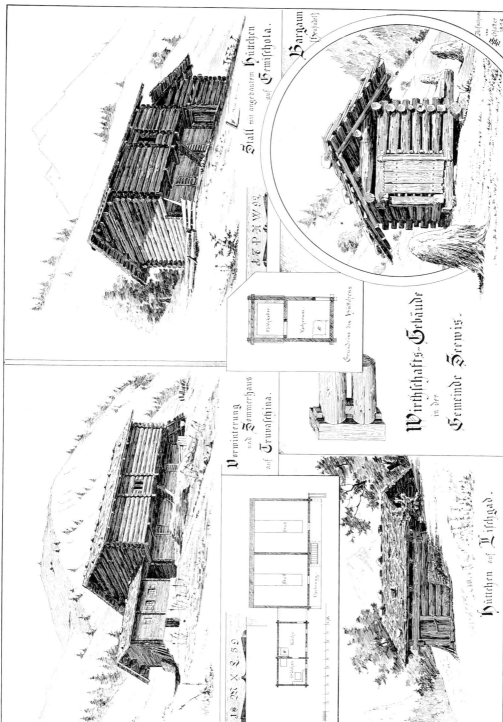

Abb. 40   Entlang der Grenze, welche privates Wies- von öffentlichem Weideland trennt, stehen die Maiensässgebäude auf Wäli (HUOBE GR)

Abb. 41   Bei den kleinen, einräumigen Blockbauten auf dem Furner handelt es sich um Pargaune, in welchen jeweils Ried- und Alpenheu bis zum winterlichen Abtransport mittels Schlitten aufbewahrt worden ist (HUOBE GR)

Abb. 42   Da die Ried- und Alpenheugewinnung ihre Bedeutung verloren hat, zerfallen die Pargaune auf dem Furner (HUOBE GR)

Abb. 43   Mit dem Übergang von der Wiesland- zur Weidenutzung oder gar Brachlegung verlieren zahlreiche Stallbauten ihre ursprüngliche Funktion und stehen dauernd leer (Fatans, HUOBE GR)

Nutzungsauflassungen bei Maiensässgebäuden sind hingegen zahlreicher. So werden von den 29 Ställen gerade noch 16 landwirtschaftlich genutzt. Fünf stehen leer, weil ihre Besitzer Nichtlandwirte oder landwirtschaftliche Rentner sind und den Boden verpachten. Einer fällt in sich zusammen, während von drei weiteren nur noch spärliche Überreste zeugen. Vier Maiensässgebäude (Stall und Sennhüttli) sind nach Betriebsaufgaben durch Erben oder Käufer zu Ferienhäusern umgestaltet worden; ebenso werden drei Maiensässhütten touristisch genutzt.

Am augenfälligsten manifestiert sich die *Nutzungsauflassung bei den Mager- und Wildheupargaunen*. Diese führt in der Regel zum Zerfall, da eine touristische Umnutzung der kleinen Bauten, die häufig noch auf fremden Grund stehen, kaum möglich ist. Von den 24 Pargaunen auf dem Furner sind gerade noch sechs in leidlich gutem Zustand, während 17 weitere nicht mehr unterhalten werden, ein löcheriges Schindeldach aufweisen, in sich zusammengefallen oder nur noch als Steinhäufchen zu erkennen sind. Dabei wirkt sich die Stellung der Besitzer nicht aus: Bei den gut unterhaltenen wie bei den verfallenen Bauten treten sowohl aktive Landwirte wie auch auswärtige Nichtlandwirte als Eigentümer auf. Ein einziger, etwas abseits stehender Pargaun ist zu einem Ferienhäuschen umgebaut worden.

So führt die Aufgabe der beschwerlichen und wenig ergiebigen Wild- und Magerheugewinnung in Grenzertragslagen zu einer starken Verminderung des zugehörigen Gebäudebestandes und damit zu einem Verlust an kulturlandschaftlicher Vielfalt. Das Verschwinden der geschlossenen Reihe von ursprünglich 15 dicht übereinander angeordneten Pargaunen ist besonders bedauerlich, geht doch damit ein charakteristisches Merkmal traditioneller Raumnutzung endgültig verloren.

Zusammenfassend können für die *landwirtschaftliche Gebäudenutzung und ihre Dynamik* im TESTRAUM HUOBE GR folgende Merkmale als typisch bezeichnet werden:

— Viehställe mit seitlich angebauten Futterhütten auf der Stufe der Berggüter; Viehställe und Hütten jeweils unter einem Dach auf der Stufe der Maiensässe; Mager- und Riedheupargaune auf beiden Stufen
— Nutzungsauflassung bei Viehställen, Futter- und Maiensässhütten
— Nutzungsauflassung bei Mager- und Riedheupargaunen
— Talwärtsrücken der Intensitätsgrenzen landwirtschaftlicher Gebäudenutzung

D VERGLEICH DER DREI TESTRÄUME

a Traditionelle Gebäudenutzung

Allen drei Testräumen ist ein grosser Bestand an landwirtschaftlich genutzten Gebäuden eigen, die sich über die unterschiedlichen Nutzungszonen verteilen. Die Art der Gebäude steht jeweils in einem direkten Zusammenhang mit der Flächennutzung. Die Anzahl Gebäude pro Betrieb korreliert mit der Anzahl Parzellen pro Betrieb und ist demnach in der Testgemeinde Fanas GR am grössten, in Dallenwil NW am kleinsten. Jeder Betrieb besitzt ein Wohnhaus auf der Stufe der Heimwesen und mehrere Ställe, die sich auf Heimwesen, Berggut, Maiensäss oder Privatalp verteilen. Häufig gehört zu diesen Ställen eine periodisch genutzte Wohnmöglichkeit in Form einer angebauten oder freistehenden Hütte. Kleine, einräumige Gebäude für Mager-, Wild- und Riedheu sind, allerdings in unterschiedlicher Zahl, in allen drei Testräumen anzutreffen. Im Nidwaldner Testraum findet die private Käseproduktion in den Alphütten und den Gadehüser statt, im Bündner und im Glarner Testraum in den Sennhüttli. Der Käse selber wird im Nidwaldner Testraum in den freistehenden Spycherli aufbewahrt, in den beiden anderen Testräumen aber in den Käsekellern der Hütten und Häuser.

b Gebäudenutzungsdynamik

Nutzungsextensivierung bei Wohnhäusern, die auf einer *Verringerung der Anzahl Landwirtschaftsbetriebe* beruht, gibt es in allen drei Testräumen. Im Testraum WIESENBERG NW gehen mit einer Ausnahme die aufgegebenen Betriebsflächen samt Gebäuden an aktive Landwirte über, wodurch die Weiternutzung der Ökonomiegebäude gewährleistet ist und lediglich die Wohnhäuser zur Umnutzung frei werden. Im Testraum WISSEBERG GL läuft der vergleichbare Prozess etwas variantenreicher ab. Hier wie im Testraum HUOBE GR kommt zusätzlich vor, dass Betriebe nach der Aufgabe nicht als Ganzes den Besitzer wechseln, sondern parzellenweise verkauft oder vererbt werden. Dies lässt sich mit der grösseren Anzahl von Parzellen pro Betrieb begründen.

Nutzungsextensivierung bei Ökonomiegebäuden ist hingegen eine Folge von *innerbetrieblichen Veränderungen*. Die Aufgabe von Nutzflächen in schlecht erreichbarer Lage, die Mechanisierung der Arbeitsabläufe, der Bau von Fahrstrassen und das Erstellen von zentralen Stallneubauten führen zu einer Aufgabe von Kleinbauten für Magerheu und Riedstreue, von Hütten und schliesslich gar von Ställen (vergl. KESSLER 1982). Diese innerbetriebliche Dynamik wird durch das Eingehen anderer Betriebe zusätzlich verstärkt: Je mehr ertragsreiches Land auf den unteren Höhenstufen als Pachtland oder zum Ankauf zur Verfügung steht, desto leichter fällt das Auflassen oder die Extensivierung bei der Bewirtschaftung von schlecht erreichbaren und ertragsarmen Nutzflächen (vergl. DÖNZ 1972, S. 107ff). Aber auch der Import von Ersatzprodukten wie Stroh lässt die Streuepargaune überflüssig werden, und die Sennhüttli und Spycherli verlieren ihre Bedeutung wegen der Aufgabe der Käseproduktion auf Privatalpen, Berggütern und Maiensässen.

Nutzungsintensivierung innerhalb der landwirtschaftlichen Gebäudenutzung kommt nur in den Teilräumen TREICHI NW, DÜRREBODE NW und FLUE NW vor. Es handelt sich dabei um den oft schrittweisen Wandel vom saisonal genutzten Alpgebäude zum ganzjährig belegten Wohnhaus im Zusammenhang mit der dauernden Wohnsitznahme im Testraum WIESENBERG NW.

Betriebsaufgaben, Betriebsvergrösserungen durch die Konzentration von Grundeigentum oder die Zupacht von Nutzflächen im Besitz auswärtiger Käufer führen demnach in den Teilräumen CHAPELE NW und FLUE NW sowie in den Testräumen WISSEBERG GL und HUOBE GR zu Extensivierungserscheinungen bei Flächen- und Gebäudenutzungen. Betriebsgründungen und Alpteilungen führen in den Teilräumen TREICHI NW und FLUE NW hingegen zu einer Intensivierung bei Flächen- und Gebäudenutzungen. Die intensivere Bewirtschaftung der gut erschlossenen Fettwiesen sowie die Aufgabe der betrieblichen Käseproduktion sind allerdings für alle drei Testräume gleichermassen typisch.

Dass die Spycherli in den Teilräumen TREICHI NW und DÜRREBODE NW trotzdem erhalten werden, im Teilraum CHAPELE NW hingegen verschwunden sind, gibt einen Hinweis auf den Mentalitätsunterschied zwischen den Bewohnern dieser Teilräume. Im Hinblick auf die zerfallenden Geissgädeli im Ändi und die eingestürzten Pargaune auf dem Furner zeigt sich erneut die Übereinstimmung des Teilraums CHAPELE NW mit dem Glarner und dem Bündner Testraum: Verlieren Kleinbauten ihre wirtschaftliche Funktion, so werden sie dem Verfall preisgegeben, obwohl minime Unterhaltsaufwendungen den Fortbestand sichern könnten. Der Gedanke, solche Kleinbauten ohne wirtschaftlichen Nutzen als kulturelles Erbe und traditionelles Landschaftselement zu erhalten, wird – falls überhaupt vorhanden – als abwegig empfunden. In dieser Haltung widerspiegelt sich aber weniger eine allzu materialistische Einstellung als vielmehr das angeschlagene Selbstbewusstsein des Bergbauernstandes, ausgelöst durch den Substanzverlust als Folge der Abwanderung aus Beruf und Berggebiet und die damit verbundene Nachfolgeproblematik und Überalterung. Ist die Hofübernahme nicht gesichert, wächst die Bereitschaft, Nutzflächen und Gebäude aufzugeben oder Stück für Stück an Nichtlandwirte zu veräussern.

Dieser resignierenden Haltung, die sich erst in allerneuster Zeit als Folge der wirtschaftlichen Rezession der frühen Siebzigerjahre (gestärktes Sozialprestige und steigende Heiratschancen der Jungbauern) wieder zu wandeln beginnt, steht im Teilraum TREICHI NW seit Beginn der Wiederbesiedlung ein pionierhaftes Selbstbewusstsein gegenüber. Voller Stolz über das durch eigene Tüchtigkeit Erreichte trägt man Sorge zu den Relikten der Vergangenheit: So bleiben die Spycherli auch ohne Käse erhalten, und das Bewirtschaften der steilsten Planggen wird eher als sportliche Leistung denn als Mühsal empfunden. Die Freude an der Landwirtschaft, die den meist jungen und kinderreichen Familien leicht anzumerken ist, scheint nun auch auf die Jungbauern im Teilraum CHAPELE NW überzuspringen.

Abb. 44   Unterhalb des Schrägzaunes, welcher das Wies- vom Weideland trennt, verschwindet mit den Pargaunen ein traditionelles Element der Kulturlandschaft (HUOBE GR)

Zusammenfassend ergibt sich für die *landwirtschaftliche Gebäudenutzung und ihre Dynamik* folgendes Bild:

TEILRAUM CHAPELE NW / TESTRAUM WISSEBERG GL / TESTRAUM HUOBE GR
— Traditionelle Wohnhäuser auf der Stufe der Heimwesen; Gade, Gädeli und Hütten auf allen Stufen
— Nutzungsauflassungen bei Bauernhäusern und Ökonomiegebäuden
— Nutzungsauflassungen bei Magerheugädeli und Pargaunen
— Talwärtsrücken der Intensitätsgrenzen landwirtschaftlicher Gebäudenutzung
TEILRAUM TREICHI NW
— Traditionelle Alpgebäudegruppen aus Alphütte, Gade und Spycherli
— Umwandlungen von Alphütten in dauernd bewohnte Häuser
— Bergwärtsrücken der Intensitätsgrenzen landwirtschaftlicher Gebäudenutzung
TEILRAUM FLUE NW
— Wissiflue wie Teilraum CHAPELE NW
— Hornmatt wie Teilraum TREICHI NW

424 Betriebsdynamik

Zur Erklärung der räumlichen Verteilungsmuster und der räumlichen Dynamik von Grundeigentum, Nutzflächen und Landwirtschaftsbauten ist immer wieder auf die Betriebsstruktur und ihre Dynamik hingewiesen worden. Während Raumstrukturen wie die Grundbesitzverteilung dem Eigentümerverzeichnis zu entnehmen oder wie die Flächen- und Gebäudenutzungsverhältnisse im Raum selbst erkenntlich sind, müssen Aussagen über die Betriebsstruktur davon abgeleitet und durch Gespräche mit den Landwirten überprüft und gegebenenfalls ergänzt werden.

Ein vollständiges Erfassen der Betriebsstruktur verlangt, dass unterschiedliche Kriterien Beachtung finden. So kann zwischen Ganzjahresbetrieben und saisonalen Alpbetrieben unterschieden werden, wobei hier wie dort Vollerwerbs- und Nebenerwerbsbetriebe denkbar sind. Alpen können ein- oder mehrstafelig sein, Ganzjahresbetriebe an unterschiedlich vielen Höhenstufen und Nutzungszonen anteil haben und einen entsprechenden Gebäudebestand aufweisen. Die Betriebsflächen können arrondiert oder stark parzelliert sein, sie können sich als Eigentum in der Hand des Bewirtschafters befinden oder Pachtland darstellen. Betriebe können fremdes Vieh zur Sömmerung annehmen oder eigenes abgeben, unterschiedlichen Mechanisierungsgrad aufweisen und infrastrukturell gut oder schlecht erschlossen sein. Die gesamte Betriebsfläche ist ebenso ein Merkmal wie der Viehbestand und die Zahl und Altersstruktur der Betriebsangehörigen.

A   TESTRAUM WIESENBERG NW

A1   TEILRAUM CHAPELE

a   Betriebstypen

Im Teilraum CHAPELE (Fig. 33 und Fig. 34) befinden sich die traditionellen Ganzjahresbetriebe, die mit ihren Heimwesen und den anschliessenden Privatalpen als zweistufig bezeichnet werden können. Hinzu kommen die Riedflächen, Mähder und Planggen, die keine eigenen Höhenstufen, sondern Spezialnutzungszonen darstellen. Schliesslich finden sich noch reine Alpbetriebe, die als Privat- oder Korporationsalpen keinem Heimwesen zugehörig sind. Total lassen sich im Teilraum CHAPELE sechs Vollerwerbs-, zwei Nebenerwerbs- sowie drei reine Alpbetriebe zählen.

Im folgenden sollen die unterschiedlichen Betriebstypen an Einzelbeispielen kurz charakterisiert werden, wobei weniger Wert auf die Vollständigkeit der Beschreibung als auf die Einordnung in die Raumnutzungsdynamik gelegt wird.

Ganzjahresbetriebe im Vollerwerb

Der Betrieb *UNDERHUS/(LOCHALP)* umfasst heute neben der ursprünglichen Betriebsfläche auch den Grossteil des eingegangenen Betriebs Reckholtere (ohne Haus und Nebengebäude). So setzt sich die bewirtschaftete Fläche aus 20.50 ha eigenem Land und zehn zugepachteten Ürtenlosen zusammen und verteilt sich auf 14 einzelne Flächenstücke (Fig. 35). Die Fettwiesen mit und ohne Sömmerungsweidgang befinden sich im Underhus, im Stalde und auf Reckholtere, wo zusätzlich ein Wieslandstück als Sommerweide ausgeschieden ist. Heu und Emd werden auch auf dem Ürtenlos in Hinderhege geerntet.

Riedheu- und Riedstreuegewinnung findet auf dem Underhusried sowie dem Under Reckholtereried statt. Dabei pflegt die Underhusfamilie noch die Tradition des Tristenbauens. Tristen errichtet sie ebenfalls auf einem abseits liegenden Ürtenlos im Eggwaldried (in dr Chuchi), hingegen nicht mehr auf den acht anderen Ürtenlosen im Gebiet der Skipiste. Das Magerheu aus dem Heublatti wird an einem Seil direkt zum Reckholteregade hinuntergelassen, dasjenige aus dem Underhusmahd und dem Understöckmahd teils im Heugädeli, welches auf fremdem Grund zuoberst in der Vorder Leitere steht, zwischengelagert und teils ohne Verzug an einem Seil zur Strassenkurve im Lückebode geseilt. Die steile Reckholtereplangge wird alle zwei bis drei Jahre gemäht. Von ihr führt ein Heuseil nach Vorder Sagerts, von dort ein zweites bis zu einem Stall, der im Langmattli unmittelbar an der Strasse steht. So werden für das Drahtnen der Mager- und Wildheuburden eigene und fremde Seile benutzt. Ein weiteres Stahlseil führt vom Reckholteregade mit schwachem Gefälle ostwärts und dient dem Einbringen von Fettheuburden.

Während der Winterszeit stehen Kühe und Galtvieh im Underhusgade und im Reckholteregade. Im Sommer bleiben die Heimkühe im Underhus und im Stalde; vier davon weiden für kurze Zeit zusammen mit den Kälbern in Reckholtere. Sieben Kühe fahren zur Sömmerung in die Lochalp, die einem Bruder gehört, während sieben Rinder in die Vorder Leitere ziehen. Der gesamte Viehbestand umfasst rund 28 GVE (Grossvieheinheiten), hinzu kommen noch 16 Hühner. Die Käseproduktion ist 1936 eingestellt worden; seither geht die Milch zur Milchannahmestelle in der Schürmatt. Das Spycherli im Underhus ist verschwunden, ebenso der Stall im Stalde und ein Gädeli im Heublati.

Im Betrieb arbeiten zwei Generationen: Der Betriebsleiter mit Frau und ledigem Zwillingsbruder im Voll-, der Sohn mit Frau im Teil- und die jüngste Tochter im Nebenerwerb. Zwei weitere Töchter sind verheiratet, die vierte arbeitet in Stans. Zwei Kleinkinder vertreten die dritte Generation.

Fig. 33 (S. 136)
Aktuelle landwirtschaftliche Betriebsstruktur in den drei Testräumen

Fig. 34 (T) (S. 137)
Aktuelle landwirtschaftliche Betriebstypen in den Testräumen WIESENBERG NW und WISSEBERG GL

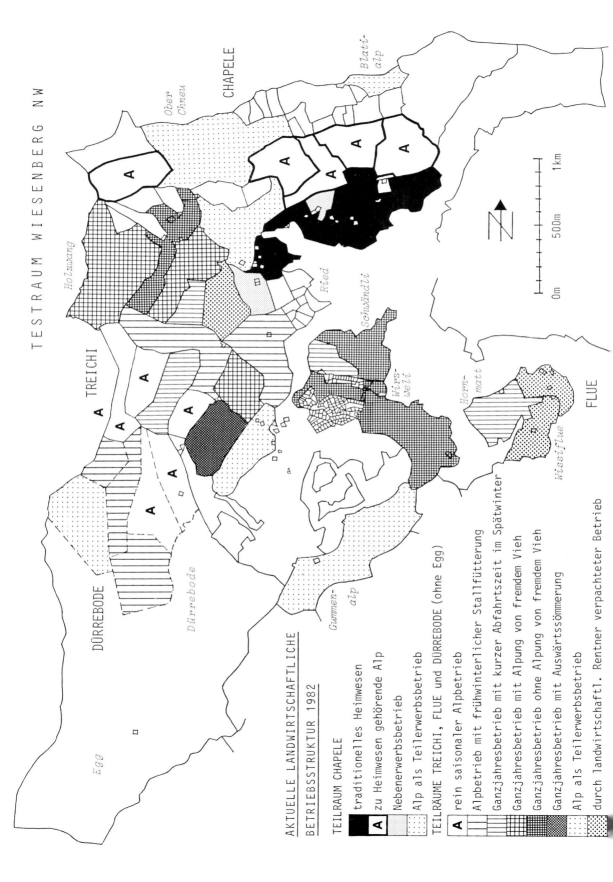

LANDWIRTSCHAFTLICHE BETRIEBSTYPEN	TESTRAUM WIESENBERG NW					TESTRAUM WISSEBERG GL
	CHAPELE	TREICHI	FLUE	DÜRREBODE		
VOLLERWERBSBETRIEBE						
Ganzjahresbetriebe mit zugehöriger Alp (zweistufig), mit Alpteil (einstufig) oder mit Bestossungsrechten an Gemeinalp (dreistufig)	Underhus/(Lochalp) Langmattli/Chrinne Chapelmatt/H.Leitere Schürmatt/Lücke Bord/Under Chneu	Hinder Husmatt Under Holzwang Wirzweli Under Schwändli				Under Hoschet Geere O.Hoschetbord U.Hoschetbord Ändi Schmidhoschet Freulerberg Schuelerberg
Ganzjahresbetriebe mit Alpung von fremdem Vieh	Schwand/Chüenere	Vorder Husmatt Schultere Ober Holzwang				
Ganzjahresbetriebe mit kurzer Abfahrtszeit im Spätwinter		Ober Schwändli Seewli Sulzmatt	Hornmatt			
Saisonal genutzte Alpen mit frühwinterlicher Stallfütterung		Frutt Stanglisbüel		Chüenere O.Rain/U.Rone Meyershütte		
Rein saisonal genutzte Alpen von Talbetrieben		Waldmattli Chli Acherli Gross Acherli		Langbode Under Rain U.Chrüz/O.Chrüz Misere Schälleflue		
NEBENERWERBSBETRIEBE						
Ganzjahresbetriebe	Lückebode/V.Leitere Lizli					Wyenegg
Saisonal genutzte Alp	Blatialp					
TEILERWERBSBETRIEBE						
Saisonal genutzte Alpen	Lochalp Ober Chneu	Ronemattli Gummenalp		Lochhütte Ober Rone		
AUFGELASSENE BETRIEBE	Dändle Hoschet Acher Reckholtere		V.Wissiflue H.Wissiflue			Ober Hoschet Mittler Hoschet Buchshoschet Sattel Zäigerhoschet Stigerberg

Fig. 35 ▷
Der Betrieb UNDERHUS/(LOCHALP) als Fallbeispiel für einen traditionellen Betriebstyp im Testraum WIESENBERG NW (Parzellennummern gemäss Grundbuch, sämtliche Flächenangaben in a)

Der beschriebene Landwirtschaftsbetrieb erscheint von der Einstellung der Betriebsangehörigen wie vom Betriebsablauf her als repräsentativ für die traditionelle Landwirtschaft im Teilraum CHAPELE. Ohne übertriebenen Mechanisierungsaufwand werden mit einer relativ grossen Zahl von Arbeitskräften die Nutzflächen nach althergebrachtem Muster bewirtschaftet. Ein Zukauf von Stroh kann unterbleiben, da genügend Riedstreue geerntet und auf eine Meliorierung der Riedflächen verzichtet wird. Der Verlust der Lochalp durch Erbteilung ist durch den Aufkauf des Betriebs Reckholtere ausgeglichen worden, sodass die Grösse der Betriebsfläche ein Verharren bei traditionellen Betriebsformen auch ertragsmässig durchaus rechtfertigt.

Zum Betrieb *LANGMATTLI / ALP CHRINNE* gehören 21,54 ha eigenes Land und drei Ürtenlose. Das Heimwesen Langmattli bildet mit dem Blätz und dem Obermattli zusammen ein erstes Flächenstück, dessen Fettwiesen auch im Sommer beweidet werden. Ein zweites umfasst die Langmattlichellplangge, ein drittes die Alp Chrinne mit einem einfachen Gadehus. Diese ehemalige Kuhalp wird nur noch mit Galtvieh bestossen; zusätzlich liefert sie über hundert Burden Magerheu, die an langen Heuseilen via Ober und Under Chneu zum Obermattligade gelangen.

Der Betrieb umfasst rund 12 GVE und sieben Hühner und wird von einem Altledigen alleine geführt. Mit seiner Mutter bewohnt er das Haus im Langmattli; die elf Geschwister sind ausgezogen. Da im Sommer zur gleichen Zeit die Fettwiesen geheut und in der Alp Chrinne die Rinder betreut werden müssen, ist dieser Landwirt zu langen Tagesmärschen gezwungen. Wegen fehlender Nachfolgegeneration ist die Weiterexistenz des Betriebs in Frage gestellt.

Für die restlichen Vollerwerbsbetriebe seien lediglich einzelne Merkmale erwähnt:

Der Betrieb *CHAPELMATT / ALP HINDER LEITERE* umfasst mehrheitlich Pachtland bei einer gut arrondierten Betriebsfläche von 29.90 ha. Zum Heimwesen Chapelmatt gehört das Chapelmattmahd. Zugepachtet werden das ehemalige Heimwesen Dändle und die Alp Hinder Leitere. Der hohe Bestand an Ökonomiegebäuden steht im Zusammenhang mit der ausgeprägten saisonalen Wanderung bei kleinen Distanzen. Eine Nachfolgegeneration fehlt bis heute.

Der Betrieb *SCHÜRMATT / ALP LÜCKE* umfasst zusätzlich zum Heimwesen Schürmatt die ehemaligen Heimwesen Hoschtet und Acher, was eine totale Betriebsfläche von 22.38 ha ergibt. Das Lücke- und das Achermahd liefern Magerheu. Die Kühe werden auf Alp Chüenere beim Bruder gesömmert, die ehemalige Kuhalp Lücke wird nur noch mit Galtvieh aus beiden Betrieben bestossen. Zahlreiche Schweine im Saugade beim Wohnhaus saufen die entrahmte Milch, die in der Milchannahmestelle anfällt. Täglich trifft in der Schürmatt zweimal die Milch von neun anderen Ganzjahres-

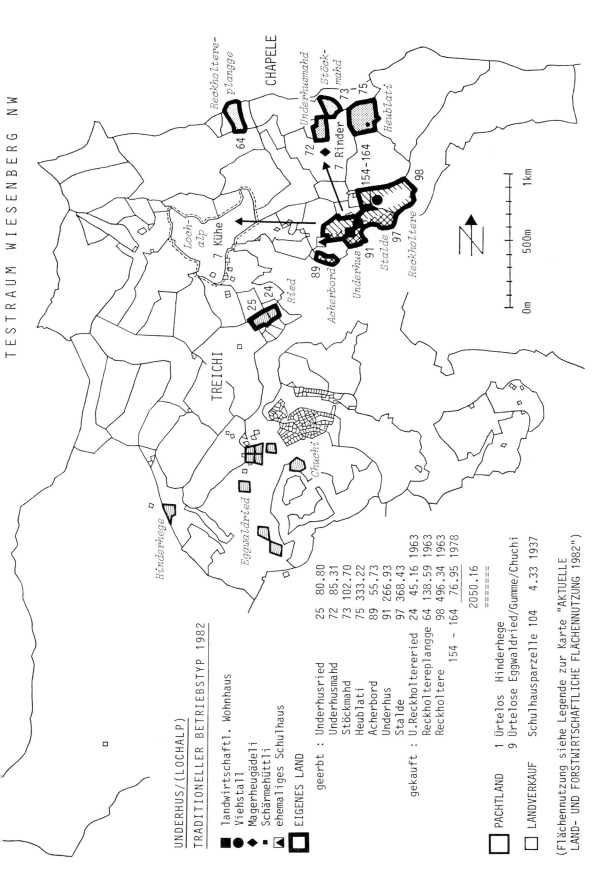

betrieben ein. Morgenmilch und Rahm der zentrifugierten Abendmilch werden mit der Seilbahn nach Dallenwil und von dort nach Luzern transportiert. Anstelle des Hoschtethauses steht ein Ferienhaus. Im Acherhaus sind Feriengäste aus Luzern eingemietet.

Der Betrieb *BORD / ALP UNDER CHNEU* wird von einem Altledigen unter Mithilfe von Bruder und Schwester geführt. Die Betriebsfläche umfasst 21.93 ha eigenes Land, wobei der Chneurain samt Stall als Rinderweide verpachtet wird. Das Mahd Hinder Sagerts liefert Magerheu. Alle Betriebsangehörigen sind älter als fünfzig Jahre. Entsprechend bescheiden ist der Viehbestand, und ein Betriebsnachfolger fehlt.

Der Betrieb *SCHWAND / ALP CHÜENERE* setzt sich zusammen aus dem Heimwesen Schwand und der Alp Chüenere (im Teilraum DÜRREBODE), dem Schwand- und dem Schürmattried sowie dem Dändlemahd und drei Ürtenlosen im Under Prügelbode. Verpachtet werden das ehemalige Heimwesen Dändle und die Under Chrüzhütte auf Eggalp. Die Betriebsfläche umfasst rund 20 ha. Im Sommer weilt die Familie in den neuen Alpgebäuden auf Chüenere, wo auch eine moderne Käserei eingerichtet ist, die durch einen angestellten Käser betreut wird. Die Milch liefern neben den zwölf eigenen noch vierzehn zur Sömmerung angenommene fremde Kühe. Zusätzlich erfolgt die Verarbeitung der Milch von vier benachbarten Alpen. Der Sbrinzkäse geht regelmässig an die Schweizer Käse-Union, Ziger wird hingegen nur noch für die Älplerchilbi (Alpfest) hergestellt. Die anfallende Schotte dient zur Schweinemast. Die Alpgebäude sind 1950 neu erbaut und 1981 zusätzlich modernisiert worden. Das Spycherli ist mit den alten Gebäuden zusammen verschwunden.

Im Winter weilt die Familie mit den Kühen in der Schwand, und in Chüenere wird für kurze Zeit Galtvieh gefüttert. Das Schwandhaus ist nach einem Brandunglück 1968 neu erbaut worden. Es umfasst zwei Wohnungen, von denen eine an Dauermieter aus Sursee überlassen wird.

Ganzjahresbetriebe im Nebenerwerb

Der Betrieb *LÜCKEBODE / ALP VORDER LEITERE* umfasst 20.75 ha eigenes Land, wobei aber der untere Teil der Leitere samt Gadehus an einen Talbauer als Rinderalp verpachtet wird. Im Oberteil dieser ehemaligen Kuhalp bietet ein Gädeli dem eigenen Galtvieh Unterschlupf, darüber erstreckt sich ein Magerheumahd. Zum Magerheugädeli gesellt sich ein zweites, das aber zum Underhus-Betrieb gehört. Riedheu wird im Dändleried gewonnen und dort in Tristen gelagert.

Die Kühe werden im Heimwesen gesömmert, die älteren Rinder dem Pächter anvertraut. Im Sommer geht die Milch zur Schürmatt, im Winter dient sie zur Aufzucht von Jungtieren. Der Betrieb umfasst nur rund 9 GVE, da zusätzlich das Restaurant «Alpenhof» geführt wird. Der ältere Sohn verteilt die Post, seit der Posthalter pensioniert ist. Die Landwirtschaft erbringt etwa die Hälfte des Erwerbs.

Der Betrieb *LIZLI* umfasst 13.60 ha. Die junge Pächtersfamilie bewohnt das ehemalige Schulhaus Wiesenberg. Zusätzlich zur Landwirtschaft mit etwa elf GVE sammelt der

Betriebsleiter täglich die Milch von sechs Alpen und den Rahm von drei Käsereien ein. Im Winter arbeitet er im Baugewerbe in Dallenwil.

Saisonal genutzte Alpen im Teilerwerb

Bei diesem Betriebstyp handelt es sich um saisonale Alpbetriebe, die ausschliesslich fremdes Vieh zur Sömmerung annehmen. So sind die Betriebsangehörigen den Sommer über voll in der Landwirtschaft tätig, wogegen sie im Winter einer Lohnarbeit im Bau- oder Tourismusgewerbe nachgehen müssen. Dem ganzjährigen Nebeneinander von Landwirtschaft und Zusatzverdienst bei den Nebenerwerbsbetrieben entspricht das saisonale Nacheinander bei den Teilerwerbsbetrieben.

Die LOCHALP ist eine private Kuhalp von 20.44 ha Fläche und wird von einem Bruder der Underhusbauern geführt. Sieben der 25 gesömmerten Kühe kommen denn auch von jenem Betrieb, die restlichen von vier weiteren Betrieben aus Buochs, Büren und Wolfenschiessen. Eigen sind nur die 40 Schweine, die der Älpler während des Sommers mästet. Südlich vom Lochgrabe finden sich Fettwiesen, die einmal geschnitten und danach beweidet werden. Hier steht auch das 1950 erbaute Wohnhaus «Alpenrösli», in welchem der Betriebsleiter, seine Frau und sein jüngster, noch lediger Sohn leben. Dieser zieht für die Alpzeit um ins Gadehus nördlich vom Lochgrabe und betreut die Tiere. Seit die Käseproduktion eingestellt worden ist, steht das Spycherli leer. Noch immer versieht aber die Transportseilbahn zur Strasse hinunter ihren Dienst. Die schwerste Arbeit ist das Aufrichten und Abbrechen der stabilen Weideumzäunung. Magerheu wird in einem Mahd im Ober Chneu gewonnen, zu dem eine Heuseilverbindung besteht. Überhaupt ist die Lochalp mit einem dichten Netz eigener und fremder Seile überspannt, da sie als Mulde («Loch») zwischen einer Magerheuzone und den Heimwesen liegt. Im Winter arbeitete der Vater früher als Waldarbeiter. Heute bedient der Sohn jeweils den Eggwaldlift und realisiert so den nichtlandwirtschaftlichen Teilerwerb.

Die ehemalige Kuh- und heutige Rinderalp OBER CHNEU misst 39.86 ha und gehört der Ürtenkorporation Stans. Sie wird von einem Bruder des Langmattlibauern gepachtet und betreut. Während einer Bestossungsdauer von durchschnittlich 100 Tagen im Jahr hütet dieser ledige Älpler mittleren Alters rund 45 Rinder und vier Ziegen; dazu erntet er Magerheu. Drei weitere Magerheuflächen sind anderweitig verpachtet. Die steilsten Planggen werden nicht mehr geheut. Zwei Jahre lang standen sie der benachbarten Rinderalp als Schafweide zur Verfügung, bis Proteste aus Pflanzenschutzkreisen zu einem Verzicht auf diese Art der Nutzung führten. Die Alpgebäude sind durch eine Transportseilbahn mit der Kantonsstrasse verbunden. Als Bergstation dient das ehemalige Spycherli. Ein Mistseil ermöglicht das Ausbringen von Dung auf die Wieslandflächen. Den Winter verbringt der Älpler in Dallenwil. Als Chauffeur einer Firma, die landwirtschaftliche Güter vertreibt, sichert er sich einen winterlichen Teilerwerb.

Abb. 45   Der Betrieb Chapelmatt/Hinder Leitere ist ein traditioneller zweistufiger Vollerwerbsbetrieb mit Heimwesen, zugepachteter Alp und eigener Plangge (CHAPELE NW)

Abb. 46   Bei der Lochalp handelt es sich um eine saisonal bestossene Alp, also um einen Teilerwerbsbetrieb (CHAPELE NW)

Abb. 47   Das Lizli wird von einem Pächter im Nebenerwerb bewirtschaftet (CHAPELE NW)

Abb. 48   Die Alp Chrinne gehört zum zweistufigen Vollerwerbsbetrieb Langmattli/Chrinne, welcher von einem ledigen Bauern allein geführt wird (CHAPELE NW)

Abb. 49   Im Teilraum TREICHI NW findet ein schrittweiser Übergang von saisonalen Alpen zu Ganzjahresbetrieben statt (Waldmattli – Stanglisbüel – Seewli – Vorder Husmatt)

Abb. 50   Aus der ehemals rein saisonal bestossenen Alp Schultere ist ein Ganzjahresbetrieb geworden, der aber noch immer fremdes Vieh zur Alpung annimmt (TREICHI NW)

Abb. 51　In der Alp Stanglisbüel wird eine der drei Käsereien des Testraums WIESENBERG NW betrieben und das Vieh bis in den Winter hinein im Stall gefüttert (TREICHI NW)

Abb. 52　Die ursprüngliche Alp Wirzweli wird heute dauernd bewohnt und bewirtschaftet (TREICHI NW)

Saisonal genutzte Alp im Nebenerwerb

Die ehemalige Rinderalp *BLATIALP* misst 5.60 ha und wird heute vom Tal aus als Schafalp im Nebenerwerb bestossen.

b Aktuelle Betriebsstruktur

Ein Vergleich der beschriebenen Betriebe lässt das Gesamtbild für die aktuelle Betriebsstruktur im Teilraum CHAPELE erkennen. Die Teilaspekte, die nachfolgend beleuchtet werden, nehmen Bezug auf die Faktoren Boden, Kapital und Mensch:

Zweistufigkeit
Von den acht Ganzjahresbetrieben umfassen sechs neben dem Heimwesen noch eine Privatalp. Die beiden anderen nutzen Teile der Heimwesen als Sommerweide und geben Kühe und Rinder auf fremde Alpen. Alle Betriebe sömmern zudem einen Teil des Viehbestandes auf Fettwiesen im Heimwesen.

Betriebsfläche
Die Betriebsflächen von sechs der acht Ganzjahresbetriebe messen – die Ürtenlose nicht miteinbezogen – zwischen 20 ha und 22 ha und weisen damit eine erstaunliche Übereinstimmung auf. Nach oben und unten weicht je ein Betrieb ab. Der eine pachtet viel Land hinzu, der andere wirtschaftet ausschliesslich auf Pachtland.

Flächennutzung
Alle Ganzjahresbetriebe besitzen Fettwiesen mit und ohne Sommerweidgang ebenso wie reines Weideland. Überall wird Magerheu gewonnen, mehrheitlich auch noch Riedheu. Eigentliche Planggen nutzen drei Betriebe.

Aktionsradius
Da die Alpen oft unmittelbar an die Heimwesen angrenzen und einzig Chüenere als Dürrebodealp ausserhalb des Teilraums CHAPELE liegt, ergeben sich für Mensch und Vieh nur kurze saisonale Wanderungsdistanzen. Etwas grösser ist die Höhendifferenz zu den Mädern und Planggen, die während der kurzen Zeit der Magerheuernte täglich bewältigt werden muss. Bedeutend erweitert wird der Aktionsradius durch Zupacht von Ürtenlosen im Eggwaldried und in Hinderhege und durch das Ausüben von Schlagrechten im Eggwald. Beides führt die Landwirte des Teilraums CHAPELE von der sonnenseitigen Stanserhornsüdflanke hinüber zum schattenseitig und höher gelegenen Gummenordhang.

Viehbestand
Der Rindviehbestand umfasst bei den Vollerwerbsbetrieben, die über eine genügend grosse Anzahl aktiver Betriebsangehöriger verfügen, 18 bis 28 GVE und bei den «Eirmann-» und den Nebenerwerbsbetrieben 7 bis 12 GVE. Ziegen und Schafe kommen nur vereinzelt vor, Hühner sind hingegen häufig anzutreffen. Schweine werden dort gemästet, wo Milch verarbeitet, d.h. wo gekäst oder zentrifugiert wird.

Gebäudenutzung
Zu jedem Ganzjahresbetrieb gehört ein Wohnhaus. Einzig die Schürmatt besitzt mit dem Acherhaus ein Zweithaus. Auf den neun Alpen stehen drei Alphütten und sieben Gadehüser. Die drei reinen Alpbetriebe weisen nur je einen Viehstall (Gade oder Gadehus) auf, wogegen die Ganzjahresbetriebe über je zwei bis fünf Viehställe (Gade, Gädeli oder Gadehus) verfügen. Fünf Betriebe besitzen zusätzlich vier Heugädeli und fünf Schärmehüttli im Gebiet der Magerwiesen. Als einziges Spycherli hat dasjenige in der Lochalp überlebt.

Mechanisierungsgrad
Die Zahl der Landwirtschaftsmaschinen und mechanischen Einrichtungen ist eher bescheiden. Am häufigsten kommen Transporter, Heuwender und Heubelüftungsanlagen vor, seltener Ladewagen, Mistzetter und Heugebläse. Die Betriebe Underhus, Schürmatt, Schwand und Chapelmatt entsprechen vom Maschinenpark her etwa dem alpinen Standard, wogegen die «Einmannbetriebe» Bord und Alp Ober Chneu alles in traditioneller Handarbeit verrichten.

Altersstruktur der Betriebsangehörigen
Nur in fünf Betrieben sind Kinder und Jugendliche unter zwanzig Jahren anzutreffen, in fünf anderen Betrieben fehlen hingegen nicht nur Kinder, sondern auch junge Frauen. Zwei dieser Betriebe weisen gar nur Angehörige auf, die älter sind als fünfzig Jahre. So scheint für drei Ganzjahres- und zwei Alpbetriebe die Nachfolge nicht gesichert zu sein.

Betriebliche Zusammenarbeit
Die engen verwandtschaftlichen Beziehungen innerhalb der Wiesenberger Bevölkerung und die traditionelle Bewirtschaftung der Spezialnutzungsgebiete führen zu gegenseitigem Austausch von Dienstleistungen und zur Zusammenarbeit bei einzelnen Betriebsabläufen. So findet zwischen einzelnen Betrieben ein Austausch von Kühen und Galtvieh zur Sömmerung statt. Spezielle Landwirtschaftsmaschinen wie Heuwender und Mistzetter werden von verwandten Familien oft miteinander gekauft und genutzt. Das gemeinsame Bauen von Tristen und die Benützung der Transporteinrichtungen vermitteln ein Zusammengehörigkeitsgefühl, welches auch beim sonntäglichen Messgang wie beim anschliessenden Jass im Gasthaus zum Ausdruck kommt. Und das engmaschige Netz von Heuseilen, Mist- und Warentransportbahnen, das die Südflanke des Stanserhorns seit Jahrzehnten überzieht, erscheint geradezu als Symbol für die Verflechtung der Betriebe (Fig. 29).

c Betriebsdynamik

Im Teilraum CHAPELE sind im Verlauf der letzten hundert Jahre die vier Betriebe Hoschtet, Dändle, Acher und Reckholtere eingegangen (Fig. 36). Die Nutzflächen kamen durch Erbgang oder Verkauf zu den drei heute noch existierenden Betrieben Schürmatt, Underhus und Schwand. Die Gebäude sind verschwunden, an Auswärtige verkauft oder vermietet oder werden weiterhin landwirtschaftlich genutzt. Dass zumindest drei dieser ehemaligen Betriebe auch an der Planggen-, Mager- und Riedheugewinnung anteil hatten, beweisen entsprechende Flurnamen: So gab es neben dem

Heimwesen Dändle noch ein Dändlemahd und ein Dändleried. Zum Acher gehörte das Achermahd, und mit Reckholtere wechselten zwei Riedstücke, eine Plangge und das Heublati als Mahd den Besitzer.

Zusammenfassend können für die *landwirtschaftliche Betriebsstruktur und ihre Dynamik* im Teilraum CHAPELE folgende Merkmale als typisch bezeichnet werden:

– Traditionelle, zweistufige Ganzjahresbetriebe mit geringem Mechanisierungsgrad und teilweise fehlender Nachfolgegeneration
– Betriebsaufgaben, verbunden mit Extensivierungserscheinungen (d.h. Abnahme der Nutzungsintensität) bei Flächen- und Gebäudenutzung

A2 TEILRAUM TREICHI

a *Betriebstypen*

Im Teilraum TREICHI befinden sich neben den reinen Alpen verschiedene Übergangsformen bis hin zum Ganzjahresbetrieb (Fig. 33 und Fig. 34). Total gibt es drei Alpen, die vom Tal aus im Sommer bestossen werden, zwei Alpen, die zu einem Talbetrieb gehören und auf denen zusätzlich während einiger Winterwochen Vieh im Stall gefüttert wird, drei Ganzjahresbetriebe, von denen im Winter für kurze Zeit in ein gepachtetes Talheimet abgefahren wird, drei Ganzjahresbetriebe, die fremdes Vieh zur Sömmerung annehmen, drei Ganzjahresbetriebe, die kein fremdes Vieh annehmen, und einen Betrieb, der ausserhalb des Testraumes eine Alp hinzupachtet. Nachfolgend sollen die einzelnen Betriebstypen kurz charakterisiert werden.

Rein saisonal genutzte Alpen

Die Alpen *WALDMATTLI, CHLI ÄCHERLI* und *GROSS ÄCHERLI* werden durch Pächter vom Tal aus während der Sömmerungszeit bestossen. Alle drei weisen die traditionelle Gebäudegruppe aus Stall, Alphütte und Spycherli auf, wobei das Spycherli im Waldmattli nach einem entsprechenden Umbau den nichtlandwirtschaftlichen Erben als Ferienhaus dient. Im Winter wird die leerstehende Alphütte im Waldmattli seit gut fünfzig Jahren an den Neuen Skiclub Luzern verpachtet. Die Alphütte im Gross Ächerli wird ebenfalls als Skihütte vermietet. Die Käseproduktion ist in allen drei Alpen eingestellt worden. Ein Teil der Milch geht heute zur Verarbeitung in die Hinder Husmatt.

Saisonal genutzte Alpen mit frühwinterlicher Stallfütterung

Die Alpen *FRUTT* und *STANGLISBÜEL* gehören zu Talbetrieben in Stans und Buochs und werden im Sommer mit eigenem und fremdem Vieh bestossen. Im Herbst und im

Frühwinter bleibt ein Teil des eigenen Viehbestandes zum Herbstweidgang und für die Stallfütterung auf diesen Alpen zurück. Dazu muss im Sommer Heu gewonnen werden, was auf eigenen Fettwiesen mit oder ohne Sommerweidgang und auf zugepachteten Mager- und Riedheuflächen geschieht. Beide Alpen besitzen Stall, Alphütte und Spycherli. Gekäst wird aber nur noch in Stanglisbüel. Beide Alphütten stehen für eine kurze Zeit im Spätwinter leer.

Ganzjahresbetriebe mit kurzer Abfahrtszeit im Spätwinter

Die Betriebe *SULZMATT*, *SEEWLI* und *OBER SCHWÄNDLI* sind Ganzjahresbetriebe, von denen aus Talheimwesen in Büren, Wolfenschiessen und Dallenwil mitbewirtschaftet werden. Im Spätwinter ziehen die Familien mit ihrer Viehhabe für rund drei Monate ins Tal hinunter. Die Alpgebäude stehen während dieser Zeit leer. Vom Betriebsablauf her unterscheidet sich dieser Typ vom vorangehend beschriebenen kaum. Bezüglich des Übergangs von der reinen Alp zum Ganzjahresbetrieb verkörpert er aber einen nächsten Entwicklungsschritt: Es handelt sich nicht länger um vom Tal aus bewirtschaftete Alpen mit Stallfütterung, sondern um Ganzjahresbetriebe der oberen Bergstufe, von denen aus Talheimwesen mitbewirtschaftet werden. Eine Nuance zwar, aber im Hinblick auf die Gesamtdynamik der Beachtung wert. Ein Vertreter dieses Betriebstyps sei etwas ausführlicher beschrieben:

Der Betrieb *SULZMATT* umfasst neben der Sulzmatt das Sulzmattried, einen Teil des Ober Reckholtererieds, das Schattehuserli als Mahd und Plangge sowie zwei kleine Waldparzellen. Zusammen ergibt dies eine Fläche von rund 11 ha. Die Betriebsfläche im Testraum ist aber gut doppelt so gross, da fast das ganze Sulzmattli zugepachtet wird. Hinzu kommt noch das Talheimwesen Strasshoschtet in Büren, welches die Bauernfamilie für die sommerliche Heuernte tageweise aufsucht und von Mitte Februar bis Mitte Mai durchgehend bewohnt. Während dieser Abfahrtszeit wird das leerstehende Haus auf der Sulzmatt als Skihütte vermietet.

Die landwirtschaftliche Flächennutzung erfolgt äusserst intensiv. Die Fettwiesen der Sulzmatt und des Sulzmattli werden ausgiebig gedüngt und im Sommer gründlich abgeweidet mit täglichem Versetzen der Abzäunungen. Das meliorierte Ried dient den Rindern als Frühlings- und Herbstweide und liefert im Sommer einen Schnitt Heu. Die Magerwiese im Schattehuserli wird mit Schlacke gedüngt und jährlich, die anschliessende Plangge jedes zweite Jahr geschnitten. Alle drei bis vier Jahre kommt die Gewinnung von Wildheu auf der Chrinnealp hinzu. Vom Schattehuserli führt ein langes Heuseil bis in die Schultere. Früher barg das Heuhüttli im Schattehuserli das Magerheu, bis dieses im folgenden Winter als Burden im Schnee heruntergeschleift werden konnte. Heute dient das kleine Gebäude nur noch als Schärmehüttli, wobei einer der beiden Räume für den Eigengebrauch reserviert und daher abgeschlossen ist und der andere als Notunterkunft für Wanderer offensteht.

Zu den 30 eigenen Kühen sömmert der Sulzmattbauer zusätzlich sechs fremde Kühe. Dafür gibt er zehn eigene Rinder auf eine Alp, die ausserhalb des Testraumes liegt. Die Milch geht im Sommer in die Käserei Stanglisbüel zur Verarbeitung. Die anfallende

Schotte wird zurückgenommen und in zwei Mastperioden an jeweils 20 Schweine verfüttert. Kleintiere fehlen, da solche bei den Auf- und Abfahrten zuviel Mühe verursachen. Im Winter wird die Vollmilch via Frutt nach Luzern geliefert.

Der Betriebsleiter bewohnt mit Frau und sechs seiner zwölf Kindern die ehemalige Alphütte. Ein eigener und ein zugepachteter Stall stehen dem Vieh zur Verfügung. Den Feldweg, welcher von der Kantonsstrasse her die Geländemulde rund um die Sulzmatt herum erschliesst, haben die anliegenden Landwirte 1976 in gemeinsamer Arbeit selbst betoniert.

Die Alp Sulzmatt ist 1948 vom Talheimwesen Strasshoschtet in Büren durch Erbteilung abgetrennt worden. Der Betriebsleiter hat dabei den Talbetrieb, sein Bruder die Parzellen im Testraum erhalten. Letzterer arbeitet als Zimmermann und bewohnt eine Wohnung im Haus in Büren.

Ganzjahresbetriebe mit Alpung von fremdem Vieh

Die Betriebe *SCHULTERE*, *OBER HOLZWANG* und *VORDER HUSMATT* sind Ganzjahresbetriebe, die zusätzlich zur Sömmerung des eigenen Viehs auch fremdes Vieh zur Alpung annehmen. Alle drei weisen noch die traditionelle Gebäudegruppe aus Stall und Spycherli auf, wogegen die Alphütten zu komfortablen Wohnhäusern geworden sind. Diese Umwandlung erfolgte mit dem Übergang von der saisonalen Anwesenheit zur dauerhaften Wohnsitznahme. Damit einher ging eine Intensivierung der Flächennutzung. Neben reinen Weiden besitzen diese Betriebe heute ausgedehnte Fettwiesen mit und seltener ohne Sommerweidgang. Dazu werden Riedflächen und Planggen geheut. Die Milch wird zentrifugiert oder in die Käserei Stanglisbüel gegeben. Magermilch und Schotte dienen der Schweinemast.

Ganzjahresbetriebe ohne Alpung von fremdem Vieh

Die Betriebe *UNDER HOLZWANG*, *WIRZWELI* und *UNDER SCHWÄNDLI* sind Ganzjahresbetriebe, die ausschliesslich eigenes Vieh sömmern. Abgesehen davon entsprechen sie voll und ganz dem vorangehend beschriebenen Typ. Stellvertretend soll ein solcher Betrieb etwas ausführlicher vorgestellt werden:

Der Betrieb *UNDER HOLZWANG* weist eine Fläche von 15.81 ha vollkommen arrondierten Landes auf. Hinzu kommen drei Ürtenlose im Eggwaldried. Die ehemalige Alp Under Holzwang zieht sich als breites Band quer zum Abhang des Chli Horn hin. Heute weist sie eine Gliederung in vier Nutzungszonen auf, die sich in horizontaler Abfolge aneinander reihen. So finden sich im flachen Teil mehrschnittige Fettwiesen mit Herbstweidgang; anschliessend folgt die reine Sommerweide, die ihrerseits von steilen Mager- und Planggenheuflächen abgelöst wird. Den Abschluss bilden die schroff zum Lochgrabe hin abfallenden Waldpartien. Es ist dies die analoge Nutzungsabfolge, wie sie bei den traditionellen Betrieben im Teilraum CHAPELE in vertikaler Anordnung vorkommt, wobei hier wie dort die zunehmende Steilheit des Geländes für den Wechsel in der Flächennutzung ausschlaggebend ist.

Von den 17 GVE werden zwei Kühe und alle vier Rinder dem Bruder im Ober Holzwang zur Alpung übergeben, die anderen Tiere hingegen selbst gesömmert. Die Milch verlässt den Betrieb mit einer Transportseilbahn. Im Ober Holzwang wird sie zentrifugiert und die Magermilch den Schweinen verfüttert. Der Rahm geht mit einer nächsten Seilbahn hinunter in die Alp Frutt und von dort weiter nach Luzern. Seit 1959 ist die Käseproduktion im Holzwang eingestellt. Die Alp Holzwang wurde 1942 vom Talheimwesen Gräbe in Dallenwil abgetrennt und anschliessend vom Vater des heutigen Betriebsleiters samt Familie ganzjährig bewohnt. Im Jahre 1959 erfolgte die Teilung der Alp in den Under und den Ober Holzwang. Der ältere Bruder erbte den Ober Holzwang und pachtete darauf das Heimwesen Ribistalde in Dallenwil hinzu. Des jährlichen Auf- und Abfahrens überdrüssig, nahm er 1969 festen Wohnsitz auf der Alp und baute 1978 ein modernes Gehöft neben den alten Alpgebäuden. Der Betriebsleiter selbst blieb im Under Holzwang und erbaute nach seiner Heirat 1962 anstelle der alten Alpgebäude einen neuen Haus-Stallkomplex. Dieser ist durch ein keilförmiges Ebenhoch gegen Lawinen geschützt, die hin und wieder in den Steilhängen des Chli Horn losbrechen. Die Wohnung im ersten Stock vermietet der Holzwangbauer seit dem Tod seiner Mutter als Ferienwohnung an Stammgäste aus Mainz.

Ganzjahresbetrieb mit Auswärtssömmerung

Der Betrieb HINDER HUSMATT umfasst ein arrondiertes Flächenstück von 15.70 ha mehrschnittiger Fettwiese. Von wenigen Heimkühen abgesehen, verbringen die Kühe den Sommer auf der Alp Arniwang ob Engelberg, die vom Betriebsleiter seit zwölf Jahren gepachtet und von zwei Söhnen geführt wird. Auf jener Alp sömmern diese neben den zehn eigenen noch 62 fremde Kühe. Der Viehbestand in der Hinder Husmatt umfasst auch einen Zuchtstier, 55 Schweine und 30 Hühner. Die Schweine saufen die Schotte, welche in der betriebseigenen Käserei anfällt. Im Spycherli stapeln sich grosse und kleine Käselaibe. Die handlichen Brat- und Bergkäslein werden auch an Touristen verkauft, ebenso Milch, Butter, zahlreiche Eier und etwas Honig. Die Käseherstellung findet in der Zeit von Mitte Mai bis Allerheiligen statt; davor und danach wird die Milch zentrifugiert und der Rahm an die Butterzentrale Luzern geliefert.

Die Hinder Husmatt gehörte früher als Alp zum Heimwesen Obere Steinersmatt in Stans. Bei der Erbteilung in den Vierzigerjahren erhielten zwei Brüder die Liegenschaften im Tal und die beiden anderen die Alp. Seit 1957 lebt der heutige Betriebsleiter mit seiner Frau, seinem älteren, ledigen Bruder und einer zahlreichen Kinderschar ganzjährig im Testraum. Die Alphütte ist zum stattlichen Wohnhaus umgebaut, der Viehstall beträchtlich erweitert und die hügelige Alpweide zur mehrschnittigen Fettwiese umgewandelt worden. Grosse Mühe bereitete dabei das Ausstechen der tiefwurzelnden Enzianpflanzen, wogegen für die Planierungsarbeiten ein eigens dazu erworbener Trax noch immer zum Einsatz kommt. So ist aus einer reinen Alp ein reines Heimwesen geworden, das nun seinerseits eine nächste Alp mit Vieh beschickt. Die Hinder Husmatt ist der einzige Betrieb, der diese Umwandlung so total durchgeführt hat. Bei allen anderen bleibt zumindest ein Teil der Betriebsfläche weiterhin der Alpung vorbehalten.

Rein saisonal genutzte Alpen im Teilerwerb

Die Alpen *RONEMATTLI* und *GUMMENALP* sind rein saisonale Alpbetriebe, die ausschliesslich fremdes Vieh sömmern. Die Eigentümer und Betriebsleiter sind aber das ganze Jahr hindurch im Testraum wohnhaft. Die Beibehaltung der traditionellen Alpnutzung bei dauerhafter Wohnsitznahme wird durch Verdienstmöglichkeiten im Tourismusgewerbe ermöglicht: Der Ronemattliälpler arbeitet als Skiliftabwart, und der Gummenälpler betreibt als Wirt das Berggasthaus «Gummenalp». Da beide Betriebe Symbiosen zwischen Landwirtschaft und Tourismus darstellen und für die vorliegende Studie von grösstem Interesse sind, seien sie noch etwas ausführlicher beschrieben:

Auf der Alp *RONEMATTLI* mit einer Fläche von 12.78 ha werden während rund zwanzig Wochen 29 Kühe von Betrieben aus Buochs, Ennetbürgen, Ennetmoos und Alpnach gesömmert. Der grösste Teil der schattenseitig gelegenen Alp umfasst reines Weideland. Sechs Ürtenlose liefern etwas Heu als Notvorrat für ein allzu frühes Schneewetter. Die Milch der Alpkühe verlässt das Ronemattli als Vollmilch. Das Spycherli ist seit Jahren verschwunden.

Während der Sommerzeit bewohnt der ältere Betriebsleiter mit seiner Frau die Alphütte, den Winter verbringen die beiden in der nahe gelegenen Abwartswohnung des Gummeliftes. Die leerstehende Alphütte wird dann jeweils an den Skiclub Musegg Luzern vermietet. Hand in Hand mit dem saisonalen Berufswechsel vom Älpler zum Skiliftabwart geht demnach ein Wohnsitzwechsel von der eigenen Alphütte ins Skiliftgebäude. Dieses dient im Gegensatz dazu dem Sohn des Ronemattliälplers als Sommerquartier. Im Taldorf Dallenwil wohnhaft und berufstätig, zieht er seit einigen Jahren mit seiner Familie ins erwähnte Gebäude und hilft in seiner Freizeit den Eltern bei der Bewirtschaftung der Alp.

Das Ronemattli gehörte früher als Alp zum Talheimwesen Leimd in Dallenwil. Im Jahr 1945 wurde es durch Erbteilung davon abgetrennt, und seither ist der Erbe ganzjährig ansässig. Das winterliche Einkommen im Tourismusgewerbe erlaubt dabei das Verbleiben bei einer rein saisonalen Alpnutzung.

Die ausgedehnte *GUMMENALP* umfasst 37.57 ha Weide- und Waldfläche. Die sechs zugepachteten Ürtenlose liefern Riedheu. Magerheu wird im untersten Teil der Alp gewonnen und an einem Heuseil nach oben gezogen. Der Alpeigentümer wohnt mit seiner Familie im modernen Berggasthaus, das durch An- und Umbau aus der alten Alphütte entstanden ist. Während des Sommers werden rund 50 fremde Rinder zur Alpung angenommen und auf die beiden Ställe verteilt. Hinzu kommen als eigene Tiere eine Kuh, ein Rind und 10 bis 15 Schafe. Die Kuh liefert Milch für den Eigenbedarf und den Restaurationsbetrieb, die Schafe verbringen den Sommer auf der Läucherealp und fressen im Winter die Küchenabfälle des Restaurants. Bis etwa 1930 ist auf der damaligen Kuhalp Milch zu Käse verarbeitet, anschliessend drei Jahre lang in die Vorder Husmatt gebracht worden. Heute dient das Spycherli als Werkzeugschuppen.

Die Gummenalp gehörte früher zum Talbetrieb Lochrüti in Wolfenschiessen und ist 1934 durch Erbteilung abgetrennt worden. Der heutige Eigentümer wohnt seit 1962 ganzjährig auf dem Gumme und führt neben dem saisonalen Alpbetrieb das durchgehend geöffnete Berggasthaus. Ebenfalls das ganze Jahr hindurch bedient er die eigene Luftseilbahn, die in zwei Viererkabinen Wanderer und Skitouristen heranbringt. Bei der Gummenalp handelt es sich demnach um einen Teilerwerbsbetrieb im Nebenerwerb.

b Aktuelle Betriebsstruktur

Das aktuelle Gesamtbild der Betriebsstruktur ist für den Teilraum TREICHI weit weniger homogen als für den Teilraum CHAPELE. Aufgrund der Dynamik ist eine Vielzahl unterschiedlicher Übergangsformen von der Alp zum Ganzjahresbetrieb zu erkennen. Diese Betriebstypen unterscheiden sich nach Art und Dauer der Flächen- und der Gebäudenutzung, nach Mechanisierungsgrad und Aktionsradius derart wesentlich, dass eine zusammenfassende Betrachtung der Betriebsstruktur wenig Sinn macht. Lediglich zwei Aspekte seien noch kurz beleuchtet:

Die zu Ganzjahresbetrieben gewordenen Alpen ohne zugepachtetes Talheimwesen umfassen in einer arrondierten Fläche Fett- und Magerwiesen ebenso wie Sömmerungsweiden und können deshalb als *einstufig* bezeichnet werden.

Die *betriebliche Zusammenarbeit* ist auch im Teilraum TREICHI aufgrund verwandtschaftlicher Beziehungen und der gemeinsamen Organisation von Milchtransport und -verwertung weit verbreitet. Besonders auffällig sind die grosse Zahl junger Familien und der hohe Anteil an Kindern und Jugendlichen, wobei alle mit gesundem Selbstbewusstsein ihrer Freude am bäuerlichen Leben Ausdruck verleihen.

c Betriebsdynamik

Die Dynamik der Betriebsstruktur (Fig. 36) ist in diesem Jahrhundert gekennzeichnet durch den Übergang von Alpen zu Ganzjahresbetrieben. Dass der Teilraum TREICHI aber seit jeher ein reines Alpgebiet gewesen sein soll, erscheint aufgrund der geringen Höhenlage, des bewirtschaftungsfreundlichen Reliefs sowie der grossen Fruchtbarkeit als unwahrscheinlich. Mehrere Indizien weisen auf eine vorgängige Existenz von Ganzjahresbetrieben hin: Flurnamenteile wie -matt, -mattli und Ächerli geben Hinweise auf frühere Wies- und Ackerlandnutzung, und Erzählungen alter Älpler zufolge sollen zu Beginn dieses Jahrhunderts noch viele ehemalige Standorte verschwundener Ökonomiegebäude, sogenannte Gadestättli, zu erkennen gewesen sein. Besonders fällt auf, dass Schultere und Sulzmatt je ein gleichnamiges Ried und eine gleichnamige Plangge besitzen. Und das heutige Dableteried hat einst Husmattried geheissen. Diese Fakten sprechen gegen reine Alpen; sie widerspiegeln vielmehr die Struktur der traditionellen Betriebe des Teilraums CHAPELE, wo Underhus-, Reckholtere-, Schürmatt-, Dändle-, Langmattli- und Schwandried die Namen entsprechender Heimwesen tragen. Wann und weshalb die Treichialpen zu reinen Sömmerungsbetrieben geworden sind, ist unklar. ODERMATT (1981, S. 144) nennt als möglichen Grund das Aufkommen der Hartkäserei im 16. Jahrhundert und die damit verbundene Ausdehnung der Weidefläche auf Kosten ganzjährig bewohnter Güter. Für die vorliegende Studie interessiert aber speziell die Dynamik der jüngeren Vergangenheit und der Gegenwart, die demnach als Rekolonisierung bezeichnet werden muss.

Dieser Übergang von der reinen Alp zum Ganzjahresbetrieb ist zwingend verbunden mit einer dauerhaften Wohnsitznahme sowie einer Intensivierung der Flächen- und der Gebäudenutzung und führt häufig zur Aufgabe der Bewirtschaftung zugepachteter Talbetriebe. Auslösendes Moment für eine solche Umwandlung ist in vielen Fällen die Abtrennung der Alp vom zugehörigen Talbetrieb durch horizontale Erbteilung (z.B. Wirzweli–Dälle/Dallenwil; Holzwang–Gräbe/Dallenwil; Ronemattli–Leimd/Dallenwil; Sulzmatt–Strasshoschet/Büren; Vorder Husmatt–Staldifeld/Oberdorf; Hinder Husmatt–Steinersmatt/Stans; Gummenalp–Lochrüti/Wolfenschiessen), seltener auch der Verlust von Pachtland im Tal. Allerdings führt die horizontale Erbteilung nicht unbedingt zur Nutzungsintensivierung durch Umwandlung; vielmehr liegt die Entscheidung beim Erben der Alp, ob er den reinen Sömmerungsbetrieb beibehalten und im Bau- und Tourismusgewerbe ein Zusatzeinkommen suchen oder ob er die Betriebsumwandlung in Angriff nehmen soll. Ohne Zweifel wird dieser Entscheid durch die naturräumliche Ausstattung der Alp bezüglich Höhenlage, Exposition, Relief und Bodenqualität stark beeinflusst. Es erstaunt daher wenig, dass gerade Ronemattli und Gummenalp reine Saisonbetriebe geblieben sind, wobei es bei diesen beiden Fällen mitzuberücksichtigen gilt, dass sich mit der touristischen Erschliessung des Gummegebietes Verdienstmöglichkeiten im Gastgewerbe und im Skibetrieb eröffnet haben.

Im Ober Holzwang hingegen ist trotz naturräumlicher Ungunst und gegen den anfänglichen Widerstand Berns aus der Alp ein Ganzjahresbetrieb entstanden. Das Bundesamt für Landwirtschaft hatte zuvor die Existenzgrundlage bestritten und jegliche Subventionierung verweigert, dann aber auf das Drängen des Brugger Bauernsekretariats hin eingelenkt. Dass der Trend zu ganzjähriger Anwesenheit im Teilraum TREICHI auch Betriebe erfasst, die noch immer über ein eigenes oder ein zugepachtetes Heimwesen im Tal verfügen, kann verschiedene Gründe haben. Beim Ober Schwändli ist es die winterliche Arbeit am Skilift, bei anderen mögen das Vorbild der Nachbarn und eigener Tatendrang mitwirken.

Zusammenfassend können für die *landwirtschaftliche Betriebsstruktur und ihre Dynamik* im Teilraum TREICHI folgende Merkmale als typisch bezeichnet werden:

– Vorhandensein sämtlicher Übergangsformen vom rein saisonalen Alpbetrieb bis zum einstufigen Ganzjahresbetrieb
– Betriebsgründungen, verbunden mit Intensivierungserscheinungen bei Flächen- und Gebäudenutzung
– Anwesenheit einer kinderreichen Landwirtschaftsbevölkerung mit Pioniergeist und Berufsstolz

Fig. 36 ▷
Betriebsdynamik im Testraum WIESENBERG NW

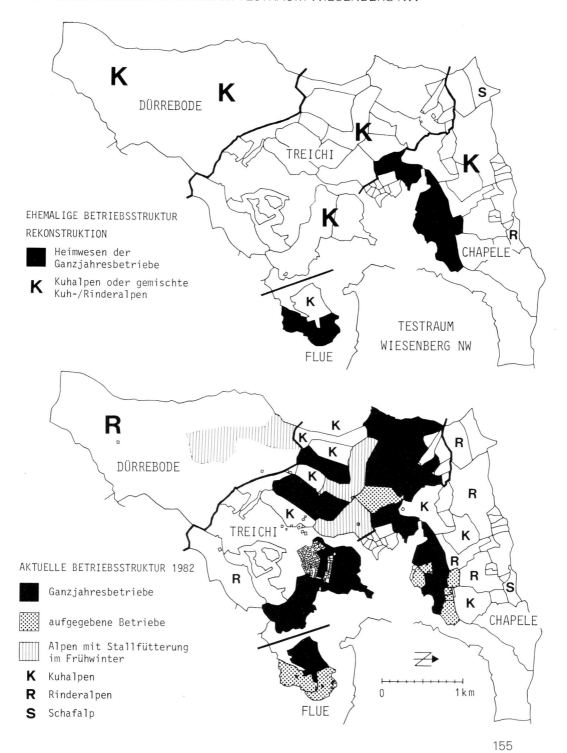

A3 TEILRAUM FLUE

Im Teilraum FLUE (Fig. 33 und Fig. 34) existiert mit der *HORNMATT* heute nur noch ein Ganzjahresbetrieb, der zum Typ der Ganzjahresbetriebe mit kurzer Abfahrtszeit im Spätwinter gehört. Die beiden traditionellen Heimwesen *VORDER* und *HINDER WISSIFLUE* werden von landwirtschaftlichen Rentnern bewohnt. Diese haben ihre Betriebe vor wenigen Jahren aufgelöst und verpachten nun ihr Land an einen Talbauern aus Dallenwil. So stehen also zwei Betriebsaufgaben einer Betriebsgründung gegenüber, und dementsprechend verhält es sich mit der Dynamik der Flächen- und Gebäudenutzung. Wurde früher die ganze Hinder Wissiflue als Wiesland genutzt und die Hinder Wissifluealp als Sommerweide bestossen, so nutzt der Pächter heute die Hälfte des ehemaligen Heimwesens als Schafalp. Während das Bauernhaus noch von der verwitweten Rentnerin bewohnt wird, hat der Rentner auf der Vorder Wissiflue das alte Haus verlassen und für sich und seine Frau etwas davon entfernt ein kleineres neues gebaut.

Zur Hornmatt ist im ALPKATASTER NW (1958, S. 44) zu lesen: «Besonders in der Gemeinde Dallenwil... werden die früher temporär bewohnten Alpen Sulzmattli, Sulzmatt, Holzwang, Vordere Hausmatt, Hintere Hausmatt, Wirzwöli und Hornmatt heute ganzjährig bewohnt.» So wie aber von der Sulzmatt für eine kurze Zeit im Spätwinter ins Tal abgefahren wird, zieht der Betriebsleiter der Hornmatt mit Frau und fünf Kindern ins gepachtete Talheimwesen Ölberg in Wolfenschiessen. Im Sommer weiden die 15 Kühe und acht Rinder im Alpteil der Hornmatt, der Hornweid, während einige Rinder und 30 Schafe die Sömmerungszeit in der Läucherealp verbringen. Die Milch dient zur Aufzucht von Jungvieh. Das Gadehus in der Hornweid und das Riedhüttli dienen heute touristischen Zwecken.

Zusammenfassend können für die *landwirtschaftliche Betriebsstruktur und ihre Dynamik* im Teilraum FLUE folgende Merkmale als typisch bezeichnet werden:

- Betriebsaufgaben bei traditionellen Ganzjahresbetrieben, verbunden mit Extensivierungserscheinungen (d.h. Abnahme der Nutzungsintensität) bei Flächen- und Gebäudenutzung, auf der Wissiflue
- Betriebsgründung in einer ehemaligen Alp, verbunden mit Intensivierungserscheinungen bei Flächen- und Gebäudenutzung, auf der Hornmatt

A4 TEILRAUM DÜRREBODE

a Betriebstypen

Beim Teilraum DÜRREBODE handelt es sich um die Genossenschaftsalp Dürrebode/ Egg. Diese zweistafelige Alp, die früher genossenschaftlich genutzt wurde, ist heute in sechs Kreise unterteilt, die als privat geführte Alpbetriebe je einen unteren Stafel in Dürrebode und einen oberen auf Egg umfassen (Fig. 37). Zu jedem Stafel gehören Alpgebäude, von denen die einzelnen Alpteile die Namen erhalten haben. Die Privatnutzer dieser sechs Alpkreise bezahlen einen jährlichen Pachtzins, der sich nach den Hüttenrechten berechnet und an den Bannwart entrichtet wird. Dieses Geld geht an die Genossenschafter als Besitzer der Alptitel.

DÜRREBODE		EGG
Langbodehütte	–	Ober Chrüzhütte
Chüenerehütte	–	Under Chrüzhütte
Ober Rainhütte	–	Under Ronehütte
Under Rainhütte	–	Ober Ronehütte
Meyershütte	–	Schällefluehütte
Lochhütte	–	Miserehütte

Fig. 37 (T)
Die sechs Alpkreise der Genossenschaftsalp Dürrebode

In den sechs Alpkreisen bestehen heute zehn selbständige Alpbetriebe (Fig. 34). Acht davon werden mit einem Heimwesen zusammen bewirtschaftet und stellen damit Teile von Ganzjahresbetrieben dar. Die beiden anderen sind Teilerwerbsbetriebe, die, gegen Entgelt, ausschliesslich fremdes Vieh zur Sömmerung annehmen. Drei Typen lassen sich gesamthaft unterscheiden.

Rein saisonal genutzte Alpen

Bei den Hütten *LANGBODE, UNDER RAIN, UNDER/OBER CHRÜZ, MISERE* und *SCHÄLLEFLUE* handelt es sich um Alpen, die an Talbetriebe in Ennetmoos, Dallenwil und Wolfenschiessen verpachtet werden. Die Hüttenrechtsbesitzer selber arbeiten mehrheitlich in nichtlandwirtschaftlichen Berufen. Einer dieser Betriebe sei stellvertretend für alle anderen vorgestellt:

Der Hüttenrechtsbesitzer der *LANGBODEHÜTTE* wohnt in Stans, wo er eine Molkerei betreibt. Die Hüttenrechte sind durch Erbschaft auf ihn übergegangen. Pächter der

Langbodehütte ist ein Landwirt vom Rotzberg in Ennetmoos. Sein Sohn und seine Tochter führen mit einer ausländischen Hilfskraft zusammen den Alpbetrieb, in welchem sie nebst 21 eigenen noch vier fremde Kühe und vier Kälber sömmern. Ein Teil der Milch wird in die Käserei auf Chüenere gebracht, ein anderer in der Langbodehütte zentrifugiert und der Rahm nach Luzern gesandt. Die Schotte und die Magermilch werden an 40–50 Schweine verfüttert. Im Spycherli lagern heute Slalomstangen für das jährliche Skirennen, den sog. «Arvi-Cup». Zu den Pflichten des Pächters gehört auch die Bedienung der Seilbahn Dürrebode-Egg, die Eigentum des Hüttenrechtsbesitzers ist. Diese Seilbahn dient der Landwirtschaftsbevölkerung als Personen- und Warentransportmittel. So treffen regelmässig Milch aus der Under Chrüzhütte und Butter aus der Miserehütte im Langbode ein. Während der Alpzeit führen die Pächter einen kleinen Gastbetrieb, in dem sie an Wanderer und Seilbahnbenützer Milch, Most und Mineralwasser ausschenken. Dazu sind vor der Hütte hölzerne Tische und Bänke aufgestellt. Im Winter wird die Alphütte als Skihütte an Luzerner vermietet, und während der Ferienzeit bedienen Söhne und Töchter des Eigentümers die Seilbahn.

Saisonal genutzte Alpen mit frühwinterlicher Stallfütterung

Die Hütten CHÜENERE, OBER RAIN / UNDER RONE und MEYERSHÜTTE werden durch die Hüttenrechtsbesitzer selber genutzt. Die Bestossung erfolgt vom Heimwesen Schwand (Teilraum CHAPELE) und von Talbetrieben in Ennetmoos und Oberdorf aus. Auf eingezäunten Wieslandstücken wird Heu für eine frühwinterliche Stallfütterung von Galtvieh gewonnen. Ein Betrieb sei kurz beschrieben:

Besitzer der Hüttenrechte von OBER RAIN / UNDER RONE ist ein Landwirt aus Ennetmoos. Zum Talheimwesen Hoschtet nutzt er die Oberrainhütte als Kuh- und die Under Ronehütte als Rinderalp. Die Milch der 36 eigenen Kühe geht als Vollmilch nach Luzern, das Spycherli steht leer. Zehn Rinder weiden im unteren, 36 im oberen Stafel. Die Alpen werden vom Betriebsleiter und seinem Bruder betreut; während der Sommerferien sind auch die Kinder anwesend. Ein umzäuntes Wieslandstück in Hüttennähe und das Ried beim Dürrebodeseeli liefern Heu, das im Frühwinter ans Galtvieh verfüttert wird. Dieses sogenannte Aushirten erfolgt bis Neujahr, danach bezieht ein Mieter aus Luzern die Oberrainhütte. Die Under Ronehütte wird unmittelbar nach der Alpabfahrt an einen Mann aus Emmen als Skihütte vermietet.

Saisonal genutzte Alpen im Teilerwerb

Bei den Hütten LOCH und OBER RONE handelt es sich um Betriebe, die ausschliesslich fremdes Vieh, gegen Entgelt, zur Sömmerung annehmen. Beide Alpbetriebe werden durch die Hüttenrechtsbesitzer selber geführt. Einer dieser beiden Teilerwerbsbetriebe sei kurz vorgestellt:

Der Hüttenrechtsbesitzer der LOCHHÜTTE wohnt in Ennetmoos. Den Sommer verbringt er mit Frau und Sohn in der Lochhütte, wo er 36 fremde Kühe aus Ennetmoos zur Sömmerung annimmt. Die Milch wird zentrifugiert. Der Rahm geht nach Luzern, die Magermilch dient zur Mästung von rund 100 Schweinen. Im Spycherli ist Kraftfutter eingelagert. Der Schweinestall steht erst seit einigen Jahren; das Gadehus ist älter, stammt aber auch aus diesem Jahrhundert. Im Jahre 1959 ist darin zum letzten Mal gekäst worden. Im Winter ziehen seit einigen Jahren Luzerner Mieter ein, während der Besitzer als Hausmetzger zahlreiche Bauernhöfe aufsucht.

b Aktuelle Betriebsstruktur

Die sechs Alpkreise, die alle einen Stafel in Dürrebode und einen zweiten auf Egg umfassen, werden nur noch zum Teil durch die Hüttenrechtsbesitzer selber bewirtschaftet:
Der Alpkreis Ober Rain/Under Rone – als einziger Alpkreis gesamthaft genutzt – und die Meyershütte werden von Talbetrieben, Chüenere vom Teilraum CHAPELE aus bestossen. Die Dürrebodealp Lochhütte und die Eggalp Ober Rone stellen hingegen Teilerwerbsbetriebe dar.

Die Nutzung der übrigen Hütten erfolgt durch Pächter, die alle über einen Talbetrieb verfügen:
So werden die Dürrebodealpen Langbode und Under Rain als Kuhalpen mit eigenem und mit fremdem Vieh bestossen. Die Eggalpen Under Chrüz und Ober Chrüz gehören zwar verschiedenen Alpkreisen an, stehen aber demselben Pächter als Kuh- und als Rinderalp zur Verfügung. Die Miserehütte dient dem Betrieb Diegisbalm (Gde. Wolfenschiessen) als gemischte Kuh- und Rinderalp, wogegen die Schällefluehütte als Rinderalp von der benachbarten Oberalp aus bewirtschaftet wird.

Vier der sechs Hütten auf Egg sind nur noch Rinderalpen; die beiden anderen und sämtliche in Dürrebode sömmern hauptsächlich Kühe. Drei liefern Rahm, eine Butter und eine Vollmilch nach Luzern, wogegen die Milch der drei restlichen in der Käserei auf Chüenere verarbeitet wird. Obwohl die Käseproduktion im übrigen Teilraum DÜRREBODE eingestellt worden ist, sind die Spycherli bei fünf Dürrebodehütten noch erhalten.

Sechs Alpen werden während des Sommers von Familien betreut, die restlichen von jüngeren und älteren Betriebsangehörigen, die allein oder zu zweit die anfallende Arbeit verrichten. Im Winter stehen die Alphütten und Gadehüser leer. Sieben von ihnen werden als Skihütten an Private vermietet. Das Gadehus der Eggalp Under Chrüz wird vom Skiclub Luzern Stadt gepachtet. Als «Egghütte» bietet es Clubmitgliedern und Skitouristen Trank und Imbiss an.

c Betriebsdynamik

Die Betriebsdynamik im Teilraum DÜRREBODE wird durch den Übergang von einer genossenschaftlich zu einer privat genutzten Alp geprägt:

Vor der Unterteilung in Alpkreise wurde die ganze Alp gemeinschaftlich bestossen. Jeder Genossenschafter hatte das Recht zur Sömmerung von eigenem Vieh. Da der freie Weidgang innerhalb des ganzen Alpgebietes gesetzlich verankert war, ergab sich eine extensive Nutzung der Weidefläche. Die verstreut liegenden Gebäude – Hütten, Ställe, Spycherli – waren Eigentum einzelner Alpgenossen, die über sogenannte Hüttenrechte verfügten. Ein solches Hüttenrecht umfasst auch heute noch das Baurecht für die benötigten Gebäude, das Schlagrecht für Brenn-, Bau- und Hagholz, das Streue- und Wildheurecht für bestimmte Riedflächen und Planggen sowie das Recht zur Hüttenalpig eigener Tiere.

Auf die Nutzung der Alp hatten die Hüttenrechtsbesitzer ursprünglich aber keinen Einfluss, und «den Vorteil eigener Alpgebäude mussten sie durch viele Arbeitspflichten abgelten. 1850 ging das Recht auf Bestimmung der Alpfahrt von der Alpgenossenschaftsversammlung auf die Hüttenbesitzer und Bannwarte über. Im Alpgesetz von 1859 wurden die Hüttenrechte erstmals für jede Alp in genau festgelegter Anzahl als wesentlicher zur Alp gehörender Teil aufgeführt» (ODERMATT 1981, S. 129). Motivation zur Unterteilung der Alp war der Wunsch nach intensiverer Landnutzung. Da das althergebrachte System den Erkenntnissen des wissenschaftlichen Landbaus nicht mehr genügte und sich eine Mehrzahl der Alpgenossen davor drückte, Steine wegzuräumen, Unkraut zu mähen oder Dünger auszutragen, setzte sich die Idee der Nutzungsintensivierung durch Unterhagung der Weidefläche und Privatisierung des Alpbetriebes durch. Im Jahr 1946 genehmigte eine ausserordentliche Alpgenossenversammlung die Unterteilung. 1953 erfolgte eine provisorische, 1956 die definitive Zuordnung. Dabei wurde den einzelnen Hütten das umliegende Weideland zugeteilt.

Nach der Unterteilung wurden die sechs Alpkreise ausnahmslos durch die Hüttenrechtsbesitzer selbst bewirtschaftet. Allerdings waren sie weiterhin verpflichtet, Vieh der übrigen Alpgenossen zur Sömmerung anzunehmen. Laut Alpkataster galten 1958 noch drei der Alpbetriebe im eigentlichen Sinn als zweistafelig: Langbode-, Ober Rain- und Lochhütte fuhren mit dem ganzen Viehbestand zur Ober Chrüz-, Misere- und Under Ronehütte. Die anderen drei Betriebe nutzten ihre Stafel auf Egg hingegen nur noch als Galtviehalpen. So weideten die Rinder von Chüenere-, Under Rain- und Meyershütte in den Eggalpen Under Chrüz-, Ober Rone- und Schällefluehütte.

Heute bewirtschaftet nur noch ein Hüttenrechtsbesitzer beide Stafel seines Alpkreises selber, einer verpachtet seinen Dürrebodeanteil, drei weitere ihre Eggalpanteile und ein letzterer gar den ganzen Alpkreis.

Die Dynamik der Betriebsstruktur weist seit der Unterteilung für Dürrebode und Egg gegenläufige Tendenzen auf, die allerdings zwingend miteinander verknüpft sind. Durch den Übergang von einer zweistafeligen Alp Dürrebode/Egg zu den Kuhalpen Dürrebode und den mehrheitlich mit Rindern bestossenen Eggalpen kommt es zu Flächen- und Gebäudenutzungsintensivierungen im einen und zu entsprechenden Extensivierungen im anderen Fall. So führt das Düngen mit Kuhmist und Schweinejauche zu einer Erhöhung der Flächenerträge und damit zu einer Zunahme des Viehauftriebs. Das Ausscheiden von Heueinschlägen ermöglicht das frühwinterliche Aushirten und hat damit eine verlängerte Belegungsdauer der Alpgebäude zur Folge, wie das für drei Hütten in Dürrebode der Fall ist. Im Gegensatz dazu reduziert sich die Gebäudenutzung auf den Gebrauch des Viehstalles, wenn eine Rinderalp auf Egg von einer benachbarten Kuhalp aus bewirtschaftet wird. Dies gilt für die Alpen Ober Chrüz und Schälleflue, deren Hütten nun auch im Sommer als Ferienhäuser vermietet werden können.

Nur noch zwei Betriebe umfassen eine untere und eine obere Hütte im Gebiet der beschriebenen Genossenschaftsalp: Während mit Ober Rain und Under Rone sich Kuh- und Rinderalp auf die beiden ehemaligen Stafel Dürrebode und Egg verteilen, handelt es sich bei Under und Ober Chrüz um zwei Eggalpen mit unterschiedlicher Bestossung.

Zusammenfassend können für die *landwirtschaftliche Betriebsstruktur und ihre Dynamik* im Teilraum DÜRREBODE folgende Merkmale als typisch bezeichnet werden:

- In sechs Alpkreise aufgeteilte, ehemals zweistafelige Genossenschaftsalp
- Nebeneinander von Alpbetrieben, die von Talheimwesen aus bestossen werden, und von Teilerwerbsbetrieben
- Übergang von gemeinschaftlicher zu privater Nutzung
- Intensivierungserscheinungen bei Flächen- und Gebäudenutzung im Stafel Dürrebode und entsprechende Extensivierungserscheinungen (d.h. Abnahme der Nutzungsintensität) im Stafel Egg durch Trennung in reine Kuh- und Rinderalpen

Ein Aspekt der Betriebsdynamik ist bisher für viele Einzelfälle erwähnt worden, soll aber noch kurz im Gesamtüberblick zur Darstellung gelangen. Es handelt sich um die weitgehende Aufgabe der Käseproduktion auf Privatalpen und in den einzelnen Heimwesen. Diese Umstellung in der Milchverwertung betrifft den ganzen Testraum WIESENBERG NW und geht als für den ganzen Alpenraum typische Entwicklung mit den beschriebenen Extensivierungs- wie mit den Intensivierungsprozessen einher. Zu Beginn dieses Jahrhunderts wurde auf allen Privatalpen des Testraums und in allen Hütten der Genossenschaftsalp Dürrebode/Egg Hartkäse hergestellt, desgleichen in den meisten der traditionellen Heimwesen. In den Treichialpen und im anschliessenden Gebiet nutzten in der Regel jeweils zwei Alpen zusammen die Milch, entweder dauernd in einer der beiden oder abwechslungsweise in beiden Alphütten (Fig. 38).

Die Käseherstellung erfolgte für den Eigenbedarf, die Versorgung der Stadt Luzern und den Export, vor allem nach Oberitalien. Seit den Dreissigerjahren stellte ein Betrieb nach dem andern die Käseproduktion ein. So ist beispielsweise im Heimwesen Underhus 1936, in der Treichialp Ober Holzwang 1959 und in der Dürrebodealp Lochhütte ebenfalls 1959 zum letzten Mal gekäst worden. Heute produzieren nur noch drei Betriebe Käse, allerdings in beachtlicher Menge, da die Milch von zahlreichen umliegenden Alpen und Ganzjahresbetrieben mitverarbeitet wird. In den gut eingerichteten Käsereien wirken zum Teil auswärtige Berufskäser, die den Sommer über angestellt sind. Im Winterhalbjahr ruht die Käseproduktion. Dann erhalten die Kühe neben dem Heu auch Silofutter und geben daher eine Milch, die zur Hartkäseherstellung ungeeignet ist. ODERMATT (1981, S. 193) zeigt eine Aufstellung sämtlicher Nidwaldner Alpkäsereien, die Hartkäse für den Export produzieren. Die Reihenfolge berücksichtigt die verarbeitete Milchmenge und umfasst neun Käsereien. An zweiter, dritter und sechster Stelle werden die Käsereien Stanglisbüel, Chüenere und Hinder Husmatt genannt. Die Käserei Stanglisbüel wird von einem Bruder des landwirtschaftlichen Betriebsleiters geführt, in der Hinder Husmatt arbeiten der Betriebsleiter und sein Bruder gemeinsam in der Käseproduktion, und auf Chüenere ist ein angestellter Berufskäser für Herstellung und Pflege der Käselaibe verantwortlich.

Den übrigen Landwirtschaftsbetrieben stehen folgende Möglichkeiten zur Verwertung und Vermarktung ihrer Milch offen: saisonale Lieferung von Vollmilch an eine der genannten drei Käsereien, saisonale oder ganzjährige Lieferung von Vollmilch, Rahm oder Butter an die Zentrale Luzern, Verkauf von Vollmilch an Restaurants und Ferienhausbesitzer, Eigenkonsum sowie Verwendung zur Aufzucht oder Mast von Jungvieh. Während die Landwirte aus dem Teilraum CHAPELE ihre Milch bei der Annahmestelle in der Schürmatt abliefern, sammelt der Lizlipächter Milch, Rahm oder Butter der meisten Treichi- und Dürrebodealpen ein.

Überall wo Milch zu Käse verarbeitet wird, fällt Schotte an, und beim Zentrifugieren bleibt Magermilch übrig. Beides bildet eine günstige Futterbasis für die Schweinemast, die sich im Laufe eines Jahres über eine, zwei oder drei Mastperioden erstrecken kann. So schlägt sich auch im nidwaldischen Testraum die Steigerung der Milchproduktion im Bau von neuen und grösseren Schweineställen nieder. Die Spycherli hingegen verlieren ihre ursprüngliche Aufgabe durch das Einstellen der Käseproduktion. Sie zerfallen, stehen leer oder dienen als Schopf und Kraftfutterlager; andere werden gar zur Seilbahnstation oder zum Ferienhaus umgebaut.

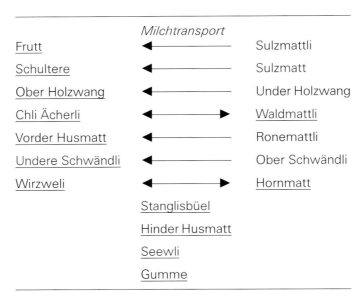

Fig. 38 (T)
Traditionelle Milchtransporte und Milchverwertung in den Treichialpen (in den unterstrichenen Alphütten ist jeweils gekäst worden)

Zusammenfassend können für die *landwirtschaftliche Betriebsstruktur und ihre Dynamik* im TESTRAUM WIESENBERG NW folgende Merkmale als typisch bezeichnet werden:

TEILRAUM CHAPELE
- Traditionelle zweistufige Ganzjahresbetriebe mit geringem Mechanisierungsgrad und teilweise fehlender Nachfolgegeneration
- Betriebsaufgaben führen zu Extensivierungserscheinungen (d.h. Abnahme der Nutzungsintensität) bei Flächen- und Gebäudenutzung

TEILRAUM TREICHI
- Vorhandensein sämtlicher Übergangsformen vom rein saisonalen Alpbetrieb bis zum einstufigen Ganzjahresvollbetrieb mit mehrheitlich jüngeren Betriebsangehörigen
- Betriebsgründungen führen zu Intensivierungserscheinungen bei Flächen- und Gebäudenutzung

TEILRAUM FLUE
- Wissiflue wie Teilraum CHAPELE
- Hornmatt wie Teilraum TREICHI

TEILRAUM DÜRREBODE
- Traditionelle, ehemals zweistufige Genossenschaftsalp
- Übergang von gemeinschaftlicher zu privater Nutzung
- Unterteilung in sechs Alpkreise führt zu Extensivierungs- und Intensivierungserscheinungen

GANZER TESTRAUM WIESENBERG
- Weitgehende Aufgabe der betriebseigenen Käseproduktion

B TESTRAUM WISSEBERG GL

a Betriebstypen

Im Glarner Testraum sind die Heimwesen und Berggüter der ansässigen Landwirte zu finden, ebenso die Berggüter von Talbauern und die Magerheugebiete in den Zwyfelweiden. Die traditionellen Ganzjahresbetriebe können als dreistufig bezeichnet werden, wenn zusätzlich zu Heimwesen und Berggütern die bestossenen Gemeindealpen im Chrauchtal mitberücksichtigt werden.

Im Testraum lassen sich acht Vollerwerbsbetriebe, ein Nebenerwerbsbetrieb und ein kaum zu klassierender Einmannbetrieb (Suterheimet) zählen (Fig. 34). Hinzu kommen fünf Berggüter, deren Nutzung von Talbetrieben aus erfolgt. Ein abgelegenes, einstmaliges Heimwesen wird vom Tal aus im Nebenerwerb bewirtschaftet (Oreberg). Zwei weitere Berggüter im Besitz von Talbauern und drei im Besitz auswärtiger Nichtlandwirte werden ebenso wie zwei ehemalige Heimwesen durch ansässige Landwirte gepachtet.

Stellvertretend für alle anderen soll ein Betrieb ausführlich beschrieben werden:

Die Betriebsfläche des UNDER HOSCHETBORD (Fig. 39) umfasst 10.42 ha eigenes und rund 7.5 ha gepachtetes Land und verteilt sich auf vier Heimwesen, drei Berggüter, ein grosses Magerheumahd und ein Talgut sowie drei Tagwenlose, wovon eines unten in Matt, die beiden anderen in den Chrisbaumplangge. Nicht miteingerechnet ist die Sulzweid, die drei Betrieben gemeinsam gehört und auch gemeinsam als Privatalp genutzt wird.

Als Erbe übernahm der Betriebsleiter zwei Heimwesen am Hoschetbord und die beiden Berggüter Weide und Mittler Geere. Im Jahr 1958 kaufte er das Heimwesen Ober Hoschet samt zugehöriger Hell von einem alten Bauern, der sich zur Ruhe setzte und ins Tal hinunterzog. Zusätzlich pachtet er die Restfläche des ehemaligen Heimwesens Zäigerhoschet als Wies- und den unteren Teil des Oberguet als Weideland. Mehrschnittige Fettwiesen bewirtschaftet er in den Heimwesen und im Tal, Fettwiesen mit Sommerweidgang für die Heimkühe in den Weide und reine Weidefläche im Oberguet. In den Chrisbaumplangge gewinnt er auf rund 2 ha Fläche Wildheu. Am Seil, das vom Ändi aus die Sulzwand überspannt, sausen jährlich etwa 60 Heuballen zum Heimwesen hinunter. Das im Bruch geerntete Magerheu führt er mit dem Ladewagen nach Hause.

Der erste Weidgang erfolgt in den Heimwesen. Den Sommer verbringen die Kühe auf der Gemeindealp im Chrauchtal, die Rinder in der Sulzweid und die Heimkühe und Kälber im Oberguet und in den Weide. Während einiger Tage im Herbst sind die Kühe in Matt. Den Winter über stehen sie im 1967 erstellten Zentralstall im Under Hoschetbord; die Rinder suchen die Ställe in den Weide, im Mittler Geere und in der Ober Hoschet auf. So werden drei traditionelle und ein neuer Stall weiterhin landwirtschaftlich genutzt, während der zweite Stall im Hoschetbord verkauft und vom Käufer zum Ferienhaus umgebaut worden ist.

Der Viehbestand beträgt rund 20 GVE und setzt sich aus zwölf Kühen, drei Zeitkühen, sieben Rindern, vier Kälbern und einem Schwein zusammen. Der Maschinenpark umfasst einen Transporter mit Viehanhänger und Ladeaufsatz, einen Motormäher, ein Druckfass und einen Mistzetter. Der neue Stall ist mit einem Heugebläse und einer Heubelüftungsanlage sowie einer Selbsttränkanlage ausgestattet.

Der gut sechzigjährige Betriebsleiter wohnt mit seiner Frau und seinem jüngsten Sohn – drei weitere Söhne und zwei Töchter sind vom Wisseberg weggezogen – im Heimwesen des Under Hoschetbord. Hier führt er auch das Restaurant «Weissenberg»; daneben vermietet er das Massenlager im neuen Stall und das ehemalige Schulhäuschen an Touristen und Schulkolonien. Seit sein Vater nicht mehr lebt, steht auch dessen Haus im Ober Hoschetbord Feriengästen zur Verfügung. Das zugekaufte Haus in der Ober Hoschet hatte er einige Jahre nach dem Erwerb weiter veräussert,

---

Fig. 39 ▷
Der Betrieb UNDER HOSCHETBORD als Fallbeispiel für einen aktuellen Betriebstyp im Testraum WISSEBERG GL (Parzellennummern gemäss Grundbuch, sämtliche Flächenangaben in a)

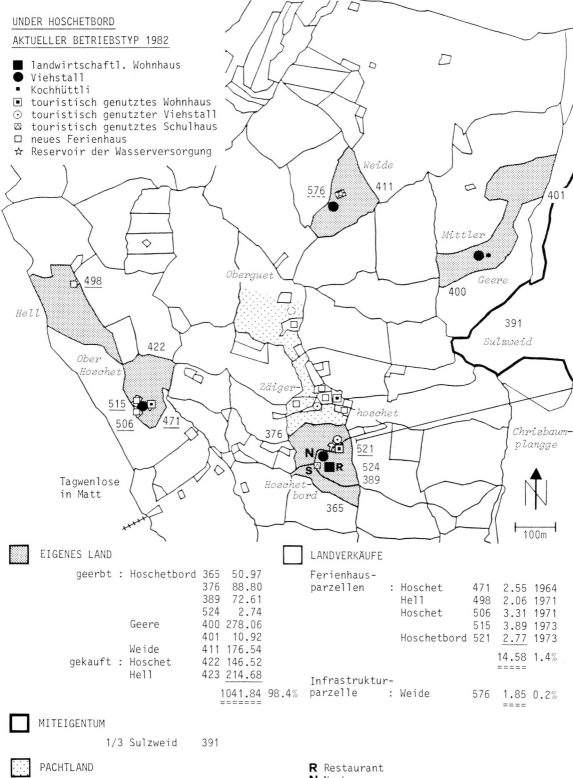

und in den Siebzigerjahren folgte der Verkauf von drei Ferienhausparzellen in der Hoschet und der Hell. Kurz zuvor war der baufällige alte Stall im Under Hoschetbord durch einen maschinengängigen Neubau ersetzt worden. Der Erlös aus dem Bodenverkauf half dabei mit, diese Anpassung des Gebäudebestandes an einen stärker mechanisierten Betriebsablauf zu finanzieren.

Auf dem zugepachteten Heimwesen Zäigerhoschet stehen vier neue Ferienhäuser, und auch das alte Haus und der Stall werden von auswärtigen Käufern touristisch genutzt. Im Oberguet finden sich ein älteres Ferienhaus und das neue Reservoir der allgemeinen Wasserversorgung. Auf der gesamten Betriebsfläche stehen demnach drei touristisch genutzte Bauernhäuser, zwei umgebaute Ställe und acht Ferienhäuser!

b Aktuelle Betriebsstruktur

Ein Vergleich der Vollerwerbsbetriebe ergibt folgendes Gesamtbild für die aktuelle Betriebsstruktur im Testraum WISSEBERG GL:

Dreistufigkeit
Alle acht Betriebe bewirtschaften neben den Heimwesen mehrere Berggüter und geben Vieh zur Sömmerung auf Gemeindealpen. Sie können demnach als dreistufig bezeichnet werden. Bemerkenswert ist, dass die acht Betriebe gesamthaft 16 Heimwesen umfassen. Vererbung und Verpachtung aufgegebener Betriebe bilden dabei Ursachen dieser Konzentration von zwei oder gar drei Heimwesen bei einzelnen Betrieben. Die Zahl der Berggüter liegt mit 20 zwar höher, entspricht aber dem traditionellen Erscheinungsbild ebenso wie es die 14 Mager- und Riedheuparzellen in den Zwyfelweiden tun, die sich heute auf fünf Betriebe verteilen.

Betriebsfläche
Bezüglich der Betriebsflächen lassen sich die acht Betriebe in zwei Gruppen einteilen: sechs Betriebe umfassen je zwischen 14 und 24 ha Nutzfläche, zwei hingegen nur rund 7 ha. Bei diesen beiden Kleinbetrieben handelt es sich um den Einmannbetrieb Schuelerhoschet und den Rumpfbetrieb Freulerhoschet nach Verkauf der Berggüter Sattelberg und Bergli. In die Flächenangaben nicht miteinbezogen ist die Privatalp Sulzweid, die von den drei Betrieben Under und Ober Hoschetbord sowie Schuelerhoschet aus gemeinsam bestossen wird.

Flächennutzung
Alle Betriebe umfassen ein- oder mehrschnittige Fettwiesen mit Frühlings- und Herbstweidgang sowie Mager- und Riedheuflächen. Rund die Hälfte hat anteil an einer Privatalp oder nutzt zugepachtetes ehemaliges Wiesland auf Berggütern als reines Weideland.

Aktionsradius
Die saisonale Wanderung der Landwirte ergibt sich aus der Gliederung der privat genutzten Wirtschaftsfläche in unterschiedliche Höhenstufen und Spezialnutzungszonen. Der geringe Bestand an Hütten auf den Berggütern der ansässigen Landwirte

zeigt, dass die Berggüter mehrheitlich von den Heimwesen aus bewirtschaftet werden. Dies ist für die nahegelegenen Berggüter der geringen Distanzen wegen seit jeher möglich; für die weiter entfernt liegenden gilt es in dem Masse, in welchem die Erschliessung durch Fahrwege voranschreitet. Die am höchsten gelegenen Berggüter und diejenigen im Besitz von Talbauern weisen freistehende oder am Stall angebaute Hütten auf, die heute aber höchstens noch während der winterlichen Stallfütterungszeit von einzelnen, meist älteren Betriebsangehörigen, denen die Betreuung des Galtviehs obliegt, bewohnt werden. Für die Heuernte suchen die Landwirte ihre Berggüter, die Mager- und Wildheugebiete in den Zwyfelweiden und den Chrisbaumplangge sowie die Fettwiesen der Tagwenlose im Talboden als Tagespendler auf. Diese grosse tägliche Mobilität und die Ausdehnung des Aktionsradius durch zunehmende Bewirtschaftung von Nutzflächen im Tal unten sind erst durch die Motorisierung möglich geworden.

Viehbestand
Der Rindviehbestand umfasst pro Betrieb zwischen 15 und 20 GVE; einzig für den Einmannbetrieb Schuelerberg liegt er unter 10 GVE. Ziegen werden nur noch vereinzelt gehalten. Auch am Wisseberg ist die Zeit der grossen Ziegenherden, die täglich vom Ziegenhirten auf die Weide getrieben wurden, vorbei. Einzelne Landwirte verzichten auf das Halten von Hausziegen, weil die naschhaften Tiere gerne die Ferienhausgärten heimsuchen und so Anlass zu Zwistigkeiten geben. Die Schweinehaltung spielt ebenfalls eine untergeordnete Rolle. Im Sommer fällt nur die Milch weniger Heimkühe an, die als Vollmilch den Eigenbedarf deckt. Im Winter dient dann der überwiegende Teil der Milch zur Aufzucht von Galtvieh.

Gebäudenutzung
Zu jedem Betrieb gehört mindestens ein ganzjährig bewohntes Haus. Hoschet und Ändi weisen zusätzlich zu den traditionellen Bauernhäusern je ein neues Wohnhaus mit Restaurant auf. Ist es im einen Fall der Vater des Betriebsleiters, der als landwirtschaftlicher Rentner das neuere Haus bewohnt und den Gastbetrieb führt, so ist es im anderen Fall der Sohn, der mit seiner Familie im Neubau wohnt und das Restaurant im Nebenerwerb führt. Under und Ober Hoschetbord vermieten je ein altes, vormals ganzjährig bewohntes Haus an Feriengäste; die Schmidhoschet stellt das nur saisonal genutzte Haus im Waldibach zur Verfügung. Auf den Betriebsflächen von Hoschet, Under Hoschetbord, Ändi und Schmidhoschet stehen zudem noch fünf traditionelle Bauernhäuser, die durch Erben oder Käufer touristisch genutzt werden. Die Zahl der Ställe pro Betrieb ergibt sich aus der Zahl der bewirtschafteten Heimwesen und Berggüter und liegt zwischen vier und sechs. Hinzu kommen noch vier Betriebe mit gesamthaft fünf Ställen, die durch auswärtige Käufer zu Ferienhäusern umgebaut worden sind. Die Geissgädeli im Hinder Ändi und die Magerheugädeli in den Zwyfelweiden haben ihre ursprüngliche Aufgabe verloren und zerfallen langsam. Auch die Sennhüttli stehen leer.

Mechanisierungsgrad
Alle Betriebe verfügen über Motormäher, fast alle über Transporter oder Ladewagen. Weniger häufig sind Heuwender und Mistzetter. Hingegen sind die meisten Ställe der Heimwesen mit Heugebläsen ausgerüstet. Somit entspricht die Ausstattung mit Landwirtschaftsmaschinen dem gegenwärtig üblichen Standard alpiner Gebiete.

Altersstruktur der Betriebsangehörigen
In vier Betrieben sind junge Familien mit Kindern anzutreffen, während in drei anderen junge Frauen und Kinder fehlen, sodass die Nachfolge nicht gesichert ist.

Betriebliche Zusammenarbeit
Obwohl enge verwandtschaftliche Beziehungen bestehen, findet wenig Zusammenarbeit statt. Erb- und Grenzstreitigkeiten bewirken eher das Gegenteil.

c Betriebsdynamik

Die Dynamik der Betriebsstruktur ist im Testraum WISSEBERG GL gekennzeichnet durch eine abnehmende Anzahl der Betriebe, verbunden mit einer Zunahme der bewirtschafteten Fläche pro Betrieb. So sind in diesem Jahrhundert mindestens sechs eigenständige Betriebe aufgrund fehlender Nachfolge eingegangen. Die Betriebsflächen und die Ökonomiegebäude werden durch verbleibende Betriebe weitergenutzt, sei es nach erfolgter Übernahme durch Erbschaft oder Kauf oder nach Abschluss eines Pachtvertrages mit den entsprechenden nichtlandwirtschaftlichen Erben. Fig. 40 zeigt, welche Betriebe ehemalige Heimwesen mitbewirtschaften:

ehemaliges Heimwesen		noch exisitierender Betrieb
Stigerberg	→E→	Ober Hoschetbord
Buchshoschet	→E→	Under Hoschet
Ober Hoschet	→K→	Under Hoschetbord
Sattel	→K→	Schmidhoschet
Mittler Hoschet	→P→	Ändi
Zäigerhoschet	→P→	Under Hoschetbord

Fig. 40 (T)
Ehemalige Heimwesen als Teile noch existierender Betriebe im Testraum WISSEBERG GL (E Erbgang, K Kauf, P Pacht)

Alle sechs Bauernhäuser der eingegangenen Betriebe sind heute Ferienhäuser: Das Stigerberghaus wird durch die ansässigen Eigentümer vermietet, das Mittler Hoschethaus durch den auswärtigen Erben selbst genutzt. Die restlichen vier Häuser gehören auswärtigen Käufern.

Ein weiterer Betrieb ist durch Veräusserung zweier Berggüter zum Rumpfbetrieb geschrumpft: Im Jahr 1948 wurden vom Freulerberg weg der Sattelberg und das Bergli an einen Grossbauern aus dem Thurgau verkauft und in der Folge als Rinderalpen bestossen. Heute sind beide Güter Eigentum der Tagwengemeinde Matt.

Schliesslich ist noch ein Betrieb anzutreffen, der seit der Betriebsaufgabe auf einer Restfläche Kleintierhaltung im Nebenerwerb betreibt: Seit der Landwirt vom Wyenegg als Zimmermann im Taldorf Engi arbeitet, verpachtet er zwei Berggüter an andere Betriebe. Bei allen verpachteten Flächenstücken handelt es sich um ehemaliges Wiesland, welches heute vorwiegend als Galtviehweide genutzt wird. Vom Stall im Oberguet zeugen nur noch klägliche Überreste, der Stall im Under Friggeberg dient lediglich als Unterstand für die weidenden Rinder, und im Wyeneggade stehen anstelle der Kühe heute Ziegen.

Zusammenfassend können für die *landwirtschaftliche Betriebsstruktur und ihre Dynamik* im TESTRAUM WISSEBERG GL folgende Merkmale als typisch bezeichnet werden:

— Traditionelle dreistufige Betriebe mit durchschnittlichem Mechanisierungsgrad und teilweise fehlender Nachfolgegeneration
— Betriebsaufgaben, verbunden mit Extensivierungserscheinungen (d.h. Abnahme der Nutzungsintensität) bei Flächen- und Gebäudenutzung

C   TESTRAUM HUOBE GR

a   *Traditionelle Betriebsstruktur*

Die traditionellen Landwirtschaftsbetriebe des Vorderprättigaus umfassen Heimwesen, Berggüter (sog. Vorwinterungen) und Maiensässe als Privatbesitz; hinzu kommen die Bestossungsrechte an den Gemeindealpen. Die saisonale Wanderung erstreckt sich demnach über vier Höhenstufen, und die Betriebe können als vierstufig bezeichnet werden. WEISS (1941) und DÖNZ (1972) beschreiben Struktur, Wirtschaftsablauf und Dynamik sehr detailliert.

Zur Höhenstufe der Vorwinterung schreibt WEISS (S. 27): «Häufig schiebt sich zwischen das vom Dauerwohnsitz aus bewirtschaftete Heimgut und das Maiensäss noch eine Übergangsstufe ein, die im Prättigau als Vorwinterung bezeichnet wird.... Sie besteht aus Mähwiesen und einem Stall, in dem das Heu verfüttert wird.»

DÖNZ (S. 83) gibt zur Vorwinterung an: «Hier füttert der Bauer zu Beginn der Stallhaltung im Vorwinter aus. Im November und anfangs Dezember fehlt der Schnee zumeist noch.... Je nach Grösse des Gutes füttert der Bauer hier bis Anfang oder Ende Dezember, um dann sein Vieh tiefer, in näher gelegene Güter zu verstellen.»

Zum Maiensäss schreibt WEISS (S. 28): «Ein Maiensäss besteht aus einem normalerweise etwa eine Stunde über der Talsiedlung gelegenen Komplex von Mähwiesen, die Privatbesitz sind und – darin liegt das Charakteristische – die an öffentliche Weide, sei es Allmend oder Alp, angrenzen oder wenigstens ein Wegrecht dazu haben. Auf der Grenze zwischen den privaten Wiesen und der öffentlichen Weide – bald diesseits, bald jenseits – stehen die Viehställe, welche Privatbesitz sind. In diesen Ställen wird das Vieh mit dem Heu der zugehörigen Wiesen, hauptsächlich in der Zeit vor Weihnachten, gefüttert und in den Übergangszeiten vor und nach der Alpsömmerung, besonders im Frühling von Mitte Mai – deshalb der Name Maiensäss – bis Mitte Juni unter gemeinsamer Hirtschaft auf die öffentliche Weide gelassen. Bei schlechtem Wetter und spätem Graswuchs besteht die Möglichkeit, den Weidgang durch Stallfütterung zu ergänzen. Zu jedem Maiensässstall gehört eine einfache Wohngelegenheit, die bald mit dem Stall zusammengebaut ist, bald allein steht. Darin wohnen vorübergehend die, welche das Vieh zu besorgen haben, meist Männer allein, oft aber auch ganze Familien. Ein primitiver Sennereiraum oder eine kleine Sennhütte, in der die Milch von jedem Besitzer einzeln oder im Milchtauschverfahren mit anderen zusammen verarbeitet wird, gehört in der Regel auch noch dazu.»

b Betriebsdynamik

DÖNZ (S. 84) weist auf die Veränderung der Maiensässnutzung hin: «Früher wurde im Mai der ganze Viehbestand auf die Maiensässe verlegt. Ende Mai fütterte man noch das restliche Heu aus, anfangs Juni liess man die Tiere auf die Weide. Hier wurde die Milch zu Butter und Käse für die Selbstversorgung verarbeitet... Heute ist dieser Arbeitsablauf weitgehend verschwunden. Die Kühe bleiben zur zentralen Milchverwertung im Dorf oder in Dorfnähe... Mit der neuzeitlichen Entwicklung der Zentralisation und der Technisierung des Molkereiwesens erfolgte zwangsläufig ein Abbau der privaten Milchverarbeitung. Die eigentlichen Maiensässe... werden heute nur noch mit dem Jungvieh bestossen. Die Besorgung übernimmt der Grossvater, der ‹Eni›, oft hilft ihm ein Enkel (mit jüngeren Beinen) bei der Hirtschaft des Viehs. Ältere Buben sind oft allein oben, hüten morgens und abends das Vieh und stallen es während der Nacht und tagsüber ein... Betriebe, die weder einen Grossvater noch einen Knaben auf das Maiensäss schicken können, sind während dieser Weidezeit in einer ausgesprochenen Arbeitsspitze. Die Kühe sollten aus Gründen der Milchverwertung in Dorfnähe bleiben, und mit dem Jungvieh möchte man im Maiensäss die Allmende weiden, um die privaten Wiesen für die Heugewinnung aufzusparen. Durch diese Zweiteilung des Betriebes mit der grossen Distanz zwischen den einzelnen Bewirtschaftungsstätten müssen die Bauern einen grossen Aufwand an Arbeitszeit und Energie aufbringen, um das Vieh an zwei Orten zu besorgen. Ein wesentlicher Teil des Aufwands geht dabei zur Bewältigung der Distanz als unproduktiv verloren.»

Die Stellung der Vorwinterung hat im Testraum HUOBE GR keine wesentliche Veränderung erfahren. Da die meisten dieser höher gelegenen Berggüter durch keine Fahrwege erschlossen sind, dienen noch mehrere Futterhütten dem ursprünglichen Zweck. Einzig bei Betriebsaufgaben kann es zu Flächennutzungsänderungen durch Pächter oder Käufer kommen, wobei Teile des Gebäudebestandes für eine anderweitige Nutzung freigesetzt werden.

Die veränderte Stellung des Maiensäss hingegen kommt einer Degradierung zum Berggut gleich, wobei die Grenzlage zum Weideland nicht mehr von Bedeutung ist. Die Erschliessung der Maiensässzone am Fusse des Sassauna durch die Luftseilbahn Fanas-Eggli ermöglicht zudem das tageweise Aufsuchen der Maiensässe während der Zeit der Heuernte und des Mistausführens. Viel bedeutender für die Nutzungsauflassung bei Hütten und Ställen ist aber die starke Abnahme der Zahl der Landwirtschaftsbetriebe in der Gemeinde Fanas. So werden von den 28 ursprünglichen Maiensässen gerade noch deren 13 durch die Besitzer selbst bewirtschaftet, alle übrigen hingegen verpachtet. Als Pächter treten sowohl Anstösser als auch Landwirte auf, die über keinen eigenen Maiensäss verfügen. So ist die Flächenbewirtschaftung zwar gesichert, aber durch die Konzentration von zwei oder gar drei Maiensässen bei einzelnen Betrieben entsteht ein Überschuss an Hütten und Ställen, die teils leer stehen, teils einer touristischen Umnutzung unterliegen. In sechs Fällen führten Betriebsaufgaben zum Verkauf von Maiensässen oder Berggütern an auswärtige Nichtlandwirte. In drei weiteren Fällen handelt es sich bei den Verkäufern um nichtlandwirtschaftliche Erben.

Zusammenfassend können für die *landwirtschaftliche Betriebsstruktur und ihre Dynamik* im TESTRAUM HUOBE GR folgende Merkmale als typisch bezeichnet werden:

— Maiensässe und obere Berggüter von traditionellen vierstufigen Landwirtschaftsbetrieben
— Durch Betriebsaufgaben verursachte Extensivierungserscheinungen (d.h. Abnahme der Nutzungsintensität) bei Flächen- und Gebäudenutzung

D VERGLEICH DER DREI TESTRÄUME

a Traditionelle und aktuelle Betriebsstruktur

Die traditionellen Landwirtschaftsbetriebe umfassen im Teilraum CHAPELE NW Heimwesen und Alp, im Testraum WISSEBERG GL Heimwesen, Berggut und Alp und in der Testgemeinde Fanas GR Heimwesen, Berggut, Maiensäss und Alp, wobei es sich im Falle der betrachteten Nidwaldner Alpen um Privatalpen, bei den Glarner und Bündner Alpen um Gemeindealpen handelt. Der Unterschied zwischen zwei-, drei- und vierstufigen Betrieben äussert sich auch in der durchschnittlichen Parzellenzahl pro Betrieb, die entsprechend kleiner oder grösser ist. Analoges gilt für die Zahl der Gebäude pro Betrieb und die Wanderungsdistanzen für Mensch und Vieh.

Einen eigenen Typ stellen die jungen Betriebe des Teilraums TREICHI NW dar: Mit ihren arrondierten Betriebsflächen, die Wies- und Weideland auf derselben Höhenstufe umfassen, können sie als einstufig bezeichnet werden.

Vom Wirtschaftsablauf her zeigen die Betriebe der drei Testgemeinden grosse Übereinstimmung, ebenfalls bezüglich Betriebsflächen und Rindviehbestand (Fig. 41):

BETRIEBSGRÖSSEN	DALLENWIL NW	MATT GL	FANAS GR
Nutzfläche pro Betrieb 1980	11.79 ha	11.15 ha	12.30 ha
Rindvieh pro Betrieb 1983	23.5	20.1	24.6

Fig. 41 (T)
Durchschnittliche Betriebsgrössen in den drei Testgemeinden (Quelle: SQ Hefte 670/781)

b Betriebsdynamik

Die Eidgenössische Statistik gibt für jede Gemeinde die Zahl der Rindviehbesitzer und die Stärke der einzelnen Tiergattungen an. Ein Vergleich der drei Testgemeinden zeigt eine weitgehende Übereinstimmung bezüglich Grössenordnung und Dynamik (Fig. 42):

VIEHBESTAND		DALLENWIL NW	MATT GL	FANAS GR
Rindvieh-besitzer	1936	60	65	51
	1966	54	39	32
	1983	50	28	22
Rindvieh-gesamtbestand	1936	602	622	543
	1966	840	646	560
	1983	1175	564	542
davon Kühe	1936	333	255	171
	1966	450	270	163
	1983	602	220	129
Rindvieh-bestand pro Besitzer	1936	10.0	9.6	10.6
	1966	15.6	16.6	17.5
	1983	23.5	20.1	24.6
Kühe pro Besitzer	1936	5.6	3.9	3.4
	1966	8.3	6.9	5.1
	1983	12.0	7.9	5.9

Fig. 42 (T)
Entwicklung des Viehbestandes in den drei Testgemeinden (Quelle: SQ Heft 781)

Wie der Aufstellung zu entnehmen ist, reduzierte sich die Zahl der Rindviehbesitzer in der Zeitspanne von 1936 bis 1983 in allen drei Testgemeinden. In Matt GL und Fanas GR sank sie gar unter die Hälfte, was deutlich auf das Eingehen zahlreicher

Betriebe schliessen lässt. Dieser Prozess scheint in Dallenwil NW nur deshalb weniger ausgeprägt zu sein, weil er durch die entgegengesetzte Entwicklung im Teilraum TREICHI NW weitgehend ausgeglichen wird. Hier zeigt sich deutlich, dass auch das gemeindeweise Erheben von statistischen Daten einen zu groben Raster für ein differenziertes Erfassen gegenläufiger Raumprozesse darstellt. Gerade für die Gemeinde Dallenwil NW verdecken gewisse Durchschnittswerte den wahren Sachverhalt! Eine grosse Übereinstimmung zeigen die Werte und ihre Entwicklung für den Rindviehbestand pro Viehbesitzer. Die Zunahme auf das Doppelte widerspiegelt einerseits die Verringerung der Zahl der Betriebe bei zunehmenden Betriebsflächen und andererseits die Umstellung auf reine Viehwirtschaft, verbunden mit einer Produktivitätssteigerung durch Mechanisierung und Rationalisierung (vergl. Allgemeine Landwirtschaftsdynamik).

Die allgemeinen Entwicklungstendenzen, die sich aus dem statistischen Material für alle Testgemeinden ablesen lassen, werden durch die vorliegende Untersuchung bestätigt. Allerdings verlangt der nidwaldische Testraum nach einer Differenzierung in Teilräume mit gegenläufiger Dynamik, wie dies Fig. 36 verdeutlicht.

Zusammenfassend ergibt sich für die *landwirtschaftliche Betriebsstruktur und ihre Dynamik* folgendes Bild:

TEILRAUM CHAPELE NW / TESTRAUM WISSEBERG GL / TESTRAUM HUOBE GR
— Traditionelle mehrstufige Viehwirtschaftsbetriebe mit jahreszeitlicher Wanderung von Mensch und Vieh
— Aufteilung der Betriebsflächen auf mehrere Parzellen, verbunden mit einem entsprechend hohen Gebäudebestand
— Zunehmende Mechanisierung des Betriebsablaufes nach Erschliessung der Nutzflächen durch Fahrwege
— Übergang vom saisonalen Wandern zum täglichen Pendeln dank fortschreitender Motorisierung
— Teilweise ältere oder altledige Betriebsangehörige bei fehlender Nachfolgegeneration
— Betriebsaufgaben, verbunden mit Extensivierungserscheinungen (d.h. Abnahme der Nutzungsintensität) bei Flächen- und Gebäudenutzung

TEILRAUM TREICHI NW
— Vorhandensein sämtlicher Übergangsformen vom rein saisonalen Alpbetrieb bis zum einstufigen Ganzjahresvollbetrieb
— Arrondierte Betriebsflächen mit entsprechend geringem Gebäudebestand
— Gute Erschliessung durch Fahrwege
— Mehrheitlich junge Betriebsangehörige mit Berufsstolz
— Betriebsgründungen, verbunden mit Intensivierungserscheinungen bei Flächen- und Gebäudenutzung

TEILRAUM FLUE NW
— Wissiflue wie Teilraum CHAPELE NW
— Hornmatt wie Teilraum TREICHI NW

AKTUELLE BEVÖLKERUNGSSTRUKTUR IM TESTRAUM WIESENBERG NW 1982

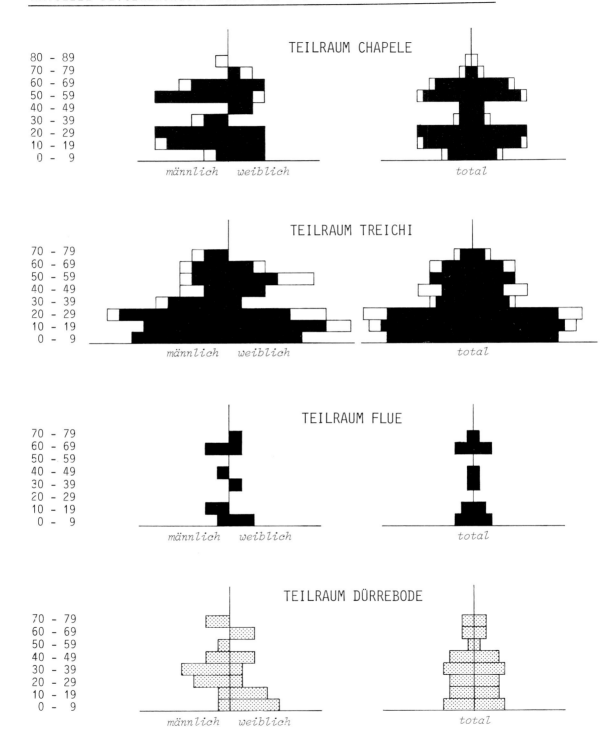

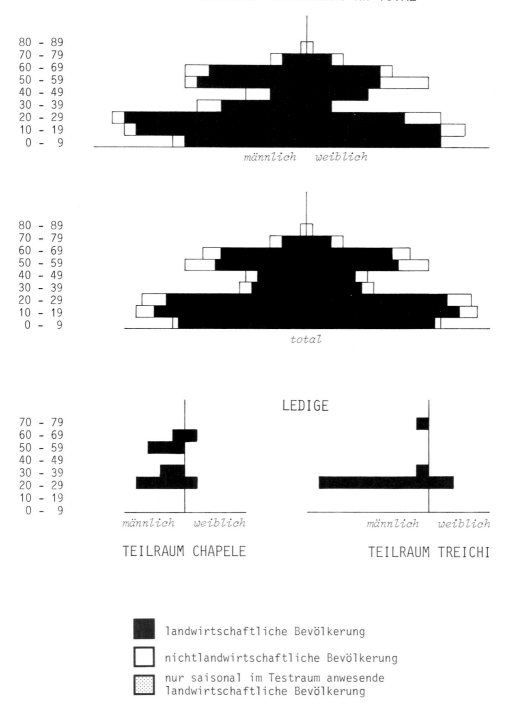

Abwanderung als solche gehört zum normalen Erscheinungsbild alpiner Bevölkerungsdynamik. Kinderreichtum trotz beschränkter Nahrungsmittelbasis macht den ländlichen Gebirgsraum seit Jahrhunderten zum Bevölkerungsreservoir für die städtischen Zentren des Mittellandes. Bei der Betriebsübernahme durch einen Nachkommen bleiben für dessen Brüder drei Möglichkeiten:
- im Betrieb mitarbeiten, was in der Regel den Verzicht auf das Gründen einer eigenen Familie bedeutet
- andernorts einen eigenen Landwirtschaftsbetrieb gründen durch Kauf oder Einheirat
- einen nichtlandwirtschaftlichen Beruf erlernen und ausüben, was in den meisten Fällen mit einem Wohnsitzwechsel verbunden ist.

Für die Schwestern sieht es ähnlich aus:
- als ledige Mitarbeiterin oder Haushälterin im Betrieb bleiben
- einen ansässigen Bauern ehelichen
- sich andernorts verheiraten oder aufgrund einer Berufstätigkeit niederlassen.

Alle diese Möglichkeiten lassen sich im Teilraum CHAPELE durch zahlreiche Beispiele belegen. Werden die drei Betriebe Underhus, Langmattli und Lückebode betrachtet, so ergibt sich für die Generation der Jahrgänge zwischen 1910 und 1950 folgendes Bild:
Im Underhus kamen zwischen 1907 und 1926 sechs Söhne und vier Töchter, im Langmattli zwischen 1927 und 1948 sechs Söhne und sieben Töchter und im Lükkebode zwischen 1928 und 1937 fünf Söhne zur Welt. Von den gesamthaft 17 Söhnen blieben sieben als Landwirte oder Älpler, zwei als Nichtlandwirte im Testraum WIESENBERG NW wohnhaft. Zwei nahmen Wohnsitz im Taldorf Dallenwil, von wo aus sie im Sommer als Älpler den Testraum aufsuchen. Vier weitere wohnen als Nichtlandwirte ausserhalb der Testgemeinde, und zwei wanderten als Farmer nach Kanada aus. Neun im Testraum Ansässigen stehen also acht Wegzüger gegenüber. Wird anstelle des Testraums die Testgemeinde gesetzt, ergibt sich ein Verhältnis von elf zu sechs. Dabei stehen elf landwirtschaftlich Tätigen sechs Nichtlandwirte gegenüber. Von den neun in der Testgemeinde verbliebenen Landwirten und Älplern sind lediglich vier verheiratet. Von den gesamthaft elf Töchtern ist keine einzige mehr im Testraum ansässig. Vier sind im Dorf Dallenwil, sieben anderswo in der Schweiz wohnhaft. Eine einzige ist ledig geblieben, neun sind mit Landwirten verheiratet.

Typisch für den männlichen Bevölkerungsteil der betrachteten Generation von Underhus, Langmattli und Lückebode sind also der hohe Anteil an Ledigen bei den ansässig gebliebenen Landwirten, die kleine Zahl von ansässig bleibenden Nichtlandwirten und die Abwanderung in andere Berufe, verbunden mit einem Wegzug aus der Testgemeinde. Typisch für den weiblichen Bevölkerungsteil sind die vollständige Abwanderung aus dem Testraum und die hohe Zahl von Heiraten mit auswärtigen Landwirten.

Fig. 45 ▷
Siedlungsdynamik im Testraum WIESENBERG NW (Die Zahlen bezeichnen das Jahr der Wohnsitznahme im Testraum, □ dauernd bewohnt, ○ kurze Abfahrtszeit im Spätwinter, ◇ saisonaler Wechsel zwischen Alphütte und Wohnhaus)

SIEDLUNGSDYNAMIK IM TESTRAUM WIESENBERG NW

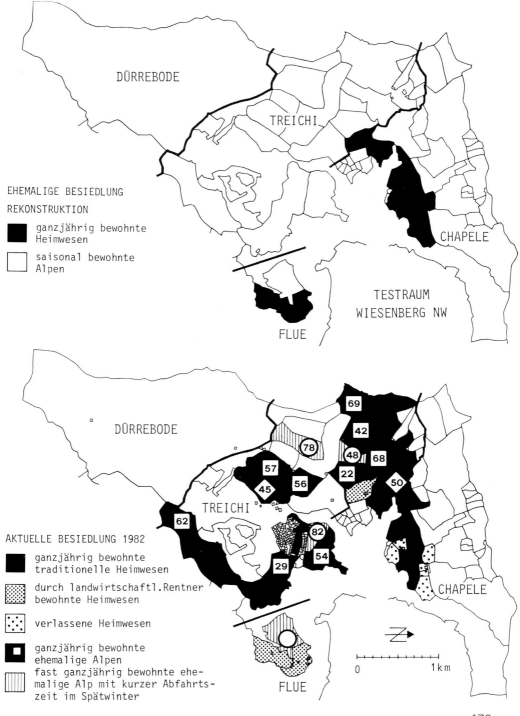

Analoge Verhältnisse gelten auch für die nachfolgende Generation. Sie sind nicht nur für die drei beschriebenen Familien, sondern für die Gesamtbevölkerung des Teilraums CHAPELE typisch: In den acht Ganzjahresbetrieben und auf den beiden ganzjährig bewohnten Alpen leben neben zehn ledigen sieben verheiratete männliche Betriebsangehörige, Jugendliche unter 20 Jahren und Kinder nicht mitgerechnet. Die *Familiengrösse nimmt* von Generation zu Generation *ab*. Waren im Langmattli, im Underhus und am Bord in der ersten Hälfte dieses Jahrhunderts Familien mit dreizehn, elf und neun Kindern anzutreffen, so umfassen die heutigen Familien in Lochalp, Lückebode, Chapelmatt, Schwand, Underhus und Schürmatt zwischen drei und sechs Nachkommen. Die beiden ganz jungen Familien im Underhus und im ehemaligen Schulhaus haben je zwei Kleinkinder, zu denen sich in Zukunft mit grosser Wahrscheinlichkeit noch weitere gesellen werden.

Die Dynamik der Wohnbevölkerung durch Abwanderung im Zusammenhang mit Betriebsaufgaben (Fig. 45), durch den Rückgang der Familiengrösse und durch den Mangel an Ehefrauen wird begleitet von einer *Verringerung der Belegungsdichte landwirtschaftlicher Wohnhäuser:* Die Zahl der ganzjährig bewohnten Häuser hat sich trotz dreier Neubauten (Schulhaus 1937, «Alpenrösli» 1950, Post 1957) von zwölf auf elf reduziert, da durch die vier erwähnten Betriebsaufgaben zwei Wohnhäuser verschwunden sind und die beiden anderen heute als Ferienhäuser genutzt werden (vergl. Gebäudenutzungsdynamik).

c Infrastrukturdynamik

Hand in Hand mit dem Verlust an Bevölkerungssubstanz geht im Teilraum CHAPELE ein Zerfall infrastruktureller und kultureller Einrichtungen:

Schule

Die eigene Primarschule ist 1970 infolge kantonaler Schulgesetzgebung aufgehoben worden. Schon für das Jahr 1836 erwähnt BUSINGER eine Schule am Wiesenberg mit zwölf Schulkindern. Die Kantonsverfassung von 1850 verband dann Wiesenberg und Dallenwil zu einer einzigen Schulgemeinde, ohne aber eine Aufhebung des Schulbetriebs am Wiesenberg zu bewirken. Im Anschluss an die Revision der Bundesverfassung von 1874 stellten die Wiesenberger das Begehren, in Schulfragen selbständig zu werden. Diesem Gesuch wurde 1880 entsprochen. Bis in diese Zeit reichen auch die Schulprotokolle der Wiesenberger Schule zurück. Der Unterricht fand zuerst in der Kaplanei statt und wurde durch den Kaplan erteilt. Als die Schar der Schulkinder anfangs der Dreissigerjahre auf 24 anwuchs, entschloss man sich 1936 zum Bau eines Schulhauses. Der Underhusbauer stellte der Schulgemeinde ein Stück Bauland zur Verfügung, und die Umgebungsarbeiten wurden im freiwilligen Frondienst durch die Bevölkerung geleistet. Während der folgenden Jahrzehnte beherbergte der schmukke Bau die Gesamtschule, die jeweils eine Lehrkraft und bis zu 30 Schüler umfasste. 1970 erfolgte auf behördlichen Druck hin der Zusammenschluss mit Dallenwil zu einer einzigen Schulgemeinde. Kantonale Instanzen, aber auch einzelne Eltern stellten die Chancen der Wiesenberger Gesamtschulabsolventen im Hinblick auf eine weiterführende Ausbildung in Frage, und der herrschende Lehrermangel erschwerte die Anstellung qualifizierter Lehrkräfte. Als ein Kompromissvorschlag auf Beibehaltung der Primarschulunterstufe bei den Wiesenbergern, die mehrheitlich gegen jede Änderung eingestellt waren, ebenfalls auf Ablehnung stiess, wurde die Schliessung der Schule verfügt. Seither besuchen die Kinder des ganzen Testraumes die Primarschule in Dallenwil; für den Besuch der Sekundar- oder Realschule müssen sie sich gar in die Nachbargemeinde Wolfenschiessen begeben.

Das Schulhaus am Wiesenberg ist einige Jahre lang durch die Schulgemeinde Dallenwil als Ferienhaus vermietet worden, sehr zum Groll der ehemaligen Erbauer und Besitzer. Heute wird es durch den Lizlipächter bewohnt, dessen Frau aus dem Underhus stammt. Ein Teil der mittleren und älteren Generation hat den erzwungenen Verlust der Schule bis heute nicht überwunden und blickt mit einer gewissen Bitterkeit hinunter ins aufstrebende Taldorf.

Kirche

Die historische Kapelle auf dem Flüeli – im Jahr 1336 durch Johann von Kienberg gestiftet und 1754 im barocken Stil neu aufgebaut – steht seit der Renovation von 1963–65 unter Bundesschutz. Das schmucke Gotteshaus wird durch die Bauernfamilie der Chapelmatt betreut. Der Kaplan ist trotz seines hohen Alters noch rüstig und hält täglich Gottesdienst. Die Wiesenberger wissen aber nicht, ob seine Nachfolge geregelt ist oder ob sie dereinst mit Aushilfskräften werden vorlieb nehmen müssen. Der ehemals stattliche Kirchenchor existiert seit Jahren nicht mehr.

Post

Das Postbüro hat 1981 im Zusammenhang mit der Pensionierung des Posthalters seinen Schalter geschlossen. Ursprünglich wurde der Postverkehr über den Kaplan abgewickelt. Anschliessend befand sich das Postbüro im Underhus und seit 1957 im neuen Haus des Posthalters, der neben dem Schalterdienst auch das Vorsortieren in Dallenwil, den Transport zum und vom Wiesenberg sowie das Austragen besorgte. Wiesenberg besass einen eigenen Datumstempel, der aber von der Postdirektion zurückgezogen wurde. Heute kommt täglich ein Postsack mit der Luftseilbahn an den Berg, wo nun der Sohn des Gastwirtes für das Austragen verantwortlich ist. Auf seiner Tour leert er auch die öffentlichen Briefkästen auf Wirzweli und beim «Alpenhof». Hat sich die Versorgung dadurch zwar nicht wesentlich verschlechtert, so empfinden viele Wiesenberger den Verlust von Postbüro und Poststempel dennoch als schmerzhafte Identitätseinbusse.

Gasthäuser

Die ehemals bekannte Pension «Alpenhof» ist zu einem einfachen Restaurant verkümmert, das in erster Linie von der einheimischen Bevölkerung abends und nach dem sonntäglichen Kirchgang aufgesucht wird. Hin und wieder treffen auch Hochzeitsgesellschaften zum Aperitif ein. Vorbei sind aber die Zeiten, als zahlreiche Sommerfrischler, vorab aus den beiden städtischen Regionen Zürich und Basel, nicht nur die sechs Doppelzimmer im «Alpenhof» selber belegten, sondern auch in den meisten Bauernhäusern einquartiert waren, sich zu den Essenszeiten aber alle im Speisesaal der Pension einfanden. Vorbei auch die Zeiten, wo der Kaplan an Pilger und Wanderer Wein und Most ausschenkte.

Laden

Der Einkaufsladen mit Artikeln für den täglichen Bedarf wird von der Frau des pensionierten Posthalters nur noch auf Zusehen hin geführt. Da es sich dabei im besten Fall um einen bescheidenen Nebenverdienst handelt, ist es fragwürdig, ob sich sonst jemand um diese Dienstleistung an der Wiesenberger Bevölkerung bemühen wird. Zuerst war der Laden im «Alpenhof», später im 1945 erbauten Ferienhaus «Brisenblick», und seit 1958 befindet er sich im selben Haus wie das nun geschlossene Postbüro.

Luftseilbahn

Die 1934 erbaute Luftseilbahn ist erneuerungsbedürftig. Schwache Benützerfrequenzen und ungenügende Einnahmen erlauben der Genossenschaft, die sich mehrheitlich aus Landwirten des Testraumes zusammensetzt, kaum genügend Rückstellungen für grössere Investitionen, sodass die Zukunft der Seilbahn ungewiss ist.

Strassen

Die geteerte Strasse, die den Wiesenberg mit dem Taldorf Dallenwil verbindet, ist ein Teilstück der Kantonsstrasse, die über Ächerli in den Nachbarkanton Obwalden führt und schon 1870 bis zum Langbode erbaut worden war. Sie weist in den steilen Waldpartien unterhalb des Testraumes grosses Gefälle auf und erlaubt nur an bestimmten Stellen das Kreuzen zweier Fahrzeuge. Der Kanton zeigte sich schon vor einigen Jahren gewillt, die Strassenverhältnisse zu verbessern. Einem Neubauprojekt, welches eine sechs Meter breite Strasse in einer weniger kurvenreichen Linienführung vorsah, erwuchs von seiten der Wiesenberger Bevölkerung Opposition. Angst vor grossem Verkehrsaufkommen und Unwille über den zugemuteten Kulturlandverlust waren dabei die Beweggründe. So lehnte denn die Landsgemeinde diese Vorlage ab, und der bereitgestellte Betrag von 15 Mio. Franken floss in andere kantonale Strassenbauprojekte. Einer Belagssanierung würde aber keine Gegnerschaft erwachsen, und die winterliche Schneeräumung wird sehr geschätzt.

Wasserversorgung

Die Trinkwasserversorgung ist unbefriedigend und verschlechtert sich noch zusehends. Die traditionellen Heimwesen sind auf die spärlichen Quellen der Stanserhornsüdflanke angewiesen, die der schwachen Bewaldung und des grossen Gefälles wegen eine geringe Speicherkapazität aufweist. Dies macht sich besonders in der unregelmässigen Schüttung der meisten Quellen bemerkbar: Nach sommerlichen Gewitterregen reagieren sie rasch und führen häufig verschmutztes Oberflächenwasser mit.

Die untersten Heimwesen sowie das Chapeledörfli (Gebäudegruppe rund um die Kapelle) nutzen Quellen, die in unmittelbarer Nähe zutage treten (Fig. 46). So besitz

Reckholtere zwei eigene Quellen, von denen die eine den Stall, die andere das touristisch genutzte Wohnhaus bedient. Das Underhus verfügt über die beste Quelle und hat auch während Trockenperioden ausreichend Wasser. Spärlicher fliesst das Wässerchen beim Schürmattrank, das mit minimalem Gefälle Pfrundhaus und Chapelmatt mehr schlecht als recht zu versorgen vermag. Etwas südlich davon entspringt das Hoschtetwasser, welches zwei Leitungen und einen der beiden zugedeckten Bachläufe speist.

Die oberen Heimwesen führen mit längeren Leitungen Wasser aus einiger Entfernung zu: Das Langmattli bezieht Wasser aus Hinder Sagerts, und die restlichen Wohnhäuser sowie die drei Ferienhäuser sind an ein Leitungssystem angeschlossen, das mit Lochwasser gespiesen wird. Allerdings hat eine Ribi (Murgang) diese Quelle im August 1981 zugeschüttet. Seither wird mit einer improvisierten Plastikleitung Lizliwasser zugeführt, welches aber nach intensiver Jauchedüngung im Sulzmattli eine leichte Farbveränderung erfährt. Ein kleines Reservoir gewährt ausreichenden Druck und stellt, von einigen Brunnentrögen abgesehen, die einzige Löschwasserreserve im ganzen Teilraum CHAPELE dar. Zwar führt die einheimische Feuerwehr regelmässig Übungen durch, bei einem Ernstfall wird sich ihr Einsatz aber vor allem auf das Retten von Mensch, Vieh und Habe und auf den Schutz benachbarter Gebäude beschränken müssen.

Noch spärlicher fliesst das Wasser für die höher gelegenen Alpen. Einzig die Alp Chrinne verfügt über eine gute Quelle im Lochgrabe nahe dem Alpgebäude. Ober und Under Chneu speichern Quellwasser in Reservoirs, während die Viehställe und Gadehüser im Raume Leitere Regenwasser in gemauerten Zisternen auffangen.

Zahlreicher sind die Quellen am Fusse des Chli Horn, die heute mehrheitlich von Ferienhäusern genutzt werden. Ihre Gesamtschüttung ist aber ebenfalls bescheiden, sodass der Wasservorrat des Teilraums CHAPELE in quantitativer wie in qualitativer Hinsicht sehr zu wünschen übrig lässt. Daher richtet sich der Blick seit Jahrzehnten in die Dürrebodealp zu den ertragsreichen Quellen, die einzelne Treichialpen überreichlich mit Wasser versorgen. Mehrere Projekte für eine umfassende Wasserversorgung im ganzen Testraum scheiterten jedoch am Widerstand der Quellbesitzer, die keine Beschränkung ihrer traditionellen Nutzungsrechte in Kauf nehmen wollen (vergl. Teilraum TREICHI).

Telefon und Elektrisch

Alle landwirtschaftlichen Wohnhäuser im Teilraum CHAPELE verfügen über einen Anschluss ans Telefonnetz. Schon 1924 wurden die ersten Apparate installiert, und zwar im damaligen Postbüro im Underhus, in der Kaplanei, in der Pension «Alpenhof» und in der benachbarten Schürmatt. Da die Post eine Mindestzahl von fünf Anschlusswilligen als Bedingung für den Bau einer Zuleitung vom Tal herauf stellte, sich im Teilraum CHAPELE aber kein fünfter Interessent finden liess, beteiligte sich zusätzlich

Fig. 46 (S. 184/185)
Aktuelle Wasserversorgung in den drei Testräumen

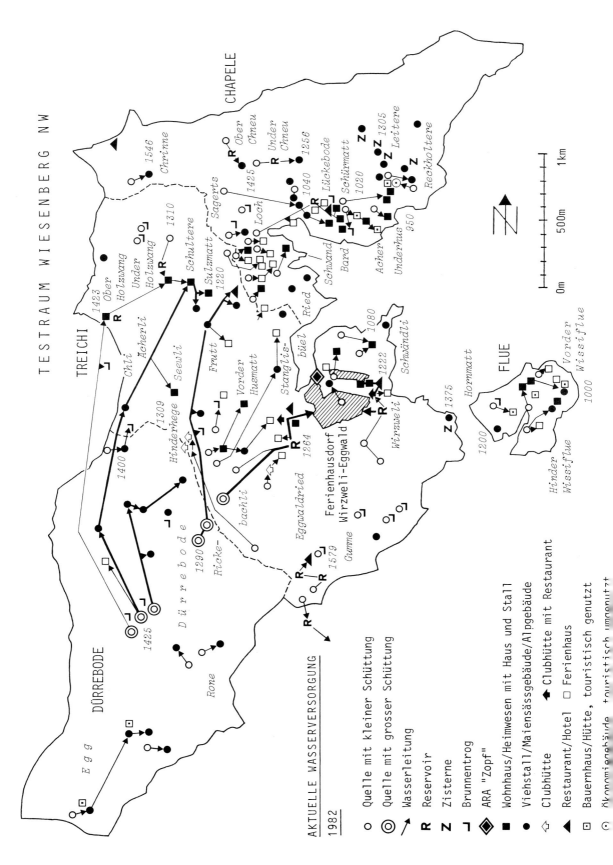

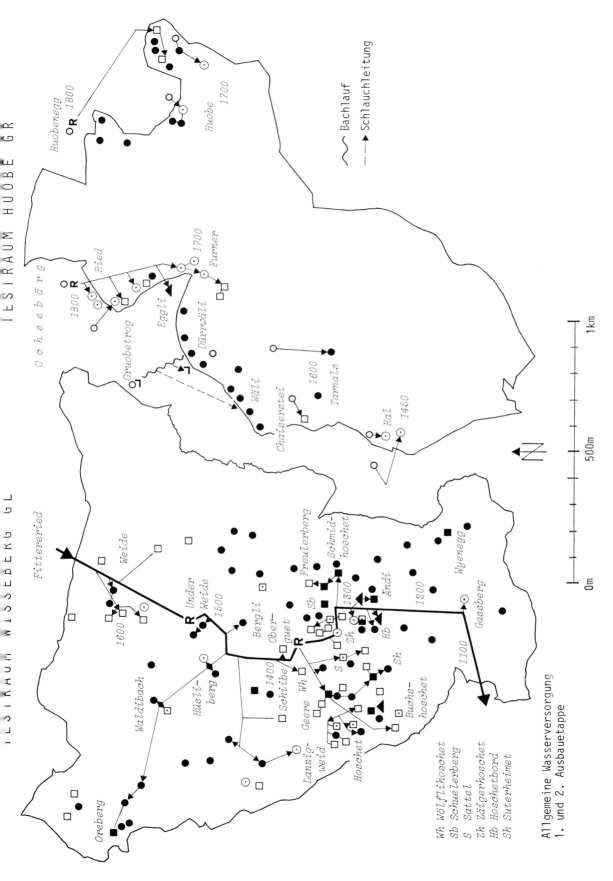

der Besitzer des Under Schwändli, obwohl er dieses Haus nur saisonal belegte. Seither überspannt eine Telefonleitung den tiefen Einschnitt des Steinibach. In den Fünfzigerjahren erfolgte die Erweiterung des Netzes via «Alpenrösli» und Lizli in den Teilraum TREICHI hinein, und erst nach 1970 wurden das Bord, die Schwand, die Chapelmatt und das Langmattli angeschlossen.

Die Elektrifizierung ging in zwei Etappen vonstatten: 1922 wurde die Stromversorgung für das Dauersiedlungsgebiet bis zum Lückegrabe Wirklichkeit, 1949 folgte die Erschliessung der restlichen Gebiete. Heute sind einzig die den Heimwesen zugehörigen Alpen im Teilraum CHAPELE und die Eggalpen ohne elektrischen Strom.

Der beschriebene Verlust an öffentlichen Einrichtungen sowie an wirtschaftlicher und kultureller Infrastruktur ist nicht allein eine Folge der Bevölkerungsabnahme, sondern ebenso Ausdruck allgemeiner Verhaltensänderungen. Die wachsende individuelle Mobilität durch die voranschreitende Motorisierung des Verkehrs erweitert den Aktionsradius der Bevölkerung mit zunehmender Erschliessung ihres Lebensraumes. Die so gewonnene Unabhängigkeit von nahegelegenen, dezentralen Versorgungseinrichtungen führt letztlich zu deren Eliminierung durch Konzentration des Angebotes in zentralen Orten. So werden immer häufiger die Grosseinkäufe wöchentlich im «Länderpark» (MMM-Einkaufszentrum) in Stans getätigt; der Laden am Wiesenberg genügt dann noch für das, was in Stans vergessen wurde. Leidtragende dieser Entwicklung, die sich nicht nur im ländlichen Raum abspielt, sind vor allem ältere Einwohner, die über kein Auto verfügen, oder alleinstehende Bauern, die wenig Zeit für längere Einkaufstouren aufbringen können. Heute sind am Wiesenberg gerade noch vier Landwirtschaftsbetriebe ohne eigenes Auto, drei davon besitzen allerdings Transporter. So bleibt ein einziger Landwirt auf Luftseilbahn und Einkaufsladen angewiesen, ebenso der Älpler vom Ober Chneu.

Führt bei der materiellen Versorgung die erhöhte Mobilität des einzelnen Nachfragers zur räumlichen Zentralisation auf der Anbieterseite, so führt die totale Dezentralisation bei der immateriellen Versorgung zu einem weitgehenden Verzicht auf Mobilität. Die weitverbreitete Hauslieferung von Information und Unterhaltung via Zeitschriften und Fernsehen senkt die Bereitschaft zu eigener Aktivität in Gruppen oder Vereinen. Vor allem ältere Leute verbringen die Winterabende lieber in den eigenen vier Wänden, als im nächtlichen Schneegestöber je nachdem lange und nicht immer ungefährliche Wegstrecken zurücklegen zu müssen. Sogar dem kirchlichen Zeremoniell erwächst durch die Massenmedien Konkurrenz, und das Austauschen von Informationen beim anschliessenden Wirtshausbesuch hat durch die Möglichkeiten des Telefonverkehrs seinen einstigen Stellenwert eingebüsst.

Zusammenfassend können für die *Bevölkerungs- und Infrastruktur und ihre Dynamik* im Teilraum CHAPELE folgende Merkmale als typisch bezeichnet werden:

- Überalterte Bevölkerung mit einem hohen Anteil an ledigen Männern in mittleren und oberen Altersklassen
- Hohe Abwanderungsraten bei Männern und noch ausgeprägter bei Frauen nach Erreichen der Volljährigkeit
- Rückgang der Einwohnerzahl durch Abnahme der Familiengrösse und Verminderung der Familienzahl im Zusammenhang mit Betriebsaufgaben
- Abnahme der Belegungsdichte bei landwirtschaftlichen Wohnbauten
- Zerfall von kulturellen und infrastrukturellen Einrichtungen

A2 TEILRAUM TREICHI

a Aktuelle Bevölkerungsstruktur

Im Teilraum TREICHI umfasst die ganzjährig ansässige aktive Landwirtschaftsbevölkerung gegenwärtig 24 Männer, 15 Frauen und 29 Jugendliche (total 68 Personen), die sich auf zwölf Betriebe verteilen. Mitberücksichtigt sind dabei neben den Ganzjahresbetrieben mit und ohne winterlicher Abfahrtszeit auch die beiden reinen Alpbetriebe Ronemattli und Gumme, da die Bewirtschafter einen Teilerwerb im Tourismusgewerbe erzielen und daher ganzjährig im Testraum wohnen (Fig. 43). Nicht miteinbezogen sind hingegen die fünf Alpbetriebe, die von Talbetrieben aus bestossen werden. Zwar ist die Dauer der Anwesenheit im Testraum bei den beiden Alpen mit Stallfütterung im Frühwinter etwa gleich lang wie bei den drei Ganzjahresbetrieben mit kurzer Abfahrtszeit im Spätwinter; der Unterschied liegt aber in der offiziellen Angabe des Wohnsitzes inner- oder ausserhalb des Testraumes (vergl. Betriebstypen.) Die nichtlandwirtschaftliche Bevölkerung umfasst sieben Männer, sieben Frauen und zwei Jugendliche, gesamthaft also 16 Personen, die sich auf die vier Gastbetriebe «Sulzmattli», «Gummenmattli», «Satusheim» und «Restaurant Wirzweli» sowie auf drei Ferienhäuser verteilen. Beim Sulzmattliwirt handelt es sich um einen verwitweten landwirtschaftlichen Rentner, der seinen ehemaligen Bauernbetrieb an die Sulzmatt und das Lizli verpachtet. Bei der Wirzweliwirtin handelt es sich um die Witwe des verstorbenen Wirzwelibauern. Einer ihrer Söhne führt heute den Landwirtschaftsbetrieb. Gesamthaft bewohnen demnach 84 Einwohner ganzjährig den Teilraum TREICHI. Die Altersstruktur (Fig. 44) zeigt einen pyramidenförmigen Aufbau mit stark vertretenen unteren Altersklassen. Auffällig ist die Einbuchtung bei den mittleren Altersklassen, speziell bei den weiblichen Einwohnern. Die breite Basis der Pyramide weist auf eine eher wachsende Bevölkerung hin.

Die Familiengrösse zeigt zwar unterschiedliche Werte; trotzdem muss auf den hohen Anteil kinderreicher Familien hingewiesen werden, wie er für heutige Verhältnisse aussergewöhnlich ist. So liegen die Kinderzahlen für die Betriebe Sulzmatt, Hinder Husmatt, Wirzweli (Familie des verstorbenen Betriebsleiters), Ober Holzwang und Under Schwändli jeweils zwischen acht und zwölf.

b Bevölkerungsdynamik

Die Dynamik der Wohnbevölkerung ergibt sich aus der *Wiederbesiedlung* der anfangs Jahrhundert ausnahmslos saisonal bestossenen Alpen. So bemerkenswert die Zunahme der Landwirtschaftsbevölkerung für einen ländlich-alpinen Raum an sich schon erscheint, umso aussergewöhnlicher ist der Wiederbeginn ganzjähriger Wohnsitznahme in einer ehemals aufgelassenen Berggegend. Die Ursache für dieses lokale Anheben der Dauersiedlungsgrenze ist mehrheitlich im Verfahren der horizontalen Erbteilung zu suchen, welche Talgut und Alp voneinander abtrennt und im betrachteten Testraum mehrmals zur Anwendung gelangt ist. Dem oder den Erben der Alp stehen grundsätzlich drei Möglichkeiten offen:
— einen nichtlandwirtschaftlichen Beruf ausüben und die Alp verpachten
— selber die Alp bewirtschaften und einen Zusatzverdienst suchen
— die Alp in einen Ganzjahresbetrieb umwandeln und dauerhaft ansässig werden.

Für alle drei Varianten lassen sich Beispiele finden. Im Verlauf der letzten Jahrzehnte sind dreizehn Familien auf Alpen ganzjährig ansässig geworden (Fig. 45). Die stete Zunahme der Landwirtschaftsbevölkerung im Teilraum TREICHI, die aus der Wiederbesiedlung resultiert, wird verstärkt durch die erwähnte hohe Kinderzahl einzelner Siedlerfamilien. Allerdings findet in der zweiten Generation schon wieder eine Abwanderung statt, ähnlich wie sie für die Familien im Teilraum CHAPELE beschrieben worden ist.

c Infrastrukturdynamik

Die Zunahme der Landwirtschaftsbevölkerung im Teilraum TREICHI wird begleitet von einem Ausbau der landwirtschaftlichen und vom Aufbau einer touristischen Infrastruktur, wobei der Wintertourismus im Vordergrund steht. Diese Entwicklung ist einerseits eng mit der dauerhaften Wohnsitznahme durch die Landwirtschaftsbevölkerung verknüpft, andererseits aber auch durch das Wirken Aussenstehender beeinflusst:

Kirche

Auf dem Känzeli im Ober Holzwang steht an luftiger Stelle die 1905 durch die damalige Alpeigentümerin gestiftete und dem Bischof von Chur übergebene Holzwangkapelle. Die Eigentümer des heutigen Ganzjahresbetriebs Ober Holzwang versehen den Sigristendienst im erneuerungsbedürftigen Bauwerk, welches unter zahlreichen Unwettern und besonders unter dem Erdbeben von 1964 stark gelitten hat. Gegenwärtig sammelt eine eigens gegründete Stiftung Geld für die baldige Renovation der Kapelle.

Am Rande des neuen Ferienhausdorfes Wirzweli-Eggwald ist seit 1979 die ökumenische Bergkapelle Wirzweli anzutreffen. Auf Wunsch zahlreicher Ferienhausbesitzer im Anschluss an eine Sammelaktion durch den Kapellenverein Wirzweli realisiert, bietet sie heute Raum für verschiedenste gottesdienstliche Anlässe. Die Betreuung der Kapelle obliegt der Bauernfamilie auf Wirzweli. Seit 1982 ertönt die alte Laurentiusglocke auf der ehemaligen Alp. Ursprünglich im Dallenwiler Kirchturm hängend, soll sie der Sage nach einst mit ihrem hellen Ton die Hexe der Alp Wirzweli gebannt haben, als diese während eines gewaltigen Unwetters mit Schlamm- und Schuttmassen zu Tale gefahren sei. Das Anrissgebiet heisst noch heute Häxeribi und das Glöcklein dementsprechend Häxeribigleggli.

Gasthäuser und Laden

Im Gebiet Wirzweli, Eggwald und Gumme ist im Zusammenhang mit der touristischen Erschliessung ein neues Angebot an Versorgungseinrichtungen entstanden, das Clubhütten, Gasthäuser, einen Bergladen und einen Kiosk umfasst (vergleiche Tourismusdynamik: Infrastrukturdynamik).

Seilbahnen

Die erste Wirzwelibahn von 1926 diente dem Milch- und Schülertransport hinunter nach Dallenwil. Das erste Gummenseil hingegen wurde von einem Gewerbetreibenden aus Dallenwil 1946 erbaut und war von allem Anfang an als Touristenbahn gedacht. Auch die neue Wirzwelibahn ist in erster Linie eine Touristenbahn, wird aber ebenfalls von der Landwirtschaftsbevölkerung benutzt.

Strassen

Seit 1870 ist der Teilraum TREICHI durch die Kantonsstrasse mit dem Talboden verbunden. In den Jahren während des Zweiten Weltkrieges erbauten Arbeitslose im Auftrag des Bundes die Verlängerung vom Langbode zum Ächerlipass, während internierte Polen die schon bestehende Strecke ausbesserten. Zusätzliche Anschlussstrassen (Fig. 29), die von den Landwirten in gemeinsamer Arbeit selbst betoniert worden sind, führen seit 1975 in die Hinder Husmatt, seit 1976 zur Frutt, zum Sulzmattli, zur Sulzmatt, zur Schultere und zum Under Holzwang. Die Zufahrt zum Ober Holzwang wurde 1977 ohne Hartbelag erstellt, diejenige zum Seewli 1978 betoniert. 1973 baute die Ürtenkorporation die Walderschliessungsstrasse, die in Hinderhege von der Kantonsstrasse abzweigt und in den Eggwald führt.

Wasserversorgung

Die Trinkwasserversorgung der Privatalpen und Ganzjahresbetriebe zeigt ein uneinheitliches Bild (Fig. 46):

Die Treichialpen gegen den Ächerlipass und in der Mulde nordwärts vom Seewliegg besitzen verbriefte Nutzungsrechte an ertragsreichen Quellen auf dem Gebiet der Genossenschaftsalp Dürrebode. Ein oberer Leitungsstrang geht von der mittleren Dürrebodequelle aus und endet in der Sulzmatt, ein unterer führt vom Rickebachli bis zum Sulzmattli. Die Versorgung mit Wasser ist reichlich und erlaubt, die Brunnen dauernd laufen zu lassen. Die untere Leitung speist in der Hinder Husmatt einen freistehenden Brunnen als Abgeltung für die Durchleitungsrechte. Eine dritte Wasserleitung führt von der obersten Dürrebodequelle in den Ober Holzwang, wo mit dem Neubau 1976 auch ein Reservoir vor allem für Löschwasser erstellt worden ist. Das Zufahrtsrecht über das Strässchen wird dem Gross Ächerli mit einem Brunnenanschluss abgegolten. Da das Ober Holzwanghaus nur wenige Meter tiefer als die genutzte Quelle liegt, ergeben sich Probleme mit Wasserdruck und -menge. Die Betriebe zwischen Kantonsstrasse und Steinibach beziehen Trinkwasser aus kleinen Quellen mit teilweise schlechter Schüttung und schwankender Wasserqualität. Auf Stanglisbüel speichert ein Weiher Löschwasser, sonst sind keine Reservoirs vorhanden.

Wirzweli verfügt über eigenes Wasser. Erst seit dem Ferienhausboom muss Fremdwasser zugeleitet werden. Heute versorgen die Rickebachliquellen der Ürtenkorporation das Ferienhausdorf Wirzweli-Eggwald sowie Clubhütten, Restaurants und Wohnhäuser (vergl. Ferienhausdynamik: Wasserversorgung). Ober und Under Schwändli können auf Wunsch hin ebenfalls angeschlossen werden, begnügen sich vorläufig aber mit Quellwasser vom Schwändlirain.

So gibt es Betriebe, die mit der aktuellen Situation sehr zufrieden sind und sich gegen eine allgemeine Wasserversorgung sperren, falls dabei an ihren Privilegien gerüttelt werden soll. Es handelt sich vornehmlich um Alpbetriebe, deren Bestossung vom Tal aus erfolgt, und um Ganzjahresbetriebe mit kurzer Abfahrtszeit im Spätwinter. Andere Betriebe, nicht zuletzt Ganzjahresbetriebe, müssen mit Restwasser oder schwachen Quellen vorlieb nehmen. Sie sind verständlicherweise stark an einer allgemeinen Wasserversorgung interessiert und haben schon manchen Vorstoss unternommen. So existiert seit Jahren die Flurgenossenschaft Wasserversorgung Wiesenberg/NW, in der die allermeisten Liegenschaftsbesitzer linksseitig vom Steinibach zusammengeschlossen sind. Noch ist aber keines der ausgearbeiteten Projekte realisiert worden. Im Gegensatz dazu ist rechtsseitig vom Steinibach im Zusammenhang mit der touristischen Erschliessung ein leistungsfähiges Versorgungsnetz entstanden.

Telefon und Elektrisch

Das räumliche Siedlungsmuster im Teilraum TREICHI – lauter Einzelhöfe in lockerer Streulage – bedingt eine grosse individuelle Mobilität in bezug auf die Versorgung, fördert aber auch die freiwillige Isolierung auf der kommunikativen Ebene durch den Anschluss ans Telefon- und Fernsehnetz. Der erste Telefonapparat in den Treichialpen wurde Mitte der Dreissigerjahre im Berggasthaus «Sulzmattli» installiert. Weitere Anschlüsse folgten vor allem in den Fünfziger- und Siebzigerjahren. Gross und Chli Ächerli, Waldmattli und Ronemattli sind noch heute ohne Telefonverbindung. Seit 1949 verfügen alle ganzjährig bewohnten Gebäude im betrachteten Teilraum über einen Stromanschluss.

Zusammenfassend können für die *Bevölkerungs- und Infrastruktur und ihre Dynamik* im Teilraum TREICHI folgende Merkmale als typisch bezeichnet werden:

— Bevölkerung mit breit abgestützter Altersstruktur und zahlreichen jungen Familien
— Zunahme der Einwohnerzahl durch dauerhafte Wohnsitznahme im Zusammenhang mit Betriebs- und nachfolgenden Familiengründungen
— Einrichtung einer Seilbahnverbindung zum Taldorf mit nachfolgendem Aufbau einer touristischen Infrastruktur

A3 TEILRAUM FLUE

Im Teilraum FLUE leben in den beiden aufgelassenen Betrieben zwei männliche und zwei weibliche Erwachsene im Alter von über 60 Jahren. Als landwirtschaftliche Rentner verbringen sie ihren Lebensabend auf der Wissiflue, während ihre Kinder ins Tal abgewandert sind. Im Gegensatz dazu ist in der ehemals nur saisonal bewohnten Hornmatt eine junge Familie mit drei Knaben und zwei Mädchen anzutreffen (Fig. 43 und Fig. 44).

Seit 1927 besteht eine Seilbahnverbindung mit dem Taldorf Wolfenschiessen. Die neue Bahn von 1959 bringt nun auch Skitouristen auf die Wissiflue, wo seit rund zehn Jahren ein Skilift existiert. Die Wasserversorgung (Fig. 46) beruht auf kleinen Quellen, welche alle im Teilraum selber liegen. Die ganzjährig bewohnten Häuser sind ans Telefonnetz angeschlossen. Elektrischer Strom steht seit 1959 zur Verfügung, und 1982 erreicht ein Walderschliessungsweg von Dallenwil aus den Teilraum FLUE.

Zusammenfassend können für die *Bevölkerungs- und Infrastruktur und ihre Dynamik* im Teilraum FLUE folgende Merkmale als typisch bezeichnet werden:

— Überalterte Bevölkerung und Abnahme der Einwohnerzahl durch Abwanderung der Nachfolgegeneration auf der Wissiflue
— Junge Bevölkerung und Zunahme der Einwohnerzahl durch dauerhafte Wohnsitznahme auf der Hornmatt
— Einrichtung einer Seilbahnverbindung zu einem Taldorf und Aufbau einer bescheidenen touristischen Infrastruktur

A4 TEILRAUM DÜRREBODE

Im Teilraum DÜRREBODE ist keine dauerhaft ansässige Wohnbevölkerung vorhanden (Fig. 43 und Fig. 44). Hingegen leben den Sommer über zwölf Männer, sechs

Abb. 53   Ein einfaches Holzbrett überquert als Steg für Fussgänger die Geererus (WISSE-BERG GL)

Abb. 54   In engen Kehren steigt der Fussweg vom Meissebödeli zum Stigerberg empor (WISSEBERG GL)

Abb. 55   Wie im ganzen Alpenraum, so werden auch im Testraum WISSEBERG GL die alten Fusswege zusehends durch landwirtschaftliche Fahrwege abgelöst (WISSEBERG GL)

Abb. 56   Der ehemalige Fussweg am Schuelerberg lässt sich heute nur noch am Relief und am krautigen Bewuchs erkennen (WISSEBERG GL)

Abb. 57   Seit altersher dienen Holztröge der Versorgung von Mensch und Vieh (Schuelerberg, WISSEBERG GL)

Abb. 58   Mobile Tränkfässer werden im Testraum WISSEBERG GL von einem Berggut zum andern getragen, wenn das Vieh die Weide wechselt

Abb. 59   Eine ausgediente Badewanne erfüllt den Zweck als Trog oder als Tränkfass (WISSE-BERG GL)

Abb. 60   Wo aus mehreren Heugütern eine einzige Rinderweide wird, lässt der Unterhalt der Brunnentröge zu wünschen übrig (Sattelberg, WISSEBERG GL)

Abb. 61 Das neue Wasserreservoir im Oberguet stellt das Herzstück der modernen allgemeinen Wasserversorgung im Testraum WISSEBERG GL dar

Abb. 62 Im Eggwaldried befindet sich eines der beiden Wasserreservoire, welche die Ringleitung des Ferienhausdorfes Wirzweli-Eggwald speisen (TREICHI NW)

Abb. 63   Im Gadehus der Alp Chrinne hat die neue Zeit noch nicht Einzug gehalten (CHAPE-LE NW)

Abb. 64   Bei Regenwetter und in den Abendstunden vertreibt ein Spiel auf dem Küchentisch die Langeweile (Chrinne, CHAPELE NW)

Abb. 65   Im Gadehus der Alp Hinder Leitere wird bei Gaslicht und mit Holz gekocht (CHAPE-
          LE NW)

Abb. 66   Im Gadehus der Lochalp steht neben dem Holzherd auch ein elektrischer Kochherd
          (CHAPELE NW)

Abb. 67   Täglich kommt ein Postsack mit der Luftseilbahn an den Wiesenberg (CHAPELE NW)

Abb. 68   In der Alpstube der Frutt hat die neue Zeit Einzug gehalten mit elektrischem Licht, Telefonanschluss und Fernsehempfänger (TREICHI NW)

Abb. 69   Bei den kinderreichen Familien des Teilraums TREICHI NW sind Hochzeiten keine Seltenheit. Die Jungbauern und Älpler pflegen dabei mit ihren grossen Kuhglocken altes Brauchtum

Abb. 70   Auch die ältere Generation kleidet sich festlich für die Teilnahme an Hochzeitsfeiern (WIESENBERG NW)

Abb. 71   Die Feuerwehr vom Wiesenberg hat bei ihrer winterlichen Nachtübung nur wenig Löschwasser zur Verfügung (CHAPELE NW)

Abb. 72   Die nächtliche Saumetzgete auf Wirzweli dient der Selbstversorgung mit Schinken und Würsten (TREICHI NW)

Frauen sowie neun Jugendliche (total 27 Personen) in neun der elf Hütten, die von ausserhalb des Testraumes bestossen werden. Die Familie, die Chüenere bewirtschaftet, wohnt ganzjährig in der Schwand und ist deshalb schon der Bevölkerung des Teilraums CHAPELE zugerechnet worden. Einzig der angestellte Käser aus dem Emmental ist im Total von 27 Personen enthalten, die den Teilraum DÜRREBODE saisonal bewohnen. Darunter sind vier Familien mit Kindern anzutreffen. Mit Ausnahme des erwähnten Käsers stammen alle Älpler aus dem Kanton Nidwalden. Im Frühwinter sind zwei Hütten von einzelnen Männern belegt, die das gewonnene Heu bis gegen Weihnachten hin ans Galtvieh verfüttern.

Das erste Eggseil, das kurz nach dem Zweiten Weltkrieg von der Meyershütte aus eingerichtet worden war, diente als Transportanlage für Älpler und Landwirtschaftsprodukte. Die Talstation mit ihrem Dieselmotor befand sich in einem kleinen Holzhüttchen, das noch heute in der Nähe der Alpgebäude steht und als Schopf gebraucht wird. 1952 erfolgte die Verlegung der Talstation zur Langbodehütte hinunter. Seither fahren auch Sommer- und Wintertouristen mit der Eggbahn.

Als Eigentümerin der Dürrebode- und der Rickebachliquellen fördert die Genossenschaftsalp rund 510 l/min., was einen mittleren Wasserertrag von 736 m^3 ergibt (vergl. TECHNISCHER BERICHT ZUM PROJEKT EINER ALLGEM. WASSERVERSORGUNG WIESENBERG 1972). Dies ist eine Menge, die eine ausreichende Versorgung sämtlicher Treichialpen und der traditionellen Heimwesen im Teilraum CHAPELE erlauben würde. Es besteht zwar ein Vertrag zwischen der Alpgenossenschaft und der Gemeinde Dallenwil zur Wasserlieferung. Die bisherigen Nutzniesser sind aber dagegen, dass Neubezüger zu denselben Bedingungen Wasser erhalten sollen wie sie selber. Unklarheit herrscht besonders darüber, ob sich die tradierten Nutzungsrechte auf die Gesamtmenge des austretenden Wassers oder nur auf die bisher gefasste Menge erstrecken. Eine Neufassung der Quellen – unabdingbare Voraussetzung für eine allgemeine Wasserversorgung – würde die zur Verfügung stehende Wassermenge merklich erhöhen und dank einer verbesserten Wasserqualität auch den bisherigen Nutzern Vorteile bringen. Allerdings müssten diese auf ihre dauernd laufenden Brunnen verzichten, wozu sie bis heute aber nicht bereit sind.

Alle sechs Dürrebodehütten verfügen seit 1950 über elektrischen Strom, wogegen keine der sechs Egghütten ans Netz angeschlossen ist. Drei Dürrebodehütten besitzen einen Telefonapparat.

Zusammenfassend können für die *Bevölkerungs- und Infrastruktur und ihre Dynamik* im Teilraum DÜRREBODE folgende Merkmale als typisch bezeichnet werden:

— Nur saisonal anwesende Bevölkerung, bestehend aus Familien und einzelnen Angehörigen von Familien ausserhalb des Testraumes
— Einrichtung einer Seilbahnverbindung zwischen Dürrebodealp und Eggalp

Zusammenfassend können für die *Bevölkerungs- und Infrastruktur und ihre Dynamik* im TESTRAUM WIESENBERG NW folgende Merkmale als typisch bezeichnet werden:

TEILRAUM CHAPELE
– Überalterte Bevölkerung mit einem hohen Anteil an ledigen Männern in mittleren und oberen Altersklassen
– Abnahme der Einwohnerzahl, begleitet von einem Zerfall infrastruktureller Einrichtungen

TEILRAUM TREICHI
– Junge Bevölkerung mit teilweise kinderreichen Familien
– Zunahme der Einwohnerzahl, begleitet vom Aufbau einer touristischen Infrastruktur

TEILRAUM FLUE
– Wissiflue wie Teilraum CHAPELE
– Hornmatt wie Teilraum TREICHI

TEILRAUM DÜRREBODE
– Nur saisonal anwesende Bevölkerung mit Wohnsitz ausserhalb des Testraumes

GANZER TESTRAUM WIESENBERG NW
– Im Sommerhalbjahr neben der dauerhaft ansässigen eine saisonal anwesende Landwirtschaftsbevölkerung mit Wohnsitz ausserhalb des Testraumes

B TESTRAUM WISSEBERG GL

a Aktuelle Bevölkerungsstruktur

Die folgenden Aussagen zur Struktur und Dynamik der Wohnbevölkerung im Testraum WISSEBERG GL basieren auf Erhebungen im Jahr 1975. Da sich bis zum Abschluss der Feldarbeit für die vorliegende Untersuchung keine wesentlichen Veränderungen ergeben haben, sei aus einer früheren Publikation zitiert, was an dieser Stelle von Interesse ist (KESSLER 1978): «Die 47 Personen mit ganzjährigem Wohnsitz am Wisseberg verteilen sich auf zwölf Haushalte, von denen vier durch alleinstehende Männer (zwei Altledige und zwei Witwer) geführt werden. Die übrigen acht umfassen demnach im Schnitt jeweils mehr als fünf Personen. Meist handelt es sich um kinderreiche Familien oder Restbestände davon... Von den total 47 Einwohnern gehören 31 dem männlichen und 16 dem weiblichen Geschlecht an. Zwei zu eins lautet also das krasse Missverhältnis zwischen den beiden Geschlechtsgruppen. Dass es in den höheren Altersklassen vorhanden ist, erstaunt wenig. Es ist dort unmittelbar Ausdruck einerseits für die bis vor kurzem grossen Schwierigkeiten der Bergbauern, Frauen zu finden, und andererseits für die Vorliebe der Töchter, sich auswärts zu verheiraten. Am extremsten präsentiert sich die Situation beim ledigen Anteil der Bevölkerung: Den zehn heiratsfähigen Männern steht keine einzige ledige Frau gegenüber! Erstaunlicherweise ist auch bei den Kleinkindern ein bescheidener Knabenüberschuss zu beobachten. Die quantitative Ausgeglichenheit zwischen den Geschlechtern bei der Gesamtbevölkerung in der Altersklasse zwischen dreissig und vierzig Jahren darf als Folge der touristischen Erschliessung des Wisseberg angesprochen werden. Ohne sie wäre es kaum dazu gekommen, dass heute zwei ansässige Jungbauern mit Zürcher Frauen verheiratet sind. Diese Familiengründungen und das Vorhandensein von zwei weiteren jungen Familien bedeuten, dass die Wisseberger Bevölkerung die drohende Gefahr einer Stagnation überwunden hat.»

b Bevölkerungsdynamik

«Die Bevölkerungswanderung ist auch heute noch eine einseitige mit negativer Bilanz. Den beiden zugezogenen Frauen stehen viele Söhne und Töchter gegenüber, die vom Wisseberg weggezogen sind. Der Wohnsitzwechsel bei den Männern hat seinen Grund meistens im Erlernen und Ausüben eines nichtlandwirtschaftlichen Berufes, bei den Frauen ist es die Heirat mit Auswärtigen.»

Der für 1975 beschriebene Zustand ist weitgehend noch heute anzutreffen. Die bedeutendste Veränderung in der Altersstruktur ergibt sich aus dem Zuzug einer jungen Pächtersfamilie in der Schmidhoschet nach erfolgter Betriebsaufgabe durch den verwitweten Eigentümer.

Die Dynamik der Wohnbevölkerung ist in diesem Jahrhundert also geprägt durch eine *Abnahme der Einwohnerzahl* im Zusammenhang mit Betriebsaufgaben und dem Mangel an Ehefrauen. Einher geht eine *Verringerung der Belegungsdichte landwirtschaftlicher Wohnhäuser:* Die Zahl der ganzjährig bewohnten Häuser hat sich trotz dreier Neubauten («Bergheim» 1946, «Edelwyss» 1973, Suterheimet 1976) von mindestens 24 auf zwölf reduziert, da fünf Bauernhäuser verschwunden sind und sieben nur noch als Ferienhäuser touristischen Zwecken dienen (vergl. Gebäudenutzungsdynamik).

c Infrastrukturdynamik

Hand in Hand mit dem Verlust an Bevölkerungssubstanz geht im Testraum WISSEBERG GL ein Abbau an öffentlichen Einrichtungen:

Schule

Die Primarschule ist 1968 aufgehoben worden. HEER schrieb 1840: «Gegenwärtig steht hier ein zerstreutes Dörfchen, welches im Jahre 1832, unterstützt vom Schulverein und von der Kirchgemeinde Matt, eine eigene Gemeindeschule gestiftet hat, nachdem schon lange vorher im Winter, der weiten Entfernung von Matt und des schlechten Wegs halber, eine Privatschule auf dem Berge gehalten worden war.»

Der zunehmende Lehrermangel in der Hochkonjunktur der Sechzigerjahre machte das Finden geeigneter Lehrkräfte immer schwieriger. Als 1967 mit dem Bau der Luftseilbahn Matt-Wissenberge eine wintersichere Verbindung zum Taldorf entstand, führte dies zwei Jahre darauf zur Schliessung der Bergschule. Seither besuchen die Kinder des Testraumes die Schulen unten im Tal. Da sich die verschiedenen Schulstufen auf mehrere Taldörfer verteilen (Engi: Primarunterstufe, Elm: Primaroberstufe, Schwanden: Hilfsklasse, Realschule), sind die Kinder zu grosser Mobilität gezwungen. Täglich legen sie mit Seilbahn und Talbus beträchtliche Strecken zurück. Sogar vorschulpflichtige Kinder müssen aufgrund kantonaler Gesetzgebung den Kindergarten in Elm aufsuchen, was die betroffenen Bergbauernfamilien zu Recht als widersinnig empfinden.

Kirche

Die sporadischen Gottesdienste, welche früher der Matter Pfarrer im Schulhäuschen abhielt, gehören heute der Vergangenheit an. Seilbahn und hoher Motorisierungsgrad ermöglichen auch älteren Bergbewohnern den sonntäglichen Kirchgang nach Matt hinunter.

Post und Laden

Ein eigenes Postbüro und einen Einkaufsladen hat der betrachtete Testraum nie besessen. Der Einkauf erfolgt wie immer im Tal, der Transport der Ware mit der Seilbahn oder dem Auto.

Gasthäuser

Die drei Gasthäuser sind nicht sehr alt. Eines entstand zur Zeit des Strassenbaus, die beiden anderen sind im Zusammenhang mit dem Seilbahnbau zu sehen. Alle werden sie von Landwirten als Rentner oder im Nebenerwerb geführt. (vergl. Tourismusdynamik: Infrastrukturdynamik)

Luftseilbahn

Die 1967 durch eine Genossenschaft erstellte Seilbahn Matt-Wissenberge erhöht die Mobilität der Testraumbevölkerung besonders im Winter beträchtlich. Landwirte und Ferienhausbesitzer benutzen sie zudem für Warentransporte, und die erwähnten Gasthäuser profitieren vom Touristenverkehr.

Strassen

Vorbei sind die Zeiten, als Fuss- und Saumpfade die einzigen Verkehrsträger am und zum Wisseberg darstellten. Alles, was die Wisseberger einstmals im Tal unten erstanden hatten, mussten sie über den Chileweg bergauf schleppen. Daran änderte auch der Bau der Chrauchtalstrasse wenig, die seit den Sechzigerjahren des letzten Jahrhunderts Matt mit den Gemeindealpen verbindet. Erst die 1923/24 erstellte Abzweigung über Wyenegg, Hoschetbord und Ändi zur Zäigerhoschet und die gleichzeitige Verbreiterung des Weges vom Hoschetbord zur Under Hoschet machten den Wisseberg für Fahrzeuge zugänglich. Zu diesem Zweck hatten sich die ansässigen Bauern zu einer Strassenkorporation zusammengeschlossen und grosse Schuldenlasten auf sich genommen. Im Jahr 1967 erfolgte die Weiterführung der Fahrstrasse via Buchshoschet zur neuen Seilbahnstation.

In der Zeitspanne von 1972-1974 erstellten Schulklassen aus dem Unterland sog. Wanderwege, bei denen es sich aber um Fahrwege handelt, die von den Bauern mit ihren Landwirtschaftsmaschinen rege benutzt werden. In den folgenden Jahren ergänzten und erweiterten die aktiven Landwirte dieses Fahrwegnetz in eigener Regie bis ins Gebiet der höhergelegenen Berggüter, von denen die meisten nun mit Fahrzeugen erreichbar sind (Fig. 13).

Wasserversorgung

Die traditionelle Wasserversorgung wird auf der Stufe der Heimwesen durch mehrere private Leitungssysteme gewährleistet. Allerdings bringen die genutzten Quellen geringe Erträge, oft wird gar nur offenes Bachwasser zugeführt. Einzelne Häuser und die überwiegende Zahl der Viehställe verfügen lediglich über einen Brunnen im Freien. Die Berggüter zweigen in der Regel mit einer Röhre Wasser aus einem der zahlreichen Bächlein ab, welche den Riedflächen des Testraumes entspringen.

Zahlreich sind auch die Holzbrunnen aus ausgehöhlten Baumstämmen und die tragbaren runden Tränkfässer längs der Wasserläufe, und hin und wieder erfüllt gar eine ausgediente Badewanne denselben Zweck. Die schweren Zementtröge finden sich hingegen unmittelbar bei den Viehställen, meist in den Heimwesen. Dank des ausserordentlich dichten Gewässernetzes mit dauernder Wasserführung steht für das Tränken des Viehs immer reichlich Wasser zur Verfügung. Die Trinkwasserversorgung liess aber lange Zeit zu wünschen übrig; auch fehlten Speichermöglichkeiten für Löschwasser. So kam es in den Siebzigerjahren zum etappenweisen Aufbau einer allgemeinen Wasserversorgung (Fig. 46), die von den ertragsreichen Fitterequellen der Tagwengemeinde Matt gespiesen wird und heute die Bedürfnisse aller Anschlusswilligen zu befriedigen vermag. Da ihre Realisierung nur dank der Beteiligung der meisten Ferienhausbesitzer erfolgen konnte, wird bei der Betrachtung der Ferienhausdynamik näher auf sie einzugehen sein.

Telefon und Elektrisch

Der erste Telefonapparat am Wisseberg wurde vor knapp 60 Jahren im Haus am Ober Hoschetbord installiert. Als alleiniger Interessent musste der Abonnent die Bäume für die Telefonstangen selber zurüsten. Da die Nachbarn dann doch recht häufig zum Telefonieren kamen und für einen Zwanziger manchmal recht lange Gespräche führten, sah er sich zum Einbau eines Taxameters gezwungen. Erst im Laufe der Fünfzigerjahre erfolgte der Ausbau zu einem eigentlichen Telefonnetz.

Die Zuleitung von elektrischem Strom erfolgte 1935. Die damals erstellte Hochspannungsleitung führt zur Hoschet, von wo aus ein Verteilnetz die Versorgung der Heimwesen übernimmt. Anfänglich endeten die Stränge am Wyenegg und auf dem Stigerberg, heute führt einer bis ins Ober Geere hinauf.

Zusammenfassend können für die *Bevölkerungs- und Infrastruktur und ihre Dynamik* im TESTRAUM WISSEBERG GL folgende Merkmale als typisch bezeichnet werden:

- Überalterte Bevölkerung mit einem hohen Anteil an ledigen Männern in mittleren und oberen Altersklassen
- Abwanderung junger Söhne und Töchter nach Erreichen der Volljährigkeit
- Rückgang der Einwohnerzahl ebenso wie der Zahl der Familien durch Betriebsaufgaben
- Abnahme der Belegungsdichte bei landwirtschaftlichen Wohnbauten
- Verlust der Schule bei gleichzeitigem Aufbau einer bescheidenen touristischen Infrastruktur

C TESTRAUM HUOBE GR

a Aktuelle Bevölkerungsstruktur

Da der Bündner Testraum keine Heimwesen, sondern nur Berggüter und Maiensässe umfasst, weist er auch keine permanent ansässige Wohnbevölkerung auf. Weil die beschriebene raumwirksame Landwirtschaftsdynamik aber auch hier eng mit der Bevölkerung verknüpft ist, die als Nutzergruppe und Entscheidungsträger über den Testraum verfügt, drängt sich eine Betrachtung von Struktur und Dynamik der Bevölkerung der ganzen Testgemeinde Fanas auf.

Wie sich der Statistik der EIDG. VOLKSZÄHLUNG 1980 entnehmen lässt, umfasst die Landwirtschaftsbevölkerung der Gemeinde Fanas 71 Personen (1970: 80 Personen). Alle Angaben, welche die Altersstruktur betreffen, beziehen sich aber auf die Gesamtbevölkerung. DÖNZ (1972, S. 3) stellt für 1960 fest, dass Fanas einen Mangel an jungen Kräften von 20-30 Jahren, dafür aber mehr AHV-Berechtigte als im kantonalen Mittel aufweise. Er vermutet für 1970 eine noch stärkere Überalterung, da die sinkenden Schülerzahlen auf die Abwanderung junger Leute schliessen lasse.

b Bevölkerungsdynamik

Die Vermutung von DÖNZ wird durch JÄGGI/SCHÄR/JEZLER (1981, S. 12) bestätigt: «Wie ersichtlich ist, weicht die Altersstruktur von Fanas 1970 deutlich vom kantonalen Durchschnitt ab. In Fanas leben prozentual weniger Kinder, Jugendliche und Personen im erwerbsfähigen Alter von 20-64 Jahren als im Kanton Graubünden. Dafür übersteigt der Anteil der Rentner in Fanas den kantonalen Durchschnitt... Ein Hauptgrund für diese Überalterung dürfte wohl in der starken Abwanderung der vorangegangenen zehn Jahre liegen. Wegen Mangel an Arbeitsplätzen waren es vermutlich vor allem junge Leute im erwerbsfähigen Alter, die das Dorf verliessen. Ein auffallender Mangel besteht denn auch bei den Männern und Frauen zwischen 30 und 34 Jahren.»

Eine Überalterung im Vergleich zum kantonalen Mittel lässt sich auch 1980 noch feststellen, obwohl für die Zeit nach 1970 die mittleren Altersklassen eine positive Bilanz bezüglich Zu- und Abwanderung aufweisen. Heute umfasst die Gesamtbevölkerung 278 Personen mit einem ausgeglichenen Zahlenverhältnis zwischen den beiden Geschlechtsgruppen.

Die erwähnte Abwanderung jüngerer Leute, die vor allem innerhalb der Landwirtschaftsbevölkerung zu einer *Überalterung* führt, äussert sich in der hohen Zahl alter Bauernhäuser, die entweder leerstehen oder nur noch von alleinstehenden Personen (Altledige und landwirtschaftliche Rentner oder Rentnerinnen) bewohnt werden. So weisen JÄGGI/SCHÄR/JEZLER für 1981 allein im Dorf 17 zur traditionellen Bausubstanz gehörende Wohnhäuser nach, die leerstehen oder durch Einzelpersonen genutzt werden. In drei weiteren fehlt eine mittlere oder junge Generation. Der Rückgang der Landwirtschaftsbevölkerung führt also auch in der Testgemeinde Fanas zu einer *Verminderung der Belegungsdichte bei Bauernhäusern*.

c   Infrastrukturdynamik

Schule

Das von DÖNZ (1972, S. 31) beobachtete Sinken der Schülerzahl in den Sechzigerjahren führte im Zusammenhang mit dem damals akuten Lehrermangel beinahe zur Aufhebung der Fanaser Dorfschule. Das aus dem Jahr 1835 stammende Schulhaus wurde jedoch mit grosszügiger finanzieller Unterstützung seitens der Gemeinde Wallisellen in den Jahren 1975-77 renoviert und die Primarschule damit dem Dorf erhalten. Für den Besuch von weiterführenden Schulen müssen sich die Fanaser Kinder seit jeher ins Tal hinunter begeben.

Kirche

Der seit 1943 amtierende Pfarrer steht kurz vor seiner Pensionierung. Ein Nachfolger wird mit grosser Wahrscheinlichkeit in Grüsch unten amtieren und von dort aus die Fanaser Kirchgemeinde mitbetreuen.

Post

Fanas besitzt ein eigenes Postbüro, und dreimal täglich verkehrt ein Postauto zwischen Fanas und Grüsch, wo ein Anschluss an die Rhätische Bahn besteht.

Gasthäuser

Im Dorf sind zwei Gasthäuser in unmittelbarer Nähe der Seilbahnstation anzutreffen. Etwas ausserhalb des geschlossenen Siedlungskerns gibt es zwei Pensionen, und oben im Testraum HUOBE GR liegt neben der Seilbahnbergstation das einfache Bergrestaurant «Sassauna» (vergl. Tourismusdynamik: Infrastrukturdynamik).

Laden

Als einzige Versorgungsmöglichkeit findet sich in Fanas eine modern eingerichtete VOLG-Filiale mit einem reichhaltigen Warenangebot für den kurzfristigen Bedarf. Einkäufe für den mittel- und langfristigen Bedarf müssen im Tal getätigt werden, sei es in den Regionalzentren Schiers und Landquart oder in der Kantonshauptstadt Chur.

Seilbahn

Die Seilbahn Fanas-Eggli stammt aus dem Jahre 1964. Sie ersetzt eine ältere Anlage, die 1947 durch die Gemeinde vom Militärdepartement erstanden und in eigener Regie eingerichtet worden war. Als Initianten traten aktive Landwirte auf, die im Testraum HUOBE GR Maiensässe bewirtschafteten und so eine Erleichterung des Warentransportes und eine Verkürzung der Zeitdistanzen zwischen unteren und oberen Nutzungsstufen erreichen wollten (vergl. Tourismusdynamik: Infrastrukturdynamik). Die Zwischenstationen auf dem Ruobode, auf Cania und auf dem Chaiserstei erschliessen zusätzlich Einzelhöfe oberhalb des Dorfes und höhergelegene Berggüter im Testraum selber. Mit dem Bau von Güterstrassen hat die unterste Zwischenstation für die Landwirtschaft an Bedeutung verloren.

Strassen

Die Testgemeinde Fanas ist über eine Kantonsstrasse mit dem Taldorf Grüsch und neuerdings über eine Meliorationsstrasse mit dem Taldorf Schiers verbunden. In den letzten Jahren sind in der Testgemeinde viele Kilometer an Güter-, Alp- und Walderschliessungsstrassen gebaut worden: 1972-79 entstand die Güterstrasse über Pajös und Plandadei nach Aldur und 1976-82 die Wald- und Alperschliessungsstrasse über Munt und Tersana nach Ludera. 1980 erfolgte der erste Spatenstich für die Strasse, die von Pajös aus Plamaria erreichen und damit die Verbindung zum Wegnetz in der Gemeinde Schiers herstellen soll. Ihre Realisierung wird den Weg in die Fanaser Alp Fadur, der vorläufig noch über das Taldorf Schiers führt, erheblich verkürzen. Für alle diese Projekte hat die Gemeinde Wallisellen finanzielle Unterstützung gewährt. Zum Testraum HUOBE GR besteht aber nach wie vor keine Strassenverbindung.

Wasserversorgung

Im Testraum HUOBE GR gibt es verständlicherweise keine allgemeine Wasserversorgung. Vielmehr liefern mehrere Quellen und Bächlein Wasser in die Brunnentröge bei den Viehställen. Mit dem Ferienhausbau und der touristischen Nutzung von Maiensässgebäuden entstehen bescheidene private Leitungssysteme (vergl. Tourismusdynamik: Ferienhausdynamik, ebenso Fig. 46)

Telefon und Elektrisch

Eine erste Sprechverbindung mit dem Testraum HUOBE GR stellte das Telefon der Seilbahn dar. Private Anschlüsse sind erst seit einem Jahr im Bergrestaurant und in drei zu Ferienhäusern umgebauten Maiensässgebäuden vorhanden, hingegen fehlt jegliche Stromversorgung.

Zusammenfassend können für die *Bevölkerungs- und Infrastruktur und ihre Dynamik* in der TESTGEMEINDE FANAS GR folgende Merkmale als typisch bezeichnet werden:

- Überalterte Bevölkerung mit einem hohen Anteil an landwirtschaftlichen Rentnern
- Abwanderung junger Bauernsöhne und -töchter nach Erreichen der Volljährigkeit
- Rückgang der Landwirtschaftsbevölkerung
- Abnahme der Belegungsdichte bei landwirtschaftlichen Wohnhäusern
- Zeitweilig drohender Verlust der Schule
- Aufbau einer bescheidenen touristischen Infrastruktur

D VERGLEICH DER DREI TESTRÄUME

a Aktuelle Bevölkerungsstruktur

Im Teilraum CHAPELE NW, im Testraum WISSEBERG GL und in der Testgemeinde Fanas GR weist die *Altersstruktur* der Landwirtschaftsbevölkerung einen Überhang in den oberen Altersklassen auf. Der zahlenmässige Anteil der männlichen Bevölkerungsgruppen überwiegt, und bei den Ledigen herrschen Männer in mittleren und oberen Altersklassen vor. Im Teilraum TREICHI NW hingegen weist die Altersstruktur der ganzjährig ansässigen Bevölkerung eine breite Basis in den unteren Altersklassen auf. Der zahlenmässige Anteil der männlichen Bevölkerungsgruppe überwiegt auch hier; allerdings gehören die männlichen Ledigen fast ausnahmslos zur Altersklasse der Zwanzig- bis Dreissigjährigen (Fig. 44).

Der Teilraum FLUE NW widerspiegelt erneut die beiden entgegengesetzten Strukturmomente: Überalterung auf der Wissiflue und junge Bevölkerung auf der Hornmatt.

Werden anstelle der Testräume die drei Testgemeinden miteinander verglichen, so lassen die Daten der EIDG. VOLKSZÄHLUNG 1980 folgende Aussagen bezüglich der Alters- und Geschlechtsstruktur zu (Fig. 47):

Deutlich tritt die Überalterung in Matt GL und Fanas GR auch bei der Gesamtbevölkerung in Erscheinung. Dies zeigt sich ebenso am Anteil der Kinder und Jugendlichen, der in Dallenwil NW 38%, in Fanas GR 29% und in Matt GL gar nur 26% der Gesamtbevölkerung ausmacht. Erneut muss aber innerhalb der Gemeinde Dallenwil NW differenziert werden: Wie sich den für 1982 erhobenen Daten entnehmen lässt, stimmt der entsprechende Wert für die Landwirtschaftsbevölkerung des Teilraums CHAPELE NW (30%) mit demjenigen von Fanas GR überein, während der Wert für den Testraum TREICHI NW (43%) denjenigen der Gesamtgemeinde Dallenwil NW noch übertrifft. Der hohe Anteil junger Einwohner in der Nidwaldner Testgemeinde erklärt sich zum Teil auch aus dem Kinderreichtum einzelner Familien, wie er in der

Glarner und der Bündner Testgemeinde kaum anzutreffen ist. Hier kommt das Moment unterschiedlicher konfessioneller Zugehörigkeit zum Ausdruck: 1970 gehörten in Dallenwil NW 99% der Einwohner der römisch-katholischen, in Matt GL 88% und in Fanas GR 98% der protestantischen Konfession an.

ALTERSTRUKTUR	DALLENWIL NW			MATT GL			FANAS GR		
Altersklassen:	m	w	m+w	m	w	m+w	m	w	m+w
0–19 Jahre	37%	39%	38%	23%	28%	26%	28%	30%	29%
20–64 Jahre	54%	52%	53%	58%	45%	52%	52%	52%	52%
65– Jahre	9%	9%	9%	19%	27%	22%	20%	18%	19%
Gesamtbevölkerung	53%	47%	100%	54%	46%	100%	51%	49%	100%

Fig. 47 (T)
Alters- und Geschlechtsstruktur der Bevölkerung in den drei Testgemeinden 1980 (Quelle: SQ Heft 701)

Das Zahlenverhältnis zwischen den beiden *Geschlechtsgruppen* zeigt für die Gesamtbevölkerung bei allen drei Gemeinden einen Überhang zugunsten der männlichen Bevölkerung. Dies ist ein Hinweis auf die Abwanderung junger Frauen durch Wegheirat. In den Werten für Dallenwil NW kommt andererseits kaum zum Ausdruck, dass der Testraum WIESENBERG NW in den mittleren Altersklassen einen ähnlich hohen Männerüberschuss (57%) wie die Gemeinde Matt GL aufweist, welcher ebenfalls aus der Abwanderung junger Frauen resultiert.

Auch die *Erwerbsstruktur* kann gemeindeweise verglichen werden. Die Daten der EIDG. VOLKSZÄHLUNG 1980 ergeben folgendes Bild (Fig. 48):

ERWERBSSTRUKTUR	DALLENWIL NW		MATT GL		FANAS GR	
Gesamtbevölkerung	1142	100%	384	100%	278	100%
erwerbstätige Bevölkerung	559	49%	186	48%	123	44%
III. Sektor	206	37%	55	30%	47	38%
II. Sektor	218	39%	69	37%	27	22%
I. Sektor	135	24%	62	33%	49	40%
Landwirtschafts-bevölkerung	220	19%	82	21%	71	25%

Fig. 48 (T)
Erwerbsstruktur in den drei Testgemeinden 1980 (Quelle: SQ Heft 709)

Der Anteil der Landwirtschaftsbevölkerung an der Gesamtbevölkerung schwankt in den drei Testgemeinden zwischen einem Viertel (Fanas GR) und einem Fünftel (Matt GL, Dallenwil NW), während der Anteil des Primären Sektors an der Gesamtzahl aller Erwerbstätigen zwei Fünftel (Fanas GR), einen Drittel (Matt GL) oder einen Viertel (Dallenwil NW) ausmacht. Für die eigentlichen Testräume WIESENBERG NW und WISSEBERG GL liegen die entsprechenden Werte natürlich bedeutend höher. Dass der prozentuale Anteil bei den Erwerbstätigen grösser ist als bei der Gesamtbevölkerung zeigt auf, dass innerhalb der Landwirtschaftsbevölkerung relativ mehr Menschen erwerbstätig sind als bei den übrigen Erwerbszweigen. Gründe dafür sind das Mitarbeiten der Frauen im Bauernbetrieb, die beträchtliche Zahl von ledigen Bauern und das Fehlen einer Nachfolgegeneration auf etlichen Höfen.

Ein Vergleich der Erwerbsstrukturen der drei Testgemeinden ergibt insofern Übereinstimmung, als alle drei Gemeinden nach STAMMHERR (1964) dem Typ der gewerblich-landwirtschaftlichen Mischgemeinde zugeordnet werden können. Während die Anteile des Tertiären Sektors von ähnlicher Grössenordnung sind, fällt Fanas GR im Sekundären Sektor mit einem relativ niederen Wert auf. Im Primären Sektor ergibt sich eine Abstufung von Fanas GR über Matt GL zu Dallenwil NW.

b Bevölkerungsdynamik

Im Teilraum CHAPELE NW, im Testraum WISSEBERG GL und in der Testgemeinde Fanas GR ist die Landwirtschaftsbevölkerung rückläufig. Betriebsaufgaben, Abwanderung in andere Berufe und fehlende Nachfolger sind die Ursachen, Abnahme der Belegungsdichte bei landwirtschaftlichen Wohnbauten ist eine der Auswirkungen dieses Substanzverlustes.

Im Teilraum TREICHI NW wächst die ganzjährig ansässige Bevölkerung hingegen als Folge von Betriebsgründungen an. Hand in Hand damit geht eine Zunahme der Belegungsdichte bei den ursprünglich nur saisonal bewohnten Alpgebäuden.

Der Teilraum FLUE umfasst die beiden gegenläufigen Prozesse.

Die *Entwicklung von Einwohnerzahl und Erwerbsstruktur* im Laufe der letzten Jahrzehnte kann aufgrund des vorliegenden statistischen Materials nur gemeindeweise zur Darstellung gelangen. Wieder wird dabei das Vorhandensein gegenläufiger Prozesse innerhalb der Gemeinde Dallenwil NW durch die Gesamt- und Mittelwerte unterschlagen. Trotzdem lassen sich die allgemeinen Entwicklungstendenzen erkennen und vergleichen (Fig. 49). Für das Jahr 1870 weisen Dallenwil NW und Matt GL annähernd dieselbe Einwohnerzahl auf, gerade doppelt soviel wie Fanas GR. Bis 1930 verläuft die Entwicklung in Dallenwil NW und Matt GL erstaunlich parallel. Es handelt sich um ein Stagnieren mit kleinen Schwankungen. Nach 1930 treten stark gegenläufige Entwicklungen auf. Dem markanten Bevölkerungsanstieg in Dallenwil NW steht

Fig. 49 ▷
Dynamik der Einwohnerzahl und der Erwerbsstruktur in den drei Testgemeinden

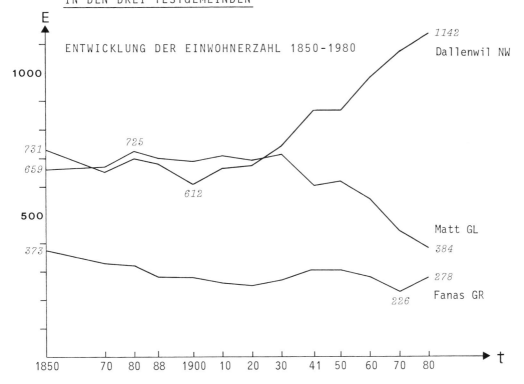

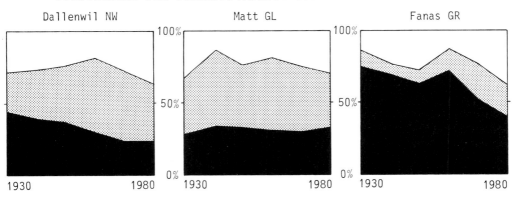

ein ebenso markanter Rückgang der Bevölkerung in Matt GL gegenüber, wobei beide Prozesse bis 1980 linear verlaufen, wird von der Stagnation während der Kriegsjahre abgesehen. Diese gegenläufigen Entwicklungen der Einwohnerzahl betreffen wohl auch die entsprechenden Teträume; die Ursachen dafür sind aber in den Taldörfern zu suchen: Dallenwil NW mit seinen kurzen Zeitdistanzen zu Stans und Luzern wird immer beliebter als Wohnort für Wegpendler, Matt GL hingegen verliert mit den Arbeitsplätzen in der Textilindustrie auch einen Teil seiner Bevölkerungssubstanz.

Fanas GR weist von 1870 bis 1970 eine leicht fallende Tendenz auf, die nur während der Kriegsjahre unterbrochen wird. Nach 1970 hingegen setzt ein Bevölkerungswachstum ein, welches auf dem Zuzug junger Familien und älterer Leute im Rentenalter beruht.

Auch bezüglich Erwerbsstruktur gleichen sich Dallenwil NW und Matt GL. Für 1960 ergibt sich gar völlige Übereinstimmung. Seither nimmt in beiden Gemeinden der Anteil des Sekundären Sektors ab, in Fanas GR hingegen zu. Der Tertiäre Sektor hat in allen drei Gemeinden seit 1960 ein starkes Anwachsen zu verzeichnen. Darin äussert sich zum einen der Ausbau einer touristischen Infrastruktur mit einem allerdings eher bescheidenen Arbeitsplatzangebot, zum anderen die erhöhte individuelle Mobilität, die ein Pendeln zwischen Wohnort und auswärtigem Arbeitsplatz erlaubt.

c *Infrastrukturdynamik*

Der Verlust an Bevölkerungssubstanz führt im Teilraum CHAPELE NW, im Testraum WISSEBERG GL und in der Testgemeinde Fanas GR zu einem drohenden oder effektiven Verlust von Versorgungseinrichtungen. Besonders augenfällig sind die Parallelen bezüglich zeitweise hängiger oder vollzogener Schliessung der Schule und Abbau kirchlicher Betreuung.

Für alle drei Testräume gleichermassen typisch ist die Erschliessung durch Seilbahnen in den Jahren 1927-67. Diese Seilbahnen – ursprünglich für die einheimische Landbevölkerung gedacht – dienen heute auch den Sommer- und den Wintertouristen.

Der Bau einer ersten Strassenverbindung vom Talboden herauf ist weit vor der Zeit der allgemeinen Motorisierung in Angriff genommen worden; der Bau der zahlreichen Güter- und Alperschliessungsstrassen hingegen steht in einem unmittelbaren Zusammenhang mit der Mechanisierung der Betriebe im Verlauf der letzten 20 Jahre.

Abb. 73 Die Versorgung mit Gütern des mittel- und langfristigen Bedarfs führt aus den Testräumen in die Taldörfer und Regionalzentren (Dallenwil NW)

Zusammenfassend ergibt sich für die *Bevölkerungs- und Infrastruktur und ihre Dynamik* folgendes Bild:

TEILRAUM CHAPELE NW / TESTRAUM WISSEBERG GL / TESTGEMEINDE FANAS GR
- Abnehmende Landwirtschaftsbevölkerung mit Überalterung und hohem Anteil an ledigen Männern
- Abnahme der Belegungsdichte bei landwirtschaftlichen Wohnbauten und Verlust von infrastrukturellen Einrichtungen

TEILRAUM TREICHI NW
- Zunehmende Landwirtschaftsbevölkerung mit jungen und zum Teil kinderreichen Familien
- Zunahme der Belegungsdichte bei ursprünglich nur saisonal bewohnten Alpgebäuden und Aufbau einer touristischen Infrastruktur

TEILRAUM FLUE NW
- Wissiflue wie Teilraum CHAPELE NW
- Hornmatt wie Teilraum TREICHI NW

43 Typisierung der Landwirtschaftsdynamik und Modellbildung

431 Synthese der Landwirtschaftsdynamik in den drei Testräumen

Der analytischen Darstellung der Landwirtschaftsdynamik und ihrer räumlichen Auswirkungen folgt anschliessend eine Gesamtschau für jeden Testraum, um das Zusammenwirken der einzelnen Prozessbereiche zu verdeutlichen und aufzuzeigen, wo und wie weit die Landwirtschaftsdynamik eine touristische Inwertsetzung der untersuchten Testräume ermöglicht oder gar begünstigt.

A TESTRAUM WIESENBERG NW

A1 TEILRAUM CHAPELE

Beim Teilraum CHAPELE handelt es sich um ein traditionelles Dauersiedlungsgebiet in südexponierter Lage auf einer Höhe von rund 1000 m ü.M. Auf terrassenartigen Hangverflachungen gruppieren sich die Heimwesen mit den Wohnhäusern und Viehställen im Umfeld der historischen Kapelle. Bergwärts folgen die zugehörigen Privatalpen mit den Gadehüser. Im noch steileren Gelände darüber liegen die Magerwiesen mit vereinzelten Heugädeli, und den Abschluss bilden die Wildheuplanggen mit den trennenden Waldstreifen. Das flach geneigte, feinparzellierte Ried dient der Gewinnung von Riedheu und Riedstreue. Während das Bauen von Heutristen durch den sommerlichen Motortransport abgelöst wird, sausen noch immer Hunderte von Heuburden an den zahlreichen Stahlseilen zu Tal, die mit den Mist- und Milchtransportseilen zusammen den ganzen Teilraum CHAPELE überspannen.

Betriebsaufgaben führen zu einer Konzentration von Grundeigentum bei den verbleibenden Betrieben. Damit verbunden sind ein Überflüssigwerden von Wohnbauten und vielfältige Extensivierungserscheinungen bei der Flächennutzung. So wandeln sich Kuhalpen zu Rinderalpen, Rinderalpen zu Schafalpen, und ehemalige Schafweide fällt brach. Einstmals reines Wiesland dient da und dort als Sömmerungsweide für Kühe und Galtvieh. Die Käseproduktion wird in allen Betrieben aufgegeben; die Milch geht zu einer Sammelstelle, von wo aus sie den Testraum mit der Luftseilbahn talwärts verlässt. Die Betriebe weisen einen eher bescheidenen Mechanisierungsgrad auf und wirtschaften nach traditioneller Art.

Der durch die Betriebsaufgaben verursachte Bevölkerungsrückgang wird zusätzlich verstärkt durch die Abwanderung junger Männer und vor allem junger Frauen nach Erreichen der Volljährigkeit und durch den Mangel an Ehepartnerinnen für die ansässig bleibenden Bergbauern. Die aktuelle Überalterung der Landwirtschaftsbevölkerung und der beachtliche Anteil lediger Männer erhöhen die Wahrscheinlichkeit weiterer Betriebsaufgaben.

Hand in Hand mit dem Sinken der Einwohnerzahl geht ein Verlust an öffentlichen und privaten infrastrukturellen Einrichtungen. So wird die Schule aufgehoben, das Postbüro geschlossen und der Pensionsbetrieb im «Alpenhof» eingestellt. Die Nachfolge des Kaplans ist ungewiss, ebenso die Zukunft des Einkaufsladens. Die Luftseilbahn bedarf der Überholung und bangt um ihre Konzession.

Die Versorgung mit elektrischem Strom erfasst lediglich die Heimwesen. Telefonapparate gibt es schon seit Jahrzehnten; der letzte Anschluss eines Bauernhauses liegt allerdings nur wenige Jahre zurück. Die Strassenverbindung zum Tal stammt aus dem vergangenen Jahrhundert und ist erneuerungsbedürftig.

A2 TEILRAUM TREICHI

Der Teilraum TREICHI gliedert sich in zwei unterschiedliche Raumeinheiten: Die Treichialpen umfassen die ostexponierte, beinahe waldlose Passmulde zwischen dem Chli Horn und dem Arvigrat und werden durch das vorkragende Seewliegg in eine nördliche und eine südliche Geländekammer unterteilt. Die bewohnten Alpgebäude liegen zwischen 1200 m und 1400 m ü.M. Der restliche Teilraum nimmt die vorwiegend bewaldete Nordflanke des Gummegrats ein und erstreckt sich über die Hangschulter der Wirzwelialp hinunter bis ins Schwändli. Das unterste Wohnhaus liegt auf 1100 m, das höchste auf knapp 1600 m ü.M.

Im Teilraum TREICHI sind alle Übergangsformen von der rein saisonal bestossenen Alp bis hin zum Ganzjahresvollbetrieb anzutreffen. Da die arrondierten Betriebsflächen häufig Fettwiese, Weide und Magerwiese umfassen, ergibt sich ein geringer Gebäudebestand pro Betrieb. Die Gebäudegruppen setzten sich in der Regel aus einem Viehstall, einer Alphütte und einem Spycherli zusammen und sind in Streulage über das ganze ehemalige Weidegebiet verteilt.

Einen Gegensatz zu den Privatalpen bildet das Korporationsland, welches Teile des Gummehangs und das Eggwaldried umfängt. Dieses wird – in rund 60 Ürtenlose aufgeteilt – an Landwirte aus der Testgemeinde verpachtet. Die grössten Waldflächen sind im Kollektivbesitz mehrerer Landwirte des Testraumes.

Betriebsgründungen als Folge horizontaler Erbteilungen führen zur Umwandlung von Alphütten in ganzjährig belegte Wohnhäuser und zu Intensivierungserscheinungen bei der Flächennutzung. So werden ehemalige Weidegebiete unter grossem Arbeitsaufwand in Wiesen umgewandelt, Riedflächen melioriert und Planggen geschlackt. Käseproduktion findet nur noch in zwei Käsereien statt. Die übrige Milch wird eingesammelt und verlässt den Testraum Richtung Luzern. Sämtliche Treichialpen sind über Fahrwege erreichbar. Die Vollerwerbsbetriebe weisen einen mittleren Mechanisierungsgrad auf und wenden moderne Methoden zur Ertragssteigerung an. Alle ganzjährig bewohnten und zwei saisonal genutzte Gehöfte sind ans Telefonnetz angeschlossen und haben elektrischen Strom in Haus und Stall.

Der durch das Ansässigwerden bedingte Bevölkerungszuwachs wird durch die einsetzende Abwanderung junger Söhne und Töchter der meist kinderreichen Familien abgebremst. Noch ist aber eine junge Bevölkerung vorhanden, und alle Betriebsleiter sind verheiratet. Die meisten Frauen stammen aus dem Kanton Nidwalden. Während sich die Treichialpen über die Kantonsstrasse zum Teilraum CHAPELE hin orientieren und auch von den dortigen Infrastruktureinrichtungen Gebrauch machen, sind Wirzweli und die beiden Schwändli seit jeher Dallenwil zugewandt. So bildet der Steinibach die Grenze der ehemaligen Schulgemeinde Wiesenberg und trennt noch heute die Gebiete zweier Viehzuchtgenossenschaften. Durch den Seilbahnbau und die nachfolgende Infrastruktur rückt Wirzweli ebenfalls in den Blickwinkel der Treichialpen. Und vom Zeitpunkt an, da alle Kinder die Schule in Dallenwil besuchen müssen, führt der Schulweg aus den Treichialpen nicht länger in den Teilraum CHAPELE hinüber, sondern über Wirzweli ins Tal hinunter.

In zwei Fällen führt die dauerhafte Wohnsitznahme nicht zur Umwandlung in Ganzjahresbetriebe. Vielmehr bleibt der reine Alpbetrieb beibehalten, allerdings ergänzt durch Winterarbeit im Tourismusgewerbe.

A3   TEILRAUM FLUE

Im Teilraum FLUE widerspiegeln sich die vorangehend beschriebenen Teilräume CHAPELE und TREICHI:
Auf der Wissiflue führen Betriebsaufgaben zu Extensivierungserscheinungen bei der Flächen- und Gebäudenutzung. Die ansässige Bevölkerung ist stark überaltert. Im Gegensatz dazu entwickelt sich auf der Hornmatt ein saisonaler Alpbetrieb zum Ganzjahresbetrieb, der durch eine junge Familie bewirtschaftet wird.

A4   TEILRAUM DÜRREBODE

Beim Teilraum DÜRREBODE handelt es sich um eine Genossenschaftsalp, die nicht mehr gemeinschaftlich bestossen wird, sondern in sechs Alpkreise aufgeteilt ist. Jeder dieser Alpkreise umfasst eine untere und eine obere Hütte, was der Einteilung der Gemeinalp in die beiden Stafel Dürrebode und Egg entspricht. Die sechs Hüttenrechtsbesitzer bezahlen einen jährlichen Pachtzins, der an die Genossenschafter im Verhältnis ihrer Alptitel verteilt wird. Zu jeder Dürrebodealp gehört eine Gebäudegruppe aus Viehstall, Alphütte und Spycherli, während bei den Eggalpen die Spycherli fehlen und Stall und Hütte an mehreren Orten unter einem Dach zum Gadehus zusammengefasst sind. Sämtliche Gebäude befinden sich in Privateigentum.

Heute bewirtschaften nicht mehr alle Hüttenrechtsbesitzer ihren Alpkreis selber, sondern sie verpachten ihn oder einen Teil davon an Landwirte und Älpler, die eigenes und fremdes Vieh sömmern. Von den zehn selbständigen Alpbetrieben werden acht mit einem Ganzjahresbetrieb zusammen genutzt, und zwei nehmen als reine Saisonbetriebe ausschliesslich fremdes Vieh zur Sömmerung an. Ein Teil der Milch wird in der Käserei auf Chüenere verarbeitet, der andere Teil in den Hütten zentrifugiert. Rahm und Butter gehen anschliessend nach Luzern. Die für die Dauer der Sömmerungszeit anwesende Bevölkerung umfasst neben Familien auch einzelne jüngere oder ältere Betriebsangehörige, welche das Alpvieh betreuen und in wenigen Fällen auch Heu für die frühwinterliche Stallfütterung von Galtvieh gewinnen. Im Hochwinter stehen die Alpgebäude leer. Mehrere Hütten werden seit Jahrzehnten im Winter als Skihütten an Auswärtige vermietet.

Der Übergang von einer zweistafeligen Alp zu einem Kuhalpungsgebiet Dürrebode und einem Rinderalpungsgebiet Egg im Anschluss an die Unterhagung kommt einer Nutzungsintensivierung im unteren und einer entsprechenden Extensivierung im oberen Stafel gleich. Neuerdings findet eine ähnliche Separierung innerhalb des Eggstafels statt, wodurch Alphütten ganzjährig überflüssig werden und somit auch einer touristischen Sommernutzung zur Verfügung stehen.

B TESTRAUM WISSEBERG GL

Der Testraum WISSEBERG GL umfasst als traditionelles Dauersiedlungsgebiet die südexponierte Trogschulter im Winkel zwischen Sernftal und Chrauchtal. Die Heimwesen mit den Wohnhäusern und den Viehställen erstrecken sich in lockerer Streulage von 1200 m bis auf 1400 m ü.M. Unter- und oberhalb liegen die zugehörigen Berggüter mit einzelnen Stallbauten, zu denen sich in höheren Lagen freistehende oder angebaute Hütten gesellen. Einige dieser Berggüter gehören zu Talbetrieben. Die kleinparzelligen Zwyfelweiden liefern nur noch selten Magerheu und Riedstreue, und die Magerheugädeli sind ebenso am Zusammenfallen wie die Geissgädeli im Ändi. Das Wildheu aus der Chrisbaumplangge erreicht die Heimwesen an einem langen Stahlseil, welches die Sulzwand überspannt.

Betriebsaufgaben halbieren die Zahl der Betriebe und bewirken eine starke Konzentration von Grundbesitz (Eigentum und Pachtland) bei den heute noch aktiven Landwirten. Dies führt zu Extensivierungserscheinungen bei der Flächen- und der Gebäudenützung. Abseits gelegene Magerheuwiesen fallen brach, und Fettwiese wandelt sich da und dort zu Sömmerungsweide für Rinder und Heimkühe. Die überzähligen landwirtschaftlichen Wohnhäuser werden in einer frühen Phase zu Wüstungen, später dann zu Ferienhäusern. Ökonomiegebäude verlieren ihre Funktion erst im Zusammenhang mit der Aufgabe der Flächennutzung oder dem Bau von Erschliessungsstrassen und neuen Ställen. Je nach Grösse, Lage und Besitzer zerfallen sie oder erfahren eine touristische Umnutzung.

Die Betriebsaufgaben haben ein Sinken der Einwohnerzahl zur Folge. Heute ist die Bevölkerung überaltert und weist einen hohen Anteil an ledigen Männern auf. Die Betriebsnachfolge ist nicht in allen Fällen gesichert.

Der Bau der Luftseilbahn gibt Anlass zur Schliessung der Schule, bewirkt aber auch die Einrichtung zweier neuer Gasthäuser. Sie stellt die einzige wintersichere Verkehrsverbindung zur Aussenwelt dar. Die Strasse ist lawinengefährdet und nur im Sommer für Fahrzeuge offen. Die Versorgung der Gehöfte mit elektrischem Strom erfolgt in den Dreissiger-, der Aufbau eines Telefonnetzes in den Fünfzigerjahren.

C TESTRAUM HUOBE GR

Der Testraum HUOBE GR umfasst einen Ausschnitt aus der Berggut- und der Maiensässzone am Südhang des Sassauna. Die Ställe und Hütten liegen zwischen 1200 m und 1800 m ü.M. Die Gebäude der Berggüter sind in lockerer Streulage über das ganze Gebiet verteilt, und entlang des Grenzzaunes zum öffentlichen Weideland hin reihen sich die Maiensässställe und -hütten. In einer engen Zeile stehen die Magerheupargaune an lawinensicherem Ort. Sie sind den gefährdeten Magerheuwiesen zugeordnet und nehmen auch Wildheu auf. Der Testraum HUOBE GR gehört zahlreichen Grundeigentümern. Neben Landwirten aus Fanas und den vergleichbaren Bergfraktionen von Schiers gibt es viele auswärtige Nichtlandwirte, die dank Erbschaft oder Kauf über ein Berggut, einen Maiensäss oder ein Mahd verfügen.

Zahlreiche Betriebsaufgaben in Fanas führen zu einer Nutzflächenkonzentration. Das Verpachten von Berggütern und Maiensässen hat Extensivierungserscheinungen bei der Flächen- und Gebäudenutzung zur Folge. Wildheu wird nicht mehr gewonnen, Magerheuflächen sind der angrenzenden Alp Ochsebärg zugeschlagen oder liegen brach, und Fettwiesen von Berggütern verkommen zu Rinderweiden. Etliche Ställe und Hütten stehen leer, und der überwiegende Teil der Magerheupargaune zerfällt.

Die Landwirtschaftsbevölkerung von Fanas ist überaltert und rückläufig, wogegen die Gesamtbevölkerung nach jahrzehntelanger Abnahme wieder wächst. Mehrere landwirtschaftliche Wohnhäuser im Dorf sind nur noch durch Rentner oder Einzelpersonen belegt. Die drohende Schulschliessung kann in den Siebzigerjahren mit auswärtiger Hilfe vermieden werden.

Seit die Luftseilbahn eine Verbindung zwischen Dorf und Testraum herstellt, bewirtschaften die Bauern ihre Maiensässe als Tagespendler. Das Bergrestaurant neben der Station bietet Sommer- und Wintertouristen Speis und Trank. Elektrischer Strom fehlt im ganzen Testraum; neuerdings sind aber einige wenige Telefonanschlüsse vorhanden.

432 Typisierung der Landwirtschaftsdynamik auf Test- und Teilraumebene

Ein Vergleich der drei Testräume im Blick auf ihre Landwirtschaftsstrukturen und deren Veränderungen lässt gegensätzliche Dynamiktypen erkennen (Fig. 50): Der TYP EXTENSIVIERUNG ist im Teilraum CHAPELE NW, im Testraum WISSEBERG GL und im Testraum HUOBE GR anzutreffen, der TYP INTENSIVIERUNG im Teilraum TREICHI NW. Die Teilräume FLUE NW und DÜRREBODE NW umfassen beide Typen.

Die Dynamikmodelle EXTENSIVIERUNG und INTENSIVIERUNG (Fig. 51 und Fig. 52) zeigen auf, wie die Entwicklungen der einzelnen Betriebe als mögliche Antworten auf die spezielle Landwirtschaftsdynamik der Testräume zu verstehen sind. Ebenso wird die Beeinflussung durch den landesweiten Strukturwandel verdeutlicht, der als auslösendes Moment für die lokale Dynamik Beachtung erheischt. Einzelne Prozessabläufe können sowohl Ursache wie Wirkung darstellen und sich gegenseitig kumulieren. Dabei handelt es sich um offene Systeme mit evolutionärem Charakter.

Bemerkenswert ist das Wechselspiel zwischen Testraum- und Betriebsebene. So stellt der allgemeine Strukturwandel den Einzelbetrieb vor Entscheidungssituationen, auf die in unterschiedlicher Weise reagiert werden kann. Die Summe der Einzelentscheidungen führt ihrerseits zu neuen Strukturen in den Testräumen. Die Landwirtschaftsdynamik umfasst daher exogene und endogene Komponenten. Zwar sind die Entscheidungsträger im Testraum ansässig, da er ihren Wohn- und Wirtschaftsraum darstellt; Verhaltensänderungen werden aber durch externe Prozesse provoziert, wobei naturräumliche Disposition und tradierte Besitz- und Betriebsverhältnisse die Wahl der Möglichkeiten von Fall zu Fall mehr oder weniger stark einschränken.

Jeder der beiden Dynamiktypen auf der Testraumebene umfasst mehrere Dynamiktypen auf der Betriebsebene, die voneinander unabhängig oder in einer einseitigen Kausalität miteinander verknüpft sind. Die konkreten Repräsentanten eines Betriebstyps können dabei unterschiedlichen Entwicklungsstadien angehören.

TYP EXTENSIVIERUNG

Der TYP EXTENSIVIERUNG wird charakterisiert durch *Betriebsaufgaben*. Die Ursachen für Betriebsaufgaben liegen in der selektiven Abwanderung junger Betriebsangehöriger und in der resultierenden Überalterung bei der ansässig bleibenden Bevölkerung. Als Begleiterscheinungen ergeben sich Nutzflächenzuwachs und Gebäudevermehrung bei den übrigbleibenden Betrieben sowie ein Verlust an infrastrukturellen Einrichtungen. Nachfolgend stellen sich Extensivierungserscheinungen (d.h. Abnahme der Nutzungsintensität) bei der landwirtschaftlichen Flächen- und Gebäudenutzung ein. Generell findet ein *Tieferrücken der Dauersiedlungsgrenze und der einzelnen Nutzungsstufen* statt.

Der TYP EXTENSIVIERUNG umfasst die Testräume WISSEBERG GL und HUOBE GR, den Teilraum CHAPELE NW sowie die Wissiflue im Teilraum FLUE NW und den Stafel Egg im Teilraum DÜRREBODE NW

TYP INTENSIVIERUNG

Der TYP INTENSIVIERUNG wird charakterisiert durch *Betriebsgründungen*. Die Ursachen für Betriebsgründungen liegen in der horizontalen Erbteilung. Als Begleiterscheinungen ergeben sich ganzjährige Wohnsitznahme, Alpteilungen und der Ausbau der Infrastruktur. Hand in Hand damit gehen Intensivierungserscheinungen bei der landwirtschaftlichen Flächen- und Gebäudenutzung. Generell findet ein *Höherrücken der Dauersiedlungsgrenze und der einzelnen Nutzungsstufen* statt.

Der TYP INTENSIVIERUNG umfasst den Teilraum TREICHI NW sowie die Hornmatt im Teilraum FLUE NW und den Stafel Dürrebode im Teilraum DÜRREBODE NW

Fig. 50 ▷
Landwirtschaftsdynamik im Testraum WIESENBERG NW

Fig. 51 (S. 224)
Das Dynamikmodell EXTENSIVIERUNG (bezüglich Landwirtschaftsdynamik)

Fig. 52 (S. 225)
Das Dynamikmodell INTENSIVIERUNG (bezüglich Landwirtschaftsdynamik)

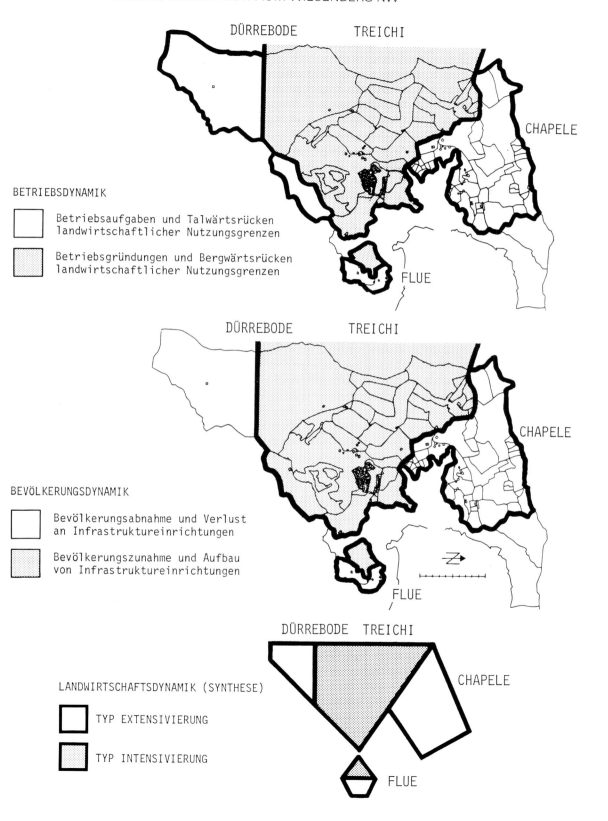

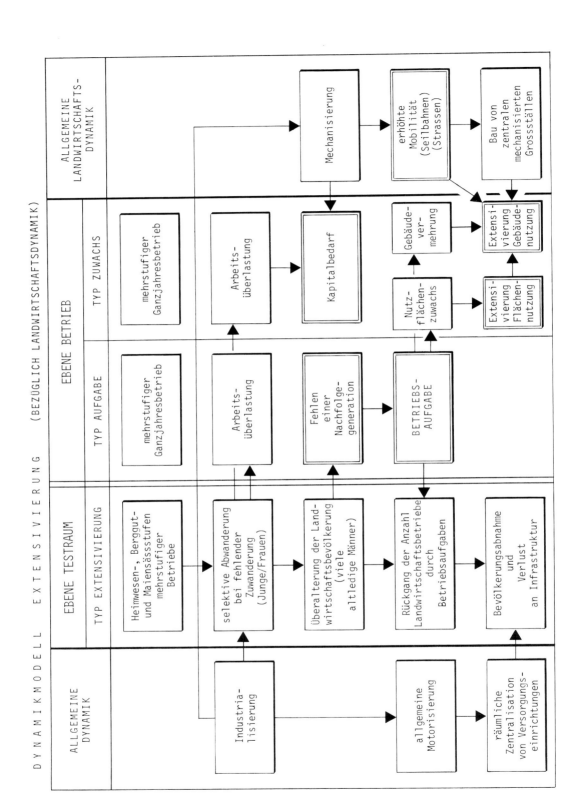

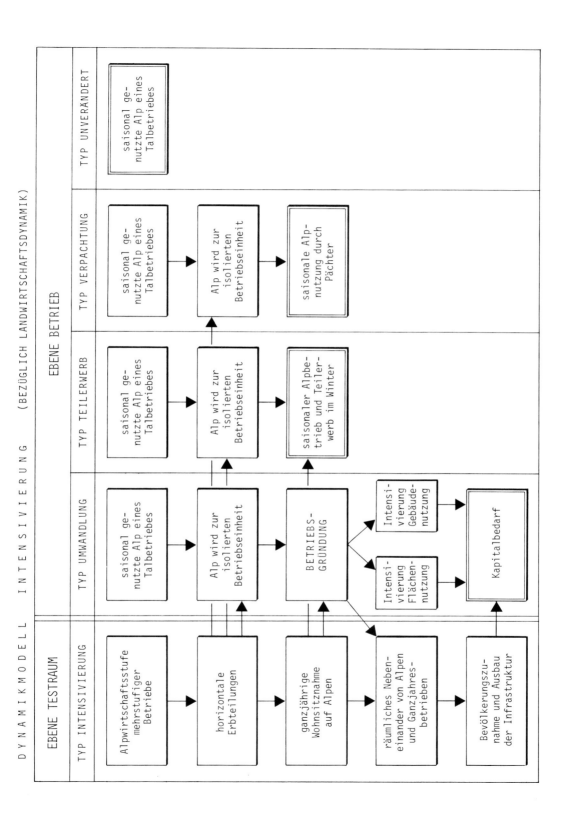

433 Typisierung der Landwirtschaftsdynamik auf Betriebsebene und ihre Bedeutung für eine allfällige Tourismusdynamik

Im Blick auf das Eindringen touristischer Nutzungsformen in die ursprünglich rein landwirtschaftlich geprägten Testräume interessiert nun die Frage, wo im Prozessgefüge der Landwirtschaftsdynamik Sachverhalte geschaffen werden, die ein solches Eindringen ermöglichen oder gar begünstigen. Wie die Dynamikmodelle zeigen, führen unterschiedliche Dynamiktypen auf Betriebsebene zu unterschiedlichen Angeboten an Landwirtschaftsflächen und -gebäuden für die touristische Nutzung durch eine auswärtige Bevölkerungsschicht (doppelt umrahmte Kästchen in Fig. 51 und in Fig. 52). Wie weit es tatsächlich zu einer Umnutzung kommt, liegt dabei weniger an der permanent vorhandenen Nachfrage als an der Bereitschaft der betroffenen Landwirte und den raumplanerischen Lenkungsmassnahmen.

TYP EXTENSIVIERUNG

Beim TYP EXTENSIVIERUNG ist es die selektive Abwanderung von Jungen und Frauen, die zu einer Überalterung der Landwirtschaftsbevölkerung und zu einem Überhang an ledigen Männern führt. Die zahlenmässige Reduktion der Betriebsangehörigen bringt eine Arbeitsüberlastung mit sich, die im Zuge der Mechanisierung durch den Einsatz von Maschinen abgebaut wird. Der durch diese Investitionen ausgelöste Kapitalbedarf kann Anstoss für den Verkauf von Ferienhausparzellen sein.

Fehlt eine Nachfolgegeneration, so wird kaum mechanisiert. Bodenverkäufe haben ihre Ursache dann weniger in einem betriebswirtschaftlichen Kapitalbedarf als in einer resignierenden Haltung und geschehen meist auf Drängen eines auswärtigen Interessenten hin. Kommt es zur Betriebsaufgabe (TYP AUFGABE), stehen Nutzflächen und Gebäude zur Disposition. Nichtlandwirtschaftliche Erben führen aufgegebene Betriebe häufig einer touristischen Nutzung zu, sei es durch parzellenweisen Verkauf, durch Veräusserung oder Vermietung der Gebäude oder durch Eigenbedarf.

Fallen Nutzflächen und Gebäude hingegen durch Erbschaft, Kauf oder Pacht an weiterhin aktive Betriebe (TYP ZUWACHS), so kommt es zu einem Überschuss an Wohnhäusern. Ökonomiegebäude werden erst als Folge von Erschliessungsstrassen und zentralen Stallneubauten oder im Zusammenhang mit einer Extensivierung der Flächennutzung überflüssig und damit frei zum Verkauf. Dies gilt ebenso für Grundstücke. Strassenbauten und zunehmende Motorisierung ermöglichen zudem den Wechsel vom Winter- zum Sommertransport von Heu und Streue und damit den Verzicht auf das Errichten von Tristen auf Flächen, die sich als Skipisten eignen.

TYP INTENSIVIERUNG

Beim TYP INTENSIVIERUNG führen horizontale Erbteilungen zu dauernder Wohnsitznahme. Wo es zur Gründung eines Ganzjahresbetriebes kommt (TYP UMWANDLUNG), wird die Alphütte durch ein Wohnhaus ersetzt und die Alpweide unter Einsatz modernster Methoden in Wiesland umgewandelt. Der resultierende Kapitalbedarf kann zum Bodenverkauf, zur Vermietung einer Wohnung an Feriengäste oder zur Annahme einer Nebenerwerbsarbeit im Holz- oder Tourismusgewerbe animieren.

Findet dauernde Wohnsitznahme ohne Übergang zum Ganzjahresbetrieb statt (TYP TEILERWERB), so bleibt der saisonale Alpbetrieb beibehalten. Allerdings wird nur noch fremdes Vieh gesömmert, und für das Winterhalbjahr muss ein existenzsichernder Erwerb ausserhalb der Landwirtschaft gefunden werden. Daher sind das Interesse am Ausbau einer touristischen Infrastruktur und die Bereitschaft zur Mitbeteiligung gross.

Gehen Alpen durch Erbschaft an nichtlandwirtschaftliche Eigentümer über, so kommt es zur Verpachtung an aktive Landwirte (TYP VERPACHTUNG). An der traditionellen Flächennutzung ändert dabei nichts, hingegen unterliegen da und dort Teile des Gebäudebestandes einer touristischen Eigennutzung durch die Erben. Wo die Bestossung der Alpen weiterhin von Talbetrieben aus erfolgt, bleibt die traditionelle saisonale Nutzung unverändert (TYP UNVERÄNDERT).

Im Winter sind die leerstehenden Alphütten frei für die Vermietung als Skihütten. Die Motivation dazu liegt weniger beim bescheidenen Zins als bei der Angst vor Einbrüchen und Vandalismus in den abgelegenen Alpgebäuden. Die Nutzung als Skihütte, oft durch langjährige Stammgäste, ist bei allen Typen ausser beim Ganzjahresbetrieb (TYP UMWANDLUNG) möglich.

Nicht in die beiden Dynamikmodelle miteinbezogen sind die Gemeinden, Korporationen und Genossenschaften, die als Grundeigentümer über grosse Nutzflächen verfügen. Hier gelten andere Entscheidungsmechanismen, welche landwirtschaftlich genutzte Raumeinheiten einer touristischen Umnutzung zuführen (vergl. Tourismusdynamik).

Abb. 74 Der Betrieb Underhus (TYP ZUWACHS) umfasst heute auch den Grossteil des ehemaligen Betriebs Reckholtere (TYP AUFGABE), (CHAPELE NW), (Vergl. Fig. 97, S. 372)

Abb. 75 Der ehemalige Betrieb Acher (TYP AUFGABE) wird heute von der Schürmatt (TYP ZUWACHS) aus bewirtschaftet und das Acherhaus an Feriengäste vermietet (CHAPELE NW), (vergl. Fig. 97, S. 372)

Abb. 76   Die Alp Chli Ächerli (TYP VERPACHTUNG) gehört nichtlandwirtschaftlichen Erben und wird durch Pächter saisonal vom Tal aus mit Vieh bestossen (TREICHI NW)

Abb. 77   Die Alp Ronemattli (TYP TEILERWERB) nimmt fremdes Vieh zur Sömmerung an. Im Winter betreut der Älpler den Gummenlift (TREICHI NW)

Abb. 78   Die Vorder Husmatt (TYP UMWANDLUNG) hat sich von der reinen Alp zum Ganzjahresbetrieb gewandelt, sömmert aber zusätzlich zum eigenen auch fremdes Vieh (TREICHI NW)

Abb. 79   Die Hinder Husmatt (TYP UMWANDLUNG) ist ebenfalls von der Alp zum Ganzjahresbetrieb geworden und sömmert das eigene Vieh nun ausserhalb des Testraumes in Engelberg (TREICHI NW)

Abb. 80 Im Ober Holzwang (TYP UMWANDLUNG) stehen neben dem modernen Haus/ Stallkomplex noch immer die ehemaligen Alpgebäude (TREICHI NW), (vergl. Fig. 100, S. 375)

Abb. 81 Die Betriebe Sulzmattli, Sulzmatt, Schultere und Under Holzwang gehören alle zum TYP UMWANDLUNG (TREICHI NW), (Vergl. Fig. 100, S. 375)

Abb. 82 Klägliche Überreste zeugen vom ehemaligen Weidehaus (TYP AUFGABE) (WISSE-BERG GL)

Abb. 83 Der Sattel (TYP AUFGABE) wird heute von der Schmidhoschet (TYP ZUWACHS) aus bewirtschaftet; das Sattelhaus gehört auswärtigen Touristen (WISSEBERG NW), (vergl. Fig. 98, S. 373 unten)

Abb. 84 Das Haus der Buchshoschet (TYP AUFGABE) ist heute ein Ferienhaus, und das Land wird von der Under Hoschet (TYP ZUWACHS) aus bewirtschaftet (WISSEBERG GL), (vergl. Fig. 98, S. 373 oben)

Abb. 85 Die Betriebe Under Hoschetbord, Ober Hoschetbord und Ändi gehören zum TYP ZUWACHS, da sie heute die ehemaligen Betriebe Ober Hoschet, Zäigerhoschet, Stigerberg und Mittler Hoschet (alle TYP AUFGABE) mitbewirtschaften (WISSEBERG GL), (vergl. Fig. 94, S. 367)

5 Tourismusdynamik

51 Zur allgemeinen Tourismusdynamik und zur Methodik

a Zur allgemeinen Tourismusdynamik

Wie die lokale Landwirtschaftsdynamik in die allgemeine landwirtschaftliche Entwicklung, so ist auch die lokale Tourismusdynamik der drei Testräume in die allgemeine touristische Entwicklung eingebettet. Diese sei in ihren wichtigsten Phasen kurz geschildert (vergl. SCHWABE 1975, S. 3):

Schon im *Mittelalter* suchen Kranke Heilbäder auf. Händler und Käufer ziehen an Messen, und zahlreiche Gläubige pilgern zu Wallfahrtsorten.

Im *Zeitalter der Romantik* erwacht zusätzlich die Liebe zur Bergwelt, und das Reisen und Wandern findet zahlreiche Anhänger in den begüterten Schichten einer städtischen Bevölkerung. Durch diese Bildungsreisen des Bürgertums erhält das ländliche Gastgewerbe einen ersten wichtigen Impuls.

Einen lebhaften Aufschwung des Fremdenverkehrs bringt anschliessend das *Zeitalter der Industrialisierung* mit der allgemeinen wirtschaftlichen Prosperität und dem Ausbau der Massenverkehrsmittel Dampfschiff und Eisenbahn. Es entstehen die palastartigen Hotelbauten der Alpenkurorte und Sommerfrischen sowie die kühnen Bergbahnen, die als Pioniertaten internationalen Ruhm erlangen. Weit weniger pompös, aber nicht minder beliebt sind die vielen Familienpensionen, welche, mit Landwirtschaftsbetrieben gekoppelt, im ganzen Alpenraum vorkommen.

Ein wahrer Tourismusboom setzt während der *Hochkonjunktur* nach dem Zweiten Weltkrieg ein. Der allgemeine Wohlstand, die zunehmende individuelle Mobilität durch das Auto und die wachsende Verstädterung führen zu einem exzessiven Bau von Zweitwohnungen. Neben den herkömmlichen Beherbergungsstätten schiessen Appartementshäuser mit Miet- oder Eigentumswohnungen und ganze Ferienhausdörfer aus dem Boden. Heute übertrifft diese Parahotellerie die traditionelle Hotellerie bezüglich Bettenzahl bei weitem.

Ein Teilaspekt der allgemeinen Entwicklung ist für die lokale Tourismusdynamik in den drei Testräumen von besonderer Bedeutung: Das Aufkommen des *Wintersports* führt zu einer veränderten Inwertsetzung des Alpenraumes durch die auswärtigen Nutzer und zum Aufbau einer speziellen Infrastruktur.

Erste Ansätze zu einem alpinen Wintertourismus zeigen sich schon in der zweiten Hälfte des letzten Jahrhunderts in berühmten Sommerkurorten wie St. Moritz und Davos (vergl. TÖNDURY 1946, S. 90f). So suchen vornehmlich englische Stammgäste immer zahlreicher auch die winterlich verschneite Bergwelt auf und betreiben *Eis- und Schlittelsportarten* wie Curling, Eishockey, Schlittschuhlaufen, Rodeln und Bobfahren.

Die erfolgreiche Grönlandexpedition von Fridtjof Nansen führt anfangs der Neunzigerjahre im ganzen Alpenraum zu vereinzelten Geh-, Fahr- und Sprungversuchen auf selbstgebauten oder aus Norwegen eingeführten Holzskis (vergl. SENGER 1941). Schon 1893 kommt es in Glarus zur Gründung des ersten Skiclubs der Schweiz. Dieser Club führt 1902 das erste Skirennen im Lande durch und eröffnet ein Jahr darauf mit der Spitzmeilenhütte die erste Skihütte in den Schweizer Alpen. Noch ein Jahr später schliessen sich 16 Clubs mit gesamthaft 731 Mitgliedern in Olten zum Schweizerischen Skiverband zusammen. Daneben bestehen zwölf weitere Clubs, die nach und nach dem Verband beitreten. Im Vorfeld und vor allem während des Ersten Weltkriegs rüsten die europäischen Armeen stets grössere Truppenteile mit Skis aus. Am Kriegsende liegen in ihren Depots Tausende von Militärbrettern, die auf Betreiben der Skiverbände zu billigen Preisen an Zivilpersonen abgegeben werden (vergl. POLEDNIK 1969, S. 91). So wenden sich in der Zwischenkriegszeit immer breitere Bevölkerungskreise dem *Skiwandern und Tourenfahren* im Tiefschnee zu.

Während 1924 an den ersten olympischen Winterspielen in Chamonix und 1928 an den Folgespielen in St. Moritz nur die nordischen Disziplinen Langlauf und Skisprung zugelassen werden, findet 1924 in Mürren die erste schweizerische Rennveranstaltung in den alpinen Disziplinen Abfahrt und Slalom statt. Im selben Jahr wird auch das erste Parsenn-Derby ausgetragen, und 1928 fällt der Startschuss für die Arlberg-Kandahar-Rennen von St. Anton/A. und von Mürren. Zwei Jahre darauf beginnen die jährlich wiederkehrenden Lauberhorn-Rennen, und ab 1934 umfassen die Schweizer Skimeisterschaften, welche seit 1905 regelmässig durchgeführt werden, neben den nordischen nun auch die alpinen Disziplinen. Die propagandistische Wirkung dieser und vieler weiterer Skisportanlässe findet ihren Ausdruck in der rapide ansteigenden Zahl Skisportbegeisterter, in der Gründung weiterer Skiclubs und der Einrichtung zahlreicher Skihütten. Gleichzeitig entstehen Transportanlagen, die vornehmlich oder gar ausschliesslich auf den Wintersport ausgerichtet sind (vergl. GABATHULER 1947, S. 14ff): So erfolgt 1924 in Montana die Installation der ersten Schlittenseilbahn, ab 1932 fährt die Standseilbahn Davos-Parsenn, und 1934 nimmt unweit der Bolgenschanze in Davos der erste Schlepplift der Welt seinen Betrieb auf.

In der Nachkriegszeit entwickelt sich das *Pistenskifahren* in der Schweiz zum Nationalsport (vergl. KELLER 1982, S. 239). Über 500 Luftseilbahnen und 1300 Skilifte erschliessen die mechanisch präparierten Pisten in teilweise planierter Landschaft. Zufahrtsstrassen und ausgedehnte Parkplätze sind ebenso Begleiterscheinungen wie ganze Feriendörfer, die abseits traditioneller Siedlungen aus dem Boden schiessen. Pistenfahrer suchen die Skigebiete in grosser Zahl als Tages- oder Wochenendgäste auf. Das eigene Auto und attraktive Pauschalangebote privater und öffentlicher Reiseunternehmungen begünstigen das Pendeln zwischen Wohnort und Skizentrum. Für längere Aufenthalte werden zunehmend Unterkünfte in der preisgünstigeren Parahotellerie bevorzugt, da der kostspielige Pistensport das Ferienbudget mittlerer Einkommensklassen immer stärker belastet. So stehen 1982 in der Schweiz den 280'000 Betten in der Hotellerie rund 840'000 Betten in der Parahotellerie gegenüber (Fig. 53).

	1963	1973	1982
HOTEL- UND KURBETRIEBE	233'098	282'024	279'927*
PARAHOTELLERIE			
Chalets, Ferienwohnungen Privatzimmer	150'000	300'000	360'000
Zelt- und Wohnwagenplätze	130'000	185'000	263'000
Gruppenunterkünfte	30'000	110'000	204'000
Jugendherbergen	8'520	9'096	8'100
Total	318'520	604'096	835'100
TOTAL	551'618	886'120	1'115'027

Fig. 53
Entwicklung der Bettenkapazität im Schweizer Gastgewerbe 1963-1982 (Quelle: SQ Heft 752) (* Hotels, Motels, Gasthöfe, Fremdenpensionen: 273'453, Alpine Heilstätten, Kurhäuser: 6'474)

In jüngster Zeit macht sich eine gewisse Sättigung bemerkbar. Die eintönigen Pisten und die hohen Preise für die Benützung der Transportanlagen fördern den Trend zum *Variantenfahren* im Tiefschnee. Seit die modernen Ausrüstungen allen Ansprüchen an Komfort und Sicherheit genügen, erlebt das Tourenfahren einen neuen Aufschwung.

Der Medaillengewinn eines Schweizers an den Olympischen Spielen von 1968 löst einen landesweiten *Langlaufboom* aus. Heute benützen bereits 1,6 Mio. Anhänger dieser preisgünstigeren Wintersportart die vielen Loipen, die in naturnaher Landschaft angelegt werden.

Die rasante Entwicklung des Wintersports ist Ausdruck eines veränderten Freizeitverhaltens und damit Teil eines umfassenden *gesellschaftlichen Wandels* im Laufe der letzten hundert Jahre (DER SPIEGEL 32/1985, S.144, gekürzt und leicht verändert): «Solange die meisten Menschen ihr Brot als Landmann oder Magd verdienen, ist vornehme Blässe das beneidete Statussymbol der reichen Oberschicht. Aristokraten, die ihr Gesinde aufs Feld schicken, schützen sich mit Handschuhen und Sonnenschirmen vor der bräunenden Wirkung der Sonne. Mit dem Ersten Weltkrieg büsst der Adel viele seiner Privilegien ein, und das Ideal aristokratischer Blässe verliert seine Bedeutung. Die ‹goldenen Zwanziger Jahre› bringen eine Umkehr der Wertung. Seither gelten in den sonnenarmen Ländern der westlichen Zivilisation, wo die meisten überreich zu essen haben, der schlanke Leib und ein brauner Teint als schön. Vorher – und anderswo immer noch – war es genau umgekehrt! Reisen in südliche, strahlungsintensive Länder oder alpine Winterlandschaften und Sportarten wie Tennis, Schwimmen, Surfen, Segeln und Skifahren verhelfen zu dem begehrten Statussymbol einer Zeit, die Blässe und Fettleibigkeit mit Fabrik- und Büroarbeit assoziiert.»

Der soziale Wandel führt demnach zu einer Umkehr der Werte und damit zu einer *Umkehr der Ansprüche*, die von Touristenseite an ein Feriengebiet gestellt werden (Fig. 54):

	VORKRIEGSJAHRE	ZWISCHENKRIEGSJAHRE
SOZIALSTRUKTUR	schmale, reiche Oberschicht; viele Bauern und Landarbeiter	illustrer Jetset; viele Fabrikarbeiter und Büroangestellte
STATUSSYMBOL	weisse Haut, wohlgenährt	braune Haut, schlank und fit
TOURISMUSVERHALTEN	Erholungstourismus	Sporttourismus
ANSPRÜCHE AN INFRASTRUKTUR	Grand Hotellerie, Familienpensionen	Sporthotels, Clubhütten, Sportanlagen
SAISONALE INWERTSETZUNG UNTERSCHIEDLICH STRUKTURIERTER RÄUME:		
SÜDEN	WINTERFERIEN	SOMMERFERIEN Badesport
ALPEN	SOMMERFERIEN	WINTERFERIEN Skisport

Fig. 54 (T)
Touristische Inwertsetzung in Abhängigkeit gesellschaftlicher Strukturen

In einer frühen Phase sucht der vornehme Gast den Klimaausgleich. Im Sommer findet er Erholung in der erfrischenden Wald- und Bergluft der ländlichen Schweiz, im Winter lockt ihn das milde Klima südlicher Seen und Meere. Dabei bevorzugt er den Komfort der Grand-Hotellerie in gehobener Gesellschaft oder die familiäre Gemütlichkeit gut geführter Pensionen. «Aufmerksame Bedienstete, exquisite Küche, galante Konversation, romantische Promenaden und rauschende Ballnächte» (zeitgenössische Prospekte) weiss er sehr zu schätzen. So werden die Hotelpaläste im Alpenraum für den sommerlichen Fremdenverkehr erbaut, während gleichzeitig die Südschweiz und die Mittelmeerländer Winterferien anbieten.

Später folgt dann der sonnenhungrige Feriengast, den es nun im Sommer an die südlichen Strände, im Winter hingegen in die tief verschneite, nebelfreie Bergwelt zieht. Bade- und Skisport mobilisieren aktive Touristen in grosser Zahl, sodass die neue Form der Nutzung den Fremdenverkehr traditioneller Art an Bedeutung weit übertrifft. Unüberschaubare Menschenmassen drängen sich an den sonnigen Badestränden rund um das Mittelmeer, und auf den Pisten der alpinen Touristikzentren frönen Heerscharen dem populären Skisport.

Der Übergang vom Winter- zum Sommertourismus bedeutet für die betroffenen Orte meist nur ein zeitliches Verschieben der Saison. Der umgekehrte Prozess erfordert hingegen oft *räumliche Verlagerungen* und den Ausbau der bestehenden oder den Aufbau einer neuen touristischen Infrastruktur: Manche durch den Sommertourismus noch so beanspruchte Landschaft kann aufgrund ihrer naturräumlichen Ausstattung nicht zum Skigebiet ausgebaut werden. Höhenlage, Exposition, Relief, Schneemenge und Lawinengefährdung erweisen sich als limitierende Grössen.

Die traditionellen Hotels und Pensionen eignen sich nur bedingt für den Winterbetrieb. Mangelhafte Isolation, schlechte Heizung und fehlendes Warmwasser in den Zimmern – vom Sommergast einst toleriert – rufen nach baulichen Investitionen, die sich nur bei grosser Nachfrage rentieren. Fehlt eine solche, kommt es zur Betriebsaufgabe und, im Fall der grossen Hotelpaläste, nicht selten zum Abbruch. Einen Gegensatz dazu bilden die Ferienhausdörfer und Appartementhotels, die in bestehenden oder neuen Ferienorten aus dem Boden schiessen und auch für die Wintersaison vollen Wohnkomfort gewährleisten.

Berühmte Zahnradbahnen stellen im Winter ihren Betrieb ein, dafür beginnen andernorts Skilifte zu laufen. Neue Skigebiete werden bevorzugt durch Luftseilbahnen oder gar Untergrundbahnen lawinensicher erschlossen.

Das Aufkommen des Wintertourismus bei gleichzeitigem Rückgang traditioneller Formen des Sommertourismus kann im alpinen Raum zu folgenden Varianten führen:
— Verlust an touristischer Infrastruktur, falls ungeeignet für den Skisport
— Ausbau der touristischen Infrastruktur für den Winterbetrieb und Übergang vom ein- zum zweisaisonalen Angebot
— Aufbau neuer Wintersportorte mit entsprechender Infrastruktur und bescheidener Sommernutzung

In jüngster Zeit erwächst dem alpinen Wintertourismus allerdings eine Konkurrenz: Animiert durch günstige Flugpreise und Ferienarrangements, verbringen immer mehr Mitteleuropäer Weihnachten an tropischen Stränden.

b Zur Methodik

Analog zur Landwirtschaftsdynamik hat auch die Darstellung der Tourismusdynamik *analytisch* zu erfolgen, indem die einzelnen Prozessbereiche gesondert behandelt werden. Die anschliessende *Modellsynthese* soll ein Differenzieren nach Dynamiktypen erlauben. Erneut stehen räumliche Verteilungsmuster im Blickfeld des geographischen Ansatzes, ebenso interne und externe Aktoren als Entscheidungsträger beim Übergang vom mono- zum multifunktional genutzten Raum. Da die Tourismusdynamik in den Testräumen punktuell einsetzt und sich die Anfänge zeitlich und räumlich festlegen lassen, empfiehlt sich der *genetische Ansatz:* Ausgehend von den ersten Erscheinungsformen wird die Entwicklung hin zur aktuellen Situation aufgezeigt.

Weil der Testraum WIESENBERG NW in bezug auf die touristische Inwertsetzung unterschiedliche naturräumliche Dispositionen aufweist, erscheint folgende Gliederung in Teilräume als sinnvoll:

- Der Teilraum STANSERHORN umfasst die Stanserhornsüdflanke und die südostexponierten Treichialpen nördlich vom Seewliegg. Das meist steil abfallende Gelände mit starker Sonneneinstrahlung eignet sich nur für einen sommerlichen Ausflugs- und Wandertourismus (Fig. 55).

- Der Teilraum GUMME umfasst die Gummenordflanke, die nordostexponierten Treichialpen südlich vom Seewliegg und das Gebiet der Genossenschaftsalp Dürrebode/Egg. Dieses steinlose, mehrheitlich schattenseitig gelegene und schneesichere Gelände eignet sich vorzüglich zur wintersportlichen Nutzung (Fig. 56 und Fig. 57).

- Der Teilraum FLUE weist eine Nordostexposition auf und eignet sich in bescheidenem Masse für den Pistenskisport.

Diese Gliederung in Teilräume (Fig. 58) deckt sich nur teilweise mit der Gliederung im Blick auf die Landwirtschaftsdynamik (Fig. 12), da sie sich auf andere Kriterien stützt. So liegt die Grenzlinie zwischen den Teilräumen STANSERHORN und GUMME südlich von derjenigen zwischen den Teilräumen CHAPELE und TREICHI, und der Teilraum DÜRREBODE muss im Blick auf die Tourismusdynamik nicht als Sonderfall behandelt werden.

Fig. 55 (S. 240)
Der Teilraum STANSERHORN NW im Testraum WIESENBERG NW

Fig. 56 (S. 241)
Der Teilraum GUMME im Testraum WIESENBERG NW (Blick von Wirzweli gegen den Ächerlipass)

Fig. 57 (S. 241)
Der Teilraum GUMME im Testraum WIESENBERG NW (Blick vom Ächerlipass gegen Wirzweli)

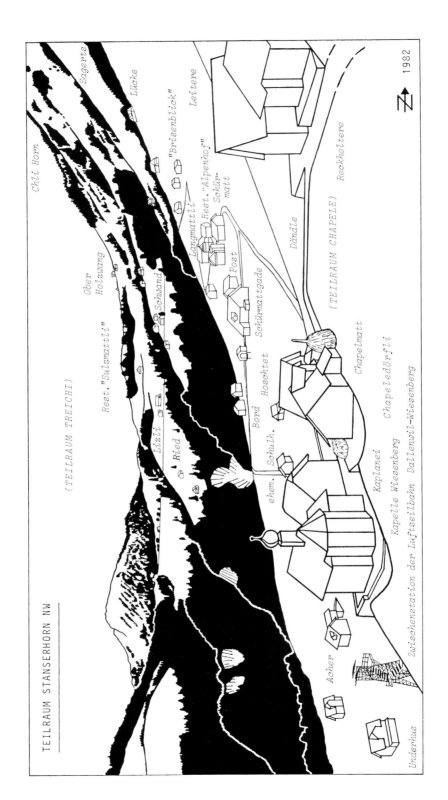

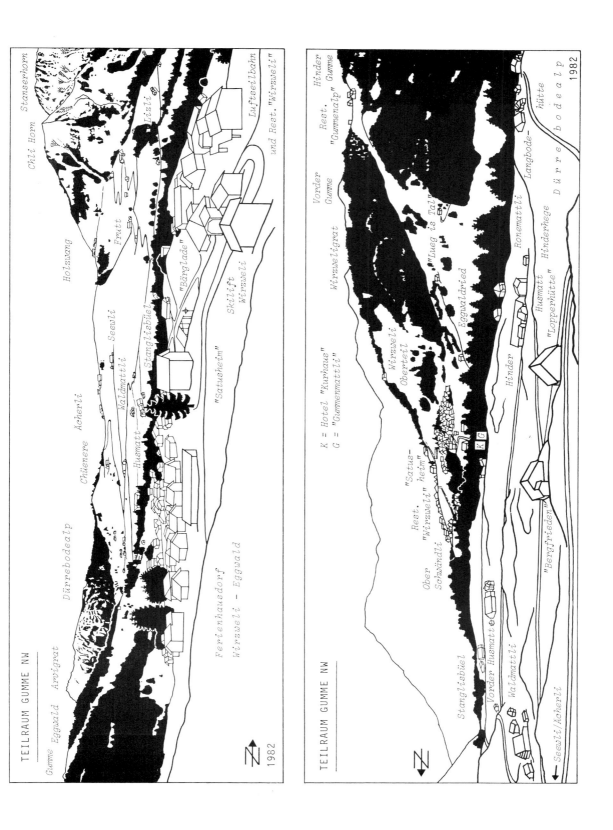

52 Analyse der Tourismusdynamik in den drei Testräumen

521 Infrastrukturdynamik

Die touristischen Infrastruktureinrichtungen, die als Landschaftselemente sichtbar in Erscheinung treten, lassen sich grob in vier Gruppen einteilen:
- *Bauten des Gastgewerbes und der Hotellerie*, die der Beherbergung und der Verpflegung dienen (Restaurants, Pensionen, Hotels, Clubhütten, Ferienwohnungen, Ferienhäuser)
- *Kuranlagen*, die dem Kurgast Erholungsmöglichkeiten bieten (Kurparks, Seepromenaden, Höhenwege)
- *Transportanlagen*, die den touristisch genutzten Raum erschliessen (Zahnradbahnen, Standseilbahnen, Luftseilbahnen, Gondelbahnen, Sessellifte, Skilifte)
- *Sportanlagen*, die dem Aktivtouristen körperliche Betätigung ermöglichen (Wanderwege, Schwimmbäder, Tennisplätze, Finnenbahnen, Golf- und Minigolfanlagen, Eisfelder, Skipisten, Schlittel- und Bobbahnen, Langlaufloipen)

Der Infrastruktur werden in der vorliegenden Studie demnach Einrichtungen zugerechnet, die das Tourismusgewerbe zur Benützung anbietet. Ferienhäuser und Appartements gehören nur dazu, wenn sie als Mietobjekte zur Verfügung stehen. Befinden sie sich im Eigentum von Feriengästen, stellen sie eine eigene Kategorie dar. Der auswärtige Nutzer ist dann nicht einfach zahlender Gast, sondern als Grund- und Gebäudeeigentümer mitbeteiligt an raumrelevanten Entscheidungsprozessen.

Die touristische Infrastruktur stellt die Antwort auf externe Nutzungsansprüche dar. Da solche einem zeitlichen Wandel unterliegen, muss die Infrastruktur laufend angepasst werden. Dies geht aber nur, solange naturräumliche Ausstattung und aktuelle Kulturlandschaft eine Befriedigung neu erwachsender Ansprüche überhaupt zulassen.

A TESTRAUM WIESENBERG NW

Die Entwicklung der touristischen Infrastruktur umfasst im Testraum WIESENBERG NW Gaststätten, Clubhütten, Transport- und Sportanlagen. Da diese Einrichtungen oft gemeinsam entstehen oder die eine der anderen ruft, empfiehlt sich eine chronologische Darstellung der Gesamtdynamik in den Teilräumen STANSERHORN und GUMME zusammen, wogegen der isolierte Teilraum FLUE gesondert betrachtet werden kann (Fig. 58 und Fig. 59).

A1   TEILRÄUME STANSERHORN und GUMME

a   Vorkriegsjahre

Die ersten Gäste am Wiesenberg sind Pilger, welche die *Kapelle* auf dem Flüeli aufsuchen. Im Jahr 1336 durch Johann von Kienberg gestiftet, wird diese 1753 durch einen Neubau ersetzt. Aus derselben Zeit stammt auch das *Pfrundhaus* mit der Wohnung für den Kaplan, der neben den liturgischen Handlungen die Pilger mit Wein und Most bewirten darf.

Bis zum Ersten Weltkrieg gibt es als einziges Gasthaus am Wiesenberg die *Pension «Alpenhof»*. Sie besitzt neben der Gaststube sechs Doppelzimmer ohne fliessendes Wasser und einen Speisesaal im verandaartigen Anbau, der um 1910 ans alte Bauernhaus angefügt wird. Er bietet eine prächtige Aussicht auf das Panorama der Brisenkette und ist zu den Essenszeiten Treffpunkt der Pensionäre, die als Sommerfrischler Erholung in der Bergwelt suchen. Viele von ihnen sind in den umliegenden Bauernhäusern einquartiert. Im Winter bilden die einheimischen Landwirte die einzigen Wirtshausbesucher.

Im Jahr 1893 wird die *Stanserhorn-Bahn* erbaut, und gleichzeitig öffnet das *Gipfelhotel «Stanserhorn»* mit 100 Betten und grosser Aussichtsterrasse seine Pforten. Schon im ersten Betriebsjahr befördert die in drei Sektionen unterteilte Standseilbahn mit den halboffenen Holzkastenwagen annähernd 17'000 Passagiere. Bis 1913 kann die Frequenz mehr als verdoppelt werden. In den nachfolgenden Kriegsjahren kommt es aber zum Einbruch und zu grosser finanzieller Einbusse, was eine radikale Sanierung nötig macht (vergl. MEYER 1951, S. 58). Der reine Sommerbetrieb entspricht der herrschenden Nachfrage. Tages- und Wochengäste erbauen sich an der grossartigen Rundsicht vom 1900 m hohen Panoramaberg, der den Blick «auf sieben Seen und über die Schweiz bis hin zum Schwarzwald und den Vogesen» freigibt und an «vielen nebelfreien, klaren Aussichtstagen ... das herrliche Schauspiel des Sonnenauf- und -unterganges zu geniessen» erlaubt. Dazu bietet ein «ebener hochromantischer Felsenweg zur Adlerfluh und zur Spitze mit bezauberndem Tiefblick» die Möglichkeit zu «reizenden Spaziergängen» (WERBEPROSPEKT UND FAHRPLAN BÜRGENSTOCK UND STANSERHORN 1919). Bergwanderer wählen oft den Abstieg über die Blatialp, die Chrinne oder die Treichialpen hinunter an den Wiesenberg, wo sie im «Alpenhof» eine Rast einlegen.

Fig. 58   (S. 244/245)
Aktuelle touristische Infrastruktur und aktueller Ferienhausbestand in den drei Testräumen sowie Teilraumeinteilung bezüglich Tourismusdynamik im Testraum WIESENBERG NW

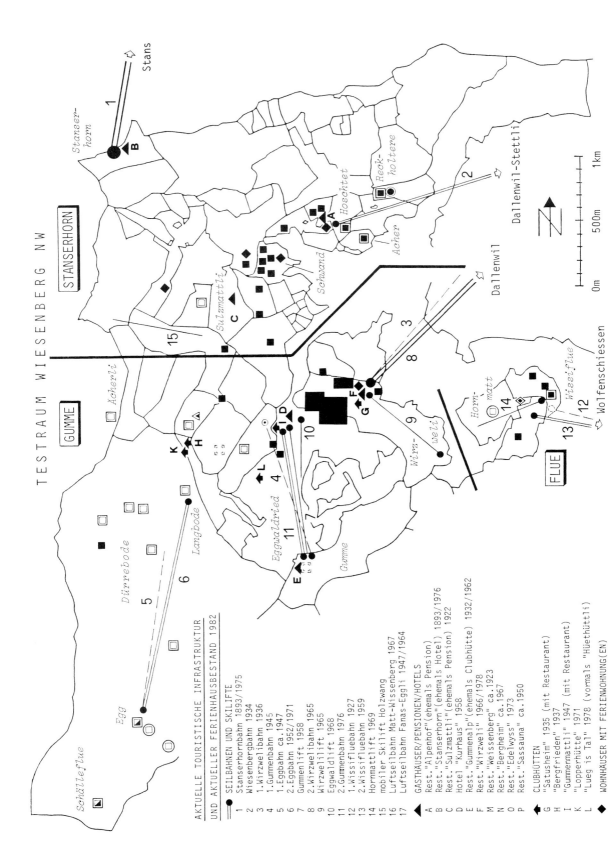

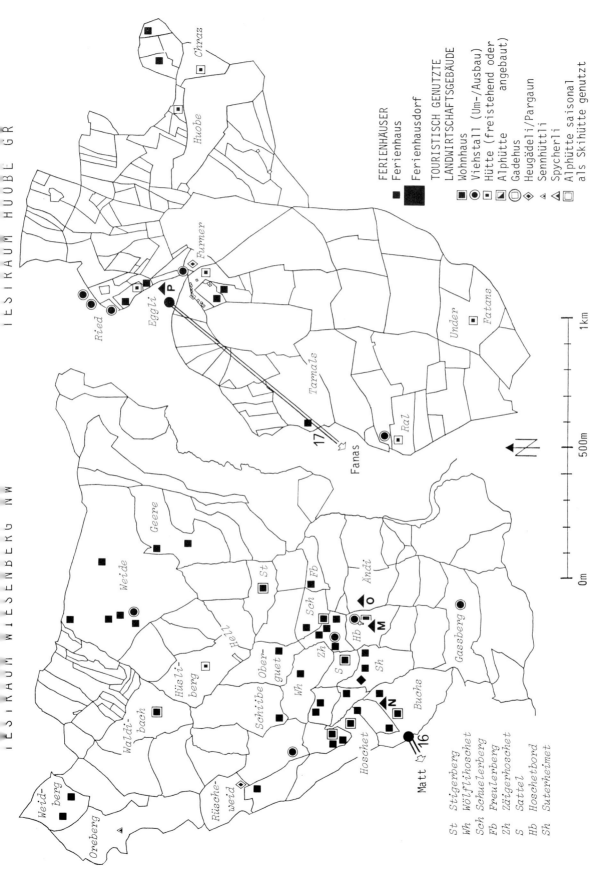

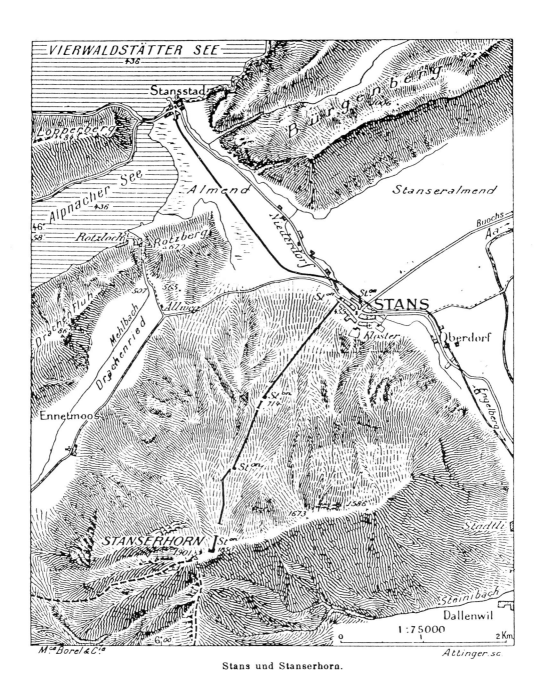

Abb. 86 Die 1893 eröffnete Stanserhornbahn macht das Stanserhorn zum beliebten Ausflugsziel für Sommergäste (in: «Geographisches Lexikon der Schweiz», Bd.5, Verlag Attinger, Neuenburg 1908, S. 674)

Abb. 87 Um die Jahrhundertwende wird das Stanserhorn in einem Atemzug mit Pilatus und Rigi genannt (in: «Schweizer Verkehrs-Taschen-Atlas», Verlag Frobenius Basel o.J. (ca.1910), im Reklameteil)

Abb. 88 (S. 248–251) Der Orell Füssli-Verlag widmet der Stanserhornbahn schon ein Jahr nach deren Eröffnung ein Bändchen aus der schmucken Reihe der Europäischen Wanderbilder, welches interessante technische Angaben zur Bahn sowie Schilderungen der Gipfelwelt und der vielgerühmten Aussicht enthält (Cubasch, Woldemar: «Das Stanserhorn und die Stanserhornbahn», Illustrationen von J. Weber, Orell Füssli Europäische Wanderbilder (Zürich) 224, 1894, S. 14–17, 24–27)

Abb. 89 (S. 252) Von 1898 an verkehrt die elektrische Eisenbahn zwischen Stansstad und Engelberg, wobei der abgebildete Sommerwagen den Charakter als Touristenbahn belegt (in: «Luzern und Vierwaldstättersee», Photoalbum aus dem Verlag Photoglob, Zürich o.J. (ca. 1910), S. 19)

Abb. 90 (S. 253) Das Gipfelhotel «Stanserhorn» bietet 100 Betten und eine gute Küche; der Gipfel selber eine grossartige Rundsicht (auch auf die steilen Planggen des Teilraums CHAPELE NW) (Quelle siehe Abb. 89, S. 23)

Abb. 91 (S. 254) Das künstlerisch gestaltete, leicht romantisierende Panorama vom Stanserhorn entspricht dem Stil der Zeit und appelliert an die Gefühle wohlhabender Sommergäste (Faltprospekt aus der Druckerei A. Trüb & Cie, Aarau)

Abb. 92 (S. 255) Gründer von Bahn und Hotel «Stanserhorn» ist der berühmte Hotelier Franz Josef Bucher-Durrer, der seinen Gästen spezielle Attraktionen zu bieten weiss (in: «Die Hotels der Schweiz», Schweizer Hotelier-Verein, Basel 1911, S. 184)

Abb. 93 (S. 256/257) Im Fahrplänchen von 1919 machen Stanserhorn und Bürgenstock gemeinsam Werbung, da die Hotels auf beiden Bergen Bucher'sche Gründungen sind (Quelle wie Fig. 91)

Abb. 94 (S. 258/259) Auch in den Zwischenkriegsjahren erfreut sich das Stanserhorn als sommerliches Ausflugsziel grosser Beliebtheit (Faltprospekt aus der Druckerei A. Trüb & Cie, Aarau, o.J.)

Die zum Betrieb verwendete Kraft ist die Elektrizität; diese wird in Buochs erzeugt, wo eine Turbine von 150 Pferdekräften durch die Wasser der Engelberger-Aa in Bewegung gesetzt wird. Die hierdurch entstehende Elektrizität wird nun durch Drähte nach dem Stanserhorn geleitet, wo sie durch drei Dynamomaschinen wieder in motorische Kraft umgesetzt wird. Das elektrische Fluidum wird in mechanische Wirkung umgewandelt, das Imponderabile in sichtbare Bewegung; diese versetzt ein Räderwerk in Rotation, welches seinerseits, das in eigenartiger Umschlingung um zwei grosse Räder laufende Seil in der Weise erfasst, dass das eine ab-, das andere in derselben Zeit aufgewunden wird.

Dampfkessel-Transport.

Bei den Bahnen auf den Bürgenstock, Lauterbrunnen-Grütsch, San Salvatore, Lugano etc. befinden sich zwischen den Schienen zwei parallel laufende Zahnstangen; in diese greift ein unter dem Wagen angebrachtes Zahnrad ein, und dieses selbst steht mit den Bremsen in direkter Verbindung. Die Zahnstange hat hier lediglich den Zweck einer Bremsvorrichtung und bildet einen integrirenden Bestandteil der Bremse. Bei der Stanserhornbahn ist nun diese Zahnstange weggelassen und dafür ein neues und praktischeres System angewendet worden, wodurch das Fahrzeug im Notfall mit noch grösserer Sicherheit in seinem Laufe gehemmt, eventuell ganz aufgehalten wird.

Das Anhalten der Wagen, welches im Momente des Seilreissens automatisch stattfinden würde, in übrigen aber durch die Hand des Konducteurs in jedem beliebigen Augenblicke bewerkstelligt werden kann, — einer Erfindung der

Die Stanserhornbahn.

Bevor wir uns dem Wagen anvertrauen, um in etwa 50 Minuten auf die Höhe von 1900 Meter über Meer zu gelangen, wollen wir noch einen kurzen Blick auf die Bahn und ihre Konstruktion werfen.

Wie bei den meisten Drahtseilbahnen bewegen sich auch hier zwei Wagen zu gleicher Zeit in entgegengesetzter Richtung. In der Mitte, wo sie sich begegnen, geschieht die Ausweichung derselben auf automatische Weise. Die Räder der einen Seite besitzen einen doppelten Spurkranz, womit sie die Schiene gewissermassen umgreifen; die Räder der andern Seite sind ganz flach. Dadurch ist der Wagen gezwungen, derjenigen Schiene zu folgen, auf welcher das Rad mit den Spurkränzen läuft, während das flache Rad der andern Seite einfach über die Kreuzungsstelle hinübergleitet. Da nun der eine Wagen seine Leiträder auf der linken, der andere aber auf der rechten Seite hat, so ist es selbstverständlich, dass sie an der Kreuzungsstelle, wo natürlicherweise ein Doppelgeleise angelegt ist, nebeneinander vorbeigehen müssen. „Solche Räder schliessen keinen namhaften Nachteil in sich; sie gewähren sogar dem Wagen eine präzisere Führung und ermöglichen einen beinahe beliebig grossen festen Radstand auch bei kleinen Kurvenradien." (Strub*)

Das Drahtseil der ersten Abteilung hat einen Durchmesser von 25, auf den obern Strecken von 32 mm. Das grösste Gewicht, welches die Kabel effektiv zu bewältigen haben, ist ungefähr $^1/_{10}$—$^1/_{12}$ ihrer Tragfähigkeit; diese wird demnach überhaupt nie auf die Probe gestellt.

„Die Sicherheit einer Seilbahn hängt nun allerdings zunächst vom Kabel ab. Die damit gewonnenen Erfahrungen sind indessen nicht beängstigend. Die Verwendung besten Materials aus bewährten Fabriken, sorgfältige, vor Inbetriebsetzung vorgenommene Proben in der eidgenössischen Festigkeitsanstalt, der relativ hohe Sicherheitsgrad, die häufigen Kontrollen der Bahnbeamten, die strenge Aufsicht des Eisenbahndepartements während des Betriebes und bei der Einspannung des Kabels, sowie die rechtzeitige Anordnung der Kabelauswechslung sind die Hilfsmittel, mit denen wir die Betriebsgefahr abzuwenden suchen." (Strub).

---

*) Schweizer. Bauzeitung, XIX 12.

war sowohl für die Werkführer, als auch für die Arbeiter keine Kleinigkeit, einen Winter in dieser Höhe durchzubringen.

Kühn in der Idee, sorgfältig, man kann sogar sagen — peinlich genau in der Ausführung, vereinigt diese Bergbahn alle Vorzüge der heutigen Technik und hat sich die zahlreichen Errungenschaften auf dem Gebiete des Eisenbahnbaues zu Nutzen gemacht.

Das Hotel und die Berneralpen.

Erbauer der Bahn — der HH. Bucher und Durrer. Der Kopf der Laufschiene wird von drei zangenartigen Klammern umfasst; diese Klammern sind gelenkig miteinander verbunden, so zwar, dass sie in je zwei Branchen auslaufen, welche durch entgegengesetzt laufende Schraubenwindungen einander genähert oder entfernt werden können. Im Momente der Erschlaffung oder des Bruches des Seiles schaltet ein mit einem Gewicht versehener Hebel ein Zahnrad in die Achsen der Wagenräder ein; infolge der hiedurch hervorgerufenen Drehung nähern sich die beiden Branchen der Klammer und klemmen die Schiene mit immer vermehrter Kraft zwischen sich fest, bis der Wagen still steht. „Auf einer um 70 % geneigten Versuchsstrecke wurden zahlreiche Proben vorgenommen, deren Ergebnis nichts zu wünschen übrig liess. Der Wagen wurde jeweilen durch plötzliches Entkuppeln des Seiles sich selbst überlassen Auch bei eingefettetem Zustande des Schienenkopfes und der Laufflächen sämmtlicher Räder, bei belastetem und unbelastetem Wagen und bei sehr weit geöffneten, den Schienenkopf umfassenden Bremszangen, blieben der locker gelegte Oberbau und der Wagen unbeschädigt und das Anhalten erfolgte stets relativ, ruhig und rasch. Die Schienen haben zum Abbremsen einen keilförmigen Kopf und werden auf Zug beansprucht. Sie sind deshalb eher imstande, das Fahrzeug bei grösserer Geschwindigkeit sicher aufzuhalten, als die auf Biegung beanspruchten Zahnstangen. Der Wegfall der letztern aber vereinfacht die Ausweichung und die Kontrolle; es ermöglicht eine bessere Placierung der Seilrollen und nähere Zusammenrückung der Kabelachsen. Ferner werden die Widerstände heraufgemindert, und mit der Gefahr des Aufsteigens der Zahnräder und mit fettigen, die Bremswirkung beeinträchtigenden Bremsscheiben hat man nicht zu rechnen. Zahnstangen kommen ja auch in Bergwerken nicht vor, obwohl dort das Gefälle unendlich und die Fahrgeschwindigkeit eine viel grössere ist. (Strub.)

Die Länge der Stanserhornbahn beträgt 3715 Meter; infolge dieser ausserordentlichen Länge wurde es nötig, zwei Umsteigestationen einzuschalten; es wäre sonst nicht möglich gewesen, das Gewicht des Seiles ohne Gefahr für den Betrieb zu kompensieren. Es sind demnach drei Bahnstrecken vorhanden, welche alle nach dem gleichen Prinzip betrieben werden; die Steigung des untern Drittels Stans-Kälti beträgt 12—27,5 %; die des Mittelstückes Kälti-Blumatt 40—60 % und die des obersten Teiles ebensoviel, was einem Winkel von 31 ° gleichkommt.

So bietet die Stanserhornbahn alle nur wünschbare Sicherheit; eine Telegraphenleitung längs der ganzen Linie ermöglicht dem Konduktieur, an jeder beliebigen Stelle Signale zum Anhalten, zum Vor- oder Rückwärtsfahren zu geben; der Maschinist kann durch eine sehr einfache Einrichtung die Bewegung der Wagen Punkt für Punkt verfolgen. Endlich geben die Wagen durch elektrische Signale den Augenblick an, wo sie sich nur noch einige Meter von der Station befinden und können mit aller Ruhe und ohne jeden Stoss auf die Endpuffer geleitet werden.

Die Aufgabe, welche sich die Erbauer selbstverständlich ruhen mussten, wurde nach zwei Jahren der Arbeit war das Werk vollendet.

Während die andern Arbeiten selbstverständlich ruhen mussten, wurde im Winter 1892/93 der Tunnel unterhalb des Gipfels durchschlagen; es

Oberste Bahnpartie.

Auf dem Gipfel.

Nachdem wir nun mit so leichter Mühe auf den 1900 Meter hohen Gipfel gelangt sind, wollen wir uns zunächst den Berg selbst einmal ansehen.

Die Bahn führt uns direkt vor das neuerbaute Hotel, einen stattlichen Gebäude, welches von trotziger Felsenstirne keck und stolz in die Welt hinausblickt. Geräumige Speise- und Restaurationssäle befinden sich im Erdgeschoss; aus jedem Fenster derselben, sowie der komfortabel eingerichteten Zimmer der zwei obern Stockwerke geniesst man die herrlichste Aussicht, so dass der Wanderer, der hieher gekommen ist, um das unvergleichliche Schauspiel des Sonnenaufgangs von dieser hohen Warte aus zu geniessen, sich dieses Vergnügen bequem von seinem Fenster aus gewähren kann. Der Gasthof ist für Aufnahme von Kur- und Pensionsgästen aufs beste eingerichtet; er steht unter der bewährten Leitung der bekannten Hotelfirma Bucher und Durrer und bietet damit genügende Garantie für eine mustergültige Verpflegung.

Fünfzig Meter über dem Hotel liegt, durch einen bequemen Fussweg mit ihm verbunden, der eigentliche Gipfel; er bildet eine Rasenfläche, auf welcher man sich herrlich bequem machen kann. Nach Norden fällt der Berg steil ab, wir sehen unter uns zunächst die *Blumatt*, über welche wir soeben gefahren sind; rechts davon eine tiefe Schlucht, das *Katzenloch* genannt, wo hinein in jedem Frühjahr gewaltige Lawinen stürzen und bis in den Sommer Quellen und Bäche mit Wasser versorgen.

Auf der Obwaldnerseite, wo der Berg das *Brandshorn* genannt wird, hat vor Menschengedenken ein Felssturz stattgefunden; der Berg sieht hier so aus, als hätte man mit scharfem Schnitte ein Stück abgetrennt; und in der That! im Thale von Ennetmoos und durch den ganzen Kernwald verstreut, liegen noch die gewaltigen Trümmer als Zeugen jener Katastrophe. Riesige Felsblöcke wurden bis weit hinauf auf den Mutterschwandenberg geschleudert; dorten, aber noch mehr im Thale selbst liegen sie bunt durcheinander, teilweise von dem Walde bedeckt, welcher sich im Laufe der Zeiten hier aufbaute. Gehen wir vorsichtig einige Schritte westlich, so befinden wir uns an dem äussersten Rande eines Abgrundes, welcher senkrecht in die Tiefe gähnt; das Auge, welches vorher noch in Betrachtung der Rundschau schwelgte, ist nur durch einen Zauber gebannt; es

blickt nicht mehr in die Ferne, es haftet fest an der grauenhaften Tiefe, die sich hier eröffnet. Schauderte die Natur wohl selber vor dem Abgrunde, den sie hier erschaffen? Sie überzog ihn mit frischem Grün, gleichsam als wollte sie dem Auge den schrecklichen Anblick entziehen.

Gegen Süden zu bildet das Stanserhorn ein sattelförmiges Hochplateau, welches sich in sanfter Neigung östlich bis in das Thal der Engelberger-Aa und im Westen bis zum Kernwald hinabsenkt. Zahlreiche schöne Alpweiden, abwechselnd mit grössern und kleinern Tannenwäldern bedecken hier den Berg, viele Sennhütten liegen auf diesem, das *Ächerli* genannten grünen Teppiche, welches sich bis zu dem gegenüberliegenden Arvigrat, erstreckt. In sanfter Neigung läuft der lange Grat des Berges nach Osten, scheinbar ununterbrochen in das Buochserhorn übergehend; das tiefe Thal,

Aussicht gegen Osten: Glarner- und Schwyzer-Alpen.

welches diese beiden Berge trennt, ist hier dem Auge verdeckt; vor geologischen Epochen haben sie auch jedenfalls eine einzige Gebirgskette gebildet. War es das Wasser, welches diesen Zusammenhang zerriss, war es die Erde selbst, die sich spaltete? Wer weiss? Jedenfalls müssen hier ungeheure Kräfte gewaltet haben, um diese Masse zu einzelnen Individuen zu gestalten; die schroffen Felswände, die sich so trotzig auftürmen, sind beredte Zeugen, dass hier einmal ein entsetzlicher Kampf der Elemente getobt haben muss, gleich dem Kampfe der Götter gegen die Titanen, da das Meer hoch aufwallte, die Erde seufzte und der Himmel stöhnte.

Auf den Trümmern zerschellter Berge sind seither lachende Matten und duftende Wälder ersprossen und überall sieht man, wie neues Leben aus den Ruinen herauswächst.

Während der *Rigi* und der *Pilatus*, die am meisten nach Norden vorgeschobenen Posten der Voralpen bilden, liegt das Stanserhorn schon hinter ihnen; es ist den eigentlichen Alpen, insbesondere dem *Berner* und dem *Obwaldner* Hochgebirge viel näher, und dementsprechend ist die Aussicht von seinem Gipfel eine wesentlich andere und reichere. Was das Stanserhorn aber besonders vor den beiden genannten Bergen aber voraus hat, ist die Thatsache, dass sein Gipfel beinahe immer frei ist, während bekanntlich der Pilatus, selbst bei schönem Wetter seinen sprichwörtlich gewordenen Wolkenhut oft aufsetzt.

Nach Norden ist der Ausblick frei; wir sehen über den *Rozberg* und den *Bürgenstock* hinweg, welche beide ganz verflacht und kaum mehr als Berge erscheinen. Unbehindert schweift das Auge hinaus in die Landschaften der Kantone *Luzern, Aargau, Zürich* und *Zug*, und nur am fernen Horizonte schliesst eine hellblaue duftige Linie — der *Jura* und der *Schwarzwald* — den Gesichtskreis ab. Inmitten des sommergrünen Hügellandes liegen die Seen von *Sempach, Hallwyl* und *Baldegg* und weiter rechts der *Zugersee*; unregelmässig in der Landschaft verstreut, liegt Ortschaft an Ortschaft; wir sehen Strassen, Flüsse, Schienenwege, dunkelgefärbte Waldstrecken abwechselnd mit hellerm Wies- und Ackerland. Als hervorragende Spitzen nennen wir nordöstlich den *Albis*, den *Ütliberg*, nördlich den *Hauenstein*; wie kleine Erhöhungen am Horizonte sehen wir den *Blauen* und den *Felsberg* aus dem Schwarzwalde aufsteigen. Die Stadt *Luzern*, umkränzt von ihrer mittelalterlichen Ringmauer liegt in ihrem ganzen Umfange deutlich vor uns und vor derselben der tiefblaue See mit seinen zahlreichen Buchten und Landzungen; zu unsern Füssen, einem breiten Strom gleichend, der *Alpnacher-See*.

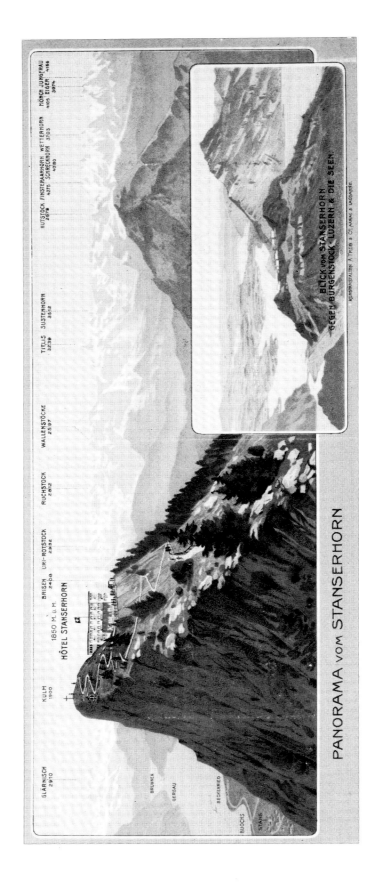

STANS, HOTEL STANSERHOF

30 Betten. — Freie Lage. Aussicht auf Stanserhorn, Pilatus, Rigi, Bürgenstock. Lesezimmer, Billard, Café-Rest., ged. und offene Veranda, elektr. Licht, Bad, Telephon, Garten. Portier am Bahnhof.

Besitzer: **Flueler-Hess.**

	Geöffnet: Das ganze Jahr	1. Juli-10. Sep.	Uebr. Zeit
Zimmer mit 1 Bett		2–2.50	1.50–2
„ „ 2 „		4–5	3–4
Licht		—.20	
Heizung		—.50	
Frühstück compl.		1.—	1.—
Mittag-T. d'hôte		2.50	2.50
Abend-T. d'hôte		2.—	2.—
Pension mit Zim.		5–6	5.—

(bei mindestens 5 Tagen Aufenthalt)
Kinder bis zu 11 und 12 J. Fr. 1.- bis 1.50 Ermässigung.
Dienerschaft: Fr. 4.- alles inbegr.

STANSERHORN, HOTEL STANSERHORN
(bei Luzern)

100 Betten. — Grossartiges, Rigi u. Pilatus ebenbürtiges Alpen- und Gletscher-Panor. Oeffentl. Café-Rest., elektr. Licht, Heizung. Prächt. Spaziergänge. Uebernachten empf. um d. Sonnen-Auf- u. Unterg. zu bewundern. Gletscherbel. durch elektr. Scheinwerfer.

Bes.: **Bucher-Durrer.**

	Geöffnet: 1. Juni bis 15. Okt.	Während der ganzen Saison
Zimmer mit 1 Bett		von 4.— an
„ „ 2 „		„ 8.— „
Bedienung		inbegriffen
Licht		
Frühstück compl.		1.50
Mittag-T. d'hôte		3.50
Abend-T. d'hôte		4.—
Pension mit Zim.		von 10.— an

(bei mindestens 5 Tagen Aufenthalt)
Kinder bis zu 10 Jahren geniessen ⅓ Ermässigung.

STANSSTAD, HOTEL WINKELRIED

40 Betten. — Am Landungsplatz der Schiffe, Anfangsstation d. Engelbergbahn und Stanserhornbahn, central gelegen f. Gebirgstouren. Lesezim., Café-Restaurant mit Garten, Terrasse, elektrisches Licht, Centr.-Wasserheizung. See- und Wannenbäder.

Bes.: **Rob. Hüsler.**

	Geöffnet: Das ganze Jahr	Während des ganzen Jahres
Zimmer mit 1 Bett		2.— bis 4.—
„ „ 2 „		4.— „ 8.—
Bedienung		inbegriffen
Licht, Heizung		
Privatsalon		8.— bis 10.—
Frühstück compl.		1.25
Mittag-T. d'hôte		3.50
Abend-T. d'hôte		2.50
Pension mit Zim.		von 5.50 an

(bei mindestens 5 Tagen Aufenthalt)
Kinder bis zu 8 J. ⅓ Ermässig.
Dienerschaft: Fr. 5.— alles inbegr.

Stanserhorn=Bahn bei Luzern

FAHRPLAN — 1919 — HORAIRE

Gültig vom 7. Juli bis 30. September

Bergfahrt

Station							*Nur an Sonntagen, sowie am 15. Aug.*			*Nur an Sonntagen in Juli und August, sowie 15. August und 21. September*	
Luzern	Schiff	ab	6 20	—	—	10 05	—	1 00	2 10	—	4 45 ●
Vitznau	"	"	—	8 15	7 45 +	—	—	12 25 ✕	1 17	—	4 40 ✕
Weggis	"	"	—	—	8 03 +	—	—	12 48 ✕	1 35	—	4 58 ●
Kehrsiten-B'stock	"	"	—	—	8 50	—	—	1 33	—	—	5 25 ●
Alpnach	"	"	7 10	—	—	9 15	10 45	—	1 53	—	5 50 ●
Stansstad	Engelbergbahn	an	7 20	—	—	9 30	10 55	—	1 58	—	6 10 ●
Engelberg	"	ab	5 40	—	—	—	10 14	—	—	4 16	6 19 ●
Stans (Haltstelle)	"	an	7 06	7 29	—	9 39	11 04	11 33	2 07	3 49	—	6 19 ●
Stans	Bergbahn	ab	7 35	—	—	9 45	11 15	11 48	2 15	3 53	—	6 26
Stanserhorn	"	an	8 25	—	—	10 35	12 05	12 38	3 06	4 43	—	7 15

Talfahrt

Station							*Nur an Sonntagen, sowie am 15. Aug.*			*Hier an Sonntagen in Juli und August, sowie 15. August und 21. September*
Stanserhorn	Bergbahn	ab	6 14	8 08	—	—	10 89	3 17	4 48	6 58
Stans	"	an	7 04	8 58	—	—	11 29	4 07	5 38	7 48
Stans (Haltstelle)	Engelbergbahn	ab	7 05	9 11	9 33	—	11 33	4 21	—	8 11
Engelberg	"	an	8 40	—	11 11	—	—	—	—	—
Stansstad	"	ab	7 15	9 20	—	11 42	—	4 30	5 50	8 20
"	Schiff	"	7 25	9 25	—	11 50	3 20	4 40	6 00	8 35
Alpnach	"	"	8 02	10 10	—	—	—	—	6 38	—
Kehrsiten-B'stock	"	"	—	10 55 ✕	—	1 52 ○	3 25	—	7 22 ✕	—
Weggis	"	"	—	11 10 ✕	—	2 07 ○	3 30	—	7 37 ✕	—
Vitznau	"	"	—	—	—	—	3 55	—	—	—
Luzern	"	an	8 45	—	10 45	12 45	—	5 40	7 20	9 15

Zeichenerklärung:

● Nur an Werktagen, ausgen. 15. August.
+ Schiffswechsel in Meggenhorn.
✕ " " Kehrsiten-Bürgenstock.
○ " " Luzern.

TAXEN:

Bergfahrt	Fr.	6.—
Talfahrt	"	4.—
Retour (reduziert)	"	8.—
Sonntagsbillet (retour)	"	6.—

Gesellschaften (von 10 Personen an) grosse Ermässigung.
Extrazüge auf Verlangen bei einem Mindestertrag von Fr. 40.—

Combiniertes Billet (gültig für Berg u. Talfahrt, Nachtessen, Logement und Frühstück im Hotel Stanserhorn Fr. 18.—

Das **Hotel Stanserhorn** mit 100 Betten und grosser Aussichtsterrasse, bietet einen sehr freundlichen Aufenthalt. Reizende Spaziergänge. Ebener hochromantischer Felsenweg zur Adlerfluh und zur Spitze mit bezauberndem Tiefblick.

L'**hôtel Stanserhorn** (100 lits) avec une grande terrasse offre un séjour des plus agréables. Un chemin assez plat et très romantique, traversant les rochers, conduit à l'Adlerfluh, d'où l'on jouit d'une vue très profonde, cable de fasciner le touriste.

The **Stanserhorn Hotel**, (100 beds) is five minutes from the summit, and has a spacious terrace, from which the view may be enjoyed. Delightful walks may be taken, a level path, cut out of the solid rock, leading in half an hour to the Adlerfluh, where there is another magnificent view straight down into the valleys below.

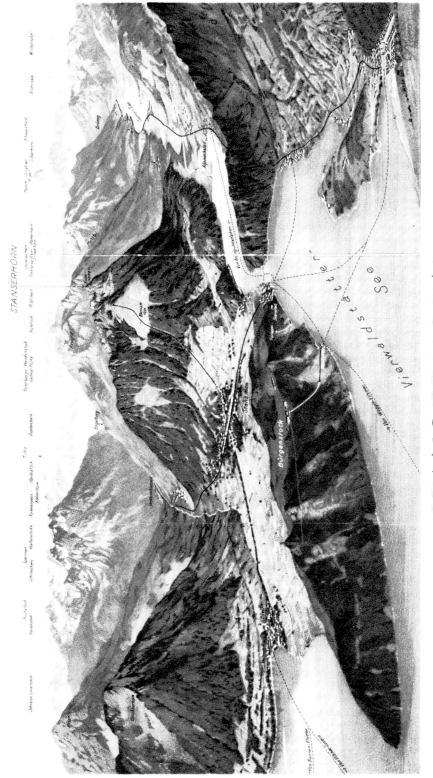

Abb. 95/96 Diese beiden alten Postkarten (ca. 1900) aus dem Verlag E. Goetz, Luzern, zeigen den Blick vom Gipfel auf Gumme und Titlis sowie die Stanserhornbahn vor dem Pilatus

Abb. 97 ▷ Standseilbahn und Gipfelhotel zieren auch das Titelblatt eines Faltprospektes aus den Nachkriegsjahren

b Zwischenkriegsjahre

Bald nach dem Ersten Weltkrieg eröffnet die *Pension «Sulzmattli»* am Fusse des Chli Horn in schöner Aussichtslage den Betrieb. Das neue Haus wird 1921 zusammen mit einem grossen Stall aus Windwurfholz erstellt. Es ersetzt die alte Alphütte und besitzt neben dem Speisesaal zehn Gästezimmer. Ab 1922 wohnt die Bauernfamilie ganzjährig hier und führt Landwirtschaft und Pension. Bis zu 30 Sommergäste kann letztere gleichzeitig beherbergen. Bei Vollbesetzung müssen zusätzliche Zimmer im Lizli und in der Sulzmatt belegt werden. Wintergäste sind hingegen selten.

Mit dem Aufkommen des Wintersports in den Zwischenkriegsjahren setzt die Nachfrage nach einfachen Unterkünften für den Tourenfahrer ein. Da die schönen Skihänge am schneesicheren Gummenordhang und am Egg zu finden sind, bieten sich vor allem die nur saisonal genutzten Alphütten der Treichialpen und der Dürrebodealp an. So werden viele dieser *Alphütten* an Privatpersonen und Skiclubs aus der engeren und weiteren Umgebung *als Skihütten* vermietet.

Die Rolle, welche die Skiclubs und Sportvereine bei der touristischen Erschliessung spielen, wird am SC Dallenwil deutlich, der auf ein fünzigjähriges Bestehen zurückblicken kann. Die Jubiläumsschrift 50 JAHRE SC DALLENWIL (1982) erzählt von den frühen Touren auf den Hausberg Gumme, der Vereinsgründung, dem Wunsch nach einer eigenen Hüttenstube und den zahlreichen Sport- und Vereinsanlässen:

Bereits für den ersten Clubwinter 1932/33 wird die Alphütte auf dem Gumme gemietet. Der rege Zulauf seitens der Clubmitglieder und die fehlende Wasserzuleitung bringen den Hüttenwirt in Bedrängnis, sodass der Entschluss zum Bau einer eigenen Clubhütte reift. Im Sommer 1937 kann das neue *Skiheim «Bergfrieden»* eingeweiht werden. Es steht auf Korporationsland in Hinderhege, wo die stark frequentierte Tourenroute nach Eggalp, Chärnalp und Läucherealp vorbeiführt, und bietet rund 40 Personen Schlafgelegenheit. Dreissig Jahre später – das Tiefschneefahren ist längst aus der Mode gekommen, und die Skifahrer tummeln sich auf den Pisten am Gummehang und auf Wirzweli – haben die Dallenwiler das Interesse am «Bergfrieden» verloren und verkaufen ihr Skiheim dem Skiclub Ebikon (LU).

Ebenfalls schon im ersten Winter wird ein *Clubrennen* unterhalb der Gummehütte durchgeführt und bis heute jährlich wiederholt. Darauf folgt 1935 das erste Knabenskirennen, 1938 der 4. Nidwaldner Skitag, und ab 1942 messen sich im Gummen-Riesenslalom lokale und nationale Skigrössen. Alle diese Sportveranstaltungen tragen dazu bei, den Bekanntheitsgrad des Skigebietes ob Dallenwil zu erhöhen.

Fig. 59 (T) ▷
Dynamik der touristischen Infrastruktur im Testraum WIESENBERG NW

INFRASTRUKTUR TOURISMUSENTWICKLUNG		TEILRAUM STANSERHORN		TEILRAUM GUMME		
		Gasthäuser, Pensionen, Hotels	Transport-anlagen	Clubhütten	Transport-anlagen	Gasthäuser, Pensionen, anderes
Vorkriegsjahre Sommertourismus	1893	Kaplanei Pens. "Alpenhof" Hotel "Stanserhorn"	Stanserhornbahn			
Zwischenkriegsjahre	1922	Pens. "Sulzmattli"				
	1934		Wiesenbergbahn			
Schlitteln Skiwandern Tourenskifahren *(Wintertourismus)*	1935			"Satusheim"		
	1936			"Bergfrieden"		
	1937				1.Wirzwelibahn	
Nachkriegsjahre Pistenskifahren	1945			"Gummenmattli"		
	1947				1.Gummenbahn	
	1952				1.Eggbahn	
	1958				2.Eggbahn	
	1962				Gummenlift	Hotel "Kurhaus" Rest. "Gummenalp"
	1965					
Langlaufen	1966				2.Wirzwelibahn Wirzwelilift	Rest. "Wirzweli"
	1968					
	1971			"Lopperhütte"	Eggwaldlift	
	1976					Bergladen
	1978			"Lueg is Tal"	2.Gummenbahn	
Variantenskifahren	1979					Bergkapelle

SKICLUB/SPORTVEREIN	ALPHÜTTE ALS SKIHÜTTE		NEUE CLUBHÜTTE	
SC Dallenwil	Gummenalp	1932-37	Bergfrieden	1937-66
SC Büren/Oberdorf	Gummenalp	1941-62		
Satus Luzern	Ronemattli ca.	1930-35	Satusheim	1935- *
SC Musegg Luzern	Ronemattli ca.	1960-		
SC Stans			Gummenmattli	1947- *
SC Luzern-Stadt	Egghütte (Under Chrüz)			
Neuer SC Luzern	Waldmattli			
SC Ebikon			Bergfrieden	1966-
SC Stansstad	Under Rain ca.	1939-71	Lopperhütte	1971-
SC Seon			Lueg is Tal	1978-**

Fig. 60 (T)
Sportvereine und ihre Skihütten im Testraum WIESENBERG NW
(* heute als Restaurant ohne Alkoholpatent durch Pächter geführt
** im Eigentum der Ürtenkorporation Dallenwil)

Zum Skiclub Dallenwil gesellen sich weitere Sportvereine als Mieter oder Erbauer von Hütten (Fig. 60):
Die Luzerner Sektion des Arbeiterskiclubs SATUS pachtet anfänglich die Alphütte Ronemattli und errichtet dann 1935 das *«Satusheim»* auf Wirzweli. Das Bauholz aus dem nahen Wald wird an Ort und Stelle zugesägt, da weder Fahrwege noch Strassen zur Alp Wirzweli führen. Die Ronemattlihütte wandelt sich später jeden Winter zur Skihütte des Skiclubs Musegg von Luzern. Der Skiclub Büren/Oberdorf tritt 1941 die Nachfolge des Skiclubs Dallenwil als Mieter der Gummenalphütte an, und der Ski- und Alpenclub Stansstad pachtet die Under Rainhütte. Der Skiclub Luzern-Stadt tauft die Under Chrüzhütte in *«Egghütte»* um und bietet dort jeden Winter Speis und Trank an. Der Neue Skiclub Luzern belegt die Hütte im Waldmattli, zusätzlich treten auch Privatpersonen als Mieter von Alphütten in Erscheinung (Fig. 61).

WOHNORT DER MIETER	GEMIETETE ALPHÜTTE
Stans	Sulzmatt
Hergiswil	Under Rainhütte
Sarnen	Miserehütte
Luzern	Ober Rainhütte
Luzern	Lochhütte
Luzern	Schällefluehütte*
Luzern	Hüethüttli 1948-76**
Emmen	Under Ronehütte
Emmenbrücke	Ober Chrüzhütte
Zürich	Gross Ächerli

Fig. 61 (T)
Privatpersonen als Mieter von Alphütten im Testraum WIESENBERG NW
(* nur im Sommer vermietet, da im Winter kein lawinensicherer Zugang vorhanden
** heute durch Clubhütte «Lueg is Tal» ersetzt)

Abb. 98　Als ältestes Restaurant des Testraums WIESENBERG NW stammt der «Alpenhof» noch aus dem letzten Jahrhundert; vorher versorgte der Kaplan im Pfrundhaus (im Bildhintergrund) die Pilger und Wanderer mit Most und Wein (STANSERHORN NW)

Abb. 99　Die Eröffnung der Pension «Sulzmattli» erfolgt 1922 im Zusammenhang mit der ganzjährigen Wohnsitzname auf der ehemaligen Alp (STANSERHORN NW)

Abb. 100   Als erstes Clubhaus entsteht 1935 auf der Alp Wirzweli das «SATUS-Heim» der Sektion Luzern (GUMME NW)

Abb. 101   Der Skiclub Stans errichtet 1947 die Clubhütte «Gummenmattli» auf melioriertem Land der Ürtenkorporation (GUMME NW)

Abb. 102   Das Hotel «Kurhaus» wird 1958 in unmittelbarer Nähe zum Gummenlift durch einen Privatmann aus Luzern erbaut und bietet den Skifahrern eine grosse Sonnenterrasse (GUMME NW)

Abb. 103   Das Restaurant «Wirzweli» entsteht im Zusammenhang mit dem Bahnbau 1966 und umfasst eine leistungsfähige Selbstbedienungsanlage, einen späteren Saalanbau, eine grosse Sonnenterrasse, ein Massenlager und einen Kiosk (GUMME NW)

Abb. 104   Ab 1934 erschliesst die Luftseilbahn Dallenwil–Wiesenberg das traditionelle Dauersiedlungsgebiet an der Südflanke des Stanserhorns (STANSERHORN NW), (Foto K. Engelberger, Stansstad)

Abb. 105   Die Bergstation der Wiesenbergbahn liegt an der Kantonsstrasse nahe der ehemaligen Post (STANSERHORN NW)

Abb. 106 Am Waldrand, unter einer Wettertanne, kann man noch die erste Holzkabine der Wirzwelibahn von 1936 finden (GUMME NW)

Abb. 107 Die Metallkabinen der Wirzwelibahn von 1950 überqueren seit dem Neubau der Bahn (1965) den Steinibach zwischen Under Schwändli und Bord und dienen vornehmlich dem Milchtransport (GUMME NW)

Abb. 108   Ab 1945 existiert mit der Gummenbahn die erste Transportanlage im Testraum WIESENBERG NW, welche ausschliesslich auf eine touristische Nutzung ausgerichtet ist und das Skigebiet am Gummenordhang erschliesst (GUMME NW), (Photo Polster, Stans)

Abb. 109   Die Gummenbahn quert das Eggwaldried, in welchem einst jährlich über hundert Tristen errichtet und die Eckpunkte der einzelnen Ürtenlose mit Pfosten markiert worden sind; seit der Wintersport Einzug gehalten hat, sind Tristbäume und Grenzpfosten verschwunden (GUMME NW) (Photo Polster, Stans)

Abb. 110 Die Gummenbahn endet nahe der Alphütte, welche zuerst vom Skiclub Dallenwil (1932-37) und später vom Skiclub Büren/Oberdorf (1941-62) als Skihütte gemietet wird (GUMME NW), (Foto J. Niederberger-Meier, Dallenwil)

Abb. 111 Die Talstation der Gummenbahn liegt im Ronemattli und wird von 1945 bis 1957 jeden Winter zur Abwartswohnung für den Ronemattliälpler (GUMME NW), (Foto J. Niederberger-Meier, Dallenwil)

Abb. 112 Die Bergstation der ersten Wissifluebahn (1927–1959) steht verlassen am Waldrand (FLUE NW)

Abb. 113 Nahe des Heimwesens steht in der Hinder Wissiflue die Bergstation der zweiten Luftseilbahn Wolfenschiessen–Wissifluh von 1959 (FLUE NW)

Neben dem Tourenfahren und den Skirennen erobert ein weiterer Wintersport den Testraum: In den Dreissigerjahren werden von privater Seite *Schlittelrennen* auf der Strecke Wiesenberg-Dallenwil durchgeführt. So starten beispielsweise am 13. Januar 1935 über 80 Schlitten zur Schussfahrt auf der steilen Kantonsstrasse ins Tal hinunter.

Noch vor dem Zweiten Weltkrieg erfolgt die Erschliessung des Nidwaldner Testraumes durch zwei Zubringerbahnen:

Die einheimische Firma R. Niederberger Söhne AG erbaut 1934 die *Luftseilbahn Dallenwil-Wiesenberg*, welche die Pension «Alpenhof» mit dem Bahnhof der Stansstad-Engelbergbahn verbindet und dabei 524 Höhenmeter überwindet. Die beiden Viererkabinen bringen im Sommer Pilger, Wanderer und Gäste, im Winter vor allem Schlittler an den Wiesenberg. Touristen, die den Abstieg vom Stanserhorn gewagt haben, sind ebenso dankbare Passagiere wie die einheimischen Landwirte, die noch kaum über eigene Motorfahrzeuge verfügen. Eine Zwischenstation erlaubt das Ein- und Aussteigen unmittelbar bei der Kapelle.

Fast gleichzeitig, nämlich 1936, nimmt die *erste Wirzweli-Seilbahn* ihren Betrieb auf. Bei der Lourdesgrotte am Ausgang des Steinibachtobels beginnend, überwindet die dieselbetriebene Luftseilbahn mit den beiden vierplätzigen Holzkabinen rund 580 Höhenmeter und endet zwischen Alphütte und Spycherli unweit des eben erst erbauten Satusheims. Sie ist Eigentum der Bauernfamilie, welche seit 1929 die Alp Wirzweli ganzjährig bewohnt. Um die Erstellung finanzieren zu können, ist das Chärnalphüttenrecht verkauft worden. Ursprünglich für Schulkinder und den Milchtransport gedacht, wird die Seilbahn an sonnigen Wintertagen zur stark frequentierten Touristenbahn und ermöglicht der Bauernfamilie einen bescheidenen Nebenverdienst (vergl. LNN 1979).

Der Zweite Weltkrieg bringt einen Rückgang der touristischen Nutzung. Zwar werden die Skirennen am Gumme weitergeführt, aber die Pensionen und Skihütten bleiben ohne auswärtige Gäste. Der Sulzmattliwirt weilt im Aktivdienst, während seine Schwestern das Vieh versorgen. Sämtliche Zimmer sind an wohlhabende Basler vermietet, die sich für den Kriegsfall eine Zuflucht im Reduitgebiet freihalten wollen.

c Nachkriegsjahre

Die Nachkriegszeit bringt eine Weiterentwicklung des Skisports und einen eigentlichen Ferienhausboom (Fig. 62). 1945 wird mit der *Gummenseilbahn* die erste Anlage geschaffen, die ganzjährig nur auf Touristen ausgerichtet ist. Sie tritt an die Stelle eines landwirtschaftlichen Transportseils und überwindet rund 370 Höhenmeter. Erbauer und Eigentümer ist ein initiativer Lebensmittelhändler (spezialisiert auf Tourenproviant) von Dallenwil. Den Boden für die Talstation kauft er vom Besitzer des Ronemattli, der im selben Jahr diese Alp geerbt hat. Da sie durch horizontale Teilung vom Talheimwesen Leimd in Dallenwil abgetrennt worden ist, sieht sich der landwirtschaftliche Erbe zur ganzjährigen Wohnsitznahme im Testraum gezwungen. Nun ist er froh, als Abwart bei der Gummenseilbahn einen Nebenverdienst zu finden. Den

Sommer über wohnt er fortan in der Alphütte, den Winter verbringt er im Wohnteil der Seilbahnstation.

Unweit davon, am Fusse des Gummehangs, richtet der Skiclub Stans 1947 eine ehemalige Militärbaracke auf und baut sie zum Skihaus «Gummenmattli» um. Vorher stand diese Baracke im Arviwald auf der Dürrebodealp und diente als Unterkunft für internierte Polen, die während der Kriegszeit Strassen ausbesserten und Wies- und Weideland von Steinen säuberten.

Ebenfalls Ende der Vierzigerjahre installieren Hüttenrechtsbesitzer in der Dürrebodealp ein landwirtschaftliches Transportseil, das von der Meyershütte zum Egg hinauf führt. Als 1950 die Stromversorgung die Alphütten erreicht, wird der ursprüngliche Dieselantrieb durch einen Elektromotor ersetzt. Zwei Jahre darauf erfolgt die Verlegung der Talstation zur Langbodehütte hinunter. Die immer noch einspurige Bahn benutzt ein ehemaliges Seil der Trübseebahn ob Engelberg und besitzt eine offene Holzkabine. Nach der Umrüstung auf Doppelspur und zwei geschlossene Metallkabinen erteilt der Kanton Nidwalden 1954 der *Seilbahn Dürrenboden-Egg* die Konzession für den Personentransport. In den Jahren 1970/71 wird die Talstation neu erbaut und die technische Einrichtung teilweise aufgefrischt oder ersetzt. Dabei tritt die Alpgenossenschaft die Standortparzellen von Tal- und Bergstation an die Seilbahn ab, damit diese in den Genuss von Bausubventionen kommen kann. Eigentümer der Bahn ist der Hüttenrechtsbesitzer der Langbodehütte, der in Stans eine Molkerei führt. Betrieben wird die Seilbahn, die 350 Höhenmeter überwindet, im Sommer durch den Pächter des Hüttenrechts und im Winter durch die Familie des Eigentümers. Während der Alpzeit schenkt der Pächter Milch, Most und Mineralwasser an Wanderer und Seilbahnbenützer aus, die sich an den hölzernen Tischen vor der Alphütte niederlassen. Im Winter wird die Alphütte an Luzerner vermietet, dafür bedienen die Seilbahnbetreiber hungrige und durstige Skifahrer im neuen Seilbahngebäude und auf der vorgelagerten Terrasse.

Als erster Skilift nimmt der 1200 m lange *Gummenlift* 1958 den Betrieb auf. Durch den Eigentümer der Gummenseilbahn erstellt, führt er über Korporationsgebiet und endet unmittelbar neben der Seilbahnbergstation. Somit entfällt ein zusätzlicher Parzellenkauf von der Gummenalp, hingegen tritt die Korporation am Fusse des Eggwaldried Land für das Skiliftgebäude ab, welches auch eine neue Abwartswohnung für den Ronemattliälpler umfasst. Unweit davon entsteht im selben Jahr das *Hotel «Kurhaus»* auf melioriertem ehemaligem Korporationsland. Erbauer ist ein Privatmann aus Luzern. Die günstige Lage im Zielraum der Skipiste und die grosse Sonnenterrasse laden an schönen Wintertagen zahlreiche Tagesgäste zur Einkehr ein.

Als Gegenstück dazu entwickelt sich am Ausgangspunkt der Skiabfahrt nach und nach das *Berggasthaus «Gummenalp»*. Die Gummenalp, 1934 durch horizontale Erbteilung vom Talheimwesen Lochrüti in Wolfenschiessen abgetrennt, wird 1962 zum ganzjähri-

Fig. 62 ▷
Aktuelle touristische Infrastruktur im Teilraum GUMME NW

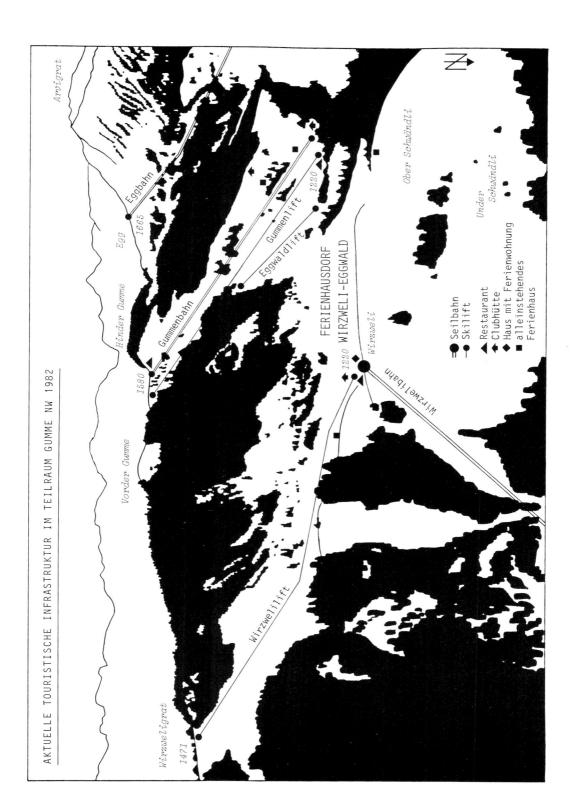

gen Wohnsitz des Eigentümers. Dieser nimmt den Sommer über fremdes Rindvieh zur Alpung an, im Winter arbeitet er bei einer Baufirma und in einer Schnapsbrennerei im Tal. In der Alphütte, vormals vom SC Dallenwil und anschliessend vom SC Büren/Oberdorf als Clubhütte gemietet, schenken er und seine Frau nun selber alkoholfreie Getränke an Skifahrer und Wanderer aus. Ein Jahr nach Erlangung des Wirtepatents erfolgt 1969 ein Restaurantanbau an die Alphütte, und 1980 wird diese selbst modernisiert. Die grossartige Rundsicht und die Gastlichkeit der Älplerfamilie mögen den hohen Beliebtheitsgrad erklären, den das beschriebene Berggasthaus bei den Touristen wie bei der einheimischen Landwirtschaftsbevölkerung geniesst.

Mit der Eröffnung der *neuen Wirzwelibahn* im Jahr 1965 wird die Zubringerkapazität zum Teilraum GUMME massiv vergrössert und eine rasante Entwicklung im Ferienhausbau eingeleitet:

Obwohl 1950 auf Metallkabinen umgerüstet, entzieht der Kanton Nidwalden der alten Seilbahn anfangs der Sechzigerjahre die Betriebsbewilligung. (Eine der ehemaligen Holzkabinen steht halb zerfallen am Waldrand unter einer Tanne, wo sie jahrelang als «Schärmehüttli» gedient hat. Eine der Metallkabinen überquert heute als Milchtransportbahn den Steinibach zwischen Under Schwändli und Bord.) Die Bauernfamilie plant darauf den Bau einer neuen Bahn mit Achterkabinen, doch der Eigentümer von Gummenbahn und Gummenlift, Vertreter der Ürtenkorporation, interessierte Gewerbekreise und Behördenmitglieder, allen voran aber der Initiant für einen Skilift auf Wirzweli, drängen auf eine grössere Transportkapazität. So fällt der Entscheid für eine Anlage, die 25 Personen pro Kabine befördert.

Gleichzeitig lanciert ein Konsortium aus der Firma Niederberger Söhne AG und einigen ansässigen Landwirten das Konkurrenzprojekt einer Seilbahn Dallenwil-Wiesenberg-Stanglisbüel mit zusätzlichen Transportanlagen in der Geländemulde zwischen Seewliegg und Arvigrat. Bei der Konzessionserteilung durch den Bund obsiegt aber die Wirzwelibahn, da sie ein Dauersiedlungsgebiet erschliesst, das noch immer ohne Strassenverbindung ist.

Um sich in der eigens gegründeteten Aktiengesellschaft, die zusätzlich zur Bahn den Bau des Bergrestaurants «Wirzweli» finanziert, die Aktienmehrheit sichern zu können, zweigt die Bauernfamilie von der 48 ha messenden Alp 10 ha Bauland ab, welches die Nidwaldner Kantonalbank mit Fr. 3.– pro m^2 belehnt. Damit wird gleichzeitig die Grundlage für den nachfolgenden Ferienhausboom geschaffen.

Die Talstation der neuen Bahn liegt näher beim Dorf Dallenwil als die bisherige, aber immer noch eine Viertelstunde vom Bahnhof entfernt. Eine Verlängerung bis dorthin scheitert an den Mehrkosten für eine grössere Betriebsstrecke sowie für ein Grundstück und das Mastenstellrecht in Bahnhofnähe. Das durch die Steffisburger Maschinenfabrik L.+H. Küpfer & Co. realisierte Projekt überspannt eine Höhendifferenz von 651 m und hat eine Förderleistung von 220 Personen pro Stunde (in einer Richtung). Oberhalb der Talstation säumt ein grosser Parkplatz die Strasse nach dem Wiesenberg.

Im selben Jahr wie die neue Bahn entsteht der *Skilift Wirzweli*, der mit einer Länge von 1000 m von den Alpgebäuden bis auf den Wirzweligrat führt und neben dem Gumme ein weiteres Skigebiet für den Pistenskifahrer erschliesst. Durch einen Privatmann aus Buochs realisiert, geht der Lift später in den Besitz der Bauernfamilie über. Bei dem Holzhüttchen neben dem Skiliftende handelt es sich um den ehemaligen Kiosk vom alten Bahnhof Stans. Es dient als Unterstand für das Aufsichtspersonal.

Das *Selbstbedienungsrestaurant «Wirzweli»* wird 1966 eröffnet. Es ist an die Seilbahnbergstation angebaut und verfügt über 80 Plätze und eine grosse Terrasse. Zwölf Jahre später wird es um 70 Plätze und ein Massenlager erweitert. Die leistungsfähige Küche und die preisgünstigen Angebote führen an sonnigen Wintertagen zu hohen Besucherfrequenzen. Im Sommer kehren Bergwanderer ein, bevor sie mit der Seilbahn ins Tal fahren. Ganzjährig suchen Reise- und Hochzeitsgesellschaften das Speiserestaurant auf, und regelmässig finden Vereinsanlässe statt. Stetig wächst auch die Zahl der Stammgäste aus dem Kreis der Ferienhausbesitzer.

Das neue Wohnhaus, welches die Bauernfamilie 1971 erbaut, weist neben Gästezimmern und einem Massenlager den *Bergladen Wirzweli* auf. Dieser enthält ein breites Sortiment an Lebensmitteln und Haushaltwaren für den täglichen Bedarf. Er ist ganzjährig geöffnet, wogegen der *Kiosk* bei der Seilbahnstation nur während der winterlichen Hochsaison bedient wird.

Als jüngste Transportanlage ersetzt 1976 eine *neue Seilbahn auf den Gumme* die erste Gummenbahn, deren technischer Teil im selben Jahr abgebrochen wird. Die Talstation rückt auf die andere Seite des Steinibachs direkt ans Ende der Skiabfahrt, die Bergstation in die Nähe des Berggasthauses «Gummenalp». Eigentümer der neuen Bahn, deren Viererkabinen 390 Höhenmeter überwinden, ist der Gummenalpwirt.

In der Mulde nördlich vom Seewliegg richtet der Bauer vom Ober Holzwang jeden Winter einen kleinen *mobilen Schlepplift* ein. Dieser verkürzt den Heimweg der Schulkinder und steht auch den Jugendlichen der angrenzenden Alpen zur Verfügung.

Die Siebzigerjahre bringen zwei weitere Clubhütten: Der Ski- und Alpenclub Stansstad errichtet 1971 die *«Lopperhütte»* unmittelbar neben dem «Bergfrieden» des Skiclubs Ebikon. Die Korporation Dallenwil erbaut 1978 anstelle des abgebrannten ehemaligen Hüethüttli im Eggwaldried die *Skihütte «Lueg is Tal»* und vermietet diese an den Skiclub Seon.

Von den 117 *Ferienhäusern*, die zwischen 1962 und 1979 auf Wirzweli und im Eggwaldried aus dem Boden schiessen, sind 33 im offiziellen Verzeichnis der Ferienunterkünfte zur Vermietung ausgeschrieben.

Neben dem Pistenskifahren tritt auch der *Langlaufsport* in Erscheinung. Von 1964 bis 1973 veranstaltet der SC Dallenwil alljährlich den Gummen-Langlauf. Start und Ziel befinden sich jeweils beim Satusheim; der Parcours von 7 km Länge führt über mehrere Alpen und das Korporationsland dem Gummefuss entlang. Heute wird nur noch eine kurze *Loipe* abseits der Skipisten und Ferienhausgebiete auf der Alp Stanglisbüel präpariert.

Abb. 114 Die schneebedeckten Alpweiden auf der Nordseite vom Egg und in Dürrebode bieten dem Tourenskifahrer ideale Verhältnisse (GUMME NW)

Abb. 115 In den Alphütten von Dürrebode mieten sich schon in den Zwischenkriegsjahren Wintersportler ein (GUMME NW)

Abb. 116   Skiwanderer suchen an sonnigen Tagen das «Sulzmattli» auf, lange bevor auf Wirzweli (im Hintergrund) ein Ferienhausdorf entsteht (STANSERHORN/GUMME NW), (Foto Globetrotter, Luzern)

Abb. 117   Ab 1958 bringt der Gummenlift die Skifahrer auf den Gumme, wo sich aus der Alphütte nach und nach das gemütliche Bergrestaurant «Gummenalp» entwickelt (GUMME NW), (Foto R. Fischlin, Stans)

Abb. 118   Von der neuen Talstation (1970/71) im Langbode aus fahren an schönen Wintertagen zahlreiche Skitouristen hinauf zum Egg (GUMME NW)

Abb. 119   Der Gummenlift (1958) und der Eggwaldlift (1968) erschliessen die Skipisten, welche vom Gumme her das Eggwaldried queren und nahe beim Ferienhausdorf Wirzweli-Eggwald enden (GUMME NW)

Abb. 120 Unmittelbar neben dem Restaurant «Gummenalp» steht die Bergstation der zweiten Gummenbahn von 1976 (GUMME NW)

Abb. 121 Nahe der Bergstation der zweiten Wirzwelibahn von 1965 befindet sich die Talstation des gleichaltrigen Wirzwelilifts (GUMME NW)

Während die touristische Infrastruktur im wintersportlich genutzten Alpgebiet stetig wächst, erleidet sie im sonnenseitig gelegenen traditionellen Siedlungsgebiet Rückschläge:

Im «Alpenhof» wird gegen Ende der Fünfzigerjahre der Pensionsbetrieb eingestellt. Zwar erfolgt 1966 die Vergrösserung des Restaurants durch einen saalartigen Anbau, die Auslastung durch Anlässe und Gesellschaften ist aber gering.

1959 verkauft die Firma Niederberger die Seilbahn Dallenwil-Wiesenberg an eine Genossenschaft, der viele Wiesenberger Landwirte angehören. Bald nach dem Verkauf erweist sich die Bahn als renovationsbedürftig, und ein glimpflich abgelaufener Unfall zwingt 1972 zur Erneuerung der Anlage. Die geplante Weiterführung bis zum «Sulzmattli» scheitert am Widerstand eines Anrainers, der das Durchleitungsrecht verweigert. Dabei hätte der Sulzmattliwirt den Boden für die neue Bergstation unentgeltlich zur Verfügung gestellt.

Von 1963 bis 1969 führt der SC Dallenwil vier Schlittelrennen auf der Wiesenbergstrasse durch. «Sie sind, solange die ganze Strecke Alpenhof-Gummenmattli befahren werden kann, ein grosser Erfolg mit Dorffestcharakter. Nach der Eröffnung der neuen Wirzwelibahn muss das Ziel wegen der gesalzenen Strasse zur Lourdesgrotte hinauf verlegt werden, was sich auf Stimmung und Teilnahme nicht vorteilhaft auswirkt» (JUBILÄUMSSCHRIFT 50 JAHRE SC DALLENWIL 1982, S. 13). Mit wachsendem Verkehrsaufkommen wird der Schlittelsport zusätzlich von der Wiesenbergstrasse verdrängt, ganz zum Schaden der Wiesenbergseilbahn.

Am 2.10.1970 zerstört ein Grossbrand das Hotel Stanserhorn; ebenso wird die Bergstation der Standseilbahn in Mitleidenschaft gezogen. Weder Hotel noch Standseilbahn werden rekonstruiert: Eine *Luftseilbahn* bringt von 1975 an die Fahrgäste von der Chelti bis auf den Gipfel, wo ab 1976 ein einfaches *Selbstbedienungsrestaurant* den Platz des einst stolzen Gipfelhotels einnimmt. Durch den Wechsel vom Schienenfahrzeug zur Luftseilbahn lässt sich die jährliche Betriebszeit von rund 130 auf über 200 Tage ausdehnen. Das Alternativprojekt einer Luftseilbahn Dallenwil-Treichialpen-Stanserhorn bleibt ohne Realisierungschancen, und damit auch die erneut geplante Erschliessung der Geländekammer zwischen Seewliegg und Arvigrat.

Im Zusammenhang mit der Landwirtschaftsdynamik entsteht ein bescheidenes Angebot an *Ferienwohnungen*:
So werden das «Alpenrösli» und das neue Haus im Under Holzwang anlässlich der ganzjährigen Wohnsitznahme auf den Alpen Loch und Holzwang mit je zwei Wohnungen erstellt, ebenso der Neubau in der Schwand, der das abgebrannte alte Wohnhaus ersetzt. Das Acherhaus hingegen steht seit der Betriebsaufgabe leer und wird gesamthaft an Feriengäste vermietet.

Ende der Siebzigerjahre kommt mit dem *Deltasegeln* ein neuer Sport auf, der vom dichten Seilbahnnetz alpiner Regionen profitiert. Da sich neben der Bergstation der Wirzwelibahn ein beliebter Startpunkt befindet, kreist an schönen Sommertagen eine wachsende Schar flugbegeisterter Ikarusjünger über dem Testraum.

TOURISTISCHE INFRASTRUKTUR 1982	TEILRAUM STANSERHORN		TEILRAUM GUMME	
Hotels, Gasthäuser und Pensionen mit Alkoholpatent	Restaurant Alpenhof Restaurant Stanserhorn Restaurant Sulzmattli		Hotel Kurhaus Restaurant Gummenalp Restaurant Wirzweli	
Clubhütten mit Restaurant ohne Alkoholpatent			Satusheim Gummenmattli	
Clubhütten			Bergfrieden Lopperhütte Lueg is Tal	
Alphütten, im Winter als Skihütten an Private vermietet	Sulzmatt		Gross Ächerli Langbodehütte Under Rainhütte Ober Rainhütte Lochhütte Under Ronehütte Ober Chrüzhütte Miserehütte	
Alphütte, im Sommer vermietet			Schällefluehütte	
Bauernhaus, als Ferienhaus vermietet	Acher			
Ferienwohnungen in neueren Wohnhäusern	Alpenrösli Post Under Holzwang Schwand	1950 1957 1962 1968	Wirzweli 33 Ferienhäuser im Ferienhausdorf Wirzweli/Eggwald	1971
Standseilbahn	Stans-Chelti	1893		
Luftseilbahnen	Chelti-Stanserhorn Wiesenbergbahn	1975 1934	Eggbahn Wirzwelibahn Gummenbahn	1952 1965 1976
Skilifte			Gummenlift Wirzwelilift Eggwaldlift	1958 1965 1968

Fig. 63 (T)
Aktuelle touristische Infrastruktur im Testraum WIESENBERG NW

TOURISMUS-EINRICHTUNGEN	Anzahl	Sitzplätze: Restaurant	Terrasse	Schlafplätze Betten/Lager
Restaurants, Hotels	3	300	420	125
Clubhütten mit Restaurant	2	160	100	105
Clubhütten	2			80
Talstation Gummenlift				15
Total Sitzplätze		460	520	325
Ferienhäuser zum Mieten	33			255
Total Schlafplätze				580

Fig. 64 (T)
Restaurantplätze und Bettenangebot im Teilraum GUMME NW (Quelle: Verzeichnis der Ferienunterkünfte, Verkehrsverein Wiesenberg-Wirzweli 1980)

Das *aktuelle Inventar* der beschriebenen Infrastruktur widerspiegelt die raumzeitliche Dynamik touristischer Inwertsetzung des Testraums WIESENBERG NW (Fig. 63 und Fig. 64):

Solange der alpine Sommertourismus allein das Geschehen bestimmte, genügte der Teilraum STANSERHORN den externen Anforderungen. Der Stanserhorngipfel als herrlicher Aussichtsberg und die sonnig gelegenen traditionellen Heimwesen rund um die historische Kapelle kamen der herrschenden Nachfrage entgegen; ebenso entsprachen die Infrastruktureinrichtungen den Bedürfnissen der Sommerfrischler.

Mit dem Aufkommen des alpinen Wintertourismus und der teilweisen Abwanderung des Sommertourismus trat der Teilraum GUMME ins Blickfeld auswärtiger Nutzergruppen. Die schattenseitig gelegenen, steinlosen und schneesicheren Alpen und Riedwiesen zwischen Arvi- und Wirzweligrat wurden schon früh durch Tourenskifahrer entdeckt und später durch Pistenskifahrer in Beschlag genommen. Parallel dazu erfolgte der Ausbau einer auf den Wintersport ausgerichteten Infrastruktur, teils unter Ausnützung vorhandener landwirtschaftlicher Gebäudesubstanz und Transportanlagen, mehrheitlich aber durch Erstellen rein touristisch genutzter Einrichtungen.

Da der Teilraum STANSERHORN für eine wintersportliche Nutzung ungeeignet ist – an den steilen Wiesen der Stanserhornsüdflanke rutscht der Schnee in die Tiefe und schmilzt unter der intensiven Einstrahlung rasch dahin – und auch den modernen sommersportlichen Anforderungen nicht genügt, erfährt er eine Rückbildung seiner touristischen Infrastruktur: Anstelle des Gipfelhotels und der beiden Pensionen sind drei Restaurants anzutreffen, die ihr Angebot auf die Bedürfnisse des Ausflugs- und Wandertourismus ausgerichtet haben.

Der Wandel des externen Nutzungsanspruchs führt also zu einer veränderten Inwertsetzung und damit zu einer räumlichen Verlagerung touristischer Aktivitäten vom sonnenseitig gelegenen Teilraum STANSERHORN hinüber in den schattenseitig und höher gelegenen Teilraum GUMME (Fig. 62).

A2 TEILRAUM FLUE

Die touristische Infrastruktur im Teilraum FLUE ist bescheiden (Fig. 58):

1927 nimmt die *erste Luftseilbahn Wolfenschiessen-Wissifluh* ihren Betrieb auf. Zwei offene Holzkabinen überwinden in schwindelerregender Fahrt die 490 Höhenmeter. Beim *Neubau der Bahn* im Jahr 1959 wird die Bergstation von der Vorder auf die Hinder Wissiflue hinauf verlegt. Ein gutes Jahrzehnt später folgt der *Skilift*, der mit einer Länge von 710 m bis in die Hornmattweid hinauf führt. Seither werden Gadehus und Riedhüttli durch den Hornmattlandwirt an Touristen vermietet. Im Winter betreibt der Skiclub Wolfenschiessen im Skilifthaus eine improvisierte Imbissstätte.

Die Betriebsaufgabe auf der Vorder Wissiflue und der Rückzug des landwirtschaftlichen Rentners in ein neu erbautes Stöckli lassen das traditionelle Bauernhaus frei werden für eine touristische Umnutzung: So bekundet der Eigentümer die Absicht, auswärtige Feriengäste als Mieter zu suchen.

Zusammenfassend können für die *touristische Infrastruktur und ihre Dynamik* im TESTRAUM WIESENBERG NW folgende Merkmale als typisch bezeichnet werden:

TEILRAUM STANSERHORN
- Gipfelhotel, Standseilbahn und Pensionen mit blühendem Sommertourismus in den Vor- und Zwischenkriegsjahren
- Rückbildung der touristischen Infrastruktur in den Nachkriegsjahren

TEILRAUM GUMME
- Clubhütten und Alphütten als Skihütten in den Zwischenkriegsjahren
- Seilbahnen und Skilifte, Restaurants und Hotels mit blühendem Wintertourismus in den Nachkriegsjahren
- Leistungsfähige Luftseilbahn als Zubringer zum Teilraum

TEILRAUM FLUE
- Skilift für Wintersport

GANZER TESTRAUM WIESENBERG NW
- Umlagerung der touristischen Aktivitäten vom Teilraum STANSERHORN in den Teilraum GUMME als Folge eines Wandels der externen Nachfrage

B   TESTRAUM WISSEBERG GL

Das erste Gasthaus im Testraum WISSEBERG GL (Fig. 58) entsteht in den Zwanzigerjahren im Zusammenhang mit dem Strassenbau, als die Arbeiter in die Bauernstube des Ober Hoschetbord kommen, um ihr Bier zu trinken. Später wird der Gastbetrieb ins Under Hoschetbordhaus verlegt und als *Restaurant «Weissenberg»* im Nebenerwerb zur Landwirtschaft weitergeführt. Der aufstrebende Wintertourismus und die wachsende Freude am Schlittelsport bringen immer mehr Passanten an den Wisseberg, sodass die niedrige Gaststube mit dem traditionellen Schieferofen durch einen seitlichen Anbau ergänzt werden muss.

Die *Luftseilbahn Matt-Wissenberge* wird 1967 durch eine Genossenschaft erstellt, der auch die meisten Landwirte des Testraumes angehören. Diese Einseil-Pendelbahn überspannt ohne Zwischenmasten 409 Höhenmeter und befördert zehn Personen pro Kabine. Sie stellt im Winter die einzige sichere Verkehrsverbindung zum Talboden dar und wird rege benutzt. Vor allem bringt sie aber das ganze Jahr über zahlreiche Touristen auf die Sonnenterrasse Wisseberg. Im Sommer sind die Passagiere mehrheitlich Wanderer, im Winter Skifahrer und Schlittler.

Seit dem Bestehen der Seilbahn betreibt der Buchsbauer im neueren Wohnhaus das *Restaurant «Bergheim»*. Zusammen mit einem kleinen Touristenlager bringt es ihm einen Nebenverdienst zur Landwirtschaft und später zur Altersrente. Als jüngstes *Gasthaus* wird 1973 das *«Edelwyss»* im Ändi eröffnet. Der Neubau enthält neben der Gaststube Fremdenzimmer und ist gleichzeitig Wohnhaus für die junge Bauernfamilie, die den Betrieb im Nebenerwerb führt.

Auch das Restaurant «Weissenberg» reagiert auf den Seilbahnbau:
Da der alte Viehstall im Under Hoschetbord baufällig und den Anforderungen eines zunehmend mechanisierten Betriebs nicht mehr gewachsen ist, muss er 1967 einem subventionierten Normstall weichen. Der Raum unter dem Dach wird als Massenlager eingerichtet, und das ehemalige Schulhäuschen dient ab 1969 als Dépendance. Das Restaurant erfährt 1975 eine bergseitige Erweiterung um einen modernen Küchentrakt, der im oberen Stockwerk auch Fremdenzimmer enthält.

Neben diesen drei Gastbetrieben, die alle in Kombination mit Landwirtschaftsbetrieben geführt werden, besteht ein kleines Angebot an *Mietobjekten*. Es handelt sich um traditionelle Gebäude – drei Häuser (Ober Hoschetbord, Stigerberg, Waldibach), eine Hütte (Hüsliberg) und ein ehemaliges Sennhüttchen (Oreberg) –, die durch Betriebsaufgaben und Extensivierung der landwirtschaftlichen Nutzung zur touristischen Verwendung frei geworden sind.

In den Siebzigerjahren installiert ein Jungbauer Winter für Winter einen *mobilen Skilift* auf der Hoschet, und der Bergheimwirt stellt einen *Wurststand* im Freien auf.

Der aktuelle Bestand an touristischen Infrastruktureinrichtungen nimmt sich noch immer recht bescheiden aus, obwohl seit dem Seilbahnbau weitere Transportanlagen und Gastbetriebe projektiert und teilweise sogar konzessioniert sind. So propagiert ein Initiativkommitee schon 1968 eine Sesselbahn Weissenberge-Abendweid und

Abb. 122   Ab 1967 stellt die Luftseilbahn Matt–Wissenberge eine wintersichere Verbindung zwischen Taldorf und Testraum dar (WISSEBERG GL)

Abb. 123   Das Restaurant «Weissenberg» entsteht in den Zwischenkriegsjahren im Bauernhaus am Under Hoschetbord, das Restaurant «Edelwyss» als Neubau 1973 im Ändi (WISSEBERG GL), (vergl. Fig. 94, S. 367)

zwei anschliessende Skilifte. Zusätzlich sind ein Bergrestaurant, Abfahrten nach Matt und Engi und weitere Parkplätze in diesen beiden Taldörfern geplant. Eine 1970 durch den Kanton Glarus in Auftrag gegebene Expertise bezeichnet das Projekt als «sinnvoll und realisierbar» (vergl. FINGERHUT 1970). Auch das «Regionale Entwicklungskonzept Glarner Hinterland-Sernftal» befürwortet 1977 den vorgesehenen Ausbau, wogegen das «Entwicklungskonzept Engi» 1978 eine Erschliessung der Wisseberger Skigebiete von Engi aus vorschlägt. Ein von der Regionalplanungsgruppe in Auftrag gegebenes «Skigebietskonzept Weissenberge» (vergl. MILONI 1980) greift auf das erste Projekt zurück und empfiehlt 1980 eine leicht abgeänderte Variante zur Ausführung. Bis zum Abschluss der vorliegenden Studie ist keines der erwähnten Projekte verwirklicht worden, der Wille zur Realisierung scheint seitens der Promotoren aber ungebrochen zu sein.

Zusammenfassend können für die *touristische Infrastruktur und ihre Dynamik* im TESTRAUM WISSEBERG GL folgende Merkmale als typisch bezeichnet werden:

– Luftseilbahn und Gasthäuser in Kombination mit Landwirtschaftsbetrieben für Sommer- und Wintertouristen der Nachkriegsjahre
– Projekte für umfassende Erschliessung mit zusätzlichen Transportanlagen und Gaststätten

C TESTRAUM HUOBE GR

Die touristische Erschliessung des Testraums HUOBE GR (Fig. 58) setzt 1947 mit dem Bau der *ersten Luftseilbahn Fanas-Eggli* ein:
Nach Beendigung des Zweiten Weltkriegs bietet das eidgenössische Militärdepartement die Schwendibahn zum Kauf an. Dabei handelt es sich um eine Militärseilbahn, die eine gute Wegstunde weit hinter Schuders zu den Festungswerken im Girespitz führt. Zwei Vertreter des Fanaser Gemeinderates, die als Landwirte an einer Verkehrsverbindung zur Maiensässzone am Fusse des Sassauna interessiert sind, nehmen im Beisein von Militärvertretern einen Augenschein vor. Durch letztere zu einem sofortigen Entscheid gedrängt – andere Zusagen seien bereits vorhanden – entschliessen sich die beiden Fanaser zum Kauf, notfalls aus dem eigenen Sack. Die daraufhin einberufene Gemeindeversammlung genehmigt dieses Vorgehen und bewilligt die finanziellen Mittel für den Wiederaufbau in Fanas. Nach anfänglichen Auseinandersetzungen mit dem Kanton Graubünden wegen Subventionen und der Konzessionierung (der Aufbau ist vor Erhalt der kantonalen Bewilligung in Angriff genommen worden) nimmt die Seilbahn ihren Betrieb auf und wird vor allem von einheimischen Landwirten benützt. Zunehmend machen auch Bergwanderer vom Angebot Gebrauch, obwohl die schwindelerregende Fahrt in den luftigen Kabinen – die eine ähnelt einem offenen Sarg – nicht jedermanns Sache ist.

Jahre später beschliesst die Gemeindeversammlung den Bau einer neuen Anlage mit zwei geschlossenen Viererkabinen. Diese zweite Bahn verläuft parallel zur ersten, welche während der Bauzeit als Materialtransportbahn dient und später dann abgebrochen wird. Seit 1964 überwindet nun die *neue Bahn* 780 Höhenmeter zwischen dem Dorf Fanas und dem Eggli in zwölfminütiger Fahrt, wobei Zwischenstationen im Ruebode, auf Cania und auf dem Chaiserstei die Strecke unterteilen. Heute befördert die Anlage mehrheitlich Touristen in den Testraum HUOBE GR. Noch überwiegen die Bergwanderer, aber stetig wächst die Zahl der Skitourenfahrer. Zahlreich sind auch die Deltasegler, die seit einigen Jahren vom Eggli aus zu ihren Gleitflügen starten.

Im Zusammenhang mit dem Seilbahnbau entsteht das *Gasthaus «Alpina»*: Die Bauernfamilie, welche den Boden für die neue Talstation verkauft und weiteren Boden für einen öffentlichen Parkplatz unentgeltlich zur Verfügung stellt, wünscht von der Gemeinde die Bewilligung für den Betrieb eines Bergrestaurants. Der Gemeinderat erteilt diese Bewilligung, drängt aber auf ein Restaurant bei der Talstation. Die Bauernfamilie willigt ein und nimmt den Gastbetrieb im Bauernhaus auf. Später wird der Stall zum Saal umgebaut und durch Terrasse und Fremdenzimmer ergänzt. Neuerdings dient ein leerstehendes benachbartes Bauernhaus als Dépendance.

Auch das *Gasthaus «Rätia»* liegt nahe bei der Seilbahnstation im Dorf Fanas. Jahrelang betreut der Wirt als Maschinist die Anlage.

Im Testraum HUOBE GR entsteht unweit der Seilbahnbergstation das *Bergrestaurant «Sassauna»*. Es wird von einem Holzhändler im Baurecht auf der gemeindeeigenen Rinderalp Ochsebärg erstellt und später an zwei neue Eigentümer aus dem St.Galler Rheintal veräussert. Diese verkaufen den Betrieb 1978 an ein Ehepaar aus dem Kanton Schwyz. In der Folge führt die Frau das Restaurant, welches im Sommer durchgehend und im Winter an sonnigen Wochenenden geöffnet ist. Im barackenartigen Gebäude mit einer grossen Sonnenterrasse und einem einfachen Touristenlager fehlt noch immer der elektrische Strom, was der Gastlichkeit in dieser Höhenlage aber keinen Abbruch tut.

Im Testraum HUOBE GR werden zwei *Maiensässhütten* an Feriengäste vermietet. Ein Vermieter ist aktiver Landwirt, der andere nichtlandwirtschaftlicher Erbe des väterlichen Maiensäss.

Ausbaupläne für eine umfassende touristische Infrastruktur liegen keine vor. Zur Zeit wird aber geprüft, ob sich die Viererkabinen der Seilbahn ohne weitergehende Investitionen durch Achterkabinen ersetzen lassen.

Zusammenfassend können für die *touristische Infrastruktur und ihre Dynamik* im TESTRAUM HUOBE GR folgende Merkmale als typisch bezeichnet werden:

– Luftseilbahn und einfaches Berggasthaus für Sommer- und Wintertouristen der Nachkriegsjahre

Abb. 124   Eine erste Seilbahn mit zwei unterschiedlichen Gondeln – die eine ähnelt einem Sarg – verbindet ab 1947 Fanas mit dem Testraum HUOBE GR (Fotograf unbekannt)

Abb. 125   Ursprünglich eine Militärbahn hinter Schuders, befördert die erste Seilbahn Fanas-Eggli in den Nachkriegsjahren Bauern und Touristen zum und vom Ochsebärg (HUOBE GR) (Fotograf unbekannt)

Abb. 126 Die zweite Seilbahn Fanas-Eggli wird 1964 als Ersatz für die ehemalige Militärbahn erbaut und umfasst zwei geschlossene Viererkabinen (HUOBE GR)

Abb. 127 Etwas oberhalb der Seilbahnstation liegt das Bergrestaurant «Sassauna» im Weideland der Rinderalp Ochsebärg (HUOBE GR)

D VERGLEICH DER DREI TESTRÄUME

Die ungleiche Ausstattung der drei Testräume in bezug auf die touristische Infrastruktur widerspiegelt die unterschiedliche *naturräumliche Disposition* und, als Folge, die zeitlich verschobene touristische Inwertsetzung (Fig. 65 und Fig. 66):

Der Teilraum STANSERHORN NW verfügt mit dem Stanserhorngipfel über einen markanten Panoramaberg im Einflussbereich der Touristenmetropole Luzern. Die Aussicht auf den Vierwaldstättersee, das Mittelland und den vergletscherten Titlis macht das Stanserhorn zum beliebten Ausflugsziel neben Rigi und Pilatus. Die Erschliessung erfolgt wie bei diesen schon im letzten Jahrhundert durch den Bau von Bahn und Gipfelhotel. Ebenso wird das Dauersiedlungsgebiet rund um die Kapelle Wiesenberg in einer frühen Phase durch Sommerfrischler aufgesucht. Der Teilraum STANSERHORN NW ist die einzige aller betrachteten Raumeinheiten, die schon vor dem Ersten Weltkrieg eine bedeutende touristische Inwertsetzung erfährt.

Aufgrund ihrer sonnenseitigen Lage eignen sich der Teilraum STANSERHORN NW und die beiden Testräume WISSEBERG GL und HUOBE GR wohl für den Sommertourismus, aber nur bedingt für eine wintersportliche Nutzung. Werden Höhenlage und Relief miteinbezogen, ergibt sich eine noch feinere Differenzierung:
Der Teilraum STANSERHORN NW erlaubt mit seiner niedrigen Höhenlage und dem steil abfallenden Gelände keinen Wintersport, und bei den Sommertouristen handelt es sich fast ausschliesslich um Bergwanderer auf dem Abstieg vom Stanserhorn. Die höher gelegenen Testräume WISSEBERG GL und HUOBE GR (vergleiche in Fig. 67 die Höhenangaben für die Bergstationen der Zubringerbahnen) bieten dem Tourenskifahrer bei genügender Schneemenge schöne Verhältnisse und dem Wanderer im Sommer eine abwechslungsreiche Landschaft an. So halten sich hier Sommer- und Wintertourismus etwa die Waage und kommen ohne grosse Infrastruktur aus. Die Erschliessung erfolgt aber erst nach dem Zweiten Weltkrieg.

Die schattenseitige und dennoch sonnenreiche Lage sowie ein geeignetes Relief begünstigen den Teilraum GUMME NW im Blick auf eine wintersportliche Nutzung. Die niedere Einstrahlungsintensität aufgrund des nordwärts abfallenden Geländes garantiert sichere Schneeverhältnisse, obwohl das gesamte Gebiet mit seinen zahlreichen Hangverflachungen gerade im Winter eine beachtlich lange Sonnenscheindauer aufweist. Schon geringe Schneemengen ermöglichen daher Touren- wie Pistenskifahren und das Anlegen einer Langlaufloipe. Die touristische Erschliessung setzt zwischen den Weltkriegen ein und geht in den Nachkriegsjahren weiter. Es entsteht eine auf den Wintersport ausgerichtete Infrastruktur von bemerkenswertem Umfang. Heute ist der Teilraum GUMME NW mit seiner landschaftlichen Vielfalt auch im Sommer ein beliebtes Ausflugsziel. Von der Exposition her ebenfalls für den Pistenskisport geeignet ist der Teilraum FLUE NW.

Die unterschiedlichen Arten der *traditionellen Besiedlung und der landwirtschaftlichen Nutzung* wirken sich ebenfalls aus:
So ist es leicht verständlich, dass die ersten Pensionen im Gebiet der ganzjährig bewohnten Heimwesen anzutreffen sind, wogegen der Wintersport die landwirt-

TOURISTISCHE INFRASTRUKTUR 1982	STANSERHORN	GUMME	FLUE	WIESENBERG NW	WISSEBERG GL	HUOBE GR	DALLENWIL NW	MATT GL	FANAS GR
GASTSTÄTTEN UND UNTERKÜNFTE									
Hotels, Restaurants, Pensionen	3	3		6	3	1	10	7	5
Clubhütten mit Restaurantbetrieb		2		2					
Clubhütten		3		3					
Alphütten als Clubhütten *		3		3					
Alphütten als Privatskihütten *	1	8		9					
Alphütten, Maiensässgebäude **		2	2	4	2	2			
Bauernhaus als Ferienhaus **	1		1	2	3				
Ferienwohnung in Wohnhaus	4	1		5	1				
TRANSPORTANLAGEN									
Luftseilbahnen	2	3	1	6	1	1			
Skilifte		3	1	4					

Fig. 65 (T)
Aktuelle touristische Infrastruktur in den drei Testräumen (*im Sommer landwirtschaftlich, im Winter touristisch genutzt; **früher landwirtschaftlich, heute nur touristisch genutzt)

schaftlich nur saisonal genutzten Alpen bevorzugt. Und den steilen, durch Viehtritt terrassierten Weiden im Teilraum STANSERHORN steht im Teilraum GUMME das teppichartige und steinlose Eggwaldried gegenüber, welches sich schon bei geringer Schneebedeckung hervorragend mit Skiern befahren lässt.

Auch die *Grundeigentumsverhältnisse* sind nicht ohne Einfluss:
Die Transportanlagen und Skipisten des Teilraums GUMME NW befinden sich ausschliesslich auf grossen Besitzeinheiten, nämlich auf der Privatalp Wirzweli, der Genossenschaftsalp Dürrebode/Egg und dem Korporationsland im Eggwaldried. Im Gegensatz dazu scheitern Seilbahnprojekte im Teilraum STANSERHORN NW am Widerstand einzelner Grundeigentümer, die ein Durchleitungsrecht verweigern. Auch der vorgesehene Ausbau des Skigebietes im Testraum WISSEBERG GL tangiert eine Vielzahl privater Grundeigentümer. Noch sind nicht alle mit der geplanten Linienführung von Sesselbahn und Skipisten einverstanden.

Fig. 66 (S. 294/295)
Dynamik der touristischen Infrastruktur in den drei Testräumen

	STANSERHORN NW	GUMME NW	FLUE NW	WISSEBERG GL	HUOBE GR
VOR-KRIEGSJAHRE	H				
ZWISCHEN-KRIEGSJAHRE	P L	CR C AC AS		R L	
NACH-KRIEGSJAHRE	P L BH FW	CR C C R R L R E K AC AS H F	BH H	R L R L BH H FW	R H
ZUKUNFT				R	

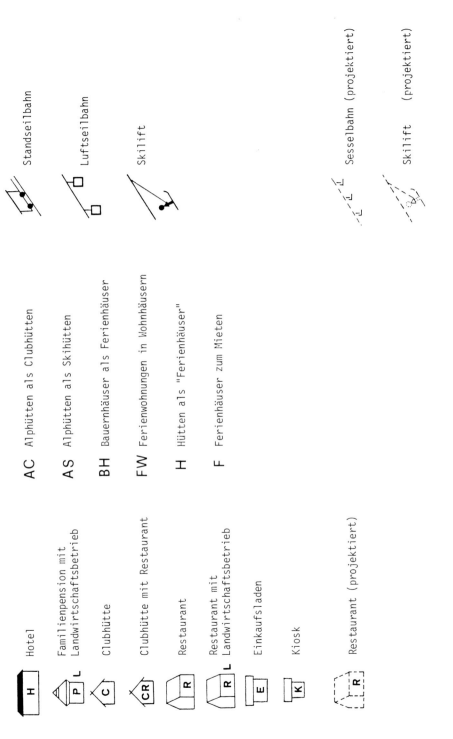

ZUBRINGERBAHNEN ZU DEN DREI TESTRÄUMEN

	Betriebslänge	Höhenlage Talstation	Höhenlage Bergstation	Plätze pro Fahrzeug	Transportleistung (P/h)	Betriebstage im Sommer 1980	Betriebstage im Winter 1980	beförderte Personen Sommer 1980	beförderte Personen Winter 1980	beförderte Personen total 1980
Standseilbahn Stans-Chelti	1547	450	714	40	260	205	–	105 944		105 944
Luftseilbahn Chelti-Stanserhorn	2330	714	1850	40	320	205	–	105 944		105 944
+ Stanserhornbahn 1. und 2.Sektion	3877	450	1850	40	200	205	–	105 944		105 944
+ Luftseilbahn Dallenwil-Wirzweli	2060	577	1228	25		175	170	35 895	109 260	145 155
+ Luftseilbahn Dallenwil-Wiesenberg *	2300	485	1009	4				4 612	7 723	12 335
Luftseilbahn Wolfenschiessen-Wissifluh	902	508	1013	4						
+ Luftseilbahn Matt-Wissenberge	808	852	1261	10	150	184	181	17 534	29 852	47 386
Luftseilbahn Fanas-Eggli **	2700	920	1700	4	16					8 588

+ Eidgenössische Konzession
* Betriebsjahr 1980/81
** Nur Personen, die in der Bergstation ein- oder ausgestiegen sind

Fig. 67 (T) ◁
Zubringerbahnen zu den drei Testräumen: technische Daten und beförderte Personen 1980 (Quellen: a) SQ Heft 750, b) unveröffentlichte Frequenzstatistiken der einzelnen Bahnen)

Als *Träger der touristischen Erschliessung* treten in den drei Testräumen neben Privatpersonen aus Landwirtschaft, Handel und Gewerbe auch Aktiengesellschaften, Korporationen und Gemeinden in Erscheinung. Im Testraum WISSEBERG GL werden alle, im Testraum WIESENBERG NW vereinzelte Gasthäuser in Kombination mit Landwirtschaft betrieben. Die Stanserhornbahn und die Skilifte in den Teilräumen GUMME NW und FLUE NW sind ausschliesslich auf den Tourismus ausgerichtet, wogegen alle übrigen Seilbahnen ehemalige landwirtschaftliche Anlagen ersetzen oder zumindest für die einheimische Bevölkerung mitkonzipiert worden sind.

Die drei Testräume unterscheiden sich nicht nur im qualitativen, sondern auch im *quantitativen Umfang* ihrer touristischen Infrastruktur. Dies äussert sich in der Anzahl gastgewerblicher Einrichtungen und wintersportlicher Anlagen, besonders aber in der recht unterschiedlichen Transportkapazität der Zubringerbahnen (Fig. 67). Auch wenn mitberücksichtigt wird, dass nur ein Bruchteil der Stanserhornbesucher den Testraum WIESENBERG NW durchwandert, besteht noch immer ein gewaltiges Gefälle von Testraum zu Testraum bezüglich der zu- und weggeführten Personen.

Zusammenfassend ergibt sich für die *touristische Infrastruktur und ihre Dynamik* folgendes Bild:

TEILRAUM STANSERHORN NW
– Touristische Erschliessung in den Vorkriegsjahren
– Infrastruktureinrichtungen für einen sommerlichen Erholungs-, Ausflugs- und Wandertourismus
– Verlust von gastgewerblichen Einrichtungen in den Nachkriegsjahren

TEILRAUM GUMME NW / TEILRAUM FLUE NW
– Touristische Erschliessung in den Zwischenkriegsjahren
– Infrastruktureinrichtungen für den Wintersport
– Weiterer Ausbau von Gastgewerbe und Transportanlagen in den Nachkriegsjahren

TESTRAUM WISSEBERG GL
– Touristische Erschliessung in den Nachkriegsjahren
– Gastgewerbliche Infrastruktur für sommerlichen Berg- und winterlichen Skiwandertourismus
– Weiterer Ausbau von Gastgewerbe und Transportanlagen projektiert

TESTRAUM HUOBE GR
– Touristische Erschliessung in den Nachkriegsjahren
– Bescheidene gastgewerbliche Infrastruktur für sommerlichen Berg- und winterlichen Skiwandertourismus

522 Ferienhausdynamik

Vor, während und nach der touristischen Erschliessung entstehen in den drei Testräumen zahlreiche Ferienhäuser. Wird der Ausbau der Infrastruktur in der Regel durch einheimische Privatpersonen oder Gesellschaften getragen, so treten mit dem Ferienhausbau vielfach Angehörige einer auswärtigen Bevölkerungsgruppe als Akteure in Erscheinung. Ihre Ansprüche und Standortentscheide wirken sich auf die Raumdynamik aus, die meist mit einer Handänderung bei Grundstücken eingeleitet wird. Die nachfolgende Bautätigkeit bringt eine optische Veränderung der Landschaft, und die Inanspruchnahme infrastruktureller Einrichtungen kann zu Konflikten oder zur Zusammenarbeit mit der ansässigen Bevölkerung führen. Fragen der Verkehrserschliessung und der Wasserversorgung stehen dabei im Vordergrund.

A TESTRAUM WIESENBERG NW

a Flächendynamik

Wie eine Gesamtdarstellung der *Bodenverkäufe* (Ferienhausparzellen) für den Testraum WIESENBERG NW (Fig. 68) aufzeigt, setzt die Flächendynamik im Teilraum STANSERHORN ein und verlagert sich später gänzlich in den Teilraum GUMME. Die Ursachen für diese räumliche Verlagerung der Ferienhausdynamik sind dieselben wie bei der touristischen Infrastruktur. Allerdings wird der Wandel im externen Anspruch durch das Verhalten verkaufswilliger Landeigentümer im Teilraum GUMME und durch planerische Schutzmassnahmen im Teilraum STANSERHORN zusätzlich gefördert.

Die erste Ferienhausparzelle, die 1945 im Teilraum STANSERHORN veräussert wird, liegt in unmittelbarer Nähe der Pension «Alpenhof». Weitere Verkäufe folgen etwas oberhalb des alten Siedlungskerns längs der Kantonsstrasse Richtung Ächerli. So gehen beispielsweise zwischen 1948 und 1964 fünf Kleinparzellen von der Schwand weg. Als grösstes Flächenstück wird 1963 ein Teil des ehemaligen Heimwesens Reckholtere parzelliert und an 14 auswärtige Käufer stückweise abgegeben. Allerdings kommt es nie zur Realisierung der geplanten Ferienhausüberbauung (vergl. Planerische Lenkungsmassnahmen), und rund die Hälfte der verkauften Fläche befindet sich seit 1978 wieder in landwirtschaftlichem Eigentum. Als letzte Ferienhausparzelle im Teilraum STANSERHORN wird 1966 ein kleines Landstück vom Lizli abgetrennt. Später kommt es nur noch zu Handänderungen bei bestehenden Ferienhausparzellen. Solche Handänderungen sind typisch für den betrachteten Teilraum. So befinden sich lediglich noch fünf der total 13 Ferienhausparzellen (von Reckholtere abgesehen) im Besitz der Erstkäufer. Die übrigen acht sind mindestens einmal weiterverkauft worden. Eine Parzelle in der Schwand hat heute gar den fünften auswärtigen Eigentümer!

Fig. 68 (T) ▷
Ferienhausdynamik in den Testräumen WIESENBERG NW und WISSEBERG GL: Flächendynamik und Baudynamik bezüglich Ferienhausneubauten (Quellen: a) Kantonales Grundbuch Nidwalden, b) Kantonales Grundbuch Glarus) (sämtliche Flächenangaben in a)

	TESTRAUM WIESENBERG NW													TESTRAUM WISSEBERG GL					
	STANSERHORN			GUMME					FLUE			TOTAL			TESTRAUM WISSEBERG			Arrondierungskäufe		TOTAL
Jahr	PZ	FH	Fläche	PZ	FH	Fläche	PZ	FH	Fläche	PZ	FH	Fläche	PZ	FH	Fläche	PZ	FH	Fläche	PZ	Fläche	Fläche
1934																2	2	17.56			17.56
1942																1	1	8.52			8.52
1944																					
1945	1	1	11.09										1	1	11.09						
1948	2	2	7.80										2	2	7.80						
1949	2	2	9.89										2	2	9.89	1	1	20.48			20.48
1951	2	2	10.20	1	1	12.41							3	3	22.61						
1952	1	1	2.39	1	1	2.35							2	2	3.39						
1958				1	1	2.35							1	1	2.35						
1959				1	1	3.81							1	1	3.81	1	1	3.86			3.86
1961	1	1	2.95										1	1	2.95						
1962				3	3	31.79							3	3	31.79						
1963	16	2	143.07	5	5	50.74	1	1	1.00				21	7	193.81						
1964	1	1	3.94	4	4	19.91							7	7	28.71	1	1	11.06			11.06
1965	1	1	2.43	5	3	45.00							5	3	45.00						
1966				9	8	74.52	1	1	3.21				10	9	76.95	6	1	205.19	1	1.27	206.46
1967				3		13.76	1		3.44				4		17.20	2	2	3.64			3.64
1968				10	8	57.41							10	8	57.41	2	1	10.44			10.44
1969				9	9	45.83							9	9	45.83	1	1	3.94			3.94
1970				10	7	75.11	1	1	4.22				11	8	79.33	1		5.53			5.53
1971				16	13	112.75							16	13	112.75	2	2	5.37			5.37
1972				28	24	173.48							28	24	173.48	1		6.67			6.67
1973				4	Arrond. 6.51	14.78	1	1	4.42				5	4	19.20	12	10	183.19	1	5.47	188.66
1974				15	10	102.19							15	10	108.70				1	21.06	21.06
1975				4	2	23.52							4	2	23.52						
1976																1	1	16.63	1	7.30	23.93
1977				9	8	44.40							9	8	44.40	2	2	37.03			37.03
1978				8	8	43.17							8	8	43.17	3	3	36.42	3	69.93	106.35
1979				2	2	18.31							2	2	18.31	1	1	26.32	3	18.59	44.91
1980																			2	6.57	6.57
1981																1		3.80	1	3.38	7.18
1982																1		5.81	4	135.33	141.14
Total	27	13	193.76	143	117	936.30	5	3	16.29				180	139	1183.45	42	29	611.42		268.90	880.36

Geographisches Institut der Universität Kiel

Im Teilraum STANSERHORN werden zusätzlich Flächenstücke veräussert, auf denen landwirtschaftliche Gebäude stehen (Fig. 69 und Fig. 70): Die Kleinparzelle auf der Hoschtet umfasst gerade die Grundfläche vom ehemaligem Wohnhaus und späterer Sennhütte; auf Reckholtere hingegen gehen Haus und Stall samt Umschwung in den Besitz Auswärtiger über.

Werden nur die Erstkäufer berücksichtigt, so ergibt sich für die Flächendynamik im Teilraum STANSERHORN folgendes Bild: Von 1945 bis 1966 findet ein Verkauf von 27 Ferienhausparzellen statt, die gesamthaft eine Fläche von 193.76 a umfassen. 1950 und 1963 gehen zwei Grundstücke mit traditionellem landwirtschaftlichem Gebäudebestand (Hoschtet, Reckholtere) von zusammen 55.32 a in auswärtigen Besitz über, was ein Total von 249.08 a verkaufter Fläche ergibt.

Im Teilraum GUMME wird die erste Ferienhausparzelle 1951 vom Ober Schwändli weg verkauft. Es folgen Einzelverkäufe im Eggwaldried, in der Frutt und auf Wirzweli. Die letzte Kleinparzelle ausserhalb des späteren Ferienhausdorfes wird 1964 vom Ronemattli abgetrennt. Zehn Jahre danach findet lediglich noch ein Arrondierungskauf statt. Die erwähnten fünf Parzellen umfassen ein Flächentotal von 37.10 a.

Zwischen 1962 und 1979 erfolgt im Gebiet des Ferienhausdorfes Wirzweli-Eggwald der Verkauf von 143 Parzellen. Dabei gehen 98 Parzellen von der ehemaligen Alp Wirzweli und 45 Parzellen vom Korporationsland im Eggwaldried weg (Fig. 71). Die zusammenhängende Fläche umfasst 936.30 a. Die meisten Parzellen, nämlich 111, werden direkt an Einzelkäufer veräussert. Die 32 anderen gelangen anfänglich in die Hände von Baufirmen oder Spekulanten und werden erst nach und nach weiterverkauft. Gesamthaft sind noch 90 Parzellen Eigentum der Erstkäufer, die anderen 53 sind mindestens einmal weiterverkauft worden. Eine davon weist seit 1968 gar den vierten auswärtigen Besitzer auf.

Im Teilraum FLUE gehen von 1952 bis 1973 fünf Parzellen von den beiden Heimwesen Vorder und Hinder Wissiflue weg, was einem Flächentotal von 16.29 a entspricht.

Bei den *Verkäufern* (Fig. 72 und Fig. 73) der verstreut liegenden Einzelparzellen handelt es sich im ganzen Testraum um Privateigentümer von traditionellen Heimwesen und saisonal oder ganzjährig bewohnten Alpen. Die Bodenverkäufe erfolgen in der Regel auf hartnäckiges Drängen seitens der Kaufinteressenten hin. Die kleinen Parzellen liegen meist an der Grenze zum Nachbarbetrieb oder in Strassennähe und häufig auf schwer zu bewirtschaftendem Land.

Wo hingegen eine grosse Zahl aneinanderliegender Parzellen veräussert wird, handelt es sich um ein Angebot seitens des Verkäufers: Auf Reckholtere geht das ganze Heimwesen nach der Betriebsaufgabe an eine erste, später an eine zweite Gesellschaft und schliesslich an einzelne Käufer über. Auf Wirzweli ermöglichen die Parzellenverkäufe die Finanzierung von Seilbahn und Restaurant, und im Eggwaldried ist es die Ürtenkorporation Dallenwil, die durch Landverkäufe ihren Finanzrahmen erweitert. Mit der Freigabe von Bauland für Ferienhäuser erfüllen diese beiden wichtigsten Landeigentümer im Teilraum GUMME auch die Forderungen von Skiliftbesitzern und Vertretern des Baugewerbes. Den Erlös investiert die Ürtenkorporation zum grössten

Jahr	PZ	BH	ÖG	Fläche	PZ	BH	ÖG	Fläche
	\multicolumn{4}{c}{TESTRAUM WIESENBERG NW}	\multicolumn{4}{c}{TESTRAUM WISSEBERG GL}
1950	1		1	4.02				
1963	1	1	1	51.30				
1964					1	1		2.55
1965					1	1		2.09
1973					2		2	7.44
1974					1	1		3.88
1978					2		2	13.92
1979					1		1	51.72
1981					1	1		4.37
Total	2	1	2	55.32	9	4	5	85.97

Fig. 69 (T)
Ferienhausdynamik in den Testräumen WIESENBERG NW und WISSEBERG GL: Flächendynamik und Baudynamik bezüglich Umnutzung von Landwirtschaftsgebäuden (Quellen: a) Kantonales Grundbuch Nidwalden, b) Kantonales Grundbuch Glarus), (BH Bauerhaus, ÖG Ökonomiegebäude, sämtliche Flächenausgaben in a)

FERIENHAUSPARZELLEN	TESTRAUM WIESENBERG NW		TESTRAUM WISSEBERG GL	
	PZ	Fläche	PZ	Fläche
Parzellen mit Ferienhaus	138	1183.45	29	880.36
Parzellen ohne	42		13	
Parzellen mit touristisch genutztem Landwirtschaftsgebäude	2	55.32	9	85.97
Total	182	1238.77	51	966.33

Fig. 70 (T)
Flächendynamik in den Testräumen WIESENBERG NW und WISSEBERG GL: Ferienhausparzellen und Parzellen mit umgenutzten Landwirtschaftsgebäuden sowie Total der verkauften Flächen (sämtliche Flächenangaben in a)

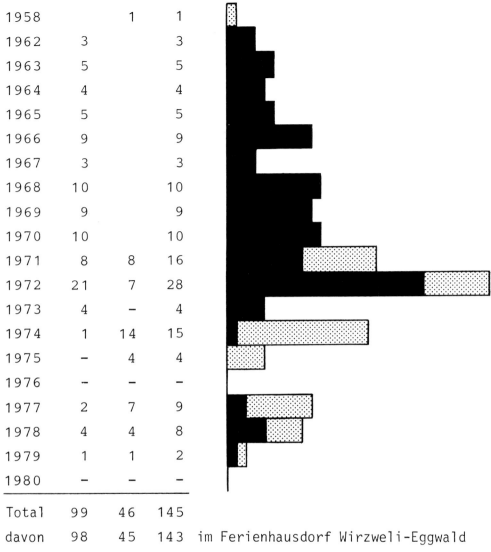

Jahr	von Alp Wirzweli weg	vom Eggwaldriedweg	Total
1958		1	1
1962	3		3
1963	5		5
1964	4		4
1965	5		5
1966	9		9
1967	3		3
1968	10		10
1969	9		9
1970	10		10
1971	8	8	16
1972	21	7	28
1973	4	–	4
1974	1	14	15
1975	–	4	4
1976	–	–	–
1977	2	7	9
1978	4	4	8
1979	1	1	2
1980	–	–	–
Total	99	46	145
davon	98	45	143 im Ferienhausdorf Wirzweli-Eggwald

Fig. 71
Verkauf von Ferienhausparzellen auf Wirzweli und im Eggwaldried (Teilraum GUMME NW) (erste Spalte: Verkaufsjahre, zweite Spalte: von Alp Wirzweli weg, dritte Spalte: vom Eggwaldriedweg, vierte Spalte: Total).

Fig. 72 (T) ▷
Flächendynamik in den Testräumen WIESENBERG NW und WISSEBERG GL: Verkäuferkategorien (A aktive Landwirte, E nichtlandwirtschaftliche Erben, G Gesellschaft, K Korporation, sämtliche Flächenangaben in a)

Fig. 73 (T) ▷
Flächendynamik in den Testräumen WIESENBERG NW und WISSEBERG GL: Verkäuferkategorien sowie Total der verkauften Flächen (sämtliche Flächenangaben in a)

TESTRAUM WIESENBERG NW

	STANSERHORN			umgenutzte Landwirtschaftsgebäude			GUMME			Ferienhausdorf Wirzweli Eggwald			FLUE			TOTAL			umgenutzte Landwirtschaftsgebäude		
	V	PZ	Fläche	V	PZ	Fläche	V	PZ	Fläche	V	PZ	Fläche	V	PZ	Fläche	V	PZ	Fläche	V	PZ	Fläche
A	6	13	64.01	1	1	4.02	4	4	28.24	1	98	650.49	2	5	16.29	9	120	759.03	1	1	4.02
E																					
G	1	14	129.75	1	1	51.30				1	1	8.86				1	14	129.75	1	1	51.30
K										1	45	285.81				1	46	294.67			
	27		193.76	2		55.32	5		37.10	143		936.30	5		16.29	180		1183.45			55.32
			249.08						1073.40						16.29			1238.77			

TESTRAUM WISSEBERG GL

	TOTAL			umgenutzte Landwirtschaftsgebäude		
	V	PZ	Fläche	V	PZ	Fläche
	11	31	517.74	4	6	23.01
	3	11	362.62	3	3	62.96
	42		880.36	9		85.97
			966.33			

VERKÄUFERKATEGORIEN	TESTRAUM WIESENBERG NW	TESTRAUM WISSEBERG GL
A aktive Landwirte	763.05	540.75
E nichtlandwirtschaftliche Erben		425.58
G Gesellschaft	181.05	
K Korporation	294.67	
Flächentotal	1238.77	966.33

Teil in Wohnhausneubauten im Taldorf Dallenwil. Dass es sich um bedeutende Beträge handelt, lässt sich aus verkaufter Fläche und Bodenpreisentwicklung leicht ersehen (Fig. 74):

JAHR	Bodenpreis pro m^2 in Franken:		
	Schwändli	Wirzweli	Eggwaldried
1951	6.50		
1962		20.–	
1965		24.–	
1968		25.–	
1971		38.–	25.–
1978		65.–	60.–

Fig. 74 (T)
Bodenpreisentwicklung im Ferienhausdorf Wirzweli-Eggwald

b Baudynamik

Auf den 180 Kleinparzellen, die im Testraum WIESENBERG NW zwischen 1945 und 1979 zum Verkauf gelangen, entstehen nach und nach 138 Ferienhäuser (Fig. 68). Ein weiteres wird 1979 im Baurecht auf Land der Dürrebodealp im Arviwald erstellt. Die Baujahre stimmen in der Regel mit den Jahrzahlen der Bodenverkäufe überein. Abweichungen können auftreten, wenn die Eintragungen ins Grundbuch verspätet erfolgen. In der vorliegenden Studie beziehen sich sämtliche Angaben zum Baujahr eines Ferienhauses auf den Zeitpunkt der jeweiligen Grundbucheintragung.

Von den 42 bis heute nicht überbauten Kleinparzellen liegen 26 im Ferienhausdorf Wirzweli-Eggwald, welches demnach den Vollausbau noch nicht erreicht hat. Ebenfalls unüberbaut sind die 14 Parzellen auf Reckholtere, die sich heute zur Hälfte wieder in landwirtschaftlichem Besitz befinden. Die restlichen beiden liegen auf der Vorder Wissiflue.

Das beachtliche Bauvolumen, welches insbesondere die 117 realisierten Ferienhäuser im Dörfchen Wirzweli-Eggwald darstellen (Fig. 75 und Fig. 76), wird weitgehend durch das Baugewerbe der näheren und weiteren Region realisiert. Mehrere Betriebe der Baubranche im Taldorf Dallenwil erhalten über Jahre hinweg Aufträge und profitieren somit von der Entwicklung im Teilraum GUMME. In bescheidenem Mass trägt auch der Umbau der verkauften Landwirtschaftsgebäude dazu bei. Zusätzlichen Verdienst bringt die durch den Bodenverkauf im Eggwaldried finanzierte Wohnbautätigkeit seitens der Ürtenkorporation im Taldorf unten. Der Bauboom auf Wirzweli scheint gegenwärtig abzuklingen, denn nach 1979 entsteht kein Ferienhaus mehr.

c *Planerische Lenkungsmassnahmen*

Parallel zur Ferienhausdynamik entwickelt sich in der Schweiz der Raumplanungsgedanke, und Schritt für Schritt wird die gesetzliche Grundlage für immer griffigere Lenkungsmassnahmen geschaffen (siehe VERGLEICH DER DREI TESTRÄUME: Planerische Lenkungsmassnahmen). Dass solche Massnahmen die Ferienhausdynamik in unterschiedlicher Weise beeinflussen können, zeigt der Testraum WIESENBERG NW beispielhaft:

Im Teilraum STANSERHORN geht das Heimwesen *RECKHOLTERE* 1933 an eine landwirtschaftliche Erbengemeinschaft über. Diese veräussert 1949 ihren Grundbesitz an eine öffentliche Stiftung, die den Bau eines Kinderheimes nahe der Kapelle Wiesenberg plant. Das Projekt gelangt aber nicht zur Ausführung, und 1963 erfolgen weitere Handänderungen: Der grösste Teil der landwirtschaftlichen Nutzfläche und der Reckholteregade kommen zum Underhusbetrieb, das Wohnhaus samt zugehörigem Ökonomiegebäude und etwas Umschwung werden vom Hilfsverein Marienburg (Katholische Schwesternorganisation in Wikon) gekauft, und die restliche Fläche geht an die eigens gegründete Schi- und Ferienheimgesellschaft (SFG) Wiesenberg über. Das Land der SFG wird in 14 ähnlich grosse Rechtecke (je ca. 9 a) eingeteilt und noch 1963 an ebenso viele auswärtige Käufer als Ferienhausparzellen weiterveräussert (Fig. 68 und Fig. 77).

Während der Hilfsverein Marienburg Haus und Ökonomiegebäude zu einem Erholungsheim für den Eigenbedarf umbaut, können auf den anschliessenden Parzellen keine Ferienhäuser errichtet werden. Der Lawinenzonenplan, welcher 1961 im Auftrag des Kantons durch das Eidg. Institut für Schnee- und Lawinenforschung Weissfluhjoch/Davos für den Gemeindebann Dallenwil erstellt worden ist, verunmöglicht das Erteilen von Baubewilligungen. Begründet wird die Einweisung des Gebietes in die rote Gefahrenzone (absolutes Bauverbot) mit der latenten Lawinengefahr: Am 5. Februar 1952 hatte ein Lawinenniedergang die Liegenschaft Underhus erreicht und die Kantonsstrasse an mehreren Stellen verschüttet, und ein generelles Lawinenverbauungs- und Aufforstungsprojekt für das Anrissgebiet im Heublatzig war 1957 zwar vom Oberforstinspektorat genehmigt worden, jedoch am Widerstand der Grundeigentümer gescheitert (vergl. BERICHT ZUM LAWINENZONENPLAN DALLENWIL 1972). Auch eine Revision des Plans bestätigt die Einweisung in die rote Gefahrenzone. So kommt es 1978 zur Auflösung der SFG Wiesenberg und zur endgültigen Aufgabe der vorgesehenen Ferienhausüberbauung. Die Parzellenbesitzer stossen ihre Grundstücke unter grosser finanzieller Einbusse ab. Acht werden vom Underhus, fünf vom Hilfsverein Marienburg aufgekauft; ein einziges bleibt übrig. Etliche Einwoh-

---

Fig. 75 (S. 306)
Die Alp Wirzweli und das Korporationsland im Eggwaldried vor der touristischen Inwertsetzung (Rekonstruktion)

Fig. 76 (S. 307)
Die Alp Wirzweli und das Korporationsland im Eggwaldried nach der touristischen Inwertsetzung (aktuelle Situation 1982)

TESTRAUM WIESENBERG NW / TEILRAUM GUMME (AUSSCHNITT): REKONSTRUKTION

ALP SCHWÄNDLI

ALP WIRZWELI

EGGWALDRIED

ALP VORDER HUSMATT

ALP STANGLISBÜEL

ALP RONEMATTLI

TESTRAUM WIESENBERG NW / TEILRAUM GUMME (AUSSCHNITT): AKTUELLE SITUATION 1982

ner des Teilraums CHAPELE bedauern das Scheitern des Projektes, haben sie sich doch wirtschaftliche Impulse und besonders eine bessere Wasserversorgung durch ein gemeinsam zu erstellendes Reservoir und neue Zuleitungen erhofft.

Im Teilraum GUMME setzt anfangs der Sechzigerjahre auf der ehemaligen Alp *WIRZWELI* eine rege Bautätigkeit ein, nachdem 10 ha Bauland ausgeschieden worden sind (vergl. Touristische Infrastruktur). Anfänglich findet ein wahlloser Verkauf von Grundstücken statt. Gestützt auf Art.17 BG NW (KANTONALES BAUGESETZ NIDWALDEN 1961) verlangt darauf der Gemeinderat einen Parzellierungsplan für eine erste Etappe der Ferienhausüberbauung. Der angeforderte Plan wird durch den Kantonsgeometer – selber einer der ersten Ferienhausbesitzer auf Wirzweli – erstellt. Mit dem Entschluss der Ürtenkorporation Dallenwil, vom Eggwaldried weg ebenfalls Bauland zu verkaufen, muss dieser Plan erweitert werden. 1970 erlässt die Gemeinde ein REGLEMENT FÜR DAS GEMEINDEGEBIET OBERHALB 900 M ÜBER MEER, und 1973 folgt im Rahmen der Ortsplanung das BAU- UND ZONENREGLEMENT DER POLITISCHEN GEMEINDE DALLENWIL. Es enthält ausser einem Bauzonenplan spezielle Bauvorschriften für die Wohn- und Ferienhauszone Wirzweli-Eggwald (Art.23, Art.24) und Bestimmungen zur Aussengestaltung der Ferienhäuser (Art.56). 1979 wird der Bauzonenplan revidiert. Am Umfang der bebaubaren Fläche ändert sich dabei nichts. Einzig in der Reservezone werden ein Gebiet für öffentliche Zwecke und eine Freifläche als Umgebungsschutz für die neue Kapelle ausgeschieden.

Stellen sich Gesetzgebung und Raumplanung im Teilraum STANSERHORN der Ferienhausüberbauung Reckholtere entgegen, so begleiten und begünstigen sie im Teilraum GUMME die Entwicklung des Ferienhausdorfes Wirzweli-Eggwald. Das Errichten verstreut liegender Ferienhäuser wird hingegen in beiden Teilräumen durch das Ausscheiden umfassender Landwirtschaftszonen unterbunden. Missachtungen der geltenden Gesetze sind äusserst selten. Allerdings führt die Baurechtserteilung für ein Ferienhaus im Waldareal der Genossenschaftsalp Dürrebode zu einer heftigen Kontroverse in der Presse.

d Erschliessung und Versorgung

Wo einzelne Ferienhäuser in offener Streulage vorkommen, beteiligen sich deren Besitzer in der Regel an der schon vorhandenen Infrastruktur. Wo hingegen Gesamtüberbauungen realisiert werden, erweist sich der Bau eigener Versorgungseinrichtungen als notwendig.

Anschluss ans Strassennetz

Im Teilraum STANSERHORN liegen alle Ferienhäuser in unmittelbarer Nähe der Kantons- oder einer landwirtschaftlichen Erschliessungsstrasse, sodass der Zugang für

---

Fig. 77 ▷
Flächendynamik und touristische Umnutzung von Landwirtschaftsgebäuden im Teilraum STANSERHORN NW

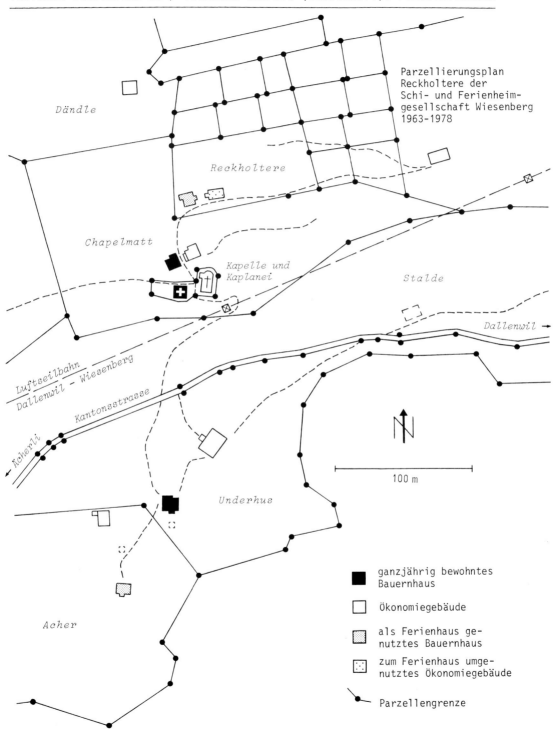

Baumaschinen und Lastwagen während der Bauphase problemlos ist und die Besitzer ihre Ferienhäuser mit dem Auto über öffentliche Strassen erreichen können.

Im Teilraum TREICHI liegen die Ferienhäuser fast ausnahmslos auf der ehemaligen Alp Wirzweli und auf dem Korporationsland im Eggwaldried. Bis zum Zweiten Weltkrieg ist der Gummenordhang nur durch Fusswege erschlossen. Das Vieh erreicht von Dallenwil aus via Schwändli die Alp Wirzweli. Dieser Viehfahrweg (Fussweg für allgemeinen Viehbetrieb) führt weiter durch den Eggwald und die Eggalpen bis in die Chärnalp. Fusswege ohne Viehfahrrecht verbinden Wirzweli mit der Hornmatt, dem Ried und den Treichialpen. Somit besteht zur Kantonsstrasse Wiesenberg-Ächerli lediglich eine Fusswegverbindung (Fig. 75).

Das Ried- und Magerheu, welches durch die zahlreichen Pächter von Ürtenlosen im Eggwaldried im Sommer geerntet und an Ort und Stelle in Tristen gelagert wird (vergl. Flächennutzung), darf zur Winterszeit im Schlittwegrecht via Schwändli nach Dallenwil und via Ronemattli und Vorder Husmatt zu den Heimwesen im Teilraum STANSERHORN gebracht werden. Im Zusammenhang mit dem Pflichtanbau von Kartoffeln während des Zweiten Weltkrieges wird durch Stanglisbüel und Ronemattli ein Fahrsträsschen erstellt, das den Steinibach auf einer Betonbrücke überquert und im Gummemattli bei den zu meliorierenden Riedflächen endet. Der Bau dieses Strässchens erfolgt zwar durch die öffentliche Hand, trotzdem bleibt es im Besitz der Grundeigentümer. Da diese eine Benutzung durch die Landwirte tolerieren, verlagert sich der Abtransport des Riedheus mit zunehmender Motorisierung der Betriebe vom Winter in den Sommer.

Mit dem Bau der ersten Gummenseilbahn 1945 (vergl. Touristische Infrastruktur), deren Talstation am erwähnten Strässchen auf Ronemattliboden nördlich des Steinibach liegt, setzt ein bescheidener Tourismusverkehr ein. Mit der Eröffnung des Gummenlifts 1958 steigt die Förderkapazität für Pistenskifahrer stark an, und mit ihr der Zubringerverkehr. So beauftragt der Seilbahn- und Liftbesitzer den Schürmattbauern mit der Winteröffnung der Kantonsstrasse bis nach Stanglisbüel, was dieser 1959-65 mit seinem Traktor und einem vorgespannten Schneepflug regelmässig erledigt und damit einen winterlichen Zusatzverdienst realisiert. In Stanglisbüel entsteht ein Parkplatz für rund 50 Autos. Im ersten Jahr kassiert der Alpbesitzer Fr. –.50 pro Wagen, danach begnügt er sich mit Fahrpreisvergünstigungen bei Bahn und Lift. Mit dem Bau der neuen Wirzwelibahn von 1965 wird die Strasse für Skifahrer belanglos, und die Winteröffnung entfällt.

Im Sommer nimmt der Autoverkehr aber parallel zum Bauboom im Ferienhausdorf Wirzweli-Eggwald zu (vergl. Baudynamik), was bei den Eigentümern und Anliegern der Strasse Unmut erzeugt. Nach längeren Auseinandersetzungen wird folgende Lösung gefunden: Auf jeden m^2 Bauland muss der Käufer je Fr. 2.– an Stanglisbüel, ans Ronemattli und an die Ürtenkorporation als einmalige Abgeltung für das Durchfahrtsrecht entrichten. Um die Staubemissionen einzudämmen, versieht die Korporation die Strasse mit einem Hartbelag, wobei der Kanton eine Subvention gewährt. Die durch die Grundeigentümer selbständig erstellte Verlängerung bis zur Bergstation der Wirzwelibahn wird durch Gemeindebeschluss als öffentlich-rechtlich erklärt, damit die Kehrichtabfuhr auch von den Ferienhäusern im ehemaligen Korporationsgebiet zur

Seilbahn hin erfolgen kann. Heute obliegt der Strassenunterhalt von Wirzweli zum Eggwaldried den Privateigentümern und vom Eggwaldried bis zur Einmündung in die Kantonsstrasse der Ürtenkorporation. So verfügen alle Ferienhausbesitzer des Dörfchens über das Zufahrtsrecht, wogegen dem Wirzwelibauer noch immer ein offizielles Viehfahrrecht durch Stanglisbüel fehlt.

Im Teilraum FLUE sind die Ferienhäuser ebenso wie die Landwirtschaftsgebäude lange Zeit nur über die Luftseilbahn erschlossen. Erst ab 1982 ergibt sich eine Zufahrtsmöglichkeit über die neue Walderschliessungsstrasse.

Wasserversorgung

Im Gegensatz zur Verkehrserschliessung bietet die Wasserversorgung im Teilraum STANSERHORN grössere Probleme. Da die ganze Südflanke des Stanserhorns nur Quellen in kleiner Zahl und mit geringer Schüttung aufweist und das Wasser kaum für die ansässige Bevölkerung ausreicht (vergl. Infrastrukturdynamik: Wasserversorgung, Fig. 46), müssen die Ferienhausbesitzer mit Restwasser oder Einzelquellen vorlieb nehmen.

Die Ferienhäuser im Weiler rund um die Kapelle sind mehrheitlich an Leitungssysteme angeschlossen, die auch landwirtschaftliche Gebäude bedienen. Die Ferienhäuser in der Schwand nutzen demgegenüber vier Einzelquellen, die sich alle auf benachbarten Heimwesen und Alpen befinden. So sind von der Schwand weg also fünf Bauparzellen verkauft worden, ohne dass eigenes Wasser mitgeliefert werden konnte. Analog verhält es sich bei einer der Parzellen im Lizli, wogegen die Ferienhäuser auf Stanglisbüel und in der Frutt Restwasser von den Alpgebäuden her beziehen. Kanalisation existiert im ganzen Teilraum STANSERHORN keine. Die Wasserversorgung im Teilraum GUMME stützt sich weitgehend auf die ertragreichen Quellen, die sich in beachtlicher Zahl in der Dürrebodealp und auf dem Korporationsland befinden. Wohl sind erstere Eigentum der Alpgenossenschaft; die Nutzungsrechte liegen aber seit altersher bei wenigen Treichialpen. Nur gerade zwei Ferienhäuser beziehen Dürrebodewasser.

Mit dem Bauboom auf Wirzweli steigt der Wasserbedarf im Teilraum GUMME an. Östlich des Ferienhausdorfes erfolgt 1968 der Bau eines Reservoirs für je 100 m^3 Brauch- und Löschwasser. Da in den Verkaufsverträgen sämtlichen Landkäufern Wasser zugesichert wird, die Schüttung der Wirzweliquellen dazu aber nicht ausreicht, muss Fremdwasser für das Ferienhausdorf gewonnen werden. Dabei richtet sich der Blick auf die ertragreichen Dürrebodequellen. Das Projekt eines gemeinsamen Reservoirs für die Inhaber der Nutzungsrechte und die Verbraucher auf Wirzweli scheitert am Widerstand der bisherigen Nutzer, die weder auf ständig laufende Brunnen verzichten, noch sich auf eine zugesicherte Wassermenge festlegen lassen wollen. Auch das grössere Projekt einer umfassenden Wasserversorgung für die beiden Teilräume GUMME und STANSERHORN zusammen kann wegen der unterschiedlichen Interessenlage der Landwirtschaftsbevölkerung nicht verwirklicht werden.

Schliesslich kommt es zur Gründung der Wasserversorgung Eggwald AG, in welcher Wirzweli und die Ürtenkorporation Dallenwil je hälftig beteiligt sind. Diese Gesell-

Abb. 128 Von den beiden Clubhütten «Bergfrieden» (1937) und «Lopperhütte» (1971) geht der Blick über die Hinder Husmatt und das Ronemattli zum Ferienhausdorf Wirzweli-Eggwald (ab 1962) (GUMME NW)

Abb. 129 Das Ferienhausdorf Wirzweli-Eggwald liegt zwischen dem Wirzwelilift und den Transportanlagen am Gummenordhang (GUMME NW)

Abb. 130   Das ehemalige Spycherli im Waldmattli präsentiert sich heute als Ferienhaus der nichtlandwirtschaftlichen Erben, während die Alphütte im Winter als Skihütte an einen Club vermietet wird (GUMME NW)

Abb. 131   Ein frisch betoniertes Strässchen führt ins Ferienhausdorf Wirzweli-Eggwald (GUMME NW)

schaft erbaut 1974 das Reservoir Eggwald, das von den Rickebachliquellen der Ürtenkorporation gespiesen wird und je 100 m^3 Brauch- und Löschwasser enthält. Es liegt mit 1264.3 m ü.M. auf derselben Höhe wie das erwähnte Reservoir östlich des Ferienhausdorfes (Fig. 46). So kann eine Ringleitung gespiesen werden, welche alle Ferienhäuser, aber auch sämtliche Gasthäuser und 20 Hydranten bedient. Die angrenzenden Landwirtschaftsbetriebe haben die Möglichkeit, sich an dieses neue Leitungsnetz anzuschliessen.

Gleichzeitig mit der Wasserversorgung Eggwald wird im Zopf die Abwasserreinigungsanlage (ARA) eingerichtet, die über eine mechanische und eine biologische Klärstufe verfügt. Da die Zufuhr von Abwasser seitens der Ferienhäuser sehr unregelmässig erfolgt, bereitet es oft Mühe, die für den Abbau benötigten Bakterienstämme aktiv zu erhalten und auf eine Spitzenbelegung des Dörfchens (Weihnacht-Neujahr) gewappnet zu sein. So besteht denn die Absicht einer Angliederung an die regionale ARA Rotzwinkel.

Im Teilraum FLUE beziehen die drei Ferienhäuser Trinkwasser aus kleinen Quellen, die seit jeher die beiden landwirtschaftlichen Heimwesen versorgen.

Elektrisch und Telefon

Da sich die Ferienhäuser im Testraum WIESENBERG NW bei ganzjährig bewohnten Landwirtschaftsgebäuden befinden, sind sie in der Regel ans Stromnetz angeschlossen. Für die Versorgung des Ferienhausdorfes Wirzweli-Eggwald wird 1976 im Zopf eine Transformatorenstation eingerichtet. Über Telefonanschlüsse verfügen laut Abonnentenverzeichnis 1982 neun Ferienhäuser im Teilraum STANSERHORN (inkl. ehemaliges Reckholterehaus) und 39 im Teilraum GUMME (Wirzweli-Eggwald), hingegen keines im Teilraum FLUE.

Weitere Einrichtungen

Da im Teilraum STANSERHORN die Zahl der Ferienhäuser gering ist, besteht kein Bedarf an speziellen Versorgungseinrichtungen. Vielmehr wird vom vorhandenen Angebot Gebrauch gemacht.

Im Teilraum GUMME ist dies anders: Der Bergladen Wirzweli versorgt in erster Linie Feriengäste, beim Eingang zur Seilbahnbergstation befinden sich zahlreiche Postfächer für das Ferienhausdorf, und die ökumenische Bergkapelle wird 1979 durch den Kapellenverein Wirzweli erbaut. Dieser Trägerverein umfasst die meisten Ferienhausbesitzer und die Landwirte rechtsseitig des Steinibach.

Zusammenfassend können für die *Ferienhausdynamik* im TESTRAUM WIESENBERG NW folgende Merkmale als typisch bezeichnet werden:

TEILRAUM STANSERHORN
- Einzelne Ferienhausbauten längs der Kantonsstrasse
- Touristische Umnutzung von Landwirtschaftsgebäuden
- Anschluss an die mangelhafte landwirtschaftliche Wasserversorgung oder Nutzung eigener Quellen
- Nichtrealisierung der geplanten Gesamtüberbauung Reckholtere durch Einweisung des Teilraumes in die Gefahrenzone (Lawinen und Steinschlag)

TEILRAUM GUMME
- Geschlossenes Ferienhausdorf Wirzweli-Eggwald
- Genehmigung des Überbauungsplanes im Rahmen der Ortsplanung Dallenwil
- Zufahrtsstrasse erst nach langwierigen Verhandlungen mit den betroffenen Anstössern
- Aufbau einer eigenen leistungsfähigen Wasserversorgung mit Hydranten und Kläranlage
- Versorgung für den kurzfristigen Bedarf durch den Bergladen Wirzweli
- Bau einer ökumenischen Bergkapelle auf Wirzweli

TEILRAUM FLUE
- Einzelne Ferienhäuser
- Erschliessung durch Seilbahn
- Wasserversorgung durch Restwasser von Landwirtschaftsgebäuden oder durch eigene Quelle

GANZER TESTRAUM WIESENBERG NW
- Verlagerung des Ferienhausbaus vom Teilraum STANSERHORN in den Teilraum GUMME

B TESTRAUM WISSEBERG GL

a Flächendynamik

Wie die Gesamtdarstellung der *Bodenverkäufe* (Ferienhausparzellen) für den Testraum WISSEBERG GL (Fig. 68) aufzeigt, setzt die Flächendynamik schon in den Dreissiger- und Vierzigerjahren zögernd ein und steigert sich dann in den Sechziger- und Siebzigerjahren massiv. So werden 1934 die beiden ersten Ferienhausparzellen von den Berggütern Oberguet und Schiibe weg verkauft. 1942 folgt eine Parzelle im Heimwesen Under Hoschet, 1949 eine weitere im Berggut Ober Geere und schliesslich 1959 eine im Heimwesen Mittler Hoschet. Mit zwölf veräusserten Parzellen stellt das Jahr 1973 den Kulminationspunkt dieser Entwicklung dar. Wird das jährliche Flächentotal betrachtet, hält 1966 mit 205.19 a den Rekord. Allerdings handelt es sich dabei um die grossen Parzellen im Mülimahd, die bis heute unüberbaut sind (vergl.

Planerische Lenkungsmassnahmen). Zweite oder gar dritte Handänderungen bei Ferienhausparzellen kommen im Testraum WISSEBERG GL nicht vor. Vielmehr befinden sich alle diese Kleingrundstücke noch im Besitz der Erstkäufer oder allfälliger Erben.

Die räumliche Verteilung der Ferienhausparzellen ergibt folgendes Bild (Fig. 78 und Fig. 79):

Bis 1960 werden fünf Parzellen von fünf verschiedenen Betrieben weg veräussert. Sie liegen über den ganzen Testraum verstreut. Anschliessend folgen Verkäufe von weiteren Einzelparzellen auf der Heimwesen- und der Berggutstufe, aber auch von ganzen Parzellenkomplexen. Letzteres betrifft die ehemaligen Heimwesen Zäigerhoschet und Suterheimet, das Mülimahd und das grosse, hochgelegene Berggut Weide.

Neben den eher kleinen Ferienhausparzellen gelangen auch ganze Berggüter in die Hände auswärtiger Nichtlandwirte, so die Under Lanzigweid und der Gassberg. Zusätzlich werden neun Flächenstücke mit Landwirtschaftsgebäuden veräussert (Fig. 69); vier mit je einem Bauernhaus (Buchshoschet, Ober Hoschet, Sattel, Zäigerhoschet), vier mit je einem Viehstall (Ober Hoschetbord, Under Lanzigweid, Weide, Zäigerhoschet) und eines mit einem Magerheugade (Rüscheweid) zur touristischen Umnutzung.

Von 1966 an kommt es zu Arrondierungskäufen durch einzelne Ferienhausbesitzer (Fig. 80), die sich auf diese Weise einen Freiraum um ihre Grundstücke sichern wollen. Solche Zukäufe sind demnach typisch für Gebiete mit Ferienhauskonzentrationen. Die Arrondierungskäufe fallen vom Flächenanteil her stark ins Gewicht, umfassen sie doch fast einen Drittel der Totalfläche sämtlicher Ferienhausparzellen.

Für die Flächendynamik im Testraum WISSEBERG GL ergeben sich folgende Werte: Zwischen 1934 und 1968 werden 42 Ferienhausparzellen mit einer Gesamtfläche von 611.42 a verkauft. Von 1964 bis 1981 gehen neun Landwirtschaftsgebäude mit 85.97 a Boden in auswärtigen Besitz über. Die Arrondierungsflächen umfassen gesamthaft 268.90 a Land. Dies ergibt ein Total von 966.33 a verkaufter Fläche.

Als *Verkäufer* treten ansässige aktive Landwirte und Talbauern, aber auch nichtlandwirtschaftliche Erben ganzer Heimwesen oder einzelner Berggüter in Erscheinung (Fig. 72 und Fig. 73). Dies sei an einigen Beispielen gezeigt:

Als aktiver Landwirt und Wirt des Restaurants «Weissenberg» veräussert der Under Hoschetbordbauer zwischen 1964 und 1973 fünf Parzellen (Fig. 39). Vier davon gehen vom ehemaligen Betrieb Ober Hoschet weg. Auf einer von ihnen steht das alte Bauernhaus, das nach dem Handwechsel zum Ferienhaus wird. Ebenso ergeht es dem Viehstall im Ober Hoschetbord, der durch den Bau eines neuen Normstalles seine alte Funktion verloren hat (vergl. Betriebsdynamik: Betriebstypen). Total verkauft der Under Hoschetbordbauer 14.58 a Land zur touristischen Umnutzung, was 1,4% der gesamten eigenen Betriebsfläche ausmacht.

Vom Geerebetrieb weg werden zwischen 1949 und 1974 gar sieben Parzellen durch den aktiven Landwirt veräussert. Die frühen Verkäufe betreffen die Berggüter Ober Geere und Weidberg, die späteren erfolgen in unmittelbarer Nähe des eigenen Wohnhauses. Total werden 50.09 a Land verkauft, was 4,4% der gesamten Betriebsfläche ausmacht.

Als Erbe des Suterheimet betreibt der ledige Bruder des Ändibauern einen Einmannbetrieb, der kaum als Existenzgrundlage genügen kann. So verkauft dieser Landwirt die steilen Partien seiner Betriebsfläche Stück um Stück an auswärtige Interessenten. Gesamthaft wechseln zwischen 1969 und 1982 sechs Parzellen den Besitzer, was total 115.60 a und damit 39,7% der gesamten eigenen Betriebsfläche ausmacht.

Als aktiver Talbauer verkauft der Eigentümer des hochgelegenen Berggutes Weide 1973 sechs Parzellen samt einem Viehstall. Neun Jahre später arrondieren vier Ferienhausbesitzer ihre Parzellen durch Zukäufe. Das Total der veräusserten Fläche beträgt 257.70 a und damit 13,5% des ganzen Berggutes.

Der in Ennenda bei Glarus wohnhafte Erbe des Heimwesens Zäigerhoschet, der Wölflihoschet und zweier Zwyfelweiden verkauft zwischen 1974 und 1982 zehn Parzellen. Deren acht gehen von der Zäigerhoschet weg und umfassen das ganze ehemalige Heimwesen samt Bauernhaus und Viehstall, die beide zu Ferienhäusern werden. Die gesamthaft veräusserte Fläche beträgt 167.99 a, was 32,2% der geerbten Ländereien bedeutet. Das noch unverkaufte Land wird an ansässige Betriebe zur Bewirtschaftung verpachtet.

Unter den zehn Betrieben findet sich ein einziger ohne Landverkäufe: Obwohl reichlich Boden vorhanden ist und ein Betriebsnachfolger fehlt, hat sich der Ober Hoschetbordbauer von keinem Quadratmeter getrennt. Lediglich das Bauernhaus im Stigerberg vermietet er seit Jahren an Feriengäste. Vier weitere Betriebe haben nur je eine Parzelle verkauft.

b Baudynamik

Auf den 42 Kleinparzellen, die im Testraum WISSEBERG GL zwischen 1934 und 1982 zum Verkauf gelangen, entstehen nach und nach 29 Ferienhäuser (Fig. 68). Hinzu kommen noch neun Parzellen mit umgenutzten Landwirtschaftsgebäuden (Fig. 69). Der Bau der neuen Ferienhäuser und die Umgestaltungsarbeiten bei ehemaligen Ökonomiegebäuden bringen dem Baugewerbe der Talgemeinde Matt und des Sernf-

---

Fig. 78 (S. 318)
Heimwesen und Berggüter im Testraum WISSEBERG GL vor der touristischen Inwertsetzung (Rekonstruktion)

Fig. 79 (S. 319)
Heimwesen und Berggüter im Testraum WISSEBERG GL nach der touristischen Inwertsetzung (aktuelle Situation 1982)

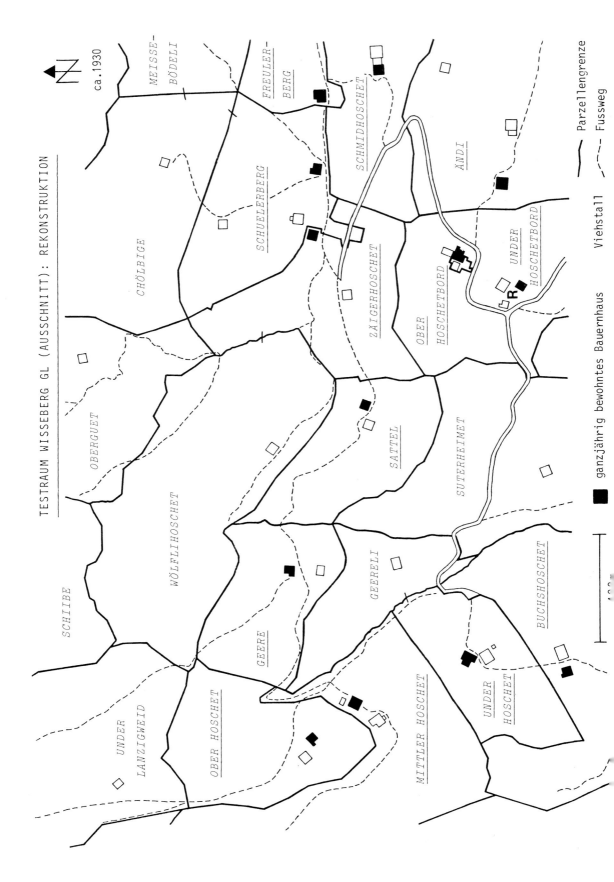

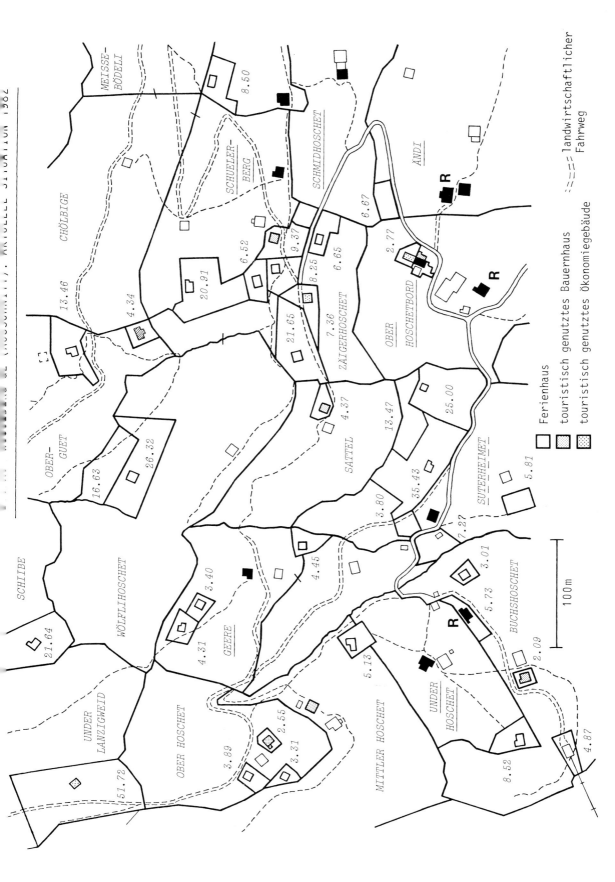

tales Verdienstmöglichkeiten. Ebenso können ansässige Landwirte hin und wieder Baumaterialien mit ihren geländegängigen Fahrzeugen transportieren und so einen willkommenen Zusatzverdienst realisieren.

c Planerische Lenkungsmassnahmen

Wie die bauliche Entwicklung im Testraum WISSEBERG GL zeigt, erfolgen raumplanerische Eingriffe in einem späten Stadium. So wird erst 1976 im Rahmen der Ortsplanung Matt im Richtplan eine rund 10 ha grosse Ferienhauszone ausgeschieden, die sich auf die Höhenstufe der Heimwesen beschränkt. Dazwischen liegen Freihalteflächen für Skipisten und die geplante Sesselbahn (vergl. Touristische Infrastrukturdynamik).

Die Anordnung der Ferienhauszone lehnt sich einerseits an die bereits überbauten Flächen an und ordnet andererseits beinahe jedem Betrieb Bauland zu. Auch die beiden Heimwesen im Eigentum auswärtiger Erben werden mit reichlichen Bauzonenanteilen bedacht. So führen diese planerischen Massnahmen hin zu einer Verdichtung der Ferienhausüberbauung auf der Stufe der Heimwesen, wogegen die Berggüter nicht weiter touristisch überbaut werden dürfen, weil die Einweisung in die Landwirtschaftszone faktisch einem Bauverbot für nichtlandwirtschaftliche Gebäude gleichkommt. Da bis 1982 erst der kleinere Teil der Ferienhauszone parzelliert, verkauft und überbaut worden ist, bleibt noch Raum für zahlreiche zusätzliche Ferienhäuser. Neben den planerischen Voraussetzungen müssen aber ebenso die Bereitschaft zum Bodenverkauf und die externe Nachfrage gegeben sein.

Auch im Testraum WISSEBERG GL kann eine geplante Gesamtüberbauung nicht realisiert werden:
1966 erwerben vier Nichtlandwirte aus dem Kanton Aargau gemeinsam das Mülimahd und teilen es 1968 in vier ähnlich grosse Streifenparzellen auf. Einzig der kleine Stall bleibt in Gemeinschaftsbesitz. Als «Baukonsortium Mülimahd» planen sie eine Gesamtüberbauung mit 18 Ferienhäusern. Da aber alle vier Parzellen zur Hälfte mit Wald bestockt sind, ergeben sich Schwierigkeiten mit den forstgesetzlich vorgeschriebenen Abständen zum bewaldeten Gebiet. So erhält das Konsortium 1972 lediglich ein Näherbaurecht für fünf Häuschen. Dies zwingt zu einer erheblichen Reduktion des Projektes. Mit der Verschärfung der Eidgenössischen Gewässerschutzgesetzgebung von 1971 und der entsprechenden kantonalen Vollzugsverordnung 1973 wird schliesslich das ganze Projekt hinfällig, da die Entsorgung bezüglich Abwasser nicht gewährleistet ist.

Im Testraum WISSEBERG GL wirken demnach planerische Lenkungsmassnahmen in beide Richtungen: Auf der Berggutstufe verhindern Forst- und Gewässerschutzgesetzgebung eine Gesamtüberbauung, auf der Heimwesensstufe hingegen fördert der Zonenplan eine Verdichtung der Ferienhausbebauung.

Fig. 80 ▷
Ferienhausparzellen und Arrondierungskäufe im Testraum WISSEBERG GL

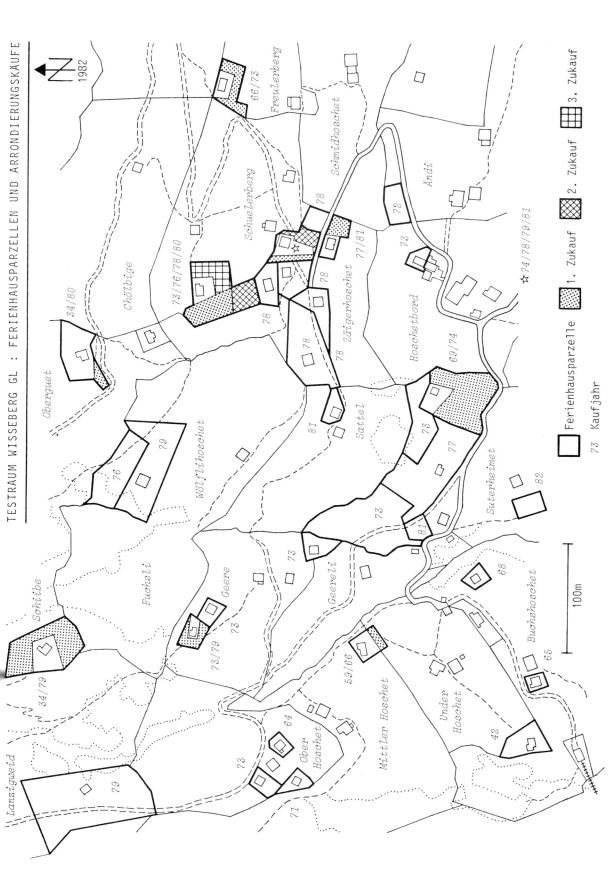

Abb. 132   Der alte Viehstall im Ober Hoschetbord wird nach dem Verkauf zum Ferienhaus, die sichtbare Hälfte des Doppelhauses zur Ferienwohnung (WISSEBERG GL)

Abb. 133   Das Sennhüttli im Under Oreberg erfährt eine Umwandlung zum Ferienhaus (WISSEBERG GL)

Abb. 134   In der Ober Hoschet stehen neue Ferienhäuser in unmittelbarer Nähe zum touristisch umgenutzten Bauernhaus (WISSEBERG GL), (vergl. Fig. 98, S. 373 oben)

Abb. 135   Der Stall im Gassberg lässt die Umnutzung zum Ferienhaus leicht erkennen (WISSEBERG GL)

d Erschliessung und Versorgung

Anschluss ans Strassennetz

Die Ferienhäuser auf der Stufe der Heimwesen sind über die Zufahrtsstrasse von 1923/24 erreichbar. Für die Materialtransporte während der Bauzeit muss eine Abgeltung an die Strassenkorporation entrichtet werden, anschliessend steht die Zufahrt zur freien Benützung offen. Die Ferienhäuser auf der Stufe der Berggüter werden nach und nach durch die Fahrwege erreicht, die in den Siebzigerjahren entstehen. Einzelne Ferienhausbesitzer leisten einen freiwilligen finanziellen Beitrag und sichern sich so die Möglichkeit, Transporte durch ansässige Landwirte ausführen zu lassen. Ansonsten gilt für sie das allgemeine Fahrverbot; und auch den Einheimischen ist der Gebrauch nichtlandwirtschaftlicher Fahrzeuge untersagt. Einzig Arzt und Tierarzt dürfen sämtliche Fahrwege mit dem Personenwagen benützen.

Den sorglosen Umgang mit traditionellen Wegrechten illustriert das Beispiel einer Ferienhausparzelle im Zäigerhoschet, die ein Stück des alten, im Grundbuchplan eingetragenen Fussweges umfasst und dieses durch Abzäunung der öffentlichen Benützung entzieht.

Wasserversorgung

Die frühen, verstreut liegenden Ferienhäuser beziehen ihr Trinkwasser aus Bachläufen, von einzelnen Quellen oder über eines der alten landwirtschaftlichen Leitungssysteme. Mit dem Bauboom anfangs der Siebzigerjahre steigt die Nachfrage aber stark an. Da auch verschiedene alte Leitungen erneuerungsbedürftig sind, fällt der Entschluss zum Bau einer gemeinsamen Wasserversorgung für Landwirtschaftsbetriebe und Ferienhäuser (Fig. 46). Eine erste Etappe wird 1975 fertiggestellt. Ein Hauptstrang leitet das Wasser der Fitterequellen, die der Tagwengemeinde Matt gehören, via Weide ins Oberguet, wo ein grosses Reservoir Brauch- und Löschwasser speichert und so den nötigen Leitungsdruck für die Heimwesenstufe erzeugt. Diese erste Etappe bringt Anschlüsse für sechs Landwirtschaftsbetriebe, aber auch für die Ferienhäuser, die sich in den Weide und auf der Hoschet konzentrieren. Die zweite Etappe, an der 1982 noch immer gebaut wird, erschliesst zum einen mehrere Berggüter und zum anderen die Ferienhausgruppe im Zäigerhoschet. Ein zweites Reservoir in den Under Weide garantiert den nötigen Druck für die höher liegenden Anschlüsse. Bis heute beteiligen sich sechs der zehn Landwirtschaftsbetriebe, ein Erbe eines Heimwesens und 27 Ferienhausbesitzer an der allgemeinen Wasserversorgung. Gesamthaft wird an sieben ganzjährig bewohnte Häuser, an 15 Viehställe, an neun touristisch genutzte Landwirtschaftsgebäude und an 20 eigentliche Ferienhäuser Trinkwasser geliefert. Diese Zahlen zeigen, dass die auswärtigen Gebäudeeigentümer entscheidend zur Realisierung eines Gemeinschaftswerkes beigetragen haben, dessen grösste Nutzniesser ansässige Landwirte sind.

Auffällig ist das Abseitsstehen einzelner Betriebe, obwohl sie voll im Einzugsbereich der neuen Versorgung liegen. Erzürnt über die Linienführung der Güterstrasse auf seinem Land verweigert der Schuelerbergbauer gar das Durchleitungsrecht für die neue Wasserleitung und verursacht dadurch beträchtliche Mehrkosten. Ober Hoschetbord und Under Hoschet sind mit der traditionellen Versorgung zufrieden, und das Wyenegg liegt abseits des Hauptstranges.

Elektrisch und Telefon

Seit 1935 verfügen die Heimwesen am Wisseberg über elektrischen Strom. In den Fünfzigerjahren wird ein Leitungsstrang zum Ferienhaus im Oberguet und von da via Stigerberg weiter bis zu einem zweiten Ferienhaus im Ober Geere geführt. Dies gibt drei Landwirtschaftsbetrieben die Gelegenheit, ihre Ökonomiegebäude in den anliegenden Gütern ebenfalls ans Stromnetz anzuschliessen. Um der gesteigerten Nachfrage im Zusammenhang mit dem Ferienhausbau genügen zu können, wird 1974 im Suterheimet nahe der Waldibachbrücke eine Transformatorenstation installiert. Heute verfügen alle Ferienhäuser der Heimwesenstufe über Elektrizität. Die Zuleitungen sind verkabelt und verlaufen unterirdisch.

Der Ausbau des Telefonnetzes erfolgt ebenfalls in den Fünfzigerjahren. Heute verfügen 17 Ferienhäuser (inkl. zwei touristisch genutzte Bauernhäuser und zwei touristisch genutzte ehemalige Viehställe) über einen Telefonanschluss.

Zusammenfassend können für die *Ferienhausdynamik* im TESTRAUM WISSEBERG GL folgende Merkmale als typisch bezeichnet werden:

— Frühe Ferienhausbauten über den ganzen Testraum verstreut
— Nachfolgende Ferienhauskonzentration auf der Stufe der Heimwesen
— Touristische Umnutzung von Landwirtschaftsgebäuden
— Ausscheidung einer Ferienhauszone im Rahmen der Ortsplanung Matt
— Aufbau einer leistungsfähigen Wasserversorgung als Gemeinschaftswerk von Ferienhausbesitzern und ansässigen Landwirten

C TESTRAUM HUOBE GR

a Flächendynamik

Da für den Testraum HUOBE GR keine Flächenangaben erhoben worden sind, muss auf den optischen Eindruck im Kartenbild verwiesen werden (Fig. 24). Die *Flächenstücke* im Besitz auswärtiger Nichtlandwirte konzentrieren sich auf die zentrale und die östliche Maiensässregion samt den zugehörigen Magerwiesen sowie auf die mittlere Berggutstufe von Ral und Fatans. Ihr Anteil an der Gesamtfläche ist beträchtlich; allerdings dienen nur wenige als Standortparzellen für Ferienhäuser. Die eigentlichen Ferienhausparzellen sind in der Regel bedeutend kleiner als die ganzen Berggüter, Magerwiesen oder Maiensässe.

Abb. 136 Die beiden Maiensässgebäude im Ried dienen nach entsprechendem Umbau als Ferienhäuser (HUOBE GR)

Abb. 137 Auf dem Furner wird sogar ein Pargaun zum Ferienhäuschen! (HUOBE GR)

Abb. 138 Die Futterhütte auf Under Fatans wird vom auswärtigen Eigentümer als Ferienhaus genutzt (HUOBE GR)

Abb. 139 Wenn der Viehstall zum Ferienhaus wird: Nutzungswandel auf Ral (HUOBE GR), (vergl. farbiges Titelbild)

Als *Verkäufer* treten fast ausnahmslos landwirtschaftliche Rentner, Erbengemeinschaften oder nichtlandwirtschaftliche Einzelerben auf (vergl. Betriebsdynamik). Die grosse Zahl nichtlandwirtschaftlicher Grundeigentümer und der Handwechsel ganzer Liegenschaften erweist sich somit als unmittelbare Folge der sinkenden Betriebszahl in der Testgemeinde Fanas GR. Dabei führen unterschiedliche Voraussetzungen zur Betriebsaufgabe und anschliessend zum Verkauf von Maiensässen und Berggütern samt den zugehörigen Gebäuden (konkrete Beispiele):
— Erbengemeinschaft mit einem einzigen Landwirt als Miterben, der aber von Fanas wegzieht
— Erbengemeinschaft aus lauter altledigen Landwirten
— Landwirt hat zwei Töchter, keine heiratet einen Bauern
— Landwirt hat viele Söhne und Töchter, aber alle ziehen von Fanas weg
— Landwirt stirbt ohne Betriebsnachfolger
— Landwirt übernimmt Restaurant und bedient Luftseilbahn
— Landwirt bleibt ledig

Allerdings führen Betriebsaufgaben nicht zwingend zur Veräusserung von Betriebsflächen, sondern häufig zur Verpachtung derselben. Die Ökonomiegebäude stehen dann den Pächtern zur Verfügung; allenfalls stehen sie auch leer oder werden durch die nichtlandwirtschaftlichen Erben als Ferienhaus genutzt oder vermietet. Es kommt aber auch vor, dass ein aktiver Landwirt seine Maiensässhütte im Sommer an Feriengäste abgibt.

b Baudynamik

Im Testraum HUOBE GR werden zwischen 1960 und 1972 sieben Ferienhäuser erbaut. Mit einer Ausnahme liegen sie alle auf der Maiensässstufe. Die erste Umnutzung eines Maiensässgebäudes zum Ferienhaus mit baulichen Veränderungen fällt in die späten Vierzigerjahre. Zwischen 1960 und 1978 erfolgt dann der Aus- oder Umbau bei drei Ställen in Berggütern (Under Fatans, Ral) sowie bei drei Maiensässgebäuden im Ried und einem Pargaun auf dem Furner (Fig. 58). Dabei handelt es sich um Aktivitäten auswärtiger Käufer. Zusätzlich werden heute vier Maiensässhütten durch ansässige Eigentümer vermietet oder selbst touristisch genutzt.

Der Materialtransport für die Ferienhäuser erfolgt durch die Luftseilbahn bis zum Eggli und von dort mit Pferdekarren oder landwirtschaftlichen Transportmaschinen bis zur Baustelle. Seltener kommen auch Helikopter zum Einsatz. Wird die Gesamtzahl der Ferienhäuser für die ganze Testgemeinde Fanas GR betrachtet, so zeigt sich ein beachtliches realisiertes Auftragsvolumen für das einheimische Baugewerbe.

c Planerische Lenkungsmassnahmen

Die Ferienhausbauten im Testraum HUOBE GR stammen alle aus der Zeit vor der raumwirksamen Gesetzgebung der Siebzigerjahre. Mit dem BUNDESGESETZ ÜBER DEN SCHUTZ DER GEWÄSSER GEGEN VERUNREINIGUNG 1971 und der kantonalen Gewässerschutzverordnung von 1973 wird das Bauen ausserhalb entsorgter Gebiete massiv erschwert. Dieses faktische Bauverbot wird durch den BUNDESBESCHLUSS ÜBER DIE DRINGLICHEN MASSNAHMEN AUF DEM GEBIET DER RAUMPLANUNG 1972 auch aus Gründen des Landschaftsschutzes bestätigt.

Gestützt auf Artikel 19 des RAUMPLANUNGSGESETZES FÜR DEN KANTON GRAUBÜNDEN 1973 erlässt die Gemeinde Fanas die BAUORDNUNG 1977 (BO 77), die in Verbindung mit der Ortsplanung verschiedene Nutzungszonen umschreibt. Dabei wird in der ganzen Gemeinde keine Ferienhauszone ausgeschieden. Das Dorf gelangt samt näherer Umgebung in die Bauzone, das restliche Gemeindegebiet wird als Land- oder Forstwirtschaftszone ausgeschieden oder als «Übriges Gebiet» bezeichnet. Ferienhausneubauten lassen sich seither nur noch rund um das Dorf realisieren. Hingegen dürfen weiterhin Landwirtschaftsgebäude umgebaut werden, wenn den Bestimmungen von Art. 41 und Art. 42 BO 77 Beachtung geschenkt wird. Diese Bestimmungen lassen aber nur einen engen Spielraum für die Ausgestaltung und die Erschliessung umgenutzter Ökonomiegebäude.

Mit dem BUNDESGESETZ ÜBER DIE RAUMPLANUNG 1979 und der kantonalen VERORDNUNG ÜBER BEWILLIGUNGEN FÜR BAUTEN AUSSERHALB DER BAUZONEN 1980 wird die Umwandlung von Ökonomiegebäuden in Ferienhäuser im Kanton Graubünden grundsätzlich untersagt (vergl. HANDBUCH FÜR BAUTEN AUSSERHALB DER BAUZONEN 1980). Diese restriktive Handhabung der Bundesgesetzgebung beruht auf der grossen Zahl von Ökonomiegebäuden, die auf dem ganzen Kantonsgebiet in naher Zukunft durch erwartete Betriebsaufgaben oder Stallneubauten leerfallen werden. Da diesem Angebot an landwirtschaftlicher Gebäudesubstanz zur touristischen Umnutzung eine starke Nachfrage seitens nichtlandwirtschaftlicher und meist ausserkantonaler Interessenten gegenübersteht, wollen die Planungsbehörden dieses Veränderungspotential im Griff behalten und eine touristische Unterwanderung der Landwirtschaftszone verhindern. So kommt für die leerstehenden Viehställe im Testraum HUOBE GR in naher Zukunft keine weitere Umnutzung in Frage, obwohl an einem Maiensässstall geplante Fensteröffnungen mit Latten auf dem Rundholzblock markiert sind. Einzig landwirtschaftlichen Eigentümern ist es gestattet, Teile eines Viehstalls als Behausung für den Eigenbedarf herzurichten.

d Erschliessung und Versorgung

Da die Zahl der Ferienhäuser im Testraum HUOBE GR klein ist und zur Hälfte aus ehemaligen Landwirtschaftsgebäuden besteht, ergeben sich kaum Probleme im Zusammenhang mit der Erschliessung und der Versorgung.

Anschluss ans Strassennetz

Der Testraum HUOBE GR besitzt keinen Anschluss ans Strassen- und Güterwegnetz der Gemeinde Fanas. Einziges ganzjähriges Transportmittel stellt die Luftseilbahn dar, welche von den Ferienhausbesitzern auch regelmässig benützt wird. Vereinzelt suchen Bauern mit geländegängigen Landwirtschaftsmaschinen den Testraum auf.

Wasserversorgung

Die traditionelle Wasserversorgung der Berggüter und Maiensässe stützt sich auf Einzelquellen und Bachläufe (Fig. 46). 1966 wird nördlich vom Ried auf der Gemeindealp Ochsebärg eine Quelle gefasst. Das Wasser gelangt zuerst in ein Reservoir mit 1 m^3 Fassungsvermögen und danach in ein Leitungssystem, welches neben den landwirtschaftlich und den touristisch genutzten Maiensässgebäuden auf dem Eggli und dem Furner noch drei neue Ferienhäuser mitversorgt. Ein zweites Reservoir mit 2 m^3 Inhalt liegt östlich von Pajols ebenfalls auf der Gemeindealp und liefert seit 1977 mittels eingegrabener Schlauchleitung Trinkwasser zu den beiden Ferienhäusern auf dem Huobenegg. Das Ferienhaus auf dem Chaiserstei nutzt eine Quelle auf Tarnals. Die umgebauten Viehställe auf Ral verfügen wie zur Zeit der landwirtschaftlichen Nutzung über Cania-Wasser, welches mit einer Rückschlagpumpe, einem sog. Wider, emporgehoben wird.

Elektrisch und Telefon

Weder die Berggüter noch die Maiensässe besitzen einen Anschluss ans Stromnetz. 1981 werden vier Telefonapparate installiert, einer im Bergrestaurant «Sassauna», die drei anderen in touristisch genutzten Maiensässgebäuden.

Zusammenfassend können für die *Ferienhausdynamik* im TESTRAUM HUOBE GR folgende Merkmale als typisch bezeichnet werden:

— Einzelne Ferienhausbauten auf der Maiensässstufe
— Touristische Umnutzung von Maiensässgebäuden und Viehställen auf der Berggutstufe
— Weitgehend individuelle Wasserversorgung
— Bauverbot und Verbot weiterer Umnutzungen von Landwirtschaftsgebäuden durch kantonale Gesetzgebung und Nichteinweisung in eine Ferienhauszone

D VERGLEICH DER DREI TESTRÄUME

a Flächendynamik

Die *Flächenbilanz* für die beiden Testräume WIESENBERG NW und WISSEBERG GL zeigt Fig. 81. Bei der vorliegenden Auflistung sind die ehemaligen Berggüter im Besitz der Tagwengemeinde Matt dem Privatland zugeordnet, da sie sich zur Zeit der höchsten jährlichen Verkaufsrate noch in privaten Händen befanden. Als Ferienhausparzellen finden alle Flächenstücke Berücksichtigung, die als neue, meist sehr kleine Besitzeinheiten abgetrennt worden sind. Berggüter, die in vollem Umfange zu einem aus-

FLÄCHENBILANZ	WIESENBERG NW		WISSEBERG GL	
Total der privaten Landwirtschaftsfläche vor dem Verkauf von Ferienhausparzellen	54'963.68	100.00%	19'435.33	100.00%
Flächentotal der verkauften Ferienhausparzellen	944.10	1.72%	966.33	4.97%
Total der privaten Landwirtschaftsfläche nach dem Verkauf von Ferienhausparzellen	54'019.58	98.28%	18'469.00	95.03%

Fig. 81 (T)
Verkauf von Ferienhausparzellen: Flächenbilanz in den Testräumen WIESENBERG NW und WISSEBERG GL

wärtigen Eigentümer gewechselt haben, fallen hingegen ausser Betracht. Ein quantitativer Vergleich ergibt eine erstaunliche Übereinstimmung. Der prozentuale Anteil ist im Testraum WISSEBERG GL zwar grösser, beide Prozentwerte liegen aber unter 5%. Von der Flächendynamik her gesehen, kann also bei keinem der beiden Testräume von einer eigentlichen Verdrängung der landwirtschaftlichen durch eine touristische Nutzung gesprochen werden.

Um das Total der als Ferienhausparzellen verkauften Fläche zu erhalten, muss im Testraum WIESENBERG NW noch die Addition von 294.67 a ehemaligen Korporationslandes erfolgen. So stehen den 966.33 a des Testraums WISSEBERG GL 1'238.77 a des Testraums WIESENBERG NW gegenüber. Die *Flächendynamik* setzt in beiden Testräumen mit verstreuten Einzelparzellen ein und konzentriert sich später auf wenige Teilgebiete. Der eigentliche Verkaufsboom liegt in der Zeitspanne von 1960 bis 1980 (Fig. 68).

Die *Verkäufer* (Fig. 72 und Fig. 73) sind vor allem aktive Landwirte. Im Testraum WIESENBERG NW tritt zusätzlich die Ürtenkorporation Dallenwil als Verkäuferin einer beachtlichen Landfläche in Erscheinung. Im Testraum WISSEBERG GL ist es ein nichtlandwirtschaftlicher Erbe, der stückweise mehr als ein ganzes Heimwesen veräussert. Im Testraum HUOBE GR stehen Erbengemeinschaften an erster Stelle. Anlass zum Verkauf geben dort in der Regel Betriebsaufgaben.

b Baudynamik

Für die *Gebäudebilanz* wird anstelle des Testraums HUOBE GR die ganze Testgemeinde Fanas GR betrachtet (Fig. 82 und Fig. 83). Die notwendigen Unterlagen liefern LAUER/RIEDER/STÜBI (1981, S. 11ff). Die absoluten Zahlen stellen den Testraum WIESENBERG NW an die Spitze. Das Verhältnis von eigentlichen Ferienhausneubau-

| Jahr | FERIENHAUSNEUBAUTEN ||||||||| TOURISTISCH GENUTZTE LANDWIRTSCHAFTSGEBÄUDE ||||||
	STANSERHORN	GUMME	FLUE	WIESENBERG NW TOTAL	WISSEBERG GL TOTAL	FANAS GR TOTAL	HUOBE GR	DORF FANAS	ÜBRIGE GEMEINDE FANAS	WIESENBERG NW BH	WIESENBERG NW ÖG	WISSEBERG GL BH	WISSEBERG GL ÖG	FANAS GR BH	FANAS GR ÖG
1934					2										
1944					1										1
1945	1			1											
1947															1
1948	2			2											
1949	2			2	1										
1950												1			
1951	2	1		3		1		1							
1952	1		1												
1955						1		1							2
1958		1		1											
1959		1		1	1										
1960						1	1								4
1961	1			1											1
1962		3		3		1		1							
1963	2	5		7						1	1				1
1964	1	5	1	7	1							1			
1965		3		3		4		3	1			1			1
1966	1	8		9	1										1
1967					2										
1968		8		8	1	3	1	1	1						
1969		9		9	1	3	2	1						2	2
1970		8	1	9		4		3	1						1
1971		13		13	2									1	2
1972		24		24		4	3	1							2
1973		4		4	10								2		1
1974		10		10		1		1				1			1
1975		2		2		1		1						1	1
1976						1		1						1	1
1977		8		8	2										
1978		8		8	3										
1979		2		2	1								2		2
1980													1		2
1981						1		1					1		
Total	13	123	3	139	29	26	7	16	3	1	2	4	5	5	26

Fig. 82 (T) ◁
Ferienhausbau und touristische Umnutzung von Landwirtschaftsgebäuden in den drei Testräumen

FERIENHÄUSER UND TOURISTISCH GENUTZTE LANDWIRTSCHAFTS-GEBÄUDE	TESTRAUM WIESENBERG NW	TESTRAUM WISSEBERG GL	TESTGEMEINDE FANAS GR	TESTRAUM WIESENBERG NW	TESTRAUM WISSEBERG GL	TESTGEMEINDE FANAS GR
Ferienhaus	139	29	26	97.9%	76.3%	45.6%
Bauernhaus	1	4	5	0.7%	10.5%	8.8%
Ökonomiegebäude	2	5	26	1.4%	13.2%	45.6%
Total	142	38	57	100.0%	100.0%	100.0%

Fig. 83 (T)
Ferienhäuser und touristisch umgenutzte Landwirtschaftsgebäude: Gebäudebilanz in den drei Testräumen

ten zu touristisch genutzten Landwirtschaftsgebäuden in den Händen auswärtiger Käufer widerspiegelt für jeden Testraum Struktur- und Dynamikmomente der Landwirtschaftsbetriebe: So ist der traditionelle Gebäudebestand pro Betrieb im Nidwaldner Testraum klein, im Glarner Testraum etwas grösser und im Bündner Testraum beachtlich gross; die Zahl der Betriebsaufgaben während der vergangenen Jahrzehnte steigt in derselben Reihenfolge an. Entsprechend nimmt auch die Zahl umgenutzter Bauernhäuser und Ökonomiegebäude zu: Im Testraum WIESENBERG NW ist sie bedeutungslos, im Testraum WISSEBERG GL umfasst sie einen Viertel aller Gebäude im Besitz auswärtiger Feriengäste und in der Testgemeinde Fanas GR gar mehr als die Hälfte (Fig. 84). Dies bedeutet, dass die Ferienhausnutzung in der Bündner Testgemeinde optisch am wenigsten auffällt, da sie mit der geringsten Neubautätigkeit verbunden ist und das gewohnte Erscheinungsbild der Kulturlandschaft äusserlich nur wenig verändert.

c *Planerische Lenkungsmassnahmen*

In allen drei Testräumen wird die freie Standortwahl für Ferienhausbauten durch planerische Massnahmen immer mehr eingeschränkt. Zugrunde liegen gesetzgeberische Aktivitäten auf Bundes-, Kantons- und Gemeindeebene. Die Bundesgesetze haben zunächst für alle Kantone gleichermassen Gültigkeit, lassen aber den kantonalen Verordnungen hin und wieder einen Spielraum. Auch gibt es zeitliche Unterschiede bei der Einführung durch die einzelnen Kantone.

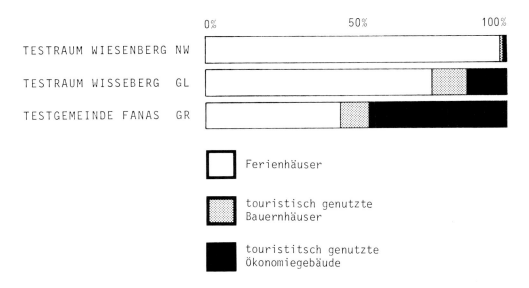

Fig. 84
Ferienhäuser und touristisch umgenutzte Landwirtschaftsgebäude in den drei Testräumen

Folgende Bundesgesetze und -beschlüsse sind im Blick auf die Ferienhausdynamik von Bedeutung:
- EIDGENÖSSISCHES FORSTPOLIZEIGESETZ 1902 (FPG 1902)
- BUNDESGESETZ ÜBER DEN SCHUTZ DER GEWÄSSER GEGEN VERUNREINIGUNG 1959
- BUNDESGESETZ ÜBER DEN SCHUTZ DER GEWÄSSER GEGEN VERUNREINIGUNG 1971
- BUNDESBESCHLUSS ÜBER DRINGLICHE MASSNAHMEN AUF DEM GEBIETE DER RAUMPLANUNG 1972
- BUNDESBESCHLUSS ÜBER DIE BEFRISTETE VERLÄNGERUNG VON MASSNAHMEN AUF DEM GEBIETE DER RAUMPLANUNG 1976
- BUNDESGESETZ ÜBER DIE RAUMPLANUNG 1979 (RPG 79)

In einer ersten Phase ist es die eidgenössische Forstgesetzgebung, welche durch den Schutz des Waldareals mögliches Baugebiet von vornherein auf die unbestockte Landfläche beschränkt. In einer zweiten, bedeutend später einsetzenden Phase ist es die Gewässerschutzgesetzgebung, die das Bauen ausserhalb erschlossener und entsorgter Gebiete erschwert oder gar unterbindet. In einer dritten Phase fordert der Bundesbeschluss zur Raumplanung das Ausscheiden von Landschaftsschutzgebieten und Gefahrenzonen mit provisorischem Bauverbot. Damit leistet er einer Beschleunigung der Ortsplanungen Vorschub. Das eigentliche Raumplanungsgesetz zwingt schliesslich zur Erstellung kantonaler Richtpläne und kommunaler Nutzungspläne. Erstere sind als verbindliche Leitlinien für die Steuerung raumwirksamer Tätigkeiten gedacht (RPG 79 Art.8), letztere ordnen die zulässige Nutzung des Bodens, indem sie vorab Bau-, Landwirtschafts- und Schutzzonen unterscheiden (RPG 79 Art.14).

In allen drei Testgemeinden wird in den Siebzigerjahren die Ortsplanung durchgeführt und ein Zonenplan erstellt, der das ganze Gemeindegebiet in unterschiedliche Nutzungszonen aufteilt und dabei die provisorischen Schutzgebiete von 1972 berücksichtigt. Im Testraum WIESENBERG NW kommt es zur Ausscheidung des Ferienhausgebietes Wirzweli-Eggwald, und im Testraum WISSEBERG GL umfasst eine Ferienhauszone die Umgebung der Heimwesen. In der Testgemeinde FANAS GR wird keine spezielle Ferienhauszone geschaffen, dafür sind Ferienhausbauten in der regulären Bauzone rund ums Dorf erlaubt. In allen drei Testgemeinden führen demnach Gesetzgebung und Planung zu einer Konzentration der neueren Ferienhäuser in den zugewiesenen Zonen, die gesetzeskonform über eine gute infrastrukturelle Erschliessung verfügen. Dies bedeutet gleichzeitig ein Bauverbot für Ferienhäuser ausserhalb der dafür vorgesehenen Zonen.

d Erschliessung und Versorgung

Anschluss ans Strassennetz

Der Anschluss von Ferienhausparzellen ans öffentliche Strassennetz bietet lediglich im Teilraum GUMME NW Probleme, wo mit dem Ferienhausdorf Wirzweli-Eggwald über hundert Neubauten in einem Gebiet entstehen, das keine Zufahrtsrechte besitzt. Zähe Verhandlungen und finanzielle Abgeltungen führen aber zu einer praktikablen Lösung. Die Ferienhäuser im Teilraum STANSERHORN NW sind von der Kantonsstrasse aus erreichbar. Im Testraum WISSEBERG GL führen einzig Fusswege zu den Ferienhäusern der oberen Berggutstufe, dasselbe gilt für alle Ferienhäuser im Testraum HUOBE GR. Allerdings schreitet in beiden Testräumen der Ausbau des Güterwegnetzes voran, sodass immer mehr Ferienhäuser über eine Zufahrtsmöglichkeit verfügen.

Wasserversorgung

Bei der Wasserversorgung geht es um die Nutzung einer Ressource, die für die ansässigen Landwirte ebenso wie für die auswärtigen Feriengäste von existentieller Bedeutung ist. Vor allem dort, wo Wassermangel herrscht, kann es zu Verteilungskämpfen zwischen diesen beiden Nutzergruppen kommen.

In den drei Testräumen haben sich unterschiedliche Formen der Wasserversorgung herausgebildet:
Die frühen Ferienhäuser im Teilraum STANSERHORN NW und im Testraum WISSEBERG GL benützen ebenso wie die Ferienhäuser im Teilraum FLUE NW und im Testraum HUOBE GR einzelne Quellen oder einfache landwirtschaftliche Leitungssysteme. Im Teilraum GUMME NW entsteht hingegen eine spezielle Wasserversorgung für das Ferienhausdorf Wirzweli-Eggwald, und im Testraum WISSEBERG GL wird die allgemeine Wasserversorgung als grosses Gemeinschaftswerk durch die Ferienhausbesitzer und die Landwirte gemeinsam realisiert. Mitbenutzung traditioneller Versorgungssysteme, Aufbau einer eigenen Versorgung oder Beteiligung an einer neuen allgemeinen Versorgung sind die zu beobachtenden Varianten, die von den Landwirten entweder als Konkurrenzierung oder aber als willkommene Kooperation empfunden werden.

Elektrisch und Telefon

Die Versorgung mit elektrischem Strom erfolgt für die verstreuten Einzelbauten in allen drei Testräumen über die bestehenden Leitungssysteme, falls solche in den betroffenen Gebieten überhaupt schon vorhanden sind. Im Testraum WISSEBERG GL kommt es zur Netzerweiterung zu einem abseits liegenden Ferienhaus hin. Für das Ferienhausdorf Wirzweli-Eggwald müssen im Teilraum GUMME NW neue Zuleitungen und eine Transformatorenstation errichtet werden. Die oberen Berggüter im Testraum WISSEBERG GL und sämtliche Berggüter und Maiensässe im Testraum HUOBE GR besitzen keine Stromversorgung; die Ferienhäuser sind dort auf Petrol, Flaschengas und Holz angewiesen.

Telefonanschlüsse kommen in den verstreut liegenden Ferienhäusern selten, im Ferienhausdorf Wirzweli-Eggwald hingegen in beachtlicher Zahl vor.

e   Herkunft und Motivation der Ferienhausbesitzer

Regionale und soziale Herkunft

Da die auswärtigen Grundeigentümer und Ferienhausbesitzer in den drei Testräumen als landschaftsverändernde Aktoren auftreten, ist ihre regionale und soziale Herkunft von Interesse, ebenso auch die Kriterien ihrer Standortentscheidung und ihre Ansprüche an das gewählte Ferienhausgebiet.

Die *regionale Herkunft* der Käufer von Ferienhausparzellen ist für die Testräume WIESENBERG NW und WISSEBERG GL in Fig. 85 festgehalten, wogegen Fig. 86 die Ferienhausbesitzer aller drei Testräume nach Wohnsitzkantonen ordnet. Um zu einer allgemeineren Aussage zu kommen, wird anstelle des kleinen Testraums HUOBE GR die ganze Testgemeinde Fanas GR betrachtet. Bezugnehmend auf das Testraummodell (vergl. Allgemeine Fragestellung: Testraummodell) erscheint folgende Gruppierung der Wohnsitzkantone als sinnvoll (Fig. 87):
− unmittelbares Einzugsgebiet mit dem Regionalzentrum bei der Talmündung und einer ersten Stadt in etwa halbstündiger Autodistanz
− ausseralpine grossstädtische Agglomeration in rund eineinhalbstündiger Reisedistanz
− übrige Schweiz
− Ausland

In allen drei Testgemeinden treten Einwohner der näheren Region in grosser Zahl auf. Im Testraum WIESENBERG NW stellen Nidwaldner und Luzerner gar mehr als die Hälfte aller Ferienhausbesitzer. Es folgen Einwohner aus der Grossregion Nordwestschweiz mit der Agglomeration Basel als Schwerpunkt. Im Testraum WISSEBERG GL und in der Testgemeinde Fanas GR sind es Zürcher, die den Hauptharst der ausserkantonalen Ferienhausbesitzer stellen. Kaum ins Gewicht fallen Vertreter der übrigen Schweiz, und Ausländer sind beinahe bedeutungslos. Einzig in der Testgemeinde Fanas GR sind mehrere anzutreffen, die aber alle ihr Ferienhaus im Dorf selber liegen haben. 1981 unterstellt sich diese Gemeinde durch Gemeindeversammlungsbeschluss der «Lex Furgler» (BUNDESBESCHLUSS ÜBER DEN ERWERB VON GRUNDSTÜCKEN DURCH PERSONEN IM AUSLAND 1974), nachdem ein deutscher Staatsangehöriger für ein Grundstück einen überrissenen Bodenpreis angeboten hat. Mit dieser Massnahme soll im Interesse einheimischer Baulandkäufer eine spekulative Bodenpreissteigerung verhindert werden. Gründe für das faktische Fehlen ausländischer Ferienhausbesitzer müssen im begrenzten Bekanntheitsgrad und der bescheidenen touristischen Infrastruktur der drei Testräume gesucht werden.

Dass der Testraum WIESENBERG NW im Blick auf die grossstädtischen Agglomerationen so eindeutig Basler Domäne darstellt, der Testraum WISSEBERG GL und die Testgemeinde Fanas GR hingegen fest in Zürcher Hand sind, liegt vordergründig an den vergleichbaren Zeitdistanzen und den guten Verkehrsverbindungen: So können die entsprechenden Testgemeinden mit Schnellzug, Lokalbahn und -bus oder mit dem eigenen Wagen auf Autobahnen und Hauptstrasse in rund eineinhalbstündiger Fahrt bequem erreicht werden. Die aktuellen Verkehrsverbindungen widerspiegeln aber zusätzlich historische Gegebenheiten, denn seit je war Basel dem Gotthard und somit der Zentralschweiz zugewandt, wogegen Zürich die Bündner Pässe bevorzugte.

REGIONALE HERKUNFT DER KÄUFER VON FERIENHAUSPARZELLEN	TESTRAUM WIESENBERG NW			TESTRAUM WISSEBERG GL		
	Parzellen mit Ferienhaus	Parzellen ohne Ferienhaus	Ferienhausparzellen total	Parzellen mit Ferienhaus	Parzellen ohne Ferienhaus	Ferienhausparzellen total
NW	29	15	44			
LU	59	17	76			
UR/SZ/ZG	8	1	9	1		1
BE/FR	2	1	3			
AG/SO/BL/BS	32	6	38	2	6	8
ZH	8	2	10	22	3	25
SG/TG/SH	1		1	2	2	4
GL				11	1	12
BRD/NL	1		1			
	140	42	182	38	12	50

Fig. 85 (T)
Regionale Herkunft der Käufer von Ferienhausparzellen in den Testräumen WIESENBERG NW und WISSEBERG GL

Die Vermutung, die Testgemeinde Fanas GR werde als Patengemeinde von Wallisellen ZH touristisch kolonisiert, trifft in keiner Art und Weise zu: Unter den 24 Zürcher Ferienhausbesitzern ist kein einziger Walliseller anzutreffen. Generell zeichnet sich diese Patenschaftsbeziehung durch ein Fehlen jeglicher «imperialistischer Tendenzen» aus (vergl. VETTIGER/KESSLER 1982, S. 58).

REGIONALE HERKUNFT DER FERIENHAUSBESITZER	TESTRAUM WIESENBERG NW	TESTRAUM WISSEBERG GL	TESTGEMEINDE FANAS GR
NW/LU	[90]		
UR/SZ/ZG/SG/TG/SH/BE/FR	11	3	8
AG/SO/BL/BS	(32)	2	4
ZH	8	(22)	(24)
GR			[17]
GL		[11]	
BRD/NL	1		4
	142	38	57

☐ alpine und voralpine Einzugsgebiete

◯ ausseralpine grossstädtische Agglomeration

Fig. 86 (T)
Regionale Herkunft der Ferienhausbesitzer in den drei Testräumen

Die *soziale Herkunft* der Ferienhausbesitzer lässt sich zum einen der Berufsbezeichnung, zum andern der Wohnsituation am Wohnort entnehmen. Beide Kriterien sind allerdings nur bedingt aussagekräftig und dürfen nicht übergewichtet werden. Generell lässt sich für alle drei Testräume festhalten, dass die Mehrheit der Ferienhausbesitzer dem Mittelstand angehört und im zweiten oder dritten Sektor erwerbstätig ist. In Fanas GR fällt der hohe Prozentsatz an Rentnern auf (22%).

Eine Zusammenstellung nach Berufen und Herkunftskantonen in chronologischer Reihenfolge der Landkäufe lässt für den Testraum WISSEBERG GL (Fig. 88) folgende Aussagen zu, die in übertragener und abgeschwächter Form auch für die andern Testräume gelten:
Anfänglich sind die Landkäufer Einwohner des Kantons Glarus, später dann, während

des Baubooms, vor allem Einwohner der Agglomeration Zürich. Zuerst treten Gewerbetreibende, Akademiker und leitende Angestellte in Erscheinung, nachfolgend auch Angehörige der unteren Mittelschicht. Dies wird durch die allgemeine wirtschaftliche Prosperität während der Hochkonjunktur ermöglicht. Die Umnutzung von landwirtschaftlicher Gebäudesubstanz scheint für Glarner weniger attraktiv zu sein als für Unterländer. Bevorzugen Einheimische einen Neubau als Prestigeobjekt, so gilt ein nostalgisch rustikales Weekendhaus in Städterkreisen als chic. Oft liegt auch die Freude am Basteln und eigenen Gestalten zugrunde, was als Hobby beim Umbau jahrelang gepflegt werden kann.

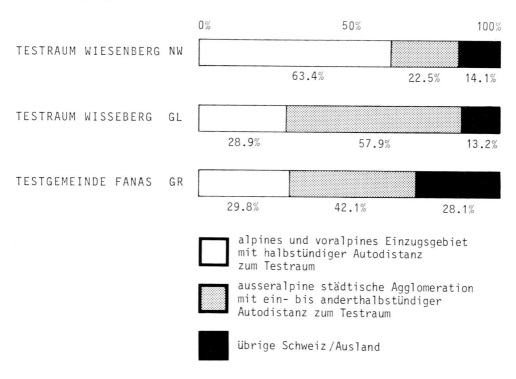

Fig. 87
Regionale Herkunft der Ferienhausbesitzer gemäss Testraummodell (vergl. Fig. 1)

Die SCHRIFTLICHE UMFRAGE (Fig. 89) gibt Auskunft über die Wohnsituation der Ferienhausbesitzer am jeweiligen Wohnort:
Die erhobenen Prozentwerte zeigen, dass Bewohner von Einfamilienhäusern und von Wohnungen ähnlich stark vertreten sind. Noch ausgeglichener ist das Verhältnis zwischen Eigentümern und Mietern, wobei in allen drei Testräumen erstere die Mehrzahl bilden. Fast alle Ferienhausbesitzer sind verheiratet und haben Kinder. Die eigene Wohnumgebung zuhause wird mehrheitlich als ländlich, naturnahe, ruhig und abwechslungsreich bezeichnet. Dies deutet darauf hin, dass die Ferienhausbesitzer eher aus Vororten und Agglomerationsgemeinden als aus innerstädtischen Wohngebieten stammen.

Kauf-jahr	PZ	FH	BH	ÖG	GL	ZH	SG/SZ/SH/AG/BS
1934	2	2			Sekundarlehrer Glasermeister		
1942	1	1			Fabrikant		
1949	1	1			Bäckermeister		
1959	1	1					Pfarrer
1964	1	1			Arzt		
	1		1			Möbelhändler	
1965	1		1			Mechaniker	
1966	1	1			Arbeiter		
	5						Schreinermeister Konsumverwalter Schreiner Kaufmann
1967	2	2				Chauffeur Angestellter	
1968	1						Betriebsleiter
	1	1					Schreinermeister
1969	1	1					Grenzwächter
1970	1						Bauführer
1971	2	2			Werkführer		
						Buchhändler	
1972	1						Geschäftsführer
1973	2	2			Betriebsleiter Textilmechaniker		
	1				Zimmermeister		
	8	8				Chauffeur Mechaniker Sekundarlehrer Verwalter Händler Schulabwart Vertreter Kaufm. Beamter	
	2			2		Mechaniker Hausfrau	
	1						Posthalter
1974	1		1			Schlosser	
1976	1					Disponent	
1977	2	2			Agrotechniker	Transportunternehmer	
1978	3	3			Arzt	Reallehrer Abwart	
	2			2		Elektriker Lehrlingsmeister	
1979	1			1		Hausfrau	
1981	1					Vertreter	
	1		1				Schreinermeister
1982	1					Bauunternehmer	
	51	29	4	5	12	25	13

Fig. 88 (T) ◁
Berufsstruktur der Käufer von Ferienhausparzellen im Testraum WISSEBERG GL
(PZ Parzelle, FH Ferienhaus, BH Bauernhaus, ÖG Ökonomiegebäude als Ferienhaus,
GL/ZH/SG etc. Wohnsitzkantone der Ferienhausbesitzer)

Motivation für die Standortwahl

Die SCHRIFTLICHE UMFRAGE (Fig. 89) zeigt auf, wieweit der jeweilige Testraum schon einige Zeit vor dem Landkauf bekannt gewesen ist, welche Rolle die Nähe zu einem touristischen Zentrum spielt und in welchem Masse die getroffene Standortentscheidung im Nachhinein befriedigt. Bei folgenden Aussagen herrscht weitgehend Übereinstimmung für alle drei Testräume:
- Eine deutliche Mehrheit der Ferienhausbesitzer hat den gewählten Testraum schon einige Zeit vor dem Landerwerb gekannt, sei es durch Abstammung aus der Gegend, durch Verwandtenbesuche, durch Wanderungen oder durch Ferienaufenthalte. Eine Minderheit ist durch Inserate und Prospekte oder durch Erzählungen im Bekanntenkreis auf ihn aufmerksam geworden.
- Als entscheidende Kriterien für die Standortwahl geniessen die schöne Landschaft und die gute Erreichbarkeit vom Wohnort aus Priorität, wogegen die Nähe zu einem touristischen Zentrum bedeutungslos zu sein scheint. Dies zeigt, dass die befragten Ferienhausbesitzer bewusst eine ruhige Gegend ohne mondänen Tourismusrummel gesucht haben.
- Eine Mehrheit ist mit dem getroffenen Standortentscheid zufrieden. Einige würden einen anderen Platz im gleichen Testraum bevorzugen, andere einen Ort in der übrigen Schweiz. Als Wunschstandorte wenig gefragt sind die touristischen Zentren.

Der Teilraum GUMME NW verdankt seinen Bekanntheitsgrad speziell dem Skisport, und im Testraum WISSEBERG GL sind einige Ferienhausbauten mittelbare Folgen eines Vereinsausflugs eines Zürcher Unterländer Turnvereins.

f Soziale Einbindung der Ferienhausbesitzer

Mit dem Landerwerb wird der auswärtige Käufer zum Entscheidungsträger, mit dem Ferienhausbau zum raumwirksamen Aktor und mit seiner eigenen Anwesenheit zum Nutzer lokaler Ressourcen und traditioneller Infrastruktureinrichtungen im betreffenden Testraum. Dabei tritt er in zwischenmenschliche Kontakte mit den ansässigen Landwirten und den Gemeindebehörden, ebenso mit weiteren Ferienhausbesitzern. Miteinander, Nebeneinander und Gegeneinander bei der gemeinsamen Organisation der landwirtschaftlich-touristischen Mischnutzung der Testräume können die Folgen sein.

Fig. 89 (T) (S. 342–345)
Schriftliche Umfrage: Herkunft, Motivation, Tourismusverhalten und soziale Einbindung der Ferienhausbesitzer in den drei Testräumen (Auswertung der retournierten Fragebogen)

	TEILRAUM GUMME	TEILRAUM STANSER-HORN UND FLUE	TESTRAUM WISSEBERG	TESTGEMEINDE FANAS	TEILRAUM GUMME	TEILRAUM STANSER-HORN UND FLUE	TESTRAUM WISSEBERG	TESTGEMEINDE FANAS
Sie haben die Gegend von Dallenwil / vom Wisseberg / von Fanas schon einige Zeit vor dem Boden- oder Gebäudekauf gekannt	NW	NW	GL	GR	NW	NW	GL	GR
ja	47	10	24	25	67%	91%	86%	66%
denn Sie stammen aus dieser Gegend	12	3	3	7	17%	27%	11%	18%
denn Sie haben Verwandte oder Bekannte hier, die Sie hin und wieder besuchten	9	2	10	8	13%	18%	36%	21%
denn Sie haben hier schon einmal in einem Ferienhaus von anderen Leuten Ihre Ferien verbracht	10	2	12	4	14%	18%	43%	11%
denn Sie kamen oft auf Wanderungen hierher	17	3	8	7	24%	27%	29%	18%
denn Sie waren schon zum Skifahren oder Langlaufen hier	26	3	7	2	37%	27%	25%	5%
denn Sie haben die Gegend auf einem Vereins- oder Betriebsausflug kennen gelernt	0	0	3	0	–	–	11%	–
andere Antworten	4	3	0	0	6%	27%	–	–
nein	23	1	4	13	33%	9%	14%	34%
aber Sie sind durch Inserate und Prospekte darauf aufmerksam geworden	14	0	3	5	20%	–	11%	13%
aber Sie haben im Bekanntenkreis davon erzählen hören	10	1	1	5	14%	9%	4%	13%
Sie haben das Gebiet von Dallenwil / vom Wisseberg / von Fanas als Standort für Ihr Ferienhaus gewählt	NW	NW	GL	GR	NW	NW	GL	GR
weil Ihnen die Landschaft hier gefällt	64	9	22	29	91%	82%	79%	76%
weil man hier Wintersport treiben kann	57	2	7	9	81%	18%	25%	24%
weil Sie von Ihrem Wohnort aus rasch und bequem hierher reisen können	65	7	18	19	93%	64%	64%	50%
weil es in der Nähe von Engelberg/Elm/Klosters-Davos liegt	3	0	1	1	4%	–	4%	3%
weil Bekannte hier auch ein Ferienhaus besitzen	4	0	1	2	6%	–	4%	5%
weil Sie hier günstig Boden erhielten	2	1	8	7	3%	9%	29%	18%
andere Antworten	8	4	6	0	11%	36%	21%	–
Wenn Sie in der ganzen Schweiz zu denselben finanziellen Bedingungen hätten kaufen, bauen oder umbauen können, stünde Ihr Ferienhaus	NW	NW	GL	GR	NW	NW	GL	GR
wo es jetzt steht	49	6	17	20	70%	55%	61%	53%
auch in Dallenwil/am Wisseberg/in Fanas, aber an einer anderen Stelle	4	0	5	4	6%	–	18%	11%
in Engelberg/Elm/Klosters-Davos	2	0	0	3	3%	–	–	8%
an einem anderen Ort in der Schweiz	8	2	2	2	11%	18%	7%	5%
andere Antwort	3	1	4	0	4%	9%	14%	–

	NW	NW	GL	GR	NW	NW	GL	GR
Sie oder Mitglieder Ihrer Familie bewohnen das Ferienhaus über das Wochenende	64	11	27	33	91%	100%	96%	87%
und zwar regelmässig	18	6	7	8	26%	55%	25%	21%
unregelmässig	46	5	20	25	66%	45%	71%	66%
während der Schulferien	61	7	20	26	87%	64%	71%	68%
und zwar während den Frühjahrsferien	24	4	8	9	34%	36%	29%	24%
Sommerferien	41	6	10	23	59%	55%	36%	68%
Herbstferien	32	6	11	13	46%	55%	39%	34%
Weihnachtsferien	49	4	10	14	70%	36%	36%	37%
Sportferien	33	3	14	6	47%	27%	50%	16%
Sie kommen nach Dallenwil/an den Wisseberg/nach Fanas	NW	NW	GL	GR	NW	NW	GL	GR
zur Erholung	64	10	26	29	91%	93%	93%	76%
zum Wandern	56	7	19	22	80%	68%	68%	58%
zum Skifahren	62	5	12	9	89%	43%	43%	24%
andere Antworten	8	2	7	7	11%	18%	25%	18%
Wenn Sie hier stationiert sind, verbringen Sie die Tage meist	NW	NW	GL	GR	NW	NW	GL	GR
im eigenen Ferienhaus oder Garten	66	9	22	34	94%	82%	79%	89%
in der näheren Umgebung (Dallenwil/Wisseberg/Fanas)	30	6	15	13	43%	55%	54%	34%
auswärts	2	1	2	2	3%	9%	7%	5%
nämlich in Engelberg/Elm/Klosters-Davos	1	0	0	2	1%	-	-	5%
Luzern/Glarus/Chur	1	0	1	1	1%	-	4%	3%
andernorts	3	0	1	1	4%	-	4%	3%
Im letzten Jahr waren Sie oder Mitglieder Ihrer Familie einmal oder mehrmals in Engelberg/Elm/Klosters-Davos	NW 36	NW 2	GL 19	GR 14	NW 51%	NW 18%	GL 68%	GR 37%
Dorthin fahren Sie zum Skifahren	14	1	16	11	20%	9%	57%	29%
Schwimmen	2	0	0	0	3%	-	-	-
Einkaufen	2	0	0	0	3%	-	-	-
sich amüsieren	7	0	4	4	10%	-	14%	11%
andere Antworten	16	0	0	1	23%	-	-	3%
Zwischen Ihrem Wohnort und dem Dorf Dallenwil/Matt/Fanas reisen Sie jeweils	NW	NW	GL	GR	NW	NW	GL	GR
mit dem eigenen Auto	68	7	26	27	97%	64%	93%	71%
mit dem Zug	4	3	2	5	6%	27%	7%	13%
Für die Strecke von Dallenwil/Matt/Fanas bis zu Ihrem Ferienhaus benützen Sie	NW	NW	GL	GR	NW	NW	GL	GR
das eigene Auto	69	7	3	22	99%	64%	11%	58%
die Luftseilbahn	64	10	27	11	91%	91%	96%	29%
einen Fussweg	2	1	13	11	3%	9%	46%	29%
Ihre Lebensmittel	NW	NW	GL	GR	NW	NW	GL	GR
bringen Sie zum grossen Teil von Ihrem Wohnort mit	51	8	14	18	73%	73%	50%	47%
kaufen Sie bei einem Zwischenhalt	14	4	27	14	20%	36%	96%	37%
in Luzern/Glarus/Chur	2	1	6	1	3%	9%	21%	3%
in Stans/Schwanden/Langquart	2	1	4	9	3%	9%	14%	24%
in Dallenwil/Matt/Fanas	10	3	23	25	14%	27%	82%	66%
auf Wirzweli, am Wiesenberg	43	5	-	-	60%	45%	-	-

Ihr Ferienhaus liegt in einem eigentlichen Ferienhausdorf.

Das gefällt Ihnen

		NW	NW	GL	GR	NW	NW	GL	GR
ja		59				84%			
	denn Sie wissen die Vorteile gemeinsamer Einrichtungen und Erschliessungen zu schätzen	44				63%			
	denn Sie möchten auch in Ihren Ferien nicht auf nachbarliche Kontakte verzichten	33				47%			
nein		11				16%			
	denn Sie hätten viel lieber ein alleinstehendes Ferienhaus mit unberührter Umgebung	8				11%			
	denn Sie möchten in Ihren Ferien möglichst für sich allein sein	6				6%			

Ihr Ferienhaus steht eher allein und nicht in einem eigentlichen Ferienhausdorf.

Das gefällt Ihnen

		NW	NW	GL	GR	NW	NW	GL	GR
ja			10	27	32		91%	96%	84%
	denn Sie lieben ein alleinstehendes Ferienhaus mit möglichst viel unberührter Umgebung		9	23	25		82%	82%	66%
	denn Sie möchten in Ihren Ferien möglichst für sich allein sein		7	11	15		64%	39%	39%
nein			1	0	3		1%	-	8%
	denn Sie möchten auch gerne von den Vorteilen gemeinsamer Einrichtungen und Erschliessungen profitieren		1	0	1		1%	-	3%
	denn Sie würden auch in den Ferien nachbarliche Kontakte schätzen		1	0	2		1%	-	5%

Die Idee, in Zukunft in Gebieten wie Dallenwil/dem Wisseberg/Fanas anstelle vieler verstreuter Einzelferienhäuser geschlossene Ferienhaussiedlungen in Dorfform zu errichten, finden Sie gut

		NW	NW	GL	GR	NW	NW	GL	GR
ja		49	3	7	8	70%	27%	25%	31%
	weil dadurch bei gleichen finanziellen Aufwendungen ein höherer Versorgungsstandard möglich wird	34	0	1	2	49%	-	4%	5%
	weil dadurch mehr unverbaute Landschaft erhalten werden kann	43	2	6	5	61%	18%	21%	1%
	weil dadurch der Landwirtschaftsbetrieb weniger beeinträchtigt wird	29	2	5	4	41%	18%	18%	11%
	weil so die Ferienhausbesitzer gemeinsame Forderungen besser durchsetzen können	13	0	0	0	19%	-	-	-
nein		15	7	16	24	21%	64%	57%	63%
	weil einzelne Ferienhausbauten sich besser in die Landschaft einpassen würden als ein ganzes Dorf	11	6	12	15	16%	55%	43%	39%
	weil in einer solchen Anhäufung zwischenmenschliche Konflikte häufiger auftreten	6	1	6	8	9%	9%	21%	21%

			NW	NW	GL	GR	NW	NW	GL	GR
Sind Sie verheiratet	nein		3	1	1	2	4%	9%	4%	5%
	ja		65	10	27	34	93%	91%	96%	89%
	und haben Kinder	nein	1	0	1	2	1%	-	4%	5%
		ja	64	10	26	30	91%	91%	93%	79%
		unter 16 Jahren	37	2	12	9	53%	18%	43%	24%
		über 16 Jahren	40	8	18	27	57%	73%	64%	71%

An Ihrem Wohnort bewohnen Sie	NW	NW	GL	GR	NW	NW	GL	GR
ein eigenes Einfamilienhaus	26	1	11	15	37%	9%	39%	39%
ein gemietetes Einfamilienhaus	1	0	3	3	1%	-	11%	8%
eine Wohnung im eigenen Mehrfamilienhaus	10	2	1	4	14%	18%	4%	11%
eine eigene Wohnung in einem Mehrfamilienhaus mit Stockwerkeigentum	6	0	2	1	9%	-	7%	3%
eine Mietwohnung	25	7	10	14	36%	64%	36%	37%
andere Antworten	3	0	1	1	4%	-	4%	3%

Sie beurteilen die Wohnumgebung bei Ihnen zu Hause als	NW	NW	GL	GR	NW	NW	GL	GR
ländlich	39	4	14	18	56%	36%	50%	47%
städtisch	27	5	10	12	39%	45%	36%	32%
naturnahe	36	6	13	10	51%	55%	46%	26%
technisiert	8	0	4	2	11%	-	14%	5%
ruhig	42	5	14	14	60%	45%	50%	37%
lärmig	18	5	9	8	26%	45%	32%	21%
abwechslungsreich	32	5	9	5	46%	45%	32%	13%
eintönig	1	1	1	2	1%	9%	4%	5%

Sie beurteilen das Verhältnis zwischen Feriengästen und Einheimischen in Dallenwil/am Wisseberg/in Fanas als	NW	NW	GL	GR	NW	NW	GL	GR
herzlich	29	4	13	18	41%	36%	46%	47%
ungetrübt	42	6	17	18	60%	55%	61%	47%
beziehungslos	9	2	2	1	13%	18%	7%	3%
gespannt	1	0	0	0	1%	-	-	-
feindselig	0	0	0	0	-	-	-	-

Den Verkehr mit Gemeindebehörden und Verwaltung empfinden Sie als	NW	NW	GL	GR	NW	NW	GL	GR
erfreulich	13	3	9	17	19%	27%	32%	45%
mühelos	46	7	16	15	66%	64%	57%	39%
mühsam	5	1	3	4	7%	9%	11%	11%

Für das Verhältnis der Ferienhausbewohner untereinander betrachten Sie als typisch	NW	NW	GL	GR	NW	NW	GL	GR
Freundschaft	33	2	9	11	47%	18%	32%	45%
Feindseligkeit	1	0	0	0	1%	-	-	-
Solidarität	17	2	5	5	24%	18%	18%	13%
Rivalität	1	0	0	0	1%	-	-	-
Hilfsbereitschaft	43	2	12	12	61%	18%	43%	32%
Gleichgültigkeit	10	1	2	2	14%	9%	7%	5%
Kontaktfreudigkeit	30	2	11	8	43%	18%	39%	21%
Beziehungslosigkeit	10	4	4	1	14%	36%	14%	3%

Sie sind der Meinung, dass die Gemeinde Dallenwil/Matt/Fanas in finanzieller Hinsicht von den Ferienhausbesitzern	NW	NW	GL	GR	NW	NW	GL	GR
wenig profitiert	21	5	11	21	30%	45%	39%	55%
viel profitiert	38	5	13	9	54%	45%	46%	24%
und auch genug für die Feriengäste tut	21	3	15	8	30%	27%	54%	21%
und etwas mehr für die Gäste tun dürfte	37	6	6	8	53%	55%	6%	21%

Folgendes muss Ihrer Meinung nach in Zukunft noch verbessert werden	NW	NW	GL	GR	NW	NW	GL	GR
wintersichere Autozufahrt	7	2	2	1	10%	18%	7%	3%
Ausbau von Skiliftanlagen und Pisten	9	1	1	0	13%	9%	4%	-
Ausbau des Wanderwegnetzes	14	0	15	14	20%	-	54%	37%
Verbesserung der Einkaufsmöglichkeiten	7	0	3	0	10%	-	11%	-

Zur Belegungsdauer, zum Aktionsradius während der Anwesenheit, zur Einschätzung der eigenen Situation, zu den zwischenmenschlichen Beziehungen und zu Verbesserungswünschen lassen sich aufgrund der SCHRIFTLICHEN UMFRAGE (Fig. 89) folgende Aussagen machen:

Die Ferienhäuser der drei Testräume werden über die Wochenenden, allerdings unregelmässig, und während der *Schulferien* aufgesucht. Die Spitzenbelegung erreicht der Teilraum GUMME NW in den Weihnachts-, der Testraum WISSEBERG GL in den Herbst- und die Testgemeinde Fanas GR in den Sommerferien. Gefragt ist in erster Linie die *Erholung*, dann aber auch die Möglichkeit zum Wandern und Skifahren. Dementsprechend werden die Ferientage rund ums Haus oder zumindest im Testraum verbracht. Die *seltenen Besuche des touristischen Zentrums* (vergl. Allgemeine Fragestellung: Testraummodell) gelten speziell dem Skifahren, seltener der Unterhaltung.

Die *Reisestrecke* vom Wohnort zur Testgemeinde legt die überwiegende Mehrheit mit dem Auto zurück. Bis zum eigentlichen Ferienhausgebiet wird häufig auch die Seilbahn benutzt.Die *Versorgung* mit Nahrungsmitteln geschieht meist noch zuhause oder bei einem Zwischenhalt auf der Anreise. In den Testgemeinden MATT GL und FANAS GR wird aber auch vom lokalen Angebot regelmässig Gebrauch gemacht, ebenso im Teilraum GUMME NW.

Die Beurteilung der eigenen Situation – *alleinstehendes Ferienhaus oder Haus in einem Feriendorf* – fällt durchwegs positiv aus. Die Besitzer alleinstehender Ferienhäuser schätzen besonders die unberührte Umgebung und eine gewisse Abgeschiedenheit, die Bewohner des Ferienhausdorfes Wirzweli-Eggwald die gemeinsamen Einrichtungen. Die grundsätzliche Idee, anstelle vieler verstreuter Einzelferienhäuser geschlossene Ferienhaussiedlungen in Dorfform zu errichten, wird im Teilraum GUMME NW begrüsst, in den übrigen Teil- und Testräumen hingegen verworfen.

Die *zwischenmenschlichen Beziehungen* der Feriengäste untereinander, zu den ansässigen Landwirten und den Gemeindebehörden werden ebenfalls positiv bewertet.

Der finanzielle *Profit für die Gemeindekasse* erfährt eine unterschiedliche Einschätzung. Mit den Gegenleistungen seitens der Gemeinde sind die Ferienhausbesitzer nur im Testraum WISSEBERG GL zufrieden. Im Testraum WIESENBERG NW wird diesbezüglich mehr erwartet. *Wünsche* für die Zukunft betreffen in erster Linie den Ausbau der Wanderwegnetze. Dies gilt gleichermassen für alle drei Testräume.

Die Ferienhausbesitzer im Testraum WIESENBERG NW sind im Verkehrsverein Wiesenberg-Wirzweli organisiert, dem auch einheimische Behördenmitglieder und Gewerbetreibende angehören. Neben der Organisation sportlicher und geselliger Anlässe sieht dieser Verein seine Aufgabe im Vertreten von Anliegen, die durch Mitglieder vorgebracht werden. So tritt er unter anderem ein für einen Spätkurs bei der Wirzwelibahn, für eine Informationstafel, für einen besseren Wegunterhalt und schönere Wegweiser.

Zusammenfassend ergibt sich für die *Ferienhausdynamik* folgendes Bild:

TESTRAUM WIESENBERG NW
— Verlagerung der Ferienhausdynamik vom Teilraum STANSERHORN in das Baugebiet im Teilraum GUMME
— Im Anschluss an verstreute Einzelbauten Konzentration der Baudynamik im Ferienhausdorf Wirzweli-Eggwald
— Neue Wasserversorgung für das Ferienhausdorf
— Mehrheit der Ferienhausbesitzer wohnt in den Kantonen Luzern und Nidwalden
— Viele Ferienhausbesitzer haben Wohnsitz in der Nordwestschweiz

TESTRAUM WISSEBERG GL
— Verlagerung der Ferienhausdynamik vom ganzen Testraum in die Ferienhauszone auf der Höhenstufe der Heimwesen
— Touristische Umnutzung von Landwirtschaftsgebäuden
— Aufbau einer allgemeinen Wasserversorgung
— Mehrheit der Ferienhausbesitzer wohnt im Kanton Zürich
— Viele Ferienhausbesitzer haben Wohnsitz im Kanton Glarus

TESTGEMEINDE FANAS GR
— Verlagerung der Ferienhausdynamik von der ganzen Testgemeinde in die Bauzone rund um das Dorf
— Touristische Umnutzung von Landwirtschaftsgebäuden
— Mehrheit der Ferienhausbesitzer wohnt im Kanton Zürich
— Viele Ferienhausbesitzer haben Wohnsitz im Kanton Graubünden

53 Typisierung der Tourismusdynamik und Modellbildung

531 Synthese der Tourismusdynamik in den drei Testräumen

Die analytische Betrachtung der Tourismusdynamik und ihrer räumlichen Auswirkungen soll durch eine knappe Synthese für jeden Testraum ergänzt werden. Um Wiederholungen auf das Notwendigste zu beschränken, muss anstelle einer umfassenden Gesamtschau eine straffe Darstellung der wesentlichsten Entwicklungsschritte genügen.

A TESTRAUM WIESENBERG NW

A1 TEILRAUM STANSERHORN

Der Teilraum STANSERHORN mit der historischen Kapelle und den traditionellen Heimwesen in sonniger Lage entspricht den Anforderungen des Sommertouristen der Vorkriegsjahre: Die Stanserhornbahn bringt Gäste ins Gipfelhotel, das mit seiner grossartigen Aussicht auf Titlis, Vierwaldstättersee und Mittelland ein vielbesuchtes Ausflugsziel darstellt. In der Pension «Alpenhof», die zusammen mit einem Landwirtschaftsbetrieb geführt wird, suchen Sommerfrischler aus Städten wie Zürich und Basel Ruhe und Erholung. Oft sind sie auch in benachbarten Bauernhäusern einquartiert und bringen somit vielen ansässigen Landwirten einen kleinen Zusatzerwerb.

In den Zwischenkriegsjahren eröffnet die Pension «Sulzmattli» ihren Betrieb, verbunden mit der ersten ganzjährigen Wohnsitznahme im Gebiet der saisonal bestossenen Treichialpen. Auch hier sind vor allem Sommergäste aus städtischen Regionen anzutreffen. Mit der Luftseilbahn Dallenwil-Wiesenberg wächst der Wandertourismus, und im Winter finden auf der Kantonsstrasse Schlittelrennen mit Dorffestcharakter statt.

In den Nachkriegsjahren entstehen einzelne Ferienhausbauten längs der Kantonsstrasse in der Umgebung der traditionellen Heimwesen. Zusätzlich kommt es zur touristischen Umnutzung von zwei Bauernhäusern und zwei Ökonomiegebäuden. In drei neuerbauten Wohnhäusern werden Ferienwohnungen vermietet. Eine geplante Gesamtüberbauung nahe der Kapelle kann aber nicht realisiert werden, da die ganze Stanserhornsüdflanke in die Lawinengefahrenzone eingewiesen wird. So zerschlägt sich auch die Hoffnung der ansässigen Bevölkerung auf eine allgemeine Wasserversorgung. Im Rahmen der Ortsplanung gelangt der ganze Teilraum in die Landwirtschaftszone, was den Bau weiterer Ferienhäuser unterbindet. Die beiden Pensionen verkümmern zu einfachen Restaurants, und mit der regelmässigen Schneeräumung auf der Kantonsstrasse sterben die Schlittelrennen. Der aktuelle Bestand an touristischer Infrastruktur (Fig. 68) stellt somit ein Relikt aus den Jahren vor 1960 dar.

A2 TEILRAUM GUMME

Der Teilraum GUMME mit den anfänglich nur saisonal bestossenen Alpen in schattenseitiger und schneesicherer Lage kommt den Ansprüchen des Skitouristen sehr entgegen. Seit den Zwischenkriegsjahren mieten Skiclubs, aber auch Einzelpersonen Alphütten als Skihütten. Der Skiclub Dallenwil organisiert gut besuchte Skitouren und -rennen und erbaut sich eine eigene Clubhütte. Ungefähr gleichzeitig entstehen das Satusheim und die erste Luftseilbahn Dallenwil-Wirzweli.

In den Nachkriegsjahren folgen weitere Seilbahnen und auch Skilifte am Gummenordhang, ebenso zusätzliche Clubhütten und Restaurants. Mit dem Bau der neuen Luftseilbahn Dallenwil-Wirzweli erhöht sich die Zubringerkapazität zum Teilraum GUMME beträchtlich; gleichzeitig wird die Grundlage für einen eigentlichen Ferienhausboom geschaffen. So schiessen innerhalb zweier Jahrzehnte über hundert Ferienhäuser aus dem Boden und bilden das Ferienhausdorf Wirzweli-Eggwald, welches teils auf der ehemaligen Alp Wirzweli, teils auf Land der Ürtenkorporation Dallenwil liegt. Der Anschluss an die Kantonsstrasse bietet anfänglich Probleme, ebenso die Wasserversorgung für die grosse Zahl neu erbauter Häuser. Schliesslich entstehen ein leistungsfähiges Leitungsnetz und eine eigene Kläranlage.

Im Rahmen der Ortsplanung kommt es zur Ausscheidung einer Ferienhausbauzone Wirzweli-Eggwald; der übrige Teilraum GUMME gelangt in die Landwirtschaftszone. Noch gibt es unüberbaute Parzellen; trotzdem stagniert die Baudynamik. Dafür befinden sich schon erstaunlich viele Ferienhäuser in zweiter oder gar dritter Hand. Die Mehrheit der Ferienhausbesitzer ist in den Kantonen Luzern und Nidwalden wohnhaft, eine beachtliche Minderheit stammt aus der Nordwestschweiz. Drei Ferienhäuser werden heute durch Rentner ganzjährig bewohnt, und im Gastgewerbe sind mehrere nichtlandwirtschaftliche Personen tätig. Aber auch Landwirte finden einen Neben- oder gar Teilerwerb im Wintertourismus. Der aktuelle Bestand an touristischer Infrastruktur (Fig. 68) stellt das Resultat einer wintersportlichen Inwertsetzung während der letzten fünfzig Jahre dar.

A3 TEILRAUM FLUE

Der isolierte Teilraum FLUE eignet sich vom Relief und von der Nordostexposition her für eine bescheidene skisportliche Nutzung. Die Erschliessung erfolgt in den Zwischenkriegsjahren durch die Luftseilbahn Wolfenschiessen-Wissifluh. Der Skilift entsteht allerdings erst in den Nachkriegsjahren, ebenso die kleine Zahl der Ferienhäuser bei den traditionellen Heimwesen. Gleichzeitig kommt es zur touristischen Umnutzung zweier Ökonomiegebäude. Der aktuelle Bestand an touristischer Infrastruktur (Fig. 68) zeigt die bescheidene Entwicklung der Jahre 1950 bis 1975.

ÖFFENTLICHE EINRICHTUNGEN
1937	Schulhaus Wiesenberg		4.33	
1957	Post Wiesenberg		6.61	10.94

WASSER/ELEKTRISCH/TV
1961	Trafo Ronemattli		.33		28.54
1963	Reservoir Leitere (nicht realisiert)				
1974	Reservoir Eggwald		3.00		
	ARA Zopf	6.33			
1975	Fernsehumsetzer Hornmatt		4.07		
1976	Trafo Zopf		1.60	15.33	

CLUBHÜTTEN/RESTAURANTS
1935	Satusheim	20.00	
1937	Bergfrieden	7.97	
1947	Gummenmattli	6.89	
1958	Kurhaus	9.80	
1966	Wirzweli/Anbau 1978	33.05*	
1971	Lopperhütte	7.53	85.24

SEILBAHNEN/SKILIFTE
1945	1. Gummenbahn	15.54	
1957	Wiesenbergbahn	4.50	
1958	Gummenlift	5.85	
1959	Wissifluebahn	.86	
1965	Wirzwelibahn	33.05*	
	Wirzwelilift	21.78	
1968	Eggwaldlift		
1970	Hornmattlift	4.16	
1972	2. Eggbahn	3.82	
1975	2. Gummenbahn	6.24	95.80

FERIENHAUSPARZELLEN
1945/63 STANSERHORN	Lückebode	20.56		
1948	Stanglisbüel	3.89		
1948/49/51/52/64	Schwand	19.81		
1949	Lochalp	4.42		
1949/63	Reckholtere	104.10		(181.05)
1950	Hoschtet	4.02		
1951/66	Lizli	8.53		
1961	Langmattli	2.95		
1963	Frutt	3.85	172.13	(249.08)
1951 GUMME	Schwändli	12.41		
1959	Frutt	3.81		
1962–79	Wirzweli	660.86		
1964	Ronemattli	1.65	678.73	
1958/1971–79	Eggwald (Ürtenland)	294.67	294.67	
1952/64/67/73 FLUE	Vorder Wissiflue	12.07		
1970	Hinder Wissiflue	4.22	16.29	
			1161.82	(1238.77)
Strassen im Ferienhausdorf Wirzweli-Eggwald		18.25	1180.07	

Fig. 90 (T) ◁
Nichtlandwirtschaftlich genutzte Flächen im Testraum WIESENBERG NW
(* doppelt gezählt, da Seilbahnbergstation und Restaurant auf derselben Parzelle; in Klammern: Totalflächen inklus. 76.95 a, die heute wieder als Landwirtschaftsfläche zum Betrieb UNDERHUS gehören, sämtliche Flächenangaben in a)

Eine gesamthafte Betrachtung des Testraums WIESENBERG NW ergibt die folgende aktuelle Flächenbilanz für touristisch genutzte Grundstücke (Fig. 90):
Die Infrastruktureinrichtungen wie Clubhütten, Restaurants, Seilbahnen und Skilifte belegen eine Bodenfläche von 147.99 a, und die Ferienhausparzellen samt dem Strassennetz im Ferienhausdorf Wirzweli-Eggwald eine solche von 1180.07 a. Nicht mitgezählt werden dabei die Transportanlagen und Gastbetriebe, deren Grundflächen nie abparzelliert worden sind. Ebenso wenig finden Skipisten Berücksichtigung, da keine Vermessungen vorliegen und die landwirtschaftliche Nutzung erhalten bleibt. Auch das Reservebauland von 175.14 a im Besitz der Wirzweliwirtin ist ausser acht gelassen, da es weder unterteilt noch verkauft ist und weiterhin als Landwirtschaftsfläche dient.

Wird die touristisch bebaute Fläche in Relation zur Totalfläche des ganzen Testraumes samt Korporationsland und Genossenschaftsalp Dürrebode gesetzt, so ergibt sich ein Flächenanteil von einem guten Prozent. Der Bestand an Ferienhausneubauten entspricht hingegen beinahe dem Bestand an traditionellen Gebäuden, die einer landwirtschaftlichen oder touristischen Nutzung unterliegen (Fig. 91). Hinzu kommen noch die Clubhütten und Restaurants, ebenso die Stationsgebäude der Transportanlagen. Die Flächendynamik erfasst demnach rund ein Prozent der Gesamtfläche, wogegen die Baudynamik den Gebäudebestand verdoppelt.

B TESTRAUM WISSEBERG GL

Der Testraum WISSEBERG GL eignet sich mit seinen sonnigen Heimwesen und der abwechslungsreichen Landschaft, die bis in schneesichere Gebiete hinaufreicht, in besonderem Masse für einen Berg- und Skiwandertourismus. Schon in den Zwischenkriegsjahren entstehen erste Ferienhäuser, und im Restaurant «Weissenberg» erhalten Touristen Speis und Trank.

In den Nachkriegsjahren erfolgt die Erschliessung durch die Luftseilbahn Matt-Wissenberge, was einen eigentlichen Bauboom einleitet. Zusätzlich kommt es bei zahlreichen Bauernhäusern und Ökonomiegebäuden zur touristischen Umnutzung. Dies steht im Zusammenhang mit Betriebsaufgaben, die zur Konzentration von Flächen und Gebäuden bei wenigen aktiven Landwirten oder bei nichtlandwirtschaftlichen Erben führen. Teils werden die überflüssigen Gebäude an auswärtige Interessenten verkauft, teils lediglich vermietet. Zwei weitere Restaurants ergänzen das gastgewerbliche Angebot. Als Gemeinschaftswerk realisieren Landwirte und Ferienhausbesitzer eine allgemeine Wasserversorgung.

Im Rahmen der Ortsplanung wird rund um die Heimwesen eine Ferienhauszone geschaffen, der restliche Testraum hingegen in die Landwirtschaftszone eingewiesen. Dies führt zu einer Konzentration der Baudynamik auf der seit je ganzjährig bewohnten Höhenstufe und zu einem Bauverbot in den Berggütern. Allerdings bestehen Pläne für einen Ausbau der touristischen Infrastruktur: So existieren Projekte für eine Sesselbahn, Skilifte, ein Bergrestaurant und weitere Ferienhausgebiete.

Die ersten Ferienhausbesitzer sind Fabrikanten und Gewerbetreibende aus dem Glarnerland. Später überwiegen Einwohner des Kantons Zürich als Eigentümer neuer Ferienhäuser oder auch umgewandelter Viehställe.

Die aktuelle Flächenbilanz zeigt, dass rund 5% der gesamten Testraumfläche abparzelliert und durch Verkauf einer touristischen Nutzung zugeführt worden sind. Durch die Baudynamik ist der Gebäudebestand des Testraumes um einen schwachen Drittel angestiegen. Knapp ein Fünftel der traditionellen Landwirtschaftsbauten wird touristisch genutzt (Fig. 91).

TOURISTISCH GENUTZTE GEBÄUDE	TESTRAUM WIESENBERG NW			TESTRAUM WISSEBERG GL			TESTRAUM HUOBE GR		
Hotels, Restaurants, Pensionen	6			3			1		
Clubhütten mit Restaurantbetrieb	2								
Clubhütten	3								
Wohnhaus mit Ferienwohnung	5			1					
Seilbahnstation	8			1			1		
Skiliftgebäude (z.T. mit Wohnung)	5								
	A	B	A+B	A	B	A+B	A	B	A+B
Alphütte, im Winter als Skihütte	12								
Bauernhaus als Ferienhaus	2	1	3	4	4	8			
Ökonomiegebäude als Ferienhaus	5	2	7	3	5	8	4	8	12
Ferienhaus	1	139	140		29	29		7	7
Ganzjährig als Ferienhaus genutzt	8	142	150	7	38	45	4	15	19

Fig. 91 (T)
Touristisch genutzte Gebäude: Gesamtbestand in den drei Testräumen

C TESTRAUM HUOBE GR

Der Testraum HUOBE GR ist aufgrund seiner Exposition und Höhenlage für Berg- und Skiwandertourismus geeignet. Die Erschliessung durch die Luftseilbahn Fanas-Eggli fällt in die frühen Nachkriegsjahre, aber erst die neue Bahn bringt ein bescheidenes touristisches Verkehrsaufkommen. Es entsteht das einfache Bergrestaurant «Sassauna»; ebenso werden einzelne Ferienhäuser errichtet. Zusätzlich erfolgt die Umnutzung von Maiensässgebäuden sowie von Viehställen und Futterhütten in Berggütern. Diese Umnutzung steht im Zusammenhang mit zahlreichen Betriebsaufgaben in der Gemeinde Fanas und betrifft einen knappen Viertel der traditionellen Ökonomiegebäude, die kleinen einräumigen Pargaune nicht miteingerechnet. Die Zahl der touristisch genutzten Landwirtschaftsbauten übersteigt diejenige der eigentlichen Ferienhausbauten. Dies gilt ebenso für die ganze Testgemeinde Fanas GR (Fig. 91).

Im Rahmen der Ortsplanung fällt der Testraum HUOBE GR in die Zone «Übriges Gebiet», womit die touristische Baudynamik beendet ist. Ferienhäuser dürfen in naher Zukunft nur noch in der Bauzone rund um das Dorf herum erstellt werden, und das Umnutzen von Ökonomiegebäuden ist vorläufig untersagt.

Die Mehrzahl der Ferienhausbesitzer im Testraum HUOBE GR wohnt im Kanton Graubünden; an zweiter Stelle kommen Einwohner des Kantons Zürich. Gleiches gilt für die ganze Testgemeinde.

Abb. 140   Wenn der Viehstall zum Ferienhaus wird: Nutzungswandel im Ried (HUOBE GR)

532 Typisierung der Tourismusdynamik auf Test- und Teilraumebene

Ein Vergleich der drei Testräume im Blick auf ihre Tourismusdynamik lässt zwei gegensätzliche Dynamiktypen erkennen:
Der TYP REGRESSION ist im Teilraum STANSERHORN NW anzutreffen, der TYP PROGRESSION hingegen in den Teilräumen GUMME NW und FLUE NW sowie in den Testräumen WISSEBERG GL und HUOBE GR.

Das Dynamikmodell REGRESSION/PROGRESSION (Fig. 92) zeigt auf, wie unterschiedlich die Tourismusdynamik verlaufen kann. So bestimmen die naturräumliche Ausstattung, die externe Nachfrage gemäss der allgemeinen Tourismusentwicklung und das wachsende raumplanerische Instrumentarium massgebend die Richtung der lokalen Dynamik auf der Test- oder Teilraumebene. Zwei gegenläufige Dynamiktypen lassen sich erkennen, wenn die Tourismusentwicklung in den hundert Jahren von 1880 bis 1980 betrachtet wird. Diese Zeitspanne führt von einem ersten Höhepunkt touristischer Nutzungsintensität im Alpenraum zu einem zweiten: Im Zeitalter der Bergbahnpioniere und der Grand-Hotellerie beginnend, reicht sie bis zum modernen Rummel in den Skisportzentren, also von der Blütezeit eines sommerlichen Erholungstourismus bis ins Zeitalter des wintersportlichen Massentourismus.

Das Dynamikmodell REGRESSION/PROGRESSION zeigt die beiden Extremvarianten, wie sie in den Teilräumen STANSERHORN NW und GUMME NW anzutreffen sind. Die klaren Gegensätze in der naturräumlichen Disposition ebenso wie in der traditionellen Besiedlungs- und Bewirtschaftungsweise führen zu einer konsequent gegenläufigen Dynamik und damit zu einer raum-zeitlichen Umlagerung touristischer Aktivitäten vom einen Teilraum zum andern. Auslösendes Moment stellt dabei der Wandel im externen Nutzungsanspruch dar (vergl. Allgemeine Tourismusdynamik).

Die Ausgangslage im Testraum WISSEBERG GL und in der Testgemeinde Fanas GR umfasst Komponenten aus beiden Extremvarianten. Demzufolge stellt deren Tourismusdynamik eine Mischform dar, die aber dennoch dem TYP PROGRESSION zuzuordnen ist.

Das Dynamikmodell REGRESSION/PROGRESSION zeigt ebenso auf, in welchen Phasen und auf welche Art ansässige Landwirte an der Tourismusentwicklung partizipieren können (umrahmte Kästchen in Fig. 92): So bieten beide Dynamiktypen die Möglichkeit zum Verkauf von Bodenfläche und von Landwirtschaftsbauten, zur saisonalen oder dauernden Vermietung von Zimmern, Wohnungen und ganzen Gebäuden sowie zum Führen von Pensionen und Restaurants im Nebenerwerb; dies allerdings zeitlich verschoben und in unterschiedlicher Quantität.

Fig. 92 ▷
Das Dynamikmodell REGRESSION/PROGRESSION (bezüglich Tourismusdynamik)

DYNAMIKMODELL REGRESSION/PROGRESSION (BEZÜGLICH TOURISMUSDYNAMIK)

ALLGEMEINE TOURISMUS-DYNAMIK	INWERTSETZUNG DES ALPENRAUMES	EBENE TEILRAUM/TESTRAUM		PLANERISCHE LENKUNGSMASSNAHMEN
		TYP REGRESSION	TYP PROGRESSION	
		Südexposition schöne Aussicht dauernd bewohnte Heimwesen	Nordexposition gute Schneeverhältnisse saisonal bestossene Alpen	
Erholungs-tourismus	Sommerfrische			
Sport-tourismus	Berg- und Ski-wandertourismus	Gipfelbahnen, Hotels Familienpensionen		
	Skipisten-massentourismus	einzelne Ferienhäuser Seilbahn	Alphütten als Skihütten Clubhütten einzelne Ferienhäuser	Kantonale Baugesetzgebung
		Verkümmern von Hotellerie und Gastgewerbe	Seilbahnen, Skilifts Restaurants	
		Nichtrealisierung einer Gesamtüberbauung wegen Einweisung in die Gefahrenzone	Ferienhausboom	Gewässerschutz-gesetz Gefahrenzonenplan
		Einweisung in die Landwirtschaftszone Ende der touristischen Baudynamik	Ausscheidung einer Ferienhauszone Konzentration der touristischen Baudynamik	Ortsplanung Ausscheidung von Nutzungszonen

TYP REGRESSION

Der TYP REGRESSION wird charakterisiert durch einen *frühen Sommertourismus*, der in den Vorkriegsjahren mit dem Bau von Bergbahnen und grossen Hotels einsetzt und bis in die Zwischenkriegsjahre floriert, in den Nachkriegsjahren aber an Bedeutung verliert. Die Sommerfrischler, die in Familienpensionen und in Gästezimmern bei Bauern Landleben und Erholung suchten, bleiben aus, was zu einer *Verkümmerung der touristischen Infrastruktur* führt. Es entstehen zwar einzelne Ferienhäuser, geplante Gesamtüberbauungen werden aber durch eine verschärfte Gesetzgebung und durch raumplanerische Massnahmen verhindert. Schliesslich erfolgt die Einweisung der betroffenen Raumeinheit in die Landwirtschaftszone, was ein *Ende der touristischen Baudynamik* bedeutet.

Der TYP REGRESSION umfasst den Teilraum STANSERHORN NW.

TYP PROGRESSION

Der TYP PROGRESSION wird charakterisiert durch einen *aktuellen Wintertourismus*, dessen Anfänge in den Zwischenkriegsjahren zu suchen sind: Das Skitourenfahren, das Mieten von Alphütten als Skihütten und der Bau von Clubhütten leiten eine steile Entwicklung ein, in deren Verlauf der *Aufbau einer touristischen Infrastruktur* mit Transportanlagen und Gastbetrieben stattfindet. Auf einzelne Ferienhäuser folgt ein ganzes Ferienhausdorf, für welches im Rahmen der Ortsplanung eine spezielle Bauzone ausgeschieden wird, was zu einer *räumlichen Konzentration der touristischen Baudynamik* führt.

Der TYP PROGRESSION umfasst die Teilräume GUMME NW und FLUE NW sowie die Teströume WISSEBERG GL und HUOBE GR

6 Kombination von Landwirtschafts- und Tourismusdynamik

61 Reaktionsverhalten der Landwirte

Der Übergang von einer rein landwirtschaftlichen Nutzung zu einer landwirtschaftlich-touristischen Mischnutzung wird durch das Eindringen externer Ansprüche ausgelöst. Die Nachfrage nach Bodenfläche und Gebäudesubstanz zur Umnutzung hat ein vielfältiges Reaktionsverhalten seitens der ansässigen Landwirte zur Folge: Von beharrlicher Ablehnung über indifferentes Verhalten bis hin zur offensiven Verkaufsstrategie sind alle Varianten anzutreffen.

Die Modelle zur Landwirtschafts- und zur Tourismusdynamik (Landwirtschaftsdynamik: Dynamikmodell EXTENSIVIERUNG und Dynamikmodell INTENSIVIERUNG, Tourismusdynamik: Dynamikmodell REGRESSION/PROGRESSION) zeigen auf, wo innerhalb der einzelnen Dynamiktypen auf Testraum- und Betriebsebene Landwirte an der Tourismusentwicklung partizipieren können oder wo sie gar zu Initianten werden. Dabei fällt auf, dass weniger die Art der Landwirtschaftsdynamik als vielmehr individuelle Situation und mentale Einstellung der einzelnen Landwirte entscheidend für das Reaktionsverhalten sind. Schliesslich wird das freie Spiel von Angebot und Nachfrage in zunehmendem Masse durch eine verschärfte Gesetzgebung und durch raumplanerische Lenkungsmassnahmen eingeschränkt.

a Boden- und Gebäudeverkauf

Bodenverkauf

Der *Verkauf einzelner Ferienhausparzellen* geschieht in der Regel auf das Drängen seitens der Kaufinteressenten hin, die oft mehrmals vorstellig werden. So sind in allen drei Testräumen Landwirte anzutreffen, die eher widerwillig Bauland abgetreten haben, um eine weitere Belästigung zu vermeiden. Meist bleibt es dann bei der Veräusserung von einer oder zwei Parzellen in peripherer Lage auf schlecht zu bewirtschaftendem Land. Andere Landwirte sind weniger zurückhaltend und verkaufen mehrere Parzellen von ihrer landwirtschaftlichen Nutzfläche weg, was zu kleinen Ferienhauskonzentrationen führen kann. So stehen im Heimwesen Schwand (CHAPELE NW) und im Berggut Weide (WISSEBERG GL) je fünf Ferienhäuser.

Der Erlös aus dem Bodenverkauf dient zur Aufbesserung des relativ niederen bergbäuerlichen Einkommens wie auch zur Ergänzung des Maschinenparks und der Anpassung von Wohn- und Wirtschaftsgebäuden an die modernen Bedürfnisse. Da es sich um einmalige Einnahmen und eher bescheidene Beträge handelt, können sie lediglich mithelfen, die strukturellen Probleme einzelner Betriebe zu lösen. Sie sind aber bedeutungslos, wenn nicht andere Massnahmen wie Subventionen und Flächenbewirtschaftungsbeiträge das Überleben sichern.

Der *Verkauf grosser Flächenstücke* zur konzentrierten Überbauung kann auf zwei Arten erfolgen:

Beim TYP EXTENSIVIERUNG stehen Betriebsaufgaben als auslösendes Moment im Vordergrund. Einzelerben und Erbengemeinschaften veräussern hier wie dort ganze Heimwesen oder Berggüter, die unmittelbar nach dem Verkauf oder erst nach weiteren Handänderungen aufparzelliert und an eine Vielzahl von Interessenten abgegeben werden. Das Mülimahd (WISSEBERG GL) und das Heimwesen Reckholtere (CHAPELE NW) sind Beispiele für eine solche Parzellierung, wobei es in beiden Fällen nicht zu der geplanten Bautätigkeit kommt (vergl. Planerische Lenkungsmassnahmen). Das Heimwesen Zäigerhoschet (WISSEBERG GL) wird durch den nichtlandwirtschaftlichen Erben Stück für Stück veräussert.

Beim TYP INTENSIVIERUNG ist es die ehemalige Alp Wirzweli (GUMME NW), deren Eigentümer knapp hundert Parzellen veräussert. Die Motivation liegt in der Finanzierung der neuen Luftseilbahn und des Bergrestaurants (vergl. Touristische Infrastruktur). Grundursache stellt aber die ganzjährige Wohnsitznahme und die damit verbundene Umwandlung der Alp in einen Ganzjahresbetrieb dar: Für den Schüler- und den Milchtransport erbaut der Wirzwelibauer eine erste Seilbahn, die dann in zunehmendem Masse von den Skitouristen mitbenutzt wird. Der Entschluss zur Erneuerung und Vergrösserung der Anlage folgt als Antwort auf die rasante Tourismusentwicklung und führt zum grossflächigen Landverkauf. Obwohl vordergründig ein Angebot von landwirtschaftlicher Seite, für welches auch intensiv geworben wird, stellt das Bauland letztlich doch eine Folge externer Nutzungsansprüche dar.

Eine Minderheit der Landwirte in den Testräumen WIESENBERG NW und WISSEBERG GL *verkauft* während der ganzen betrachteten Zeitspanne *kein Land:*
Beim TYP EXTENSIVIERUNG handelt es sich um eher konservativ eingestellte Bauernfamilien, die auf traditionelle Art wirtschaften. Der kleine Kapitalbedarf und die Nutzung auch wenig ertragreicher Flächen nach alter Väter Sitte erklären die ablehnende Haltung gegenüber Bodenverkäufen. Als Beispiele dafür können die Betriebe Underhus (CHAPELE NW) (vergl. Betriebstypen) und Ober Hoschetbord (WISSEBERG GL) angeführt werden. Beim TYP INTENSIVIERUNG sind es hingegen Landwirte, die in pionierhafter Art Alpen zu Ganzjahresbetrieben umwandeln und dabei auf eine intensive Bewirtschaftung der ganzen Betriebsfläche angewiesen sind. Hinzu kommt die positive Einstellung zum Bauerntum, die mit gesundem Selbstbewusstsein eine touristische Mischnutzung ablehnt. So wird von den jungen Ganzjahresbetrieben im Gebiet der Treichialpen (TREICHI NW) keine einzige Parzelle veräussert.

Gebäudeverkauf

Der Verkauf von Landwirtschaftsbauten zur touristischen Umnutzung ist für die Testräume WISSEBERG GL und HUOBE GR typisch. Betriebsaufgaben führen zur Gebäudekonzentration bei den weiterhin aktiven Landwirten und damit zu einem Gebäudeüberschuss bei einzelnen Betrieben. Solange die traditionelle saisonale Wanderung von Mensch und Vieh andauert, werden zumindest die Ökonomiegebäude weiterhin genutzt, und nur die Wohnhäuser der Heimwesen stehen leer. Erst mit dem Bau von Güterstrassen, dem Motortransport von Heu und Mist sowie der Errichtung moderner Zentralställe auf der Heimwesenstufe stehen auch die traditionellen Ökonomiegebäude als Miet- oder Kaufobjekte zur Verfügung (vergl. KESSLER 1982, S. 239). Zur Veranschaulichung sei auf den Betrieb Under Hoschetbord (WISSEBERG GL) verwiesen (vergl. Betriebstypen).

Dass es bei leerstehenden Bauten nicht zwingend zu einem Verkauf kommt, auch wenn die Nachfrage durchaus vorhanden ist, beweist der Betrieb Ober Hoschetbord (WISSEBERG GL), der seit Jahren das Haus auf dem Stigerberg an Dauergäste vermietet. Auch der landwirtschaftliche Rentner auf der Vorder Wissiflue (FLUE NW) verkauft sein Bauernhaus nicht, obwohl er den Betrieb aufgegeben und einen neuen Alterswohnsitz erbaut hat. Einmal mehr liegt der Entscheid in der Haltung des landwirtschaftlichen Eigentümers begründet. Dies gilt auch für den Testraum HUOBE GR, wo Maiensässgebäude in einigen Fällen verkauft, in anderen hingegen vermietet werden.

Der Verkauf von Landwirtschaftsgebäuden ist zwingend an den TYP EXTENSIVIERUNG gebunden und nimmt mit wachsendem traditionellem Gebäudebestand von Testraum zu Testraum zu (vergl. Landwirtschaftliche Gebäudenutzung). Der TYP INTENSIVIERUNG hingegen verbietet den Gebäudeverkauf (Teilraum TREICHI NW).

b Gemeinsame Infrastruktur

Das gemeinsame Interesse von Landwirten und Touristen beschränkt sich weitgehend auf die Verkehrserschliessung und die Versorgung mit Wasser, Elektrizität und Telefon:

Die ersten Zubringerbahnen zu den drei Testräumen werden zwar von einzelnen Landwirten, von Genossenschaften oder der Gemeinde als Personen- und Warentransportanlagen für die Einheimischen erstellt (vergl. Touristische Infrastruktur), immer aber im Blick auf eine Mitbenutzung und Mitfinanzierung durch Touristen. Dass die neue Wirzwelibahn die alte an Kapazität um ein Vielfaches übertrifft, ist die unmittelbare Reaktion auf die zahlreichen Wintersportler.

Der Anschluss der ehemaligen Alp Wirzweli ans Kantonsstrassennetz erfolgt im Zuge des Ferienhausbooms (vergl. Ferienhausdynamik: Anschluss ans Strassennetz) und dient auch dem Landwirtschaftsbetrieb ebenso wie den Ürtenlospächtern, die das Ried- und Magerheu nun im Sommer abtransportieren können. Beim Bau der Güterwege im Testraum WISSEBERG GL werden die Ferienhausbesitzer zu finanziellen Leistungen verpflichtet, wenn sie mitprofitieren wollen.

Die Wasserversorgung wird nur im Testraum WISSEBERG GL als Gemeinschaftswerk von Landwirten und Ferienhausbesitzern zusammen realisiert (vergl. Ferienhausdynamik: Wasserversorgung). Ohne Mitwirkung der Ferienhausbesitzer hätte das Projekt die finanziellen Möglichkeiten der ansässigen Landwirte überstiegen. So haben es die Einheimischen verstanden, das gleichgelagerte Interesse der auswärtigen Gebäudeeigentümer zum Vorteil beider Seiten zu nutzen.

c Teil- und Nebenerwerb

Mit dem Wandel vom reinen Agrarraum zur landwirtschaftlich-touristischen Mischnutzung entsteht ein lokales Angebot an nichtlandwirtschaftlichen Arbeitsplätzen und Verdienstmöglichkeiten. Wieweit die ansässigen Landwirte und ihre Frauen davon Gebrauch machen, ist von Betrieb zu Betrieb verschieden und hängt nicht zuletzt von der Art der jeweiligen Landwirtschaftsdynamik ab.

Im Testraum WIESENBERG NW sind nur wenige Betriebe anzutreffen, die in keiner Weise einen Zusatzerwerb im Zusammenhang mit der Tourismusentwicklung erzielen. Bei allen anderen lassen sich folgende Formen unterscheiden:

Verkauf, Vermietung, Ausschank

- Der *Verkauf von landwirtschaftlichen Erzeugnissen* wie Milch, Butter, Eier und Honig an Feriengäste und Restaurants findet bei mehreren Betrieben je nach Gästeaufkommen statt. In grösserem Umfange verkaufen die drei Käsereien Stanglisbüel, Hinder Husmatt (Hinweisschild: «Zu verkaufen: Bratkäse, Bergkäse, Sbrinz, 1/2 Fettkäse») und Chüenere Molkereiprodukte an Passanten und Feriengäste. Die Underhusbauern liefern an fünf Ferienhäuser im Dörfchen Wirzweli-Eggwald jährlich das Cheminéeholz. Solche Verkäufe bringen nicht überall einen nennenswerten Umsatz und werden oft als gutwillige Dienstleistungen verstanden.

- Das *saisonale Vermieten von Alphütten als Skihütten* entspricht langjähriger Tradition und reicht in die Anfänge des Skiwandertourismus zurück (vergl. Touristische Infrastruktur). Es betrifft die Mehrheit der Dürrebodehütten und einige Treichialpen, die noch nicht ganzjährig bewohnt werden. Dabei sind weniger die Zinseinnahmen ausschlaggebend als die Hoffnung, dass Einbrüche und Vandalenakte in belegten Hütten seltener sind.

- Das *ganzjährige Vermieten von Alphütten* kommt nur auf den Eggalpen Schälleflue und Ober Chrüz vor und hängt mit der aktuellen Bewirtschaftung von einer benachbarten Alp aus zusammen.

- Das *Vermieten ehemaliger Bauernhäuser* ist selten, da eine Betriebsaufgabe vorliegen muss. Solche finden sich nur in den Teilräumen CHAPELE und FLUE, wo der TYP EXTENSIVIERUNG vorherrscht. So wird das heute zum Schürmattbetrieb gehörende Acherhaus seit vielen Jahren vermietet, das Haus auf der Vorder Wissiflue hingegen erst in jüngster Zeit (vergl. Betriebsdynamik).

- Das *Vermieten von Ferienwohnungen* betrifft landwirtschaftliche und nichtlandwirtschaftliche Neubauten, die über zwei Wohnungen verfügen. Sind es im Under

Holzwang Dauergäste aus Mainz und in der Schwand solche aus Sursee, so logieren in der ehemaligen Post und im neuen Wohnhaus auf Wirzweli hin und wieder Gelegenheitsgäste.

— Ein *saisonaler Ausschank von alkoholfreien Getränken* durch Älpler findet bei der Langbodehütte statt (Hinweistafel: «Milch, Most, Mineral»). An hölzernen Tischen unter freiem Himmel werden Bergwanderer und Passagiere der Eggbahn durch die Pächter des Hüttenrechts bewirtet. An sonnigen Wintertagen schenken Angehörige des Hüttenrechtsbesitzers in der Seilbahnstation Kaffee, Tee und Punsch an Skifahrer aus.

— Das *Führen eines Restaurants* als permanenten Nebenerwerb stellt das höchste Mass an symbiotischer Verknüpfung von Landwirtschaft und Tourismus dar. Das Restaurant «Alpenhof» wird mit dem Betrieb Lückebode zusammen geführt. Im Restaurant «Sulzmattli» wirtet ein landwirtschaftlicher Rentner, der seine Nutzflächen seit der Betriebsaufgabe verpachtet, und das Berggasthaus «Gummenalp» gehört zur saisonal bestossenen, gleichnamigen Rinderalp (vergl. Betriebstypen).

Lohnarbeit im Tourismusgewerbe

— *Gelegenheitsarbeiten im Gastgewerbe* für weibliche Betriebsangehörige ergeben sich bei Belegungsspitzen in den Gaststätten. Sind Hochzeits- oder Reisegesellschaften angemeldet, so bieten «Alpenhof» und «Wirzweli» Bauernfrauen und -töchter aus verschiedenen Betrieben zur Mithilfe in Küche, Office und Service auf.

— *Ganzjahresarbeit im Gastgewerbe* als Küchenhilfe, Serviertochter oder Koch kommt ebenfalls vor. So ist im «Gummenmattli» die jüngste Tochter aus dem Underhus angestellt. Im Berggasthaus «Gummenalp» arbeitet der Sohn des Betriebsleiters als Küchenchef, und die Tochter ist für den Service verantwortlich.

— Die *Betreuung von Ferienhäusern* während der Abwesenheit ihrer Besitzer umfasst die Reinigung, die Beheizung und die Kontrolle des Wassers und wird in vielen Fällen Einheimischen anvertraut.

— Die *saisonale Arbeit an Skiliften und im Pistendienst* stellt für einzelne Landwirte oder Älpler einen bedeutenden Nebenverdienst, für andere gar das einzige Einkommen während des Winterhalbjahres dar. So arbeitet ein junger Landwirt aus dem Under Schwändli regelmässig am Gummenlift, während der Betriebsleiter der Vorder Husmatt bei starkem Andrang zur Aushilfe kommt. Die Bauernfamilie vom Ober Schwändli betreut den Skilift Wirzweli und bietet zusätzlich einen Skireparaturservice an.

— Eine Besonderheit stellen die *Teilerwerbsbetriebe* Lochalp und Ronemattli dar. Durch Erbteilung vom Underhus und vom Talheimwesen Leimd abgetrennt, bieten sie als saisonal mit fremdem Vieh bestossene Alpen lediglich eine Erwerbsbasis für das Sommerhalbjahr. Trotzdem erfolgte an beiden Orten eine ganzjährige Wohnsitznahme (vergl. Betriebstypen). Früher suchte der Lochälpler einen Winterver-

Abb. 141   Die zweite Wohnung im neuen Bauernhaus in der Schwand wird an Dauergäste vermietet (CHAPELE/STANSERHORN NW))

Abb. 142   MMM auf der Alp: Vor der Langbodehütte schenken die Alppächter alkoholfreie Getränke an Bergwanderer aus (TREICHI/GUMME NW)

Abb. 143   Der Bauer vom Ober Schwändli arbeitet im Winter am Skilift Wirzweli (TREICHI/ GUMME NW)

Abb. 144   Neffe und Onkel vom Ober Hoschetbord verkörpern das traditionelle und das progressive Element: Verharren beim Althergebrachten im einen, Aufgeschlossenheit gegenüber technischen Neuerungen und touristischer Inwertsetzung im andern Fall (WISSEBERG GL)

Fig. 93 ▷
Unterschiedliches Reaktionsverhalten nach Abtrennung der Alp vom Talheimwesen im Teilraum GUMME(TREICHI): Saisonaler Alpbetrieb mit Teilerwerb im Wintertourismus oder Übergang zum Ganzjahresbetrieb

dienst in der Waldarbeit, heute betreut sein Sohn den Skilift Eggwald. Der Ronemattliälpler verbringt den Sommer in der eigenen Alphütte, den Winter hingegen im Gummenliftgebäude, wo er als Abwart und Kassier sein Einkommen erzielt (vergl. Touristische Infrastruktur). Wenn er im Sommer wieder auf die andere Seite des Steinibach wechselt, zieht sein Sohn aus Dallenwil samt Familie in die Abwartswohnung des Gummenlifts ein, um den Sommer nahe der väterlichen Alp zu verbringen. Er und seine Buben helfen in der Freizeit bei der Sömmerung des fremden Viehs, und seine Frau serviert hin und wieder im Restaurant «Wirzweli». (Dass die ganzjährige Wohnsitznahme auf einer Alp zu unterschiedlichen Varianten führen kann, zeigen die beiden benachbarten Betriebe Ronemattli und Hinder Husmatt (Fig. 93). Der Entscheid für den Teilerwerbsbetrieb beim Ronemattli steht in unmittelbarem Zusammenhang mit der touristischen Erschliessung des Gummenordhangs. Allerdings sprechen auch Exposition und Reliefverhältnisse hier wie bei der Lochalp gegen eine erfolgreiche Umwandlung zum Ganzjahresbetrieb.)

Besondere Dienstleistungen

— Den *Camionagedienst* von der Bergstation der Wirzwelibahn aus zu den Ferienhäusern besorgt der junge Wirzwelibauer mit seinen beiden Ponies, die im Sommer einen Wagen und im Winter einen Schlitten ziehen.

— *Schlittenfahrten* für Feriengäste werden ebenfalls vom Wirzwelibauern angeboten.

— Die *Betreuung der ARA*, welche die Abwässer des Ferienhausdorfes Wirzweli-Eggwald reinigt, obliegt dem Jungbauern vom Under Schwändli

Im Testraum WISSEBERG GL sind besonders die drei Restaurants zu erwähnen, da sie alle von Landwirten im Nebenerwerb geführt werden. Dass die zugehörigen Landwirtschaftsbetriebe in der vorliegenden Studie als Vollerwerbsbetriebe gelten (vergl. Betriebsdynamik), liegt in der Mitarbeit von je zwei Generationen begründet. Besonders vielfältig ist die Verflechtung von Landwirtschaft und Tourismus beim Under Hoschetbord (Fig. 94): Neben dem eigentlichen Restaurant «Weissenberg» mit Fremdenzimmern werden das ehemalige Schulhäuschen und das Wohnhaus im Ober Hoschetbord an Feriengäste vermietet, und im neuen Zentralstall befindet sich unter dem Dach ein Massenlager. Der alte Stall im Ober Hoschetbord ist verkauft worden, ebenso ein Bauernhaus und zwei Ferienhausparzellen in der Ober Hoschet. Die Nachbarn im Ändi begnügen sich mit dem Restaurant «Edelwyss», und diejenigen im Ober Hoschetbord vermieten lediglich ein Haus im Stigerberg.

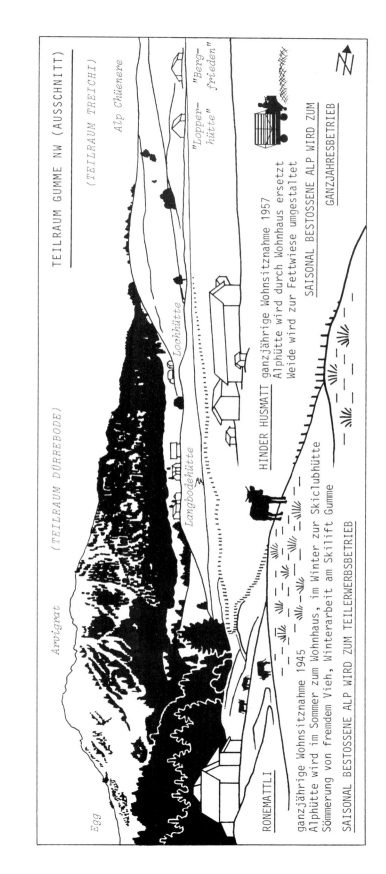

d Konflikte

Wo unterschiedliche Nutzungsansprüche räumlich zusammentreffen, kann es zu Konflikten kommen. In der touristischen Aufbauphase handelt es sich dabei um Verteilungskämpfe bei der Ressourcennutzung und um Durchfahrts- und Durchleitungsrechte für Autos, Transportanlagen und Skipisten (vergl. Touristische Infrastruktur/Ferienhausdynamik: Erschliessung und Versorgung). Hier sollen nur noch einige Verhaltensweisen erwähnt werden, die bei der aktuellen touristischen Nutzung zu Konflikten zwischen Landwirten einerseits und Feriengästen, Berggängern und Skifahrern andererseits führen können:

Durch Landwirte beanstandetes Verhalten von Touristen:
— Verlassen von Wanderwegen und Betreten von Wiesen
— Offenlassen von Abschrankungen bei Viehweiden
— Zerstören von Abzäunungen beim Überklettern
— Laufenlassen von Hunden, die das Vieh jagen oder die Wiese verkoten
— Einrichten von Feuerstellen an ungeeigneten Orten
— Liegenlassen von Abfällen
— Eindringen in Alphütten
— Befahren von Güterwegen mit Autos
— Parkieren von Autos in Wiesen

Durch Touristen beanstandetes Verhalten von Landwirten:
— Abzäunen von Wanderwegen bei intensiver Beweidung
— Aufhebung von Wanderwegen nach dem Bau von Güterstrassen
— Halten von bissigen Hunden
— Ausbringen von Jauche während der Wochenenden oder vor Festtagen
— Nachtbetrieb von lärmintensiven Heubelüftungsanlagen

Obwohl alle Punkte bei der mündlichen oder schriftlichen Befragung von Landwirten und Ferienhausbesitzern genannt worden sind, handelt es sich um Randerscheinungen, die hin und wieder zu einem heftigen Wortwechsel, nicht aber zu einem ernsthaften allgemeinen Zerwürfnis zwischen ansässigen und auswärtigen Akteuren in den drei Testräumen führen. Vielmehr wird hüben und drüben immer wieder betont, wie erstaunlich gut man eigentlich aneinander vorbeikomme. Das grösste Misstrauen fremden Eindringlingen gegenüber wird in den Treichialpen spürbar, wo sich an schönen Sommertagen ein Strom von Touristen, die vom Stanserhorn absteigen, in die intensiv landwirtschaftlich genutzte Geländemulde zwischen Seewliegg und Schulteregrabe ergiesst. Hier, wo der TYP INTENSIVIERUNG vorherrscht und das Einkommen unabhängig von der Tourismusentwicklung erworben wird, ist das Konfliktpotential verständlicherweise am grössten. Dem steht die beinahe fatalistische Ergebenheit des Wirzwelibauern gegenüber, dessen Betrieb räumlich eng mit intensiver touristischer Nutzung durchdrungen ist. Er kann sich eine abweisende Haltung nicht leisten, da er selber auf vielfältige Art und Weise Zusatzeinkommen im Tourismusgewerbe erzielt, die Küchenabfälle von Gastbetrieben und Ferienhäusern als Schweinefutter einsammeln und bei der Heuernte im Hochsommer auf die tatkräftige Mithilfe von befreundeten Feriengästen zählen darf.

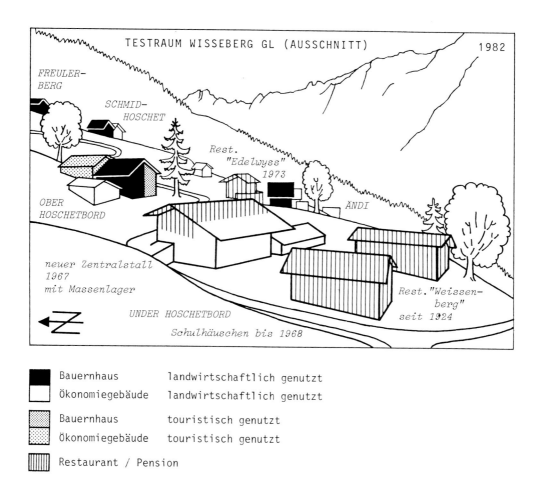

Fig. 94
Touristische Gebäudenutzung auf der Heimwesenstufe im Testraum WISSEBERG GL

Das Reaktionsverhalten der ansässigen Landwirte auf die touristische Nutzungsnachfrage umfasst einerseits Bodenverkäufe, Mitbeteiligung an gemeinsamen Infrastruktureinrichtungen und Erwerbseinkommen von der bescheidenen Zusatzeinnahme bis zum existenzsichernden Teilerwerb, andererseits aber auch Ablehnung und Abseitsstehen.

62 Kombinationstypen Landwirtschaftsdynamik/Tourismusdynamik

Bei der Landwirtschaftsdynamik ebenso wie bei der Tourismusdynamik lassen sich jeweils zwei gegenläufige Dynamiktypen auf der Stufe Testraum unterscheiden, wobei eine eindeutige Zuordnung der betrachteten Raumeinheiten zu diesen Typen möglich ist (Fig. 95). Die Synthese von Landwirtschafts- und Tourismusdynamik liefert alle vier denkbaren Kombinationstypen (Fig. 96), die sich räumlich klar gegeneinander abgrenzen lassen. In der Folge sollen sie kurz charakterisiert und mit je einer repräsentativen Abbildung veranschaulicht werden (vergl. Typisierung der Landwirtschaftsdynamik / Typisierung der Tourismusdynamik).

TYP EXT/REG

Der TYP EXT/REG gilt für das Überschneidungsgebiet der Teilräume CHAPELE NW und STANSERHORN NW. Er wird charakterisiert durch Betriebsaufgaben und ein Tieferrücken der Siedlungsgrenze sowie landwirtschaftlicher Nutzungsgrenzen bei einer gleichzeitigen Verkümmerung der auf einen früheren Sommertourismus ausgerichteten touristischen Infrastruktur.

Fig. 97 veranschaulicht die Betriebsaufgaben in Reckholtere und im Acher und die nachfolgende touristische Umnutzung der Wohnhäuser durch Verkauf oder Vermietung an Feriengäste. Die Alp Hinder Leitere wird von der Kuh- zur Rinderalp, die Post wandert vom Underhus weg und verschwindet ebenso wie die Schule. Der Kaplan ist hochbetagt; und im Chapelmattbetrieb fehlt eine Nachfolgegeneration. Im Underhus leben drei Generationen, die im traditionell geführten Landwirtschaftsbetrieb mitwirken. Sommergäste werden keine mehr einquartiert, wie das zur Blütezeit der Pension «Alpenhof» einst häufig der Fall war.

TYP EXT/PROG

Der TYP EXT/PROG gilt für die Testräume WISSEBERG GL und HUOBE GR wie für den halben Teilraum FLUE NW. In entsprechend modifizierter Form ist er auch im Gebiet der Eggalpen anzutreffen. Er wird charakterisiert durch Betriebsaufgaben und ein Tieferrücken der Siedlungsgrenze sowie landwirtschaftlicher Nutzungsgrenzen bei einem gleichzeitigen Aufbau einer auf den aktuellen Ski- und Bergwandertourismus ausgerichteten touristischen Infrastruktur.

Fig. 95 ▷
Die Dynamiktypen bezüglich Landwirtschaft und Tourismus und die Kombinationstypen bezüglich Landwirtschafts- und Tourismusdynamik in den drei Testräumen

DYNAMIKTYPEN IN DEN DREI TESTRÄUMEN

LANDWIRTSCHAFTSDYNAMIK

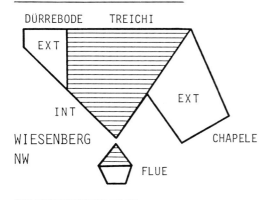

TOURISMUSDYNAMIK

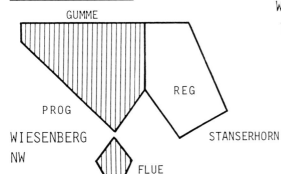

KOMBINATIONSTYPEN

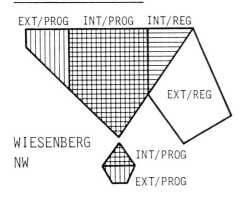

TESTRAUM WIESENBERG NW
  TYP EXT/PROG
  TYP EXT/REG
  TYP INT/REG
  TYP INT/PROG

TESTRAUM WISSEBERG GL
  TYP EXT/PROG

TESTRAUM HUOBE GR
  TYP EXT/PROG

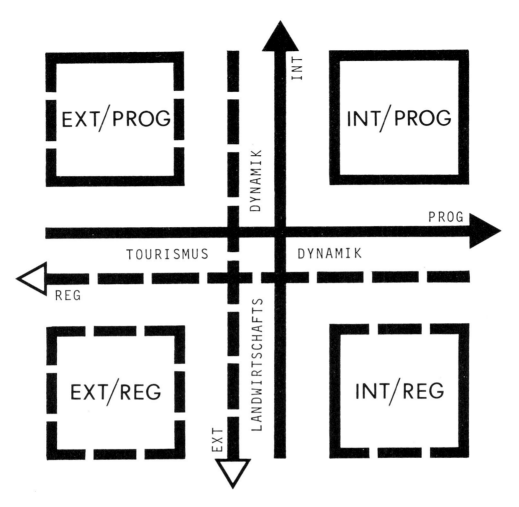

Fig. 96
Die theoretisch denkbaren Kombinationstypen bezüglich Landwirtschafts- und Tourismusdynamik

Fig. 98 veranschaulicht Betriebsaufgaben im Testraum WISSEBERG GL und die nachfolgende touristische Umnutzung von Bauernhäusern und Viehställen. Von den sieben dargestellten Betrieben werden gerade noch deren zwei durch ansässige Landwirte bewohnt, wobei im Schuelerberg ein Altlediger alleine den Betrieb führt. Extremstes Beispiel ist die Zäigerhoschet, wo der nichtlandwirtschaftliche Erbe nebst Haus und Stall zusätzlich mehrere Ferienhausparzellen veräussert. Die Luftseilbahn Matt-Wissenberge bringt Sommer- und Wintertouristen in den Testraum, und das Restaurant «Bergheim» wird von einem landwirtschaftlichen Rentner geführt.

Die Darstellung für den Testraum HUOBE GR (Fig. 99) zeigt die Lage von Seilbahnstation und Bergrestaurant auf der Gemeindealp Ochsebärg sowie die touristische Umnutzung zahlreicher Maiensässgebäude. Deutlich wird auch der Zerfall vieler Magerheupargaune als Folge der Nutzungsauflassung.

TYP INT/REG

Der TYP INT/REG gilt für das Überschneidungsgebiet der Teilräume TREICHI NW und STANSERHORN NW. Er wird charakterisiert durch Betriebsgründungen und ein Höherrücken der Siedlungsgrenze sowie landwirtschaftlicher Nutzungsgrenzen bei einer gleichzeitigen Verkümmerung der auf einen frühen Sommertourismus ausgerichteten touristischen Infrastruktur.

Fig. 100 veranschaulicht die Umwandlung von Alpen zu Ganzjahresbetrieben, verbunden mit einer dauerhaften Wohnsitznahme und einer Intensivierung der Flächennutzung. Heute ist im Ober Holzwang das höchstgelegene Heimwesen des ganzen Testraumes anzutreffen. Von der Sulzmatt wird noch für kurze Zeit im Hochwinter abgefahren. Die Bestossung der Frutt erfolgt von einem Talheimwesen aus, im Frühwinter wird zusätzlich Galtvieh im Stall gefüttert. Neue Güterstrassen ersetzen teilweise die alten Fusswege. Das «Sulzmattli» hat den Pensionsbetrieb eingestellt und wird als einfaches Restaurant vom verwitweten Eigentümer geführt. Als landwirtschaftlicher Rentner verpachtet er seine Nutzflächen an Nachbarbetriebe. An schönen Sommertagen durchqueren viele Bergwanderer auf dem Abstieg vom Stanserhorn die dargestellte Geländekammer.

Fig. 97 (S. 372)
Veranschaulichung von TYP EXT/REG im Teilraum STANSERHORN (CHAPELE) NW
(Legende siehe Fig. 101, S. 376))

Fig. 98 (S. 373)
Veranschaulichung von TYP EXT/PROG im Testraum WISSEBERG GL
(Legende siehe Fig. 101, S 376)

Fig. 99 (S. 374)
Veranschaulichung von TYP EXT/PROG im Testraum HUOBE GR

Fig. 100 (S. 375)
Veranschaulichung von TYP INT/REG im Teilraum STANSERHORN (TREICHI) NW
(Legende siehe Fig. 101, S. 376)

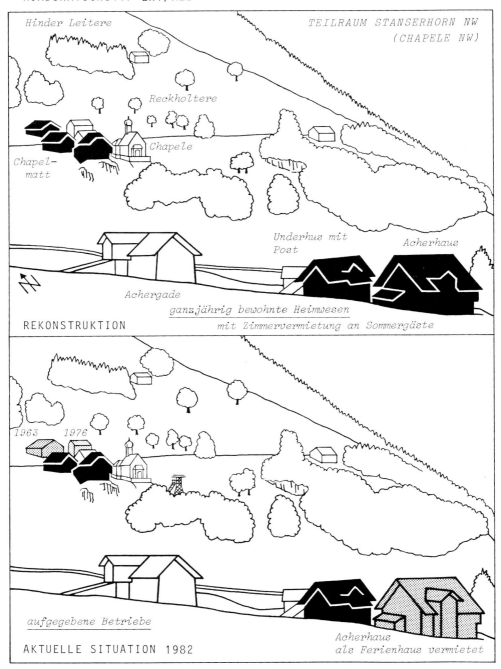

KOMBINATIONSTYP EXT/PROG

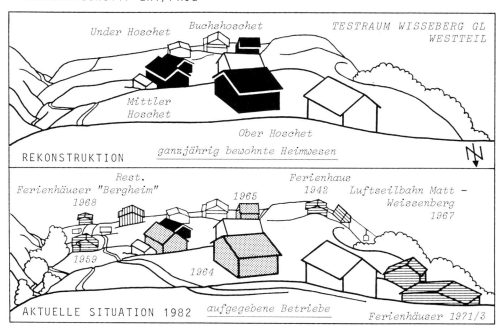

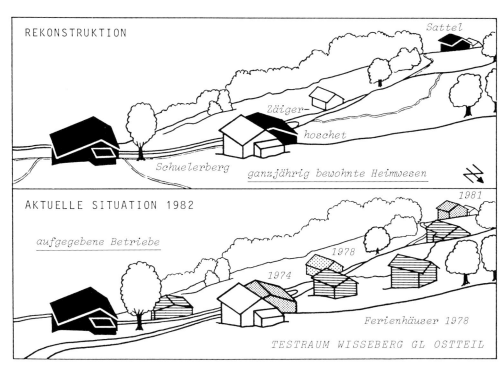

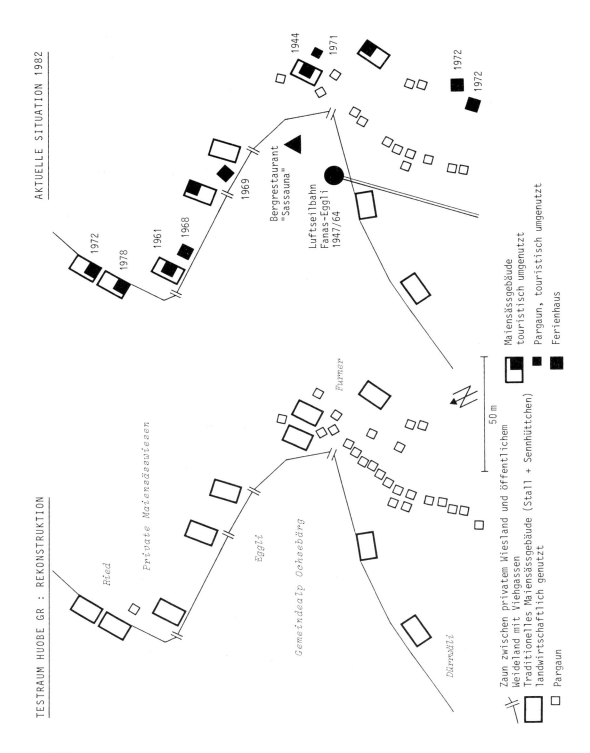

KOMBINATIONSTYP INT/REG

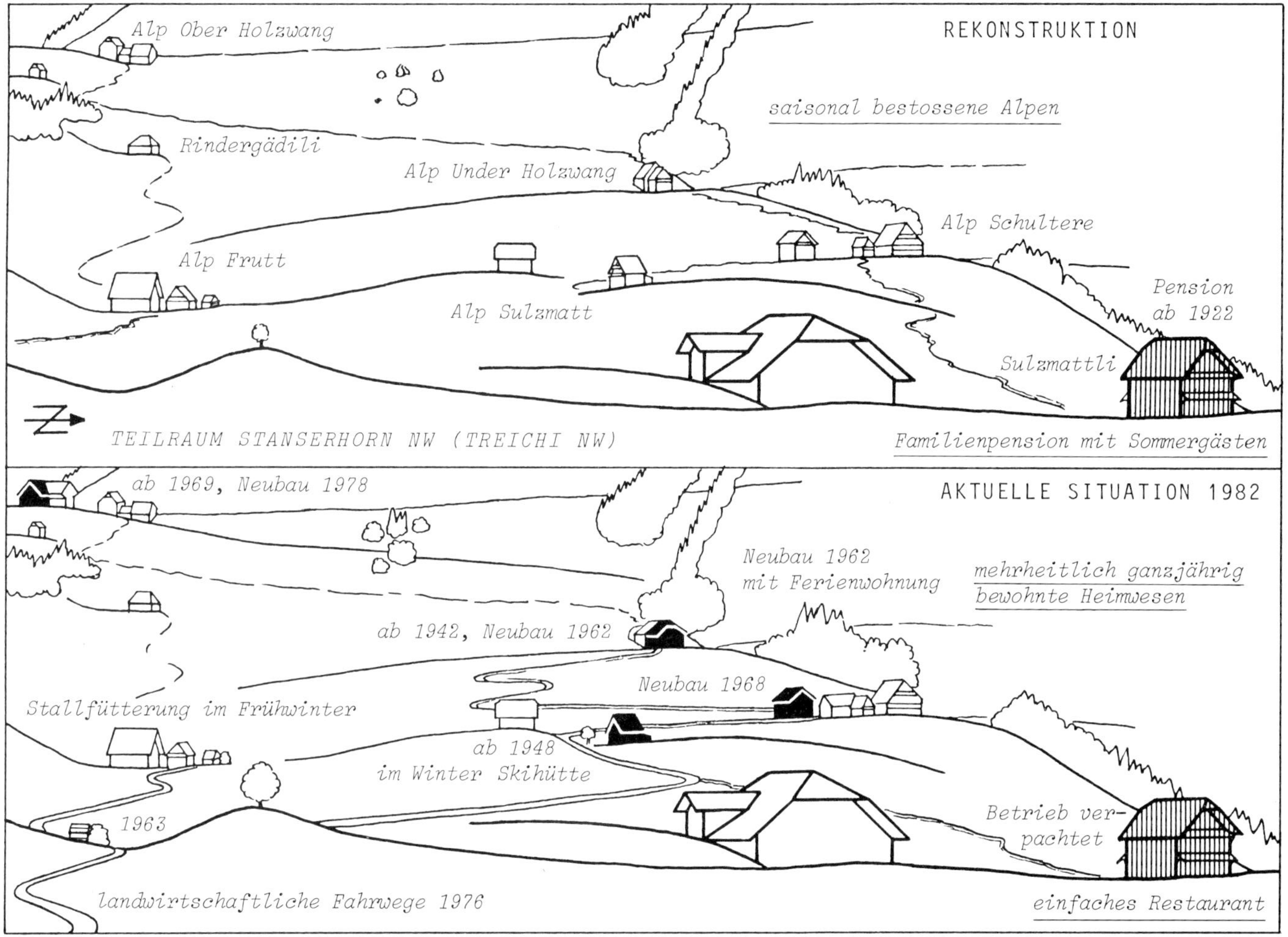

REKONSTRUKTION

saisonal bestossene Alpen

Alp Ober Holzwang
Rindergädili
Alp Under Holzwang
Alp Frutt
Alp Sulzmatt
Alp Schultere
Sulzmattli
Pension ab 1922

Familienpension mit Sommergästen

TEILRAUM STANSERHORN NW (TREICHI NW)

AKTUELLE SITUATION 1982

mehrheitlich ganzjährig bewohnte Heimwesen

ab 1969, Neubau 1978
Neubau 1962 mit Ferienwohnung
ab 1942, Neubau 1962
Neubau 1968
ab 1948 im Winter Skihütte
Betrieb verpachtet
einfaches Restaurant

Stallfütterung im Frühwinter
1963
landwirtschaftliche Fahrwege 1976

KOMBINATIONSTYP INT/PROG

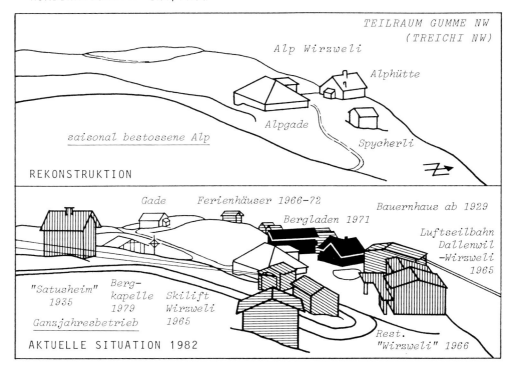

LEGENDE KOMBINATIONSTYPEN

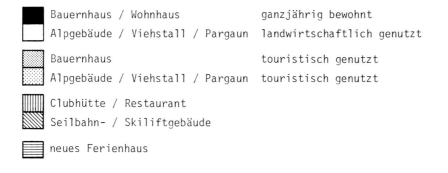

Fig. 101
Veranschaulichung von TYP INT/PROG im Teilraum GUMME(TREICHI) NW

TYP INT/PROG

Der TYP INT/PROG gilt für den Teilraum GUMME NW und für den halben Teilraum FLUE NW. Er wird charakterisiert durch Betriebsgründungen und ein Höherrücken der Siedlungsgrenze sowie landwirtschaftlicher Nutzungsgrenzen bei einem gleichzeitigen Aufbau einer auf den aktuellen Skisport ausgerichteten touristischen Infrastruktur.

Fig. 101 veranschaulicht die Umwandlung der Alp Wirzweli in einen Ganzjahresbetrieb und die Auswirkungen einer rasanten Tourismusentwicklung, die mit dem «Satusheim» und dem Bau der neuen Seilbahn eingeleitet wird. Hinzu kommen Skiliftanlagen, ein grosses Restaurant und ein neues Wohnhaus mit einem Bergladen. Nur zum kleinsten Teil erkenntlich sind die über hundert Ferienhäuser des Ferienhausdorfes Wirzweli-Eggwald mit der neuen Bergkapelle.

Abb. 145   Die ehemalige Alp Wirzweli umfasst heute einen Ganzjahresbetrieb und eine ausgebaute touristische Infrastruktur (DYNAMIKTYP INT/PROG), (TREICHI/GUMME NW), (vergl. Fig. 101, S. 376)

Die vier denkbaren Kombinationstypen EXT/REG, EXT/PROG, INT/REG und INT/PROG lassen sich konkret nachweisen und einzelnen Raumeinheiten eindeutig zuordnen.

III Wertung der Ergebnisse und Zusammenfassung

7 Wertung der Ergebnisse

Die vorliegende Studie geht aus von der Frage nach der Landwirtschafts- und der Tourismusdynamik sowie sämtlichen Überlagerungsformen in ausgewählten Testräumen. Die empirisch gewonnenen Resultate und der Beitrag zur allgemeinen Theorie seien abschliessend noch gewürdigt:

Im Blick auf die *Landwirtschaftsdynamik* lassen sich Teilräume mit gegenläufigen Tendenzen ausscheiden. Der TYP EXTENSIVIERUNG ist in allen drei Testräumen anzutreffen. Er entspricht dem Regressionsmodell nach LICHTENBERGER (1979, S. 406), welches drei Phasen unterscheidet:
— Anfangsphase: Bergflucht führt zur Aufgabe peripherer Areale und Extensivierung der Nutzung («Verschattung»).
— Hauptphase: Starker Bevölkerungsrückgang und Überalterung führen zum Verfall von Gemeinschaftseinrichtungen, zur Reduzierung der Viehhaltung und zur partiellen Flurwüstung («mountain blight»).
— Endphase: «Aussterben» der Agrarbevölkerung führt zu totaler Flur- und Siedlungswüstung.

Der Teilraum CHAPELE NW, der Testraum WISSEBERG GL und die Testgemeinde FANAS GR sind aufgrund der erhobenen Daten eindeutig der Hauptphase zuzuordnen und entsprechen damit dem Regelfall. Allerdings weist nichts darauf hin, dass auch die Endphase eintritt, wiewohl LICHTENBERGER «das Wüstfallen von Siedlung und Nutzung gleichsam als eine zwangsläufige und unaufhaltsame Konsequenz» bezeichnet, wo «die ökonomische Marginalität nicht durch ökologische Attraktivität für eine expandierende städtische Freizeitgesellschaft substituiert werden kann». Diese Einschätzung erweist sich als zu pauschal. Wie das Dynamikmodell EXTENSIVIERUNG zeigt, müssen auf Betriebsebene der TYP AUFGABE und der TYP ZUWACHS unterschieden werden, wobei der zweite als Folgeerscheinung des ersten auftritt. So kommt es wohl zu partiellen Nutzungsaufgaben und zu einem Absinken der Siedlungsgrenze durch Betriebsaufgaben ebenso wie zu Nutzungsextensivierungen durch eine höhere Landausstattung und einen vergrösserten Gebäudebestand bei den verbleibenden Betrieben. Eine allgemeine Nutzungsaufgabe und ein umfassendes Wüstfallen der Siedlung kann aber auch dort nicht beobachtet werden, wo die touristische Nutzung wie im Teilraum CHAPELE NW zur Bedeutungslosigkeit absinkt. Wohl kommt es durch den Bevölkerungsverlust zu einer Einbusse an Gemeinschaftseinrichtungen; die Zahl der Betriebe stabilisiert sich aber auf einem tieferen Niveau. Die Altersstruktur und das unausgeglichene Verhältnis zwischen den Geschlechtsgruppen der Betriebsangehörigen lassen allerdings vermuten, dass noch weitere Betriebsaufgaben folgen werden. Umgekehrt stösst die Landwirtschaft bei der jüngeren Generation wieder auf vermehrtes Interesse, und auch die Landwirtschaftspolitik entwickelt Strategien, die durch gezielte Förder- und Unterstützungsmassnahmen einer gänzlichen Entleerung marginaler Berggebiete entgegenwirken sollen.

Dem Regressionsmodell steht das Dynamikmodell INTENSIVIERUNG gegenüber, wie es für den Teilraum TREICHI NW kennzeichnend ist. Es deckt sich in erster Näherung mit dem, was LICHTENBERGER als Kontrast zur Regression angibt: «In Gunsträumen, deren ökologische Qualität etwa jener der Vorländer entspricht, kommt es zur Modernisierung, Intensivierung und teilweisen besitzmässigen Umstrukturierung der Landwirtschaft.» Allerdings ist auch dies eine zu pauschale Charakterisierung, zeigt doch das Dynamikmodell INTENSIVIERUNG ebenfalls eine innere Differenzierung auf der Betriebsebene, wobei die Bandbreite der Möglichkeiten durch den TYP UMWANDLUNG einerseits und den TYP TEILERWERB andererseits abgesteckt wird. So führt das Ansteigen der Siedlungsgrenze nicht zwingend zu einer Nutzungsintensivierung, sondern vereinzelt zu einer Kombination mit einer Erwerbstätigkeit im Tourismus.

Eine quantitative Gewichtung ergibt sich aus dem Umstand, dass der TYP EXTENSIVIERUNG in allen drei Testräumen vorkommt und zwei davon sogar ganz einnimmt. Somit erweist er sich als repräsentativ für Gebiete der Nordalpen, die grob den Anforderungen des Testraummodells entsprechen. Der TYP INTENSIVIERUNG umfasst innerhalb des Testraums WIESENBERG NW wohl einen ganzen Teilraum mit knapp zwanzig Betrieben; es stellt sich aber die Frage nach der Einmaligkeit seines Auftretens. So sind dem Autor aus eigener Anschauung keine weiteren Fälle bekannt, dafür weist RAMSEYER (1982, S. 63) auf vergleichbare Tendenzen im Emmental hin. Seinen qualitativen Stellenwert erhält der im Teilraum TREICHI NW beobachtete Dynamiktyp aber dadurch, dass er die Existenz einer gegenläufigen Landwirtschaftsdynamik konkret belegt.

Da beide Dynamiktypen im nidwaldischen Fall in ein und derselben Gemeinde anzutreffen sind, ergibt sich zusätzlich eine Erkenntnis methodischer Natur: Das gemeindeweise Erheben von statistischen Daten führt bei der Gemeinde Dallenwil NW zu Durchschnittswerten für die Bevölkerungs- und die Landwirtschaftsstruktur, die weder für den einen noch für den anderen Dynamiktyp repräsentativ sind. Genaue Analysen der Raumdynamik verlangen somit nach einem feineren Erhebungsraster und daher nach eigenen Feldaufnahmen, die auf Betriebsebene zu erfolgen haben.

Im Blick auf die *Tourismusdynamik* lassen sich ebenfalls Teilräume mit gegenläufigen Tendenzen ausscheiden. Hier ist es nun der TYP PROGRESSION, welcher in der einschlägigen Literatur Beachtung findet (vergl. KRIPPENDORF 1984, S. 39f). Der stete Zuwachs an Ferienhäusern führt im Teilraum GUMME NW, im Testraum WISSEBERG GL und in der Testgemeinde Fanas GR zu einer landwirtschaftlich-touristischen Mischnutzung und zu einer entsprechenden Umgestaltung der Kulturlandschaft.

Der TYP REGRESSION beschränkt sich auf den Teilraum STANSERHORN NW, wo eine vorkriegszeitliche touristische Infrastruktur verkümmert. Obwohl dieser Dynamiktyp im Untersuchungsgebiet nur einmal anzutreffen ist, stellt er durchaus keine Seltenheit dar. Vielmehr gibt es zahlreiche gründerzeitliche Hotelbauten auf Aussichtsbergen, auf Alpenpässen oder in Waldgebieten, die heute teilweise oder ganz leerstehen, da sie durch ihre Lage oder durch eine veraltete Innenausstattung für eine wintersportliche Nutzung ungeeignet sind. Ebenfalls sind dem Autor verschiedene ländliche Siedlungen im Alpenraum bekannt, wo anfangs Jahrhundert zahlreiche Sommergäste in Familienpensionen bei einheimischen Bauernfamilien einquartiert waren, während heute diese Art von Tourismus bedeutungslos geworden ist. Der TYP REGRESSION kommt somit einer funktionalen Entmischung gleich, die zurück zur rein landwirtschaftlichen Nutzung führt.

Die räumliche Trennung von TYP REGRESSION und TYP PROGRESSION wird im Testraum WIESENBERG NW in erster Linie durch die unterschiedliche Exposition der Teilräume STANSERHORN NW und GUMME NW bedingt. Und wenn LICHTENBERGER zu Recht fordert, der dritten, vertikalen Dimension bei alpinen Prozessmodellen Beachtung zu schenken, so legt die hier gewonnene Erkenntnis nahe, quasi als vierte räumliche Dimension die Exposition und damit die Eignung für eine wintersportliche Inwertsetzung ebenfalls zu berücksichtigen. Dies soll vor allem in Räumen mit Süd- und Nordexposition und einer eher bescheidenen Höhenerstreckung geschehen, wo nicht grosse Höhenunterschiede allein, sondern Zeitdauer und Intensität der Besonnung über Schneequalität und Schneesicherheit entscheiden. Die vorliegenden Ergebnisse führen demnach zu einer Bestätigung, aber auch zu einer Erweiterung und Verfeinerung geläufiger Modellvorstellungen.

Im Blick auf die *Kombination von Landwirtschafts- und Tourismusdynamik* lassen sich alle vier denkbaren Kombinationstypen konkret nachweisen, was als Hauptergebnis der vorliegenden Studie gewertet werden darf (Fig. 102). Allerdings sind die Kombinationstypen von unterschiedlicher Verbreitung und ungleicher Auswirkung auf die Kulturlandschaft, aber auch von unterschiedlicher Bedeutung für die ansässige Bergbevölkerung:

— Beim TYP EXT/REG erleben die ansässig bleibenden Landwirte nicht nur einen Verfall traditioneller Einrichtungen, sondern auch eine Abkehr auswärtiger Gäste, was das Selbstbewusstsein erschüttert und vereinzelt Resignation aufkommen lässt.

— Beim TYP INT/REG macht sich eine junge Landwirtschaftsbevölkerung mit pionierhaftem Elan an die Rekolonisierung ehemaliger Alpen und trauert den ausbleibenden Sommergästen nicht nach.

— Beim TYP EXT/PROG nutzen die verbleibenden Landwirte die Flächen- und Gebäudekonzentration in ihren Händen zur Partizipation an der touristischen Entwicklung, sei es durch Verkauf oder durch Vermietung einzelner Parzellen oder Ökonomiegebäude. Zu den Ferienhausbesitzern ergeben sich oft freundschaftliche Beziehungen.

– Beim TYP INT/PROG geht ein ganzjähriges Ansässigwerden Hand in Hand mit dem Aufbau einer touristischen Infrastruktur. Dies führt zu engen Verflechtungen von Landwirtschaft und Tourismus auf Betriebsstufe, aber auch in der Mentalität der betroffenen Bevölkerung. So gilt es, einen freundlichen Kontakt zu den Skitouristen zu pflegen, aber ebenso, bei den Einheimischen als vollwertiger Bauer anerkannt zu bleiben.

Dass der Testraum WIESENBERG NW alle vier Kombinationstypen umfasst (Fig. 95), hängt mit der besonderen naturräumlichen Ausstattung und dem Wandel der externen Nutzungsansprüche zusammen. Eine Folge des Nebeneinanders in dieser lebensräumlichen Einheit ist die unterschiedliche Zufriedenheit der betroffenen Bevölkerung mit der eigenen Situation. So trauern die Bewohner der traditionellen Heimwesen im Weiler Wiesenberg der verlorenen Schule, der aufgehobenen Post, aber auch den ausbleibenden Sommergästen nach und blicken mit einem gewissen Unmut hinüber zur schattenseitig und höhergelegenen ehemaligen Alp Wirzweli, wo im Zusammenhang mit den Wintersporteinrichtungen und dem Ferienhausdorf nicht nur ein Ausbau des Gastgewerbes stattfindet, sondern mit dem Bergladen, der Wasserversorgung und der ökumenischen Kapelle neue Versorgungseinrichtungen entstehen. Mit Bewunderung hingegen werden die jungen Familien betrachtet, die in den Treichialpen ihre intensive Landwirtschaft betreiben. Diese äussern ihrerseits Zufriedenheit über die eigene Situation und sind froh, ihre Betriebe in der Landwirtschaftszone zu wissen.

Eine *Bewertung der vier Kombinationstypen aus ökonomischer und landschaftsökologischer Sicht* könnte folgendermassen ausfallen:

Der mit der touristischen Inwertsetzung verbundene Kapitalimport ist bei den TYPEN EXT/REG und INT/REG unwesentlich, beim TYP EXT/PROG von einer gewissen Bedeutung und beim TYP INT/PROG für einzelne Betriebe gar existenzsichernd. In derselben Reihenfolge wächst die Belastung der Landschaft durch touristische Infrastruktureinrichtungen, durch Ferienhausbauten und durch skisportliche Flächennutzung an. Wo beim TYP EXT/PROG nicht nur die ansässig bleibenden Landwirte, sondern auch nichtlandwirtschaftliche Erben Ferienhausparzellen oder Ökonomiegebäude in grosser Zahl verkaufen (wie im Testraum WISSEBERG GL), kann es zu einer Übersättigung mit Ferienhäusern und zu einer Verdrängung landwirtschaftlicher Nutzung kommen. Beim TYP INT/PROG wird dies bewusst in Kauf genommen, da der Tourismus einen Teil des Erwerbseinkommens sichert. Beim TYP EXT/PROG sind es hingegen einmalige Verkaufserlöse, die in die Modernisierung der Betriebe investiert werden.

Eines zeigt sich sehr deutlich: Die Dauersiedlungsgrenze und die Intensitätsgrenzen landwirtschaftlicher Nutzungsformen können mit oder ohne Tourismus ansteigen oder absinken. Daraus folgt, dass einerseits eine touristische Entwicklung die landwirtschaftliche Nutzung nicht garantiert und dass andererseits Bergbetriebe auch ohne Tourismus Überlebenschancen haben, sei es durch Intensivierung der Flächennutzung wie in den Treichialpen oder durch ein Verbleiben bei traditionellen Bewirtschaftungsformen wie beim Betrieb Underhus. Die Nutzungsintensivierung entspricht wohl eher ökonomischen Wertmassstäben, führt aber zu einer Verarmung an landschaftlicher Vielfalt (vergl. Flächennutzungsdynamik). Das Beibehalten traditioneller Nutzungsformen kann, vom ökologischen Standpunkt aus betrachtet, als sinnvoll bezeichnet werden, da Arten- und Formenreichtum erhalten bleiben. Im Blick auf die beschäftigungspolitische Situation erscheint eine arbeitsintensive «Landschaftspflege» gar als zukunftsweisend. Noch ist die bäuerliche Mentalität auf eine möglichst grosse Produktion ausgerichtet, und auch die Subventionspolitik zielt in dieselbe Richtung. Allerdings setzt in immer breiteren Kreisen ein Umdenken ein. Und so, wie gegenwärtig ein überbordender Tourismus durch planerische Lenkungsmassnahmen Einschränkungen erfährt, muss die Zukunft Wege zu einer ökologischeren Landwirtschaft weisen, die – mit oder ohne Tourismus – nicht eine Produktionssteigerung, sondern den Erhalt alpiner Landschaften zum Ziel hat.

Abb. 146 Im Langbode geht die intensive Alpwirtschaft Hand in Hand mit einem bescheidenen touristischen Nebenerwerb (TREICHI/GUMME NW)

8 Zusammenfassung

Die vorliegende Studie geht der Frage nach, wieweit das Eindringen touristischer Nutzungsansprüche in den ländlichen Alpenraum abseits eigentlicher Tourismuszentren zu einer Umstrukturierung der Raumorganisation und zu einem Kulturlandschaftswandel führt. Im Vordergrund stehen Analysen von Landwirtschafts- und Tourismusdynamik, die den Übergang vom rein monofunktionalen Agrarraum zum multifunktionalen Raum mit landwirtschaftlich-touristischer Mischnutzung bewirken. Dabei wird aufgezeigt, welche Dynamikmomente exogener und welche endogener Natur sind, wie sich eine innere Differenzierung in Dynamiktypen finden lässt, und worin die gegenseitige Beeinflussung von Landwirtschafts- und Tourismusdynamik besteht. Somit erfährt die Angebotseite gleichermassen Beachtung wie die Nachfrageseite, ebenfalls die regulierende Wirkung planerischer Lenkungsmassnahmen. Dies äussert sich in den folgenden *Leitfragen*:
— Welche landwirtschaftsinternen Prozesse setzen Nutzflächen und traditionelle Gebäudesubstanz für eine touristische Umnutzung frei?
— Wie verläuft die touristische Inwertsetzung, und was lässt sich über Herkunft und Motivation der Ferienhausbesitzer aussagen?
— In welchem Ausmass greifen Gesetzgebung und Raumplanung in das freie Spiel der Kräfte ein?

Die genetische Darstellung der räumlichen Dynamik soll die aktuelle Organisation des Raumes durch eine permanent ansässige Landwirtschaftsbevölkerung und eine nur periodisch anwesende Tourismusbevölkerung verständlich machen.

Die empirischen Studien stützen sich auf drei Testräume, die den Anforderungen eines allgemeinen *Testraummodells* entsprechen. So stimmen die ausgewählten Testräume weitgehend überein in
— der naturräumlichen Ausstattung,
— der traditionellen Wirtschafts- und Siedlungsstruktur,
— der seitlich erhöhten Lage in einem nordalpinen Tal, welches zu einem Tourismuszentrum führt,
— der Erschliessung durch mindestens eine Seilbahn,
— dem Vorhandensein von Ferienhäusern und einer bescheidenen touristischen Infrastruktur und in
— der Lage bezüglich Regionalzentren und städtischer Agglomerationen.

Die untersuchten *Testräume* heissen WIESENBERG NW, WISSEBERG GL und HUOBE GR. Sie liegen in den Testgemeinden Dallenwil, Matt und Fanas, und somit in den Kantonen Nidwalden, Glarus und Graubünden.

Die *Datenbeschaffung* umfasst Kartierungsarbeiten im Gelände, Archivforschung in Bibliotheken und auf kantonalen Grundbuchämtern, mündliche Befragungen der ansässigen Landwirte und schriftliche Umfragen unter den Ferienhausbesitzern. Die so erhobenen Daten bilden die Grundlage für eine *analytische Darstellung* der lokalen Landwirtschafts- und Tourismusdynamik nach den einzelnen Prozessbereichen

Grundbesitz, Flächen- und Gebäudenutzung, Betriebs-, Bevölkerungs- und Infrastruktur sowie Tourismuseinrichtungen und Ferienhausbau. Innerhalb dieser Prozessbereiche wird jeder Testraum gesondert betrachtet. Darauf folgt immer ein Vergleich der drei Testräume. Den Abschluss bilden eine Typisierung der jeweiligen Dynamik und der Versuch einer Modellsynthese.

Im Blick auf die *Landwirtschaftsdynamik* lassen sich Teilräume mit gegenläufigen Dynamiktypen unterscheiden:

Der TYP EXTENSIVIERUNG wird geprägt durch Betriebsaufgaben infolge selektiver Abwanderung von Jungen und Frauen und resultierender Überalterung der ansässigen Landwirtschaftsbevölkerung. Begleiterscheinungen sind Nutzflächen- und Gebäudekonzentration sowie ein Verlust an Gemeinschaftseinrichtungen. Als Folgen ergeben sich Nutzungsextensivierungen und ein Absinken der Dauersiedlungsgrenze. Auf Stufe Betrieb steht dem TYP AUFGABE der TYP ZUWACHS gegenüber, der die freiwerdenden Betriebsflächen weiter bewirtschaftet.

Der TYP INTENSIVIERUNG wird geprägt durch Betriebsgründungen infolge horizontaler Erbteilung, die Alp und Talheimwesen voneinander trennt. Begleiterscheinungen sind ganzjährige Wohnsitznahme, Alpteilungen sowie ein Aufbau von Gemeinschaftseinrichtungen. Als Folgen ergeben sich Nutzungsintensivierungen und ein Ansteigen der Dauersiedlungsgrenze. Auf Stufe Betrieb gilt dies für den TYP UMWANDLUNG und in modifizierter Form auch für den TYP TEILERWERB, während beim TYP VERPACHTUNG und beim TYP UNVERÄNDERT die traditionelle Bewirtschaftungsweise erhalten bleibt.

Der TYP EXTENSIVIERUNG umfasst den Teilraum CHAPELE NW und die Testräume WISSEBERG GL und HUOBE GR, der TYP INTENSIVIERUNG den Teilraum TREICHI NW.

Im Blick auf die *Tourismusdynamik* lassen sich ebenfalls Teilräume mit gegenläufigen Dynamiktypen unterscheiden:

Der TYP REGRESSION wird geprägt durch das Abklingen eines gründerzeitlichen, rein sommerlichen Erholungs- und Ausflugtourismus. Begleiterscheinung ist das Verkümmern der touristischen Infrastruktur, welche Bergbahn, Gipfelhotel und Familienpensionen umfasst. Zwar kommt es zu einzelnen Ferienhausbauten, ein eigentlicher Ferienhausboom wird aber durch planerische Lenkungsmassnahmen schon früh unterbunden.

Der TYP PROGRESSION wird geprägt durch das Aufkommen eines zwischen- und nachkriegszeitlichen Sporttourismus, der als Berg- und Skiwandertourismus einsetzt und sich zum aktuellen Pistenskisport entwickelt. Begleiterscheinung ist der Aufbau einer touristischen Infrastruktur, welche Transportanlagen und gastgewerbliche Einrichtungen umfasst. Einzelnen Ferienhausbauten folgt ein eigentlicher Bauboom, der zu Ferienhauskonzentrationen führt. Diese Entwicklung wird durch Raumplanungsentscheide gefördert.

Der TYP REGRESSION trifft zu für den Teilraum STANSERHORN NW, der TYP PROGRESSION für den Teilraum GUMME NW. Die Testräume WISSEBERG GL und HUOBE GR lassen sich bezüglich der Ferienhausdynamik und der bescheidenen gastgewerblichen Infrastruktur ebenfalls dem TYP PROGRESSION zuordnen.

Die saisonale Verlagerung des externen Nutzungsanspruches an den Alpenraum ist Ausdruck eines gesellschaftlichen Wandels, der zu einer Umkehr des Tourismusverhaltens und damit zu einer veränderten Inwertsetzung unterschiedlich ausgestatteter Teilräume führt. So bedeutet der Übergang vom sommerlichen Erholungs- zum winterlichen Sporttourismus im Testraum WIESENBERG NW eine räumliche Verlagerung touristischer Aktivitäten vom südexponierten Teilraum STANSERHORN NW mit den traditionellen Heimwesen hinüber in den nordexponierten Teilraum GUMME NW mit den schneesicheren Alpen und Riedflächen.

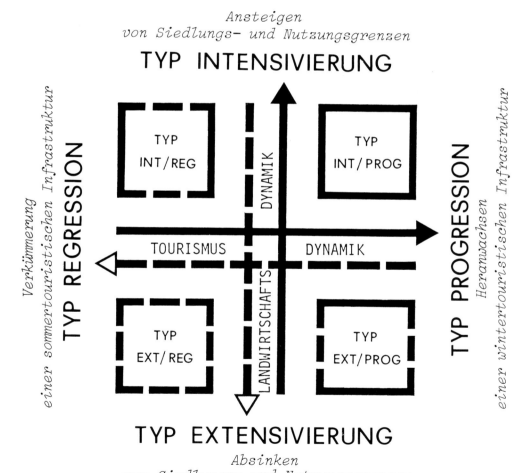

Fig. 102
Das Kombinationstypenmodell bezüglich Landwirtschafts- und Tourismusdynamik

Abb. 147 Alte bäuerliche Tradition erscheint wie ein Schattenriss der Vergangenheit vor der sonnenbeschienenen Kulisse aktueller touristischer Inwertsetzung (TREICHI/GUMME NW)

Im Blick auf die räumliche *Überlagerung von Landwirtschafts- und Tourismusdynamik* lassen sich Raumeinheiten mit unterschiedlichen Kombinationstypen abgrenzen: Als Extremvarianten stehen sich im Testraum WIESENBERG NW der TYP EXT/REG und der TYP INT/PROG gegenüber, während der TYP EXT/PROG für die Testräume WISSEBERG GL und HUOBE GR charakteristisch ist. Ebenfalls im Testraum WIESENBERG NW ist der TYP INT/REG anzutreffen.

Diese Kombinationstypen sind von unterschiedlicher Raumrelevanz und führen somit zu einer typenspezifischen Umgestaltung der Kulturlandschaft. Entscheidend dabei ist das Reaktionsverhalten der einzelnen Betriebsleiter auf den landwirtschaftsinternen Strukturwandel, aber auch auf die touristische Inwertsetzung durch externe Nutzergruppen. So resultiert die Raumdynamik in allen betrachteten Testräumen aus den sich ändernden Rahmenbedingungen und aus dem Verhalten der Entscheidungsträger, seien es nun ansässige Landwirte, betroffene Genossenschaften, Korporationen und Gemeinden, interessierte Gewerbekreise, auswärts wohnhafte Touristen und Ferienhausbesitzer oder involvierte Raumplaner und Behörden.

Mit dem *Kombinationstypenmodell* (Fig. 102) und dem konkreten Nachweis aller vier denkbaren Kombinationstypen leistet die vorliegende Studie eine Differenzierung und eine Erweiterung gängiger Modellvorstellungen zur Raumdynamik in Berggebieten mit landwirtschaftlich-touristischer Mischnutzung.

Résumé

L'objet de la présente étude est d'établir dans quelle mesure l'impact du tourisme sur l'espace rural alpin situé à l'écart des centres touristiques proprement dits entraine une réorganisation du territoire. L'étude analyse en particulier la dynamique de l'agriculture et du tourisme qui transforme l'espace agraire monofonctionnel en un espace plurifonctionnel, c'est-à-dire agricole et touristique. L'auteur signale la nature tant exogène qu'endogène des facteurs dynamiques et expose les différences inhérentes aux processus types aussi que l'influence réciproque des dynamiques agricole et touristique. Son attention se porte autant sur la partie offrante que sur la partie prenante, et aussi sur l'effet régulateur des mesures d'aménagement. Ceci s'exprime dans les *questions centrales* ci-après:
- Quels sont les processus inhérents à l'agriculture qui libèrent les surfaces utiles et les bâtiments traditionnels pour les vouer au tourisme?
- Quel est le processus de la mise en valeur touristique, et que sait-on de l'origine et des mobiles des propriétaires de résidences secondaires?
- Quel est l'effet de la législature et de l'aménagement du territoire sur l'action des forces présentes?

Un exposé de la genèse de la dynamique spatiale donne la clé de l'actuelle organisation de l'espace, organisation mise en place par une population rurale sédentaire et une population touristique périodique.

Les études empiriques portent sur trois zones témoins qui répondent aux critères de l'espace témoin modèle: C'est ainsi que lesdites zones concordent largement quant
- à leur dotation géophysique
- aux structures traditionnelles de leur économie et de leur habitat
- à leur situation sur un versant d'une vallée nord-alpine menant à un centre touristique
- au fait qu'elles sont desservies par un téléphérique au moins
- à la présence de résidences secondaires et d'une modeste infrastructure touristique
- à leur situation par rapport aux centres régionaux et aux agglomérations urbaines.

Les *zones témoins* ont pour noms WIESENBERG NW, WISSEBERG GL et HUOBE GR. Elles se trouvent dans les communes témoins de Dallenwil, Matt et Fanas, donc respectivement dans les cantons de Nidwald, Glaris et des Grisons.

Les *données* ont été collectées par des levés sur le terrain, des recherches dans les archives de bibliothèques et dans les offices cantonaux du cadastre, au moyen d'enquêtes orales s'adressant à la population agricole locale et d'enquêtes écrites s'adressant aux propriétaires de résidences secondaires. Ces données constituent la base d'une *représentation analytique* de la dynamique locale de l'agriculture et du tourisme, représentation tenant compte des domaines où se déroulent les processus, soit: propriété foncière, utilisation des surfaces et des bâtiments, population et infrastructure ainsi qu'équipements touristiques et résidences secondaires. Chaque zone témoin est analysée sous l'angle de ces processus, sur quoi il est fait une comparaison des trois zones témoins. Une typisation de la dynamique observée et l'essai d'un *modèle synthétique* terminent l'ouvrage.

Sous le rapport de la dynamique de l'agriculture, on distingue trois zones partielles, aux dynamiques opposées:

La dynamique du type EXTENSIVIERUNG (extensification) est marquée par l'abandon des exploitation à la suite de l'exode sélectif des jeunes et des femmes et à la suite du vieillissement de la population agricole résidente. La concentration des surfaces utiles et des bâtiments en est la manifestation, ainsi qu'une réduction des équipements communautaires. L'utilisation extensive et la descente de l'habitat permanent à une altitude moins grande en sont la conséquence. A l'échelon exploitation, le type ZUWACHS (accroissement), qui reprend les surfaces utiles libérées pour les exploiter, s'oppose au type AUFGABE (cessation).

Le type INTENSIVIERUNG (intensification) se signale par la création d'exploitations à la suite du partage horizontal des successions, qui sépare les alpages des fermes sises dans la vallée. La résidence à l'année, le partage d'alpages et la mise en place d'équipements communautaires en sont la conséquence. A l'échelon exploitation, ceci est le cas pour le type UMWANDLUNG (restructuration) et, sous une forme modifiée, pour le type TEILERWERB (occupation saisonnière), alors que le type VERPACHTUNG (affermage) et le type UNVERÄNDERT (inchangé) poursuivent l'exploitation traditionnelle.

Le type EXTENSIVIERUNG comprend la zone partielle CHAPELE NW et les zones témoins WISSEBERG GL et HUOBE GR; le type INTENSIVIERUNG la zone partielle TREICHI NW.

Sous le rapport de la *dynamique du tourisme*, on distingue également des zones partielles, aux dynamiques opposées:

Le type REGRESSION se signale par l'essoufflement d'un tourisme de repos et d'excursion strictement estival. Ce phénomène est accompagné par la détérioration de l'infrastructure touristique qui comprend un train de montagne, un hôtel sur le sommet et des pensions de famille. Il est vrai que quelques résidences secondaires ont été construites, mais le zonage a empêché la prolifération des bâtisses.

Le type PROGRESSION se signale par le tourisme de sport, qui a débuté pendant l'entre-deux-guerres et l'après-guerre sous forme de ski de montagne et de randonnée pour devenir le ski de piste actuel. La mise en place de l'infrastructure touristique, qui comprend les équipements de transport et hôteliers, a accompagné cette évolution. A la construction de quelques résidences secondaires a fait suite une véritable surchauffe dans le secteur du bâtiment, qui se manifeste par des concentrations de résidences secondaires. Cette évolution est encouragée par les décisions en matière d'aménagement du territoire.

Le type REGRESSION est réalisé dans la zone partielle STANSERHORN NW, le type PROGRESSION dans la zone partielle GUMME NW. Les zones témoins WISSEBERG GL et HUOBE GR peuvent également être attribuées au type PROGRESSION du fait de la dynamique de leurs résidences secondaires et de leur modeste infrastructure hôtelière.

A la suite des nouvelles habitudes touristiques, les sollicitations à l'espace alpin ont changé de saison et requièrent une modification de la mise en valeur des zones partielles diversement dotées géophysiquement. Ainsi, dans la zone témoin WIESENBERG NW, l'abandon du tourisme estival de relaxation au profit du tourisme sportif hivernal se traduit par le transfert du tourisme pratiqué dans la zone partielle STANSERHORN NW, orientée vers le sud, avec ses fermes traditionnelles, vers la zone partielle GUMME NW, orientée vers le nord, avec ses alpages toujours enneigés.

Sous le rapport de la *superposition spatiale des dynamiques agricoles et touristiques*, on délimite des unités spatiales présentant différents types de combinaison:
Les versions extrêmes EXT/REG et INT/PROG s'opposent dans la zone témoin WIESENBERG NW, alors que le type EXT/PROG caractérise les zones partielles WISSEBERG GL et HUOBE GR. Dans la zone témoin WIESENBERG GL également, on trouve le type INT/REG.

Ces diverses combinaisons ont un impact plus ou moins prononcé sur l'espace et entraînent diverses restructurations du paysage humanisé. Décisive est la réaction des chefs d'exploitation à la restructuration agricole ainsi qu'à la mise en valeur touristique par les groupes d'utilisateurs venus d'ailleurs. Ainsi, la dynamique spatiale résulte dans toutes les zones témoins du changement des conditions cadres, de l'attitude des décideurs, qu'il s'agisse d'agriculteurs résidents, de coopératives, corporations ou communes concernées, de milieux professionnels intéressés, de touristes et de propriétaires de résidences secondaires ou d'aménagistes et d'autorités impliqués.

Avec son *modèle de la combinaison des types* (fig. 102) et la preuve concrète que les quatres combinaisons sont possibles, la présente étude fournit un nuancement et un élargissement des modèles usuels de la dynamique spatiale des régions de montagne à vocation agricole et touristique.

(Traduction: M.-J. Wullschleger-Pattusch)

Summary

This study examines how the impact of tourism on rural regions situated away from actual tourist centres leads to a reorganisation of the areas. The examination particularly analyses the interaction of agriculture and tourism, which leads to an evolution from a purely monofunctional agrarian region to a multifunctional agricultural-touristic region. The author shows which influencing factors are of an exogenous and which of an endogenous nature, indicates how an inherent differentiation into process types can be found and reveals the reciprocal influence of agriculture and touristic factors. Both, the supply side and the demand side, receive equal attention, as also the regulatory effect of directive measures. This is expressed in the following *central questions*:
– Which inherently agricultural processes release agricultural land and traditional buildings for touristic use?
– What are the processes of touristic utilisation, and what can be said about the origins and motivations of the owners of holiday houses?
– To what degree do legal and regional planning measures intervene in the free forces involved?

The evolutionary representation of the regional development reveals the present organisation of the region by a permanently resident agricultural population and a merely periodically residing tourist population.

The empirical studies are based on three examined zones, which satisfy the demands of a *general model zone*. Thus the three evalued zones mostly correspond in the following:
– the geophysical aspect
– the traditional economic- and settlement structure
– the position on a slope in a north-alpine valley that leads to a tourist centre
– being served by at least one cableway
– the presence of holiday houses and a modest infrastructure
– the position in regard to regional centres and urban agglomerations.

The names of the *examined zones* are WIESENBERG NW, WISSEBERG GL and HUOBE GR. They are respectively situated in the townships Dallenwil, Matt and Fanas and therefore in the cantons of Nidwalden, Glarus and Graubünden.

The *data* were procured by means of field surveys, archive research in libraries and in cantonal land register offices, by interviewing resident farmers and by sending questionnaires to the owners of holiday houses. These data form the basis of an *analytical representation* of the local evolution of agriculture and tourism according to the individual processes: land ownership, utilisation of land and buildings, population- and infrastructure, as well as tourist facilities and holiday houses. Each zone is examined individually with reference to these processes and this is then followed by a comparison of the three zones in question. A standardisation of the observed evolution and the attempt of a *model sythesis conclude the study.*

In regard to the evolution of agriculture, zone sections with contrasting processes can be distinguished:

The process type EXTENSIVIERUNG (deintensification) is marked by the abandonment of farms as a result of the selective migration of young people and women and the resulting high proportion of old people among the resident agricultural population. The concentration of agricultural land and buildings, as well as a reduction in public utilities are the symptoms of this process. The consequences are an extensive utilisation and a decrease in the number of permanent inhabitants. On the level "farming", type AUFGABE (abandonment) stands in contrast to type ZUWACHS (increase), which continues to cultivate the released agricultural land.

The process type INTENSIVIERUNG (intensification) is characterised by the creation of farms as a result of horizontal partitions of inheritances, which separate alpine- and valley farms from each other. All the year round residence, divisions of alpine farms, as well as an increase in public utilities are the symptoms of this. The consequences are an intensive utilisation and an increase in the number of permanent inhabitants. On the level "farming", this is true for the type UMWANDLUNG (restructuring) and in a modified form also for the type TEILERWERB (part-time employment), whereas in the type VERPACHTUNG (leasing) and in the type UNVERÄNDERT (unchanged) the traditional way of cultivation is retained.

The type EXTENSIVIERUNG includes the zone section CHAPELE NW and the zones WISSEBERG GL and HUOBE GR, the type INTENSIVIERUNG the zone section TREICHI NW.

In regard to the *evolution of tourism*, zone sections with contrasting processes can also be distinguished:

The type REGRESSION is marked by a decrease of the relaxation- and excursion tourism that is limited to the summer. The result of this phenomenon is a deterioration of the touristic infrastructure, which includes the mountain railway, the summit hotel and the family pensions. It is true that a few holiday houses are built, but a real building boom of holiday houses is prevented by zoning measures.

The type PROGRESSION is characterised by the emergence of a sports-tourism between the two World Wars and after World War II. This type of tourism begins in the form of mountaineering and cross-country skiing and develops into present-day piste-skiing. This is accompanied by the creation of a touristic infrastructure, which includes transport facilities and hotels and restaurants. The erection of a few holiday houses is followed by a building boom, which leads to concentrations of holiday houses. This development is encouraged by zone planning measures.

The type REGRESSION is found in the zone section STANSERHORN NW, the type PROGRESSION in the zone section GUMME NW. The zones WISSEBERG GL and HUOBE GR can be allotted to type PROGRESSION on account of the increase in the number of holiday houses and their modest infrastructure of hotels and restaurants.

The seasonal shift in the utilisation demands on the alpine region reflects a social change, which in turn leads to a change in tourist behaviour and thus to a different utilisation of the variously equipped zone sections. Therefore the transition from relaxation tourism in summer to sports tourism in winter in the zone WIESENBERG NW signifies a spatial transfer of tourist activities from the south-orientated zone section STANSERHORN NW with its traditional farms to the north-orientated zone section GUMME NW with its snow-secure alpine and marsh areas.

In regard to the spatial *overlapping of agricultural and touristic processes*, spatial units with different combination types can be defined:
As extreme contrasts we have type EXT/REG and type INT/PROG against each other in the zone WIESENBERG NW, whereas type EXT/PROG is characteristic for the zones WISSEBERG GL and HUOBE GR. In the zone WIESENBERG NW type INT/REG can also be found.

These combination types have different influences on the zones and therefore lead to a typified restructuring of the cultivated land. Decisive is the reaction of individual farmers to the agricultural restructuring as well as to the touristic utilisation of external user groups. Thus the spatial evolution in all observed zones results from the changing conditions of the surroundings and from the behaviour of decision makers, like resident farmers, cooperatives, corporations and town councils, interested business circles, tourists and owners of holiday houses, or involved regional planners and authorities.

With the *combination type model* (fig.102) and the concrete proof that all four combination types are possible, this study offers a variation and an extension to current models of spatial evolution in mountain regions with mixed agricultural-touristic utilisation.

(Translated by Dr. H. Oettli)

IV Literaturverzeichnis und Quellenangaben

a Literatur

ACHERMANN, P. 1979: «Die Korporationen von Nidwalden», Buochs
AERNI, K., MATTIG, F. 1982: «Das Wirkungsgefüge Tourismus–Berglandwirtschaft–Naturraum im MAB Testgebiet Aletsch», in: Tagungsband zum 18. Deutschen Schulgeographentag Basel-Lörrach 1.–6.6.1982, Basel, S. 187–192
ALIESCH, P. 1976: «Graubünden nach der Einführung des Stockwerkeigentums», Diss. Zürich
BACH, H. 1967: «Bäuerliche Landwirtschaft im Industriezeitalter», Berlin
BEER, A. 1968: «Strukturwandlungen im Fremdenverkehr des Kantons Graubünden von 1925–1965», Diss. Zürich
BOESCH, M. 1983: «Raumentwicklung und Fremdenverkehr im Kanton Graubünden», in: Geographica Helvetica (Zürich) 38/2, S. 63–68
BRUGGER, E.A., FURRER, G., MESSERLI, B, MESSERLI, P. (Hrsg.) 1984: «Umbruch im Berggebiet. Die Entwicklung des schweizerischen Berggebietes zwischen Eigenständigkeit und Abhängigkeit aus ökonomischer und ökologischer Sicht», Bern
BUSINGER, A. 1836: «Der Kanton Unterwalden», Gemälde der Schweiz (St. Gallen und Bern) 6
CUBASCH, W. 1894: «Das Stanserhorn und die Stanserhornbahn» Orell Füssli Europäische Wanderbilder (Zürich) 224
DASEN, H. 1948: «Entstehung und Entwicklung der gesamtwirtschaftlichen Zusammenschlüsse im schweizerischen Fremdenverkehr», Diss. Bern
DÖNZ, A. 1972: «Die Veränderung in der Berglandwirtschaft am Beispiel des Vorderprättigaus», Diss. ETH Zürich
ELSASSER, H. 1978: «Probleme und Perspektiven der Entwicklungspolitik in den Schweizer Berggebieten», in: Geographische Zeitschrift (Wiesbaden) 66, S. 61–71
ELSASSER, H., LEIBUNDGUT, H. 1982: «Touristische Monostrukturen – Probleme im schweizerischen Berggebiet», in: Geographische Rundschau (Braunschweig) 34/5, S. 228–234
EWALD, K. 1978: «Der Landschaftswandel. Zur Veränderung schweizerischer Kulturlandschaften im 20. Jahrhundert», Liestal
FIENT, G. 1896: «Das Prättigau. Beitrag zur Landes- und Volkskunde von Graubünden», Chur
FINGERHUT, C. u.a. 1970: «Touristische Entwicklungsplanung Sernftal-Kärpf», Konzeptstudie des Seminars für Fremdenverkehr an der Hochschule St.Gallen, Zürich
FISCHER, A. 1985: «Waldveränderungen als Kulturlandschaftswandel – Kanton Luzern», Basler Beiträge zur Geographie (Basel) 32
FLÜTSCH, E. 1976: «St.Antönien – kulturlandschaftliche Aspekte einer Walsergemeinde», Diss. Zürich
FURRER, G. 1974: «Alpine Kulturlandschaft im Umbruch», in: Die Alpen (Bern) 51/3, S. 141–149
– 1982: «Zum aktuellen Kulturlandschaftswandel in den Schweizer Alpen», in: Tagungsband zum 18. Deutschen Schulgeographentag Basel-Lörrach 1.–6.6.1982, Basel, S. 187–192
FURRER, G., KASPER, G. u.a. 1974: «Bevölkerungsgeographische Untersuchungen in Graubünden für den Zeitraum zwischen 1850 und 1970», in: Regio Basiliensis (Basel) 15/2, S. 137–152

GABATHULER, J. 1947: «Entwicklung und Ökonomik der Schlittenseilbahnen, Skilifts und Sesselbahnen», Diss. Bern
GADIENT, A. 1921: «Das Prättigau», Chur
GALLUSSER, W.A. 1970: «Struktur und Entwicklung ländlicher Räume der Nordwest-Schweiz», Basler Beiträge zur Geographie (Basel) 11,
— 1971: «Die Veränderung der ländlichen Umwelt als aktualgeographisches Problem», in: Regio Basiliensis (Basel) 12/1, S. 174–182
GALLUSSER, W.A., BUCHMANN, W. 1974: «Der Kulturlandschaftswandel in der Schweiz als geographisches Forschungsprogramm», in: Geographica Helvetica (Bern) 29/2–3, S. 49–70
GALLUSSER, W.A., KESSLER, H., LEIMGRUBER, W. 1977: «Zur gegenwärtigen Dynamik der ländlichen Schweiz», in: Mitteilungen der Österreichischen Geographischen Gesellschaft (Wien) 119/2, S. 183–209
GALLUSSER, W.A., LEIMGRUBER, W. 1983: «Der Kulturlandschaftswandel in der Schweiz. Die KLW-Testgemeinden in den 1970er Jahren», Veröffentlichung der Schweizerischen Geographischen Kommission (Basel) 8
GASSNER, W. 1967: «Die sozialen Auswirkungen der Mechanisierung in der Landwirtschaft», Beitrag der Schweiz zur internationalen Untersuchung der europäischen Gesellschaft für ländliche Soziologie, EVD Bern
GROSJEAN, G. 1975: «Die Schweiz. Landwirtschaft», Geographica Bernensia (Bern) U2
GSCHWEND, M. 1971: «Schweizer Bauernhäuser», Bern
— 1974: «Alpwirtschaftliche Bauten in der Region Glaubenbüelen, Giswil OW», in: Regio Basiliensis (Basel) 15/2, S. 172–209
GUTERSOHN, H. 1961: «Geographie der Schweiz», Bd.2 Alpen, Bern
— 1964: «Der gegenwärtige Wandel alpiner Kulturlandschaften», in: Geographica Helvetica (Bern) 19/3, S. 138–147
HAUSER, A. 1978: «Der Familienbetrieb in der schweizerischen Landwirtschaft. Eine historische und sozioökonomische Analyse», in: Zeitschrift für Agrargeschichte und Agrarsoziologie (Frankfurt/M) 26/2, S. 195–221
HELBLING, E: 1952: «Morphologie des Sernftales», Diss. Basel/Bern
HÖSLI, J. 1948: «Die Glarner Land- und Alpwirtschaft in der Vergangenheit und Gegenwart», Diss. Zürich
HORBER, R. 1974: «Die Erschliessung der Alpen durch Luftseilbahnen. Fakten und Probleme», in: Die Alpen (Bern) 51/3, S. 150–156
HUGGER, P. 1974: «Die Alpwirtschaft von Giswil», in: Regio Basiliensis (Basel) 15/2, S. 153–171
JÄGGI, S., JEZLER, S., SCHÄR, A. 1981: «Zur Demographie von Fanas», unveröff. Bericht zum Humangeographischen Geländepraktikum des Geographischen Instituts der Universität Basel (Basel)
KÄGI, H.U. 1973: «Die traditionelle Kulturlandschaft im Urserental», Diss. Zürich
KEEL, K. 1969: «Nidwaldner Orts- und Flurnamen», Fribourg
KEMPF, A. 1985: «Waldveränderungen als Kulturlandschaftswandel – Walliser Rhonetal», Basler Beiträge zur Geographie (Basel) 31
KELLER, P. 1982: «Touristische Entwicklung in der Schweiz – einige Lehren aus retrospektiver Sicht», in: «Tourismus und Regionale Entwicklung», Thema-Heft des Schweizerischen Nationalfonds zur Förderung der wissenschaftlichen Forschung (Hrsg.: Krippendorf, Messerli, Hänni), Diessenhofen, S. 231–257
KESSLER, H. 1978: «Wisseberg ob Matt», in: Neujahrsbote für das Glarner Hinterland (Grosstal und Sernftal) (Glarus) 12, S. 9–24
— 1982: «Kulturlandschaftswandel im Gebiet der nordalpinen Höhenstufenwirtschaft», in: Geographische Rundschau (Braunschweig) 34/5, S. 236–242
— 1982: «Kulturlandschaftswandel in Berggebieten mit landwirtschaftlich-touristischer Mischnutzung», in: Schweizer Volkskunde (Basel) 72/3–4, S. 42–48
KIEMSTEDT, M. 1967: «Zur Bewertung der Landschaft für die Erholung», Stuttgart
KILCHENMANN, A. 1968: «Untersuchungen mit quantitativen Methoden über die fremdenverkehrs- und wirtschaftsgeographische Struktur der Gemeinden im Kanton Graubünden (Schweiz)», Diss. Zürich

KINZL, H. 1959: «Wandlungen im alpinen Bevölkerungsbild», Innsbruck
KRIPPENDORF, J. 1984: «Die Ferienmenschen. Für ein neues Verständnis von Freizeit und Reisen», Zürich
KRIPPENDORF, J., MESSERLI, P., HÄNNI, H., (Hrsg.) 1982: «Tourismus und regionale Entwicklung», Thema-Heft zu den Nationalen Forschungsprogrammen «Regionalprobleme in der Schweiz, namentlich in den Berg- und Grenzgebieten» und «Man and Biosphere» (MAB) des Schweizerischen Nationalfonds zur Förderung der wissenschaftlichen Forschung, Diessenhofen
LAUER, A., RIEDER, S., STÜBI, R. 1981: «Tourismus in Fanas», unveröff. Bericht zum Humangeographischen Geländepraktikum des Geographischen Instituts der Universität Basel, Basel
LICHTENBERGER, E. 1965: «Das Bergbauernproblem in den österreichischen Alpen. Perioden und Typen der Entsiedlung», in: Erdkunde (Bonn) 19/1, S. 39–57
– 1976: «Der Massentourismus als dynamisches System: Das österreichische Beispiel», in: Tagungsbericht und wissenschaftliche Abhandlungen (Wiesbaden) 40, Deutscher Geographentag Innsbruck 1975, S. 673–695
– 1979: «Die Sukzession von der Agrar- zur Freizeitgesellschaft in den Hochgebirgen Europas», in: Innsbrucker Geographische Studien (Innsbruck) 5, S. 401–436
LEUZINGER, H. 1975: «Beiträge zur Kulturlandschaftsgeschichte von Splügen», Diss. Zürich
LUCK, W. 1981: «Geographie des Freizeitverhaltens», Paderborn
MÄDER, U. 1985: «Sanfter Tourismus: Alibi oder Chance? Die Schweiz – ein Vorbild für Entwicklungsländer?», Zürich
MATTIG, F. 1978: «Genese und heutige Dynamik des Kulturraumes Aletsch, dargestellt am Beispiel der Gemeinde Betten-Bettmeralp», Geographica Bernensia (Bern) 15
MERCIER, J. 1928: «Aus der Urgeschichte des schweizerischen Skilaufes», Glarus
MESSERLI, B., MESSERLI, P. 1978: «Wirtschaftliche Entwicklung und ökologische Belastbarkeit im Berggebiet (MAB Schweiz)», in: Geographica Helvetica (Bern), 33/4, S. 203–210
MEYER, H.K. 1951: «Die innerschweizerischen Transportanstalten, ihre Entstehung, Entwicklung und Bedeutung für den Fremdenverkehr», Diss. Bern/Wolhusen
MILONI, R.P. 1980: «Skigebietskonzept Weissenberge. Sektoraler und vertikaler Integrationsversuch einer touristischen Entwicklungsplanung», Auftragsarbeit der Regionalplanungsgruppe Glarner Hinterland-Sernftal, Rüschlikon
MITTLER, M. 1969: «Die Innerschweiz in Vergangenheit und Gegenwart», Zürich
NANSEN, F. 1890: «Auf Schneeschuhen durch Grönland»
NIEDERBERGER, F. 1947: «Das Land Nidwalden», Zollikon-Zürich
– 1964: «Zum Korporationswesen in Nidwalden und Stans», Stans
– 1968: «Das Stanserhorn und seine Welt», Stans
NIGG, W. 1948: «Das Schanfigg, eine landeskundliche Studie», Diss. Zürich
NUSSBAUMER, H. 1963: «Sieg auf weissen Pisten. Eine Geschichte des alpinen Skisports», München
OBERHOLZER, A. 1975: «500 Jahre Ski in Bildern», Innsbruck
OBRECHT, U., NIGGLI, U. 1929: «Grüsch – Land und Leute», Schiers
ODERMATT, F. 1937: «Der Kanton Unterwalden nid dem Wald im 19. Jahrhundert», Stans
ODERMATT, L. 1981: «Die Alpwirtschaft in Nidwalden», Diss. St. Gallen
PENZ, H. 1978: «Die Almwirtschaft in Österreich», Münchner Studien zur Sozial- und Wirtschaftsgeographie (Kallmünz/Regensburg) 15
PLANCK, U. 1964: «Der bergbäuerliche Familienbetrieb zwischen Patriarchat und Partnerschaft», Stuttgart
PIETH, F. 1945: «Bündner Geschichte», Chur
POLEDNIK, H. 1969: «Weltwunder Skisport. 6000 Jahre Geschichte und Entwicklung des Skisports», Wels
RAMSEYER, R.J. 1982: «Nachwort aus volkskundlicher Sicht», in: Schweizer Volkskunde (Basel) 72/3–4, S. 63
RIEDER, P. 1968: «Landwirtschaftliche Produktionsmöglichkeiten im Berggebiet», Diss. ETH Zürich

RUPPERT, K. 1965: «Almwirtschaft und Fremdenverkehr in den Bayerischen Alpen. Ein Beitrag zum kulturgeographischen Entwicklungsproblem im Hochgebirge», in: Tagungsbericht und wissenschaftliche Abhandlungen (Wiesbaden) 34, Deutscher Geographentag Heidelberg 1963, S. 325–334

ROHNER, J. 1972: «Studien zum Wandel von Bevölkerung und Landwirtschaft im Unterengadin», Basler Beiträge zur Geographie (Basel) 14

RUPPERT, K. 1976: «Von der Fremdenverkehrsgeographie zur Geographie des Freizeitverhaltens», in: Tagungsbericht und wissenschaftliche Abhandlungen (Wiesbaden) 40, Deutscher Geographentag Innsbruck 1975, S. 588–595

SC DALLENWIL 1982: «Jubiläumsschrift 50 Jahre SC Dallenwil» (mehrere Autoren), Dallenwil

SCHWABE, E. 1964: «Alpine Erholungslandschaft», in: Geographica Helvetica (Bern) 19/3, S. 147–153

— 1972: «Fremdenverkehr und Landwirtschaft im Berggebiet», in: Geographica Helvetica (Bern) 27/1, S. 35–37

— 1975: «Zur Geographie des Fremdenverkehrs in der Schweiz», in: Geographica Helvetica (Bern) 30/4, S. 145–155

SENGER, M. 1941: «Wie die Schweiz zum Skiland wurde», Zürich

— 1945: «Wie die Schweizer Alpen erobert wurden», Zürich

SENN, U. 1952: «Die Alpwirtschaft der Landschaft Davos», Diss. Zürich

SICK, W.D. 1983: «Agrargeographie», Das Geographische Seminar, Braunschweig

SIMONETT, Chr. 1965ff: «Die Bauernhäuser des Kantons Graubünden», Basel

STAMMHERR, W. 1964: «Schweizerische Gemeindetypen 1910 und 1960. Ein Beitrag zur Wirtschafts- und Bevölkerungsgeographie der Schweiz», Diss. Zürich

STOCKER, P. 1972: «Arbeitsgruppe: Grundlagen zu den Leitlinien für die Berggebietsförderung», Bern

STRÜBY, A. 1909: «Die Alp- und Weidewirtschaft in der Schweiz», Solothurn

THÖNY, C. 1976: «Strukturwandel in der Berglandwirtschaft und Auswirkungen auf die Kulturlandschaft in der Region Hinterrhein», Diss. Zürich

THÖNY, M. 1948: «Prättigauer Geschichte», Schiers

TÖNDURY, G.A. 1946: «Graubündens Volkswirtschaft», Sameden

ULMER, F. 1958: «Die Bergbauernfrage», Zürich

VETTIGER-GALLUSSER, B. 1986: «Berggebietsförderung mit oder ohne Volk?», Basler Beiträge zur Geographie (Basel) 34

VETTIGER-GALLUSSER, B., KESSLER, H. 1982: «Humangeographisches Geländepraktikum Fanas 1981», Basel

VOKINGER, K. 1966: «Nidwalden. Land und Leute», Stans

WASMER, K. 1984: «Landwirtschaft an der Sprachgrenze», Basler Beiträge zur Geographie (Basel) 30

WEGMANN, D. 1974: «Bevölkerungsgeographische Aspekte im alpinen Kulturlandschaftswandel», Diss. Zürich

WEISS, H. 1981: «Die friedliche Zerstörung der Landschaft und Ansätze zu ihrer Rettung in der Schweiz», Zürich

WEISS, R. 1941: «Das Alpwesen Graubündens», Erlenbach-Zürich

— 1957: «Alpiner Mensch und alpines Leben in der Krise der Gegenwart», in: Die Alpen (Bern) 33/3, S. 209–224

— 1959: «Häuser und Landschaften der Schweiz», Erlenbach

WINKLER, E., WINKLER, G., LENDI, M. 1979: «Dokumente zur Geschichte der schweizerischen Landesplanung», Schriftenreihe zur Orts–, Regional- und Landesplanung (ETH Zürich) 1

WYDER, J. 1971 «Wirtschaftliche und soziologische Untersuchungen in der Zentralschweiz», Diss. ETH Zürich

WERTHEMANN, A., IMBODEN, A.1982: «Die Alp- und Weidewirtschaft in der Schweiz», Langnau

b Reiseführer und Werbeprospekte

- «Schweizer Verkehrs-Taschen-Atlas, nebst alphabetischem Ortsverzeichnis und 6 Stadtplänen», Frobenius – A.G., Basel (ca. 1910)
- «Die Hotels der Schweiz», Schweizer Hotelier-Verein (Zentralbureau), Basel 1911
- «Sommer in der Schweiz», Bürgis illustrierter Reiseführer (bearbeitet von A. Eichenberger), Zürich 1912
- «Führer für Luzern, Vierwaldstättersee und Umgebung», Offizielle Verkehrs-Kommission Luzern (Textbearbeitung von J.C. Heer), Luzern 1913
- «Reisealbum der Schweiz 1923/24», (von den Schweizerischen Bundesbahnen konzessioniert), Orell Füssli-Annoncen, Zürich 1923
- «Die Schweiz als Reiseland und Kurgebiet 1925/26», (bearbeitet von H. Froelich-Zollinger), «Schweiz-Verlag», Brugg 1925
- «Die Schweiz. Illustriertes Reisehandbuch», Verlag Julius Wagner, Zürich 1931
- «Das Ferienbuch der Schweiz. Ein Führer zu den Ferienorten», Schweizer Reisekasse, Bern 1948
- «Ferienbuch der Schweiz», Schweizer Reisekasse, Bern 1977
- «Kulturführer Schweiz», Ex Libris Verlag AG, Zürich 1982
- Diverse Werbeprospekte «Stanserhorn», «Wirzweli-Wiesenberg» und «Fanas»

c Zeitungs- und Zeitschriftenartikel

- «Neue Luftseilbahn Dallenwil-Wirzweli», in: «Luzerner Neueste Nachrichten» (Luzern) LNN vom 2.12.65
- «Margrit Niederberger: »S isch eifach eso cho«», in: LNN Magazin (Luzern) Nr.32/184 vom 11.8.79
- «Braune Haut – teuer erkauftes Statussymbol», in DER SPIEGEL (Hamburg) 32/1985, S. 142–151

d Statistiken

SCHWEIZERISCHER ALPKATASTER 1965 Kanton Nidwalden

STATISTISCHES QUELLENWERK DER SCHWEIZ (SQ):
(Bundesamt für Statistik, Bern)
- Eidgenössische Volkszählungen (Hefte 701/709)
- Eidgenössische Betriebszählungen (Heft 670)
- Nutztierbestand der Schweiz (Heft 781)
- Schweizerische Verkehrsstatistik (Heft 750)
- Tourismus in der Schweiz (Heft 752)

FREQUENZSTATISTIKEN DER LUFTSEILBAHNEN (z.T. unveröffentlicht)
- Dallenwil-Wirzweli
- Dallenwil-Wiesenberg
- Stans-Stanserhorn
- Matt-Wissenberge
- Fanas-Eggli

e Archivdaten

BAUBEWILLIGUNGEN 1964–1981 in der Gemeinde Dallenwil NW

VERZEICHNIS DER FERIENHAUSBESITZER in der Gemeinde Dallenwil NW

GRUNDBUCHEINTRAGUNGEN IM KANTONALEN GRUNDBUCH der Kantone Nidwalden, Glarus und Graubünden für die Gemeinden Dallenwil NW, Matt GL und Fanas GR

f Gesetze, Verordnungen, Reglemente

- Eidgenössisches Forstpolizeigesetz 1902
- Bundesgesetz über den Schutz der Gewässer gegen Verunreinigung 1959
- Bundesgesetz über den Schutz der Gewässer gegen Verunreinigung 1971
- Bundesbeschluss über die dringlichen Massnahmen auf dem Gebiet der Raumplanung 1972
- Bundesbeschluss über den Erwerb von Grundstücken durch Personen im Ausland 1974
- Bundesbeschluss über die befristete Verlängerung von Massnahmen auf dem Gebiet der Raumplanung 1976
- Bundesgesetz über die Raumplanung 1979

- Kantonales Baugesetz Nidwalden 1961
- Reglement für das Gemeindegebiet (Gde. Dallenwil) oberhalb 900 m über Meer 1970
- Bericht zum Lawinenzonenplan Dallenwil 1972
- Bau- und Zonenreglement der politischen Gemeinde Dallenwil 1973

- Bau- und Zonenreglement der politischen Gemeinde Matt 1976

- Raumplanungsgesetz für den Kanton Graubünden 1973
- Bauordnung für die Gemeinde Fanas 1977
- Kantonale Verordnung über die Bewilligung für Bauten ausserhalb der Bauzonen 1980 (Kt. Graubünden) und Handbuch für Bauten ausserhalb der Bauzone, Chur 1980/83

g Pläne, Karten und Atlanten

- Grundbuchplan 1:10'000 für das Berggebiet der Gemeinde Dallenwil
- Grundbuchplan 1: 1'000 für den Weiler Wiesenberg
- Grundbuchplan 1: 1'000 für das Ferienhausgebiet Wirzweli-Eggwald

- Grundbuchplan 1: 2'000 Gemeinde Matt, Blätter 9/10

- Übersichtsplan 1:10'000 Gemeinde Fanas
- Fotopläne mit Parzellengrenzen in unterschiedlichen Massstäben ca. 1:1'000 Gemeinde Fanas

- Diverse Pläne zur Ortsplanung in den drei Testgemeinden (Gefahrenzonen, Nutzungszonen)

- Landeskarte der Schweiz 1:25'000 (Bundesamt für Landestopographie, Wabern-Bern) Blätter: 1170 Alpnach, 1174 Elm, 1156 Schesaplana
- Atlas der Schweiz 1965–1978 (Bundesamt für Landestopographie, Wabern-Bern)
- Schweizerischer Mittelschulatlas 1967 (Lehrmittelverlag des Kantons Zürich, Zürich)

BASLER BEITRÄGE ZUR GEOGRAPHIE

Heft 1   R. Seiffert: Zur Geomorphologie des Calancatales. 1960

Heft 2   H.-U. Sulser: Die Eisenbahnentwicklung im schweizerisch-französischen Jura unter Berücksichtigung der geographischen Grundlagen. 1962

Heft 3   O. Wittmann: Die Niederterrassenfelder im Umkreis von Basel und ihre kartographische Darstellung. 1961

Heft 4   W.A. Gallusser: Studien zur Bevölkerungs- und Wirtschaftsgeographie des Laufener Juras. 1961

Heft 5   H. Gutersohn und C. Troll: Geographie und Entwicklungsplanung. 1963

Heft 6   C. Frey: Morphometrische Untersuchungen in den Vogesen. 1965

Heft 7   H.W. Muggli: Greater London und seine New Towns. 1968

Heft 8   U. Eichenberger: Die Agglomeration Basel in ihrer raumzeitlichen Struktur. 1968

Heft 9   D. Barsch: Studien zur Geomorphogenese des zentralen Berner Juras. 1969

Heft 10 J.F. Jenny: Beziehungen der Stadt Basel zu ihrem ausländischen Umland. 1969

Heft 11 W.A. Gallusser: Struktur und Entwicklung ländlicher Räume der Nordwestschweiz. 1970

Heft 12 R.L. Marr: Geländeklimatische Untersuchungen im Raum südlich von Basel. 1970

Heft 13 K. Rüdisühli: Studien zur Kulturgeographie des unteren Goms (Wallis): Bellwald, Fiesch, Fieschertal. 1970

Heft 14 J. Rohner: Studien zum Wandel von Bevölkerung und Landwirtschaft im Unterengadin. 1972

Heft 15 W. Leimgruber: Studien zur Dynamik und zum Strukturwandel der Bevölkerung im südlichen Umland von Basel. 1972

Heft 16 H. Polivka: Die chemische Industrie im Raume von Basel. 1974

Heft 17 P. Flaad: Untersuchungen zur Kulturgeographie der Neuenburger Hochtäler von La Brévine und Les Ponts. 1974

Heft 18 L. King: Studien zur postglazialen Gletscher- und Vegetationsgeschichte des Sustenpassgebietes. 1974

Heft 19 K. Egli: Die Landschaft Belfort im mittleren Albulatal. Das traditionelle Element in der Kulturlandschaft. 1978

Heft 20 H. Heim: Der Wandel der Kulturlandschaft im südlichen Markgräflerland. 1977

Heft 21 D. Opferkuch: Der Einfluss einer Binnengrenze auf die Kulturlandschaft, am Beispiel der ehemals vorderösterreichisch-eidgenössischen Grenze in der Nordwestschweiz. 1977

Heft 22/23	W. Laschinger und L. Lötscher: Basel als urbaner Lebensraum. 1978
Heft 24	P. Gasche: Aktualgeographische Studien über die Auswirkungen des Nationalstrassenbaus im Bipperamt und Gäu. 1978
Heft 25	W. Regehr: Die lebensräumliche Situation der Indianer im paraguayischen Chaco. 1979
Heft 26	R. Caralp et H.-U. Sulser: Etudes de géographie des transports – Transportation studies. Union géographique internationale, Colloque de Bâle, 1977: transports et frontières – transports et montagne. 1978
Heft 27	R.L. Marr: Tourismus in Malaysia und Singapur. Strukturen und Prozesse. 1983
Heft 28	F. Falter: Die Grünflächen der Stadt Basel. 1984
Heft 29	D. Šimko: Hong Kong – Strassenverkäufer und Arbeiterfamilien. 1983
Heft 30	K. Wasmer: Landwirtschaft an der Sprachgrenze. 1984
Heft 31	A. Kempf: Waldveränderungen als Kulturlandschaftswandel – Walliser Rhonetal. 1985
Heft 32	A. Fischer: Waldveränderungen als Kulturlandschaftswandel – Kanton Luzern. 1985
Heft 33	L. Lötscher: Lebensqualität kanadischer Städte. 1985
Heft 34	B. Vettiger-Gallusser: Berggebietsförderung mit oder ohne Volk? 1986
Heft 35	J. Winkler: Die Landwirtschaftsgüter der Christoph Merian Stiftung Basel. 1986
Heft 36	H. Kessler: Berglandwirtschaft und Ferienhaustourismus. Wenn der Kuhstall zum Ferienhaus und das Mistseil zum Skilift wird. 1990
Heft 37	Th. Frey: Siedlungsflächenverbrauch im Blickwinkel der Zonenplanung. Eine Flächenanalyse in zwölf solothurnischen Testgemeinden im Zeitraum 1960–1985. 1989
Heft 38	M. Huber: Grundeigentum – Siedlung – Landwirtschaft. Kulturlandschaftswandel im ländlichen Raum am Beispiel der Gemeinden Blauen (BE) und Urmein (GR). 1989